国家社科基金重大项目"加勒比文学史研究（多卷本）"
（21&ZD274）阶段性成果

杭州师范大学加勒比地区研究中心"加勒比译丛"项目成果

加勒比译丛
总主编 周 敏

Running Sideways

侧身奔跑
创造田径历史的奥运冠军

The Olympic Champion Who Made Track and Field History

[巴哈马] 波琳·戴维斯（Pauline Davis）
[加拿大] T. R. 托德（T. R. Todd） 著
王剑晖 译

浙江大学出版社
·杭州·

图书在版编目（CIP）数据

侧身奔跑：创造田径历史的奥运冠军 /（巴哈马）波琳·戴维斯，（加）T.R.托德著；王剑晖译. -- 杭州：浙江大学出版社, 2025.5. --（加勒比译丛 / 周敏总主编）. -- ISBN 978-7-308-26070-1

Ⅰ. K837.685.47

中国国家版本馆CIP数据核字第2025UM9846号

侧身奔跑 创造田径历史的奥运冠军

[巴哈马] 波琳·戴维斯　[加拿大] T.R.托德　著
王剑晖　译

出 品 人	吴　晨
总 编 辑	陈　洁
丛书策划	黄静芬
责任编辑	黄静芬
责任校对	杨诗怡
封面设计	林　智
出版发行	浙江大学出版社
	（杭州市天目山路148号　邮政编码310007）
	（网址：http://www.zjupress.com）
排　　版	杭州林智广告有限公司
印　　刷	杭州宏雅印刷有限公司
开　　本	880mm×1230mm　1/32
印　　张	13.5
字　　数	315千
版 印 次	2025年5月第1版　2025年5月第1次印刷
书　　号	ISBN 978-7-308-26070-1
定　　价	68.00元

版权所有　侵权必究　印装差错　负责调换

浙江大学出版社市场运营中心联系方式：0571-88925591；http://zjdxcbs.tmall.com

RUNNING SIDEWAYS: THE OLYMPIC CHAMPION WHO MADE TRACK AND FIELD HISTORY by PAULINE DAVIS WITH T. R. TODD, FOREWORD BY LORD SEBASTIAN COE, PRESIDENT OF WORLD ATHLETICS
Copyright © 2022 BY PAULINE DAVIS AND T. R. TODD
This edition arranged with ACACIA HOUSE PUBLISHING SERVICES through BIG APPLE AGENCY, LABUAN, MALAYSIA.
Simplified Chinese edition copyright: 2025 ZHEJIANG UNIVERSITY PRESS CO., LTD
All rights reserved.

浙江省版权局著作权合同登记图字：11—2025—031

总　序

　　加勒比地区，这片镶嵌在大西洋与加勒比海之间的群岛，是全球历史上最为复杂而独特的文化交汇点之一。它不仅涵盖了大安的列斯群岛、小安的列斯群岛和巴哈马群岛，还包括中南美洲沿海的一些国家和地区。自15世纪末哥伦布抵达以来，加勒比地区逐渐成为欧洲列强竞相争夺的前沿地带、非洲奴隶贸易的主要枢纽，以及美洲原住民命运剧变的见证者。经过几个世纪的历史变迁，这里成了全球资本主义体系的关键环节，形成了丰富多元、极富创造力的独特文化生态。

　　加勒比的独特性首先体现在其是多元文明交汇与互动的核心区域。欧洲殖民体系的扩张、非洲人口的被迫迁徙、印第安原住民的抵抗斗争，以及后殖民时代民族认同的重塑，共同塑造了这片海域的历史轨迹。加勒比不仅见证了殖民体系的暴力压迫，更成为全球反抗、革命和文化创新的重要阵地。海地革命不仅推翻了法国殖民者的压迫统治，开创了世界第一个由奴隶建立的独立国家，更以其历史壮举深刻影响了此后全球去殖民化的进程，成为世界历史转型中的重要节点。它在思想上鼓舞了反殖民斗争的参与者，并为拉美独立运动提供了一定的借鉴，但同时也引发了

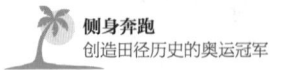

拉美克里奥尔精英阶层[①]对社会秩序的警惕，使他们在推动独立时更加谨慎。加勒比各国的独立进程不仅改变了地区政治格局，也为世界范围内的反殖民斗争和社会变革提供了经验和启示。

更为重要的是，加勒比不仅是殖民遗产的承载者，更是全球文化创造力的重要贡献者。在多元文化的交汇、碰撞、融合与创新之下，这片土地孕育出以混杂与交融为特征的"克里奥尔化"（Creolization）文化形态。克里奥尔化是指不同文化元素在加勒比地区相遇、融合，并衍生出独特文化形态的过程。这一过程不仅体现在语言的演变中，如克里奥尔语的诞生与发展，还广泛渗透于宗教、音乐、文学等多个领域。欧洲的宗教与艺术、非洲的音乐韵律与传统仪式、美洲原住民的神话传说与自然观，以及后期移民潮带来的亚洲文化，与当地文化交织共生，最终形成了一种充满活力、独具特色的"克里奥尔文化"。加勒比文化，正如爱德华·格利桑（Édouard Glissant）所言，是一种"关系中的文化"（culture of relation）。这一文化形态并非建立在单一根源的认同之上，而是在非洲、欧洲、美洲、亚洲多重文化谱系的交汇、碰撞与融合中生成。它体现了一种开放的、动态的、差异互涉的文化逻辑，打破了西方中心主义所坚持的"同一性"范式，转而走向"关系性"的身份建构。这种关系中的文化，展现出强大的创造力和包容性，为全球文化发展提供了独特的启示。

这一点在文学方面的体现尤为明显。来自加勒比地区的德里克·沃尔科特（Derek Walcott）、V. S. 奈保尔（V. S. Naipaul）等作家均获得了诺贝尔文学奖，他们的作品探讨殖民历史、流散经

---

① 克里奥尔精英阶层通常指在殖民社会中，虽然不属于欧洲本土贵族，但在殖民地内部依靠政治、经济、文化资源占据相对优势地位的那一群体，常是殖民地出生的白人、混血种人，某些情况下也包括非洲裔中地位较高者。

验、身份认同等问题，挑战西方主导的话语体系。需要强调的是，加勒比文学的成就不仅在于获得了被西方文坛掌控的文学奖项，还在于凭借着对不同艺术和文化、不同思想和传统资源的吸收与借鉴，将加勒比地区的文脉在重重困难中保存下来，并构成了当代学术研究不可或缺的思想资源。例如斯图亚特·霍尔（Stuart Hall）、爱德华·格利桑、弗朗茨·法农（Frantz Fanon）等学者以批判理论和后殖民思想深刻影响了全球知识体系。加勒比地区未被殖民主义同化的文化之根，不仅为加勒比文学的繁荣及其在国际文坛影响力的提升奠定了基础，而且为加勒比文化主体性的建设提供了维系的纽带。

正是在这一背景下，我们推出了国内首套致力于展现加勒比地区的文学文化及社会历史等诸方面的"加勒比译丛"，希望通过这一系列译作，引导中文世界更深入地了解加勒比文化、历史和思想。这套译丛的编撰，不仅是对加勒比文化资源的整理，也是中国学界对全球南方文化对话的一次主动参与。加勒比作为全球化的前沿区域，其历史经验和文化创造力，对于我们理解现代世界体系、后殖民议题、多元文化交汇等问题，具有不可替代的重要性。然而，长期以来，加勒比研究在国内处于相对边缘的地位，其历史和文化往往被归入欧美殖民史的附属研究，而缺乏独立且必要的学术关注。对于中国而言，研究加勒比不仅是拓展全球史视野的关键环节，更是深化全球南方知识体系交流的重要举措。加勒比的历史经验为全球南方提供了一种去殖民化与文化复兴的模式，其克里奥尔文化的包容性、多元性和创造性，为全球文化研究提供了新的范式。在全球知识体系重构的背景下，加勒比提供了一种不同于西方主导模式的全球文化叙事，它既强调去殖民化的知识生产，也展现了文化融合的创造性路径。与此同时，中

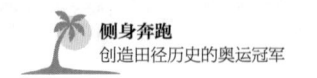

国与加勒比地区在国际政治、经济和文化交流上的联系正在不断加深，这也为加勒比研究在中国的发展提供了现实的契机。

"加勒比译丛"的编撰不仅是为了将加勒比的文化、文学与理论著作翻译成中文，使之进入中国读者的视野，更是为了通过这一系列作品，促进中国学界与加勒比的对话，推动全球南方的知识共建。我们希望通过这些文本，为中文世界打开一个理解加勒比的窗口，使加勒比的思想资源融入中国学界的理论探索，从而在全球南方知识体系的构建过程中，发挥更为重要的作用。

在全球变革的时代背景下，加勒比文化为我们提供了极具启发性的思考路径：如何在全球体系中保持文化韧性？如何从历史创伤中寻求主体性重建的可能？如何在全球化进程中坚守自我，同时积极融入世界？如何在全球知识体系中确立全球南方的发声权？这些问题不仅关乎加勒比，也关乎中国，乃至整个全球南方的未来。习近平主席在全球文明倡议中强调："坚持文明平等、互鉴、对话、包容，以文明交流超越文明隔阂、文明互鉴超越文明冲突、文明包容超越文明优越。"[①] 加勒比的历史经验及其文化主体性的建构，正体现了这一主张，即全球南方应在文化和知识体系中确立主体性，与全球文明展开平等对话，而非被动接受西方主导的现代性叙述。希望"加勒比译丛"能作为一个起点，让加勒比的故事、思想与经验，在更广阔的语境中被理解、传播与共享，并激发新的思想共鸣。

周　敏

2025 年 2 月于杭州新明半岛听涛阁

---

① 习近平出席中国共产党与世界政党高层对话会并发表主旨讲话. 人民日报，2023-03-16(1).

献给

我的祖国巴哈马

作者的话

本书所记载的事件,均依据波琳的记忆而整理。
尽管对于这些事件,他人可能会有不尽相同的回忆和见解,
但我们已竭尽全力,尽可能精准地还原了那些瞬间。

前 言

我原本可以单独写一本书，专门感谢那些帮助我实现人生目标的人们。从生活在贝恩镇的贫民窟到成为奥运冠军，再到在世界田联担任要职，这一路离不开很多人的支持和鼓励。我感到无比幸运和幸福，感谢所有陪伴我走过这段旅程的人。

特别要感谢我了不起的家人——我所有的兄弟姐妹，以及我的父母，他们用无私的爱和坚定的支持陪伴我成长。与他们一起的，还有我众多的家族成员，包括我的叔叔、阿姨和他们的孩子。我必须向我的教练"爸爸"内维尔·维斯登（Neville Wisdom）及整个维斯登家族致以最深的谢意，他们改变了我的人生轨迹；同时也要感谢卡尔顿·威廉姆斯（Carlton Williams），多年来，他的爱护、资助和支持对我至关重要。

感谢林丁·平德林爵士（Sir Lynden Pindling），虽然我并非总能意识到他给予我的支持，但他对我的人生的确产生了不可磨灭的影响。同样要感谢休伯特·英格拉哈姆（Hubert Ingraham），在我人生的低谷时期，是他挽救了我的运动生涯。

i

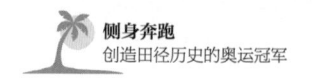

致我的"金牌女孩"姐妹们——埃尔迪斯·克拉克（Eldece Clarke）、萨瓦塞达·菲尼斯（Savatheda Fynes）、钱德拉·斯特鲁普（Chandra Sturrup）和黛比·弗格森（Debbie Ferguson）。即使经历风雨，我们也始终坚持不懈、忠于彼此。就像所有家庭一样，我们或许不总是意见一致，但我深爱着你们每一个人。感谢你们对我的人生产生的深远影响。

特别感谢塞巴斯蒂安·科男爵（Lord Sebastian Coe）以及世界田联的所有成员，他们给予了我极大的帮助和支持。同时，我也要衷心感谢迪克·庞德（Dick Pound）参与本书的撰写，以及他所贡献的宝贵意见。

本书的完成离不开众多了不起的贡献者，以及那些深刻影响了我的人生的人。如果没有他们，这一切都不可能实现。他们是：

洛伦·西格罗夫（Loren Seagrave）、保罗·道尔（Paul Doyle）、唐·迈尔斯（Don Myers）、韦恩·威廉姆斯（Wayne Williams）、特里·特伦德尔（Terry Trundle）、戴夫·拉德亚什夫斯基（Dave Radaszewski）、曼利·沃勒（Manley Waller）、格温·托伦斯（Gwen Torrence）、珍妮弗·英尼斯－斯蒂芬斯（Jennifer Innis-Stephens）、安妮特·门罗（Annette Munroe）、弗兰克·拉瑟福德（Frank Rutherford）、朱迪·怀姆斯（Judy Whyms）、唐·诺尔斯（Dawn Knowles）、杰基·达姆斯（Jackie Dames）、艾伦·平托（Alan Pinto）、弗雷德·斯特鲁普（Fred Sturrup）、玛莲·奥蒂（Merlene Ottey）、格蕾丝·杰克逊（Grace Jackson）、尼克·迪恩（Nick Dean）、斯坦利·米切尔（Stanley Mitchell）、彼得·拉姆齐（Peter Ramsay）、拉弗恩·伊芙（Laverne Eve）、维克多·洛佩斯（Victor Lopez）、阿马迪奥·弗

朗西斯（Amadeo Francis）、布伦特·斯塔布斯（Brent Stubbs）、伊莱恩·汤普森（Elaine Thompson）、沙伦达·路易斯-普赖尔（Sharonda Lewis-Pryor）、弗洛拉·海辛斯（Flora Hyacinth）和全体亚拉巴马队队友包括唐纳德·夸里（Donald Quarrie）、德斯蒙德·班尼斯特（Desmond Bannister）、鲁伯特·加迪纳（Rupert Gardiner）、克里斯蒂·盖恩斯（Chryste Gaines）、沙伦·库奇（Sharon Couch）、帕斯卡·罗林斯（Pascal Rollings）、恩里科·迪奥尼西（Enrico Dionisi）、桑德拉·乔瓦内利（Sandra Giovanelli）、安迪·诺曼（Andy Norman）、凯西·弗里曼（Cathy Freeman）、威尔弗雷德·梅尔特（Wilfred Meert）、格伦·米尔斯（Glen Mills）、唐·科尔曼（Don Coleman）、多诺万·贝利（Donovan Bailey）、朱丽叶·卡斯伯特（Juliet Cuthbert）和迈克尔·约翰逊（Michael Johnson）。

感谢贝恩镇飞人俱乐部（Bain Town Flyers），巴哈马田径协会（Bahamas Association of Athletic Associations），巴哈马奥林匹克委员会（Bahamas Olympic Committee），《拿骚卫报》(*Nassau Guardian*)，《论坛报》(*Tribune*)，亚拉巴马大学（University of Alabama），耐克（Nike），美津浓（Mizuno），彪马（Puma），巴哈马旅游部（Bahamas Ministry of Tourism），巴哈马青年、体育与文化部（Bahamas Ministry of Youth, Sports and Culture），帕尔马德尔小学（Palmdale Primary School），哥伦布小学（Columbus Primary School），D. W. 戴维斯中学（D. W. Davis Junior High School），L. W. 杨高中（L. W. Young Junior High school），以及政府高中（Government High School）。感谢过去所有的队友、训练伙伴和竞争对手——你们知道我说的是谁，也知晓你们对我的人生所产生的深远影响。

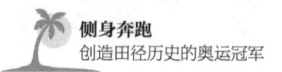

最后,我必须感谢巴哈马人民——他们是我的心脏、我的基石、我的原动力。

谨以此书献给面对逆境奋斗过或仍在奋斗的人们,同时也献给有过成绩被窃取的遭遇的人们。我希望我的故事能够激励你们继续前进,激励你们永不放弃追求梦想。

目 录

1　起跑线　　　　　　　／ 001

2　一颗珍珠悄然而生　　／ 021

3　金牌女孩　　　　　　／ 060

4　成人礼　　　　　　　／ 090

5　红潮队　　　　　　　／ 117

6　峰与谷　　　　　　　／ 150

7　失　宠　　　　　　　／ 187

8　救　赎　　　　　　　／ 218

9　约　定　　　　　　　／ 253

10	挑战巨人	/ 293
11	"有些不对劲"	/ 331
12	向权力说真话	/ 364

参考文献	/ 389
后　记	/ 400
关于作者	/ 407
"加勒比译丛"简介	/ 417
总主编简介	/ 418

1

起跑线

跑步时，我通常会闭上双眼。闭上双眼是为了专注于奔跑的感觉，否则我可能会失去它，那种双脚"咚——咚——咚"敲击地面的感觉。在接近最高速度时，我感觉双腿从身下脱离，整个人开始飘浮在空中。所以，我必须闭上眼睛，集中注意力，确保自己不会飘走。这就是我保持脚踏实地的方法。我把世界上所有其他事物——我周围的一切——全都屏蔽掉，这样我就不会因为分心而忘了自己的节奏。

当我还是个孩子时，在巴哈马，人们总说，我无论去哪儿都会跑着去。

"甜豆儿。"妈妈那时会说——她总是那么叫我，"甜豆儿，我需要你跑步去一趟商店，听清楚我在这里跟你说的每句话。"

当我还是个女孩时，我总是在院子里或者大街上玩耍。我们租了一间有粉色墙壁和白色装饰线条的木板房，没有电，也没有自来水。房子很简陋，家具也很少，但是非常干净。我们用井里打上来的水洗衣服，把老旧的木地板擦得锃亮——妈妈想要在地板上照见她的脸，所以我们会把椰子切成两半，放在前廊上晾上几个小时，直到它变得十分毛糙，跟刷子一样，以便用来擦地板。

妈妈过去常说："当你穷的时候，有很多事儿你都需要知道。"

换句话说，你要想办法利用好手头的东西来过日子。所以我会用椰子壳去擦地板，把地板擦得锃亮。

当椰子树的树枝掉下来时，我们会把它们收集起来打扫房子；水槽里不允许留盘子，绝对不允许。你必须收拾干净并保持整洁。所以，作为一个女孩，我总觉得——不知道别人是不是和我一样——妈妈认为她必须教我明白某些事儿。

我们买不起太多东西，但妈妈记得有一个圣诞节的早晨，她给了我一个洋娃娃。我做的第一件事就是拆掉它的头，然后卸下它的胳膊和两条腿，只拿着肚子玩。

"波琳，你得把娃娃的腿安回去。"妈妈说。

"不，妈妈，我长大了要当一名外科医生。我需要学习如何做手术。"

听到我的回答，妈妈甚至都没笑——她大吃一惊：她的女儿（家里六个孩子中的一个），还这么小，竟然在贫民窟里做着当外科医生的梦！

"好吧，我会一直帮你。"妈妈记得她当时这么说，"我会尽我所能让你读完大学，这样你就可以成为一名医生。"

在我家，家规和教育是最重要的。妈妈在这两件事上绝不含糊。

我只能想象她当时心里在想什么。当时，那个圣诞节，送她

1 起跑线

的女儿上大学是一项不可能完成的任务——就好比送我上月球一样。但在我小的时候,我从未感觉到梦想被打压。爸爸妈妈从未让我觉得我的梦想是不可能实现的。他们让我去梦想。

"甜豆儿!"她又喊道。我从不让她等太久。

我马上从杧果树上跳下来,飞快地跑到她身边。

我的妈妈,梅尔·戴维斯·杜桑(Merle Davis Toussaint),是一位美丽的女性。她来自牙买加,有着一头深色长发,深色的眼睛炯炯有神,深棕色的皮肤略带金色光泽。

她的祖母,我的曾外祖母,来自印度,是 19 世纪末从印度次大陆移民到牙买加的庞大群体中的一员。我母亲身上一半的印度血统让她看起来不同寻常,充满异国情调,我想我大概也继承了这一点。成年以后,我依然记得在机场被陌生人拦住的经历。

人们会问:"你有印度血统,对吗?"

每当这种事情发生时,我总是不知道该说什么好。毕竟,我根本不认识问我的这些人。但这总让我意识到,我身上流淌着丰富的文化血脉。

我的外祖母在妈妈五岁的时候就去世了。从那时起,妈妈的姨妈就一直照顾着她,并最终把她带到了巴哈马,开始了新的生活。从那以后,妈妈的生活永远地改变了。我想,从某种意义上说,我的生活也是如此。

梅尔·戴维斯·杜桑站在我们的小木屋前,手里拿着几美元、两个草篮子,但没有购物清单。她会把所有要买的东西说出来——我必须当场记住。

"我往地上吐口唾沫。"妈妈那时常说,"在那口唾沫干之前,你要带着我刚刚让你买的所有东西回来。"

"好的,妈妈。"我会恭敬地回应,并伸手接过钱。

003

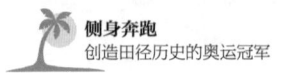

我甚至都不会等着看她吐唾沫，就撒腿跑出去了。

出发！我光着脚，穿着家居服，沿着弗莱明街一路狂奔。毕竟，在我出生和长大的巴哈马，天气是炎热的——那口唾沫已经在嗞嗞作响了。

我总是光着脚跑，在我很小的时候就是如此。重要原因是我们每人只有两双完好的鞋子——一双上学时穿，另一双去教堂时穿。我们没钱买日常穿的鞋子，所以我学会了光脚跑步。

"你上学时脚上穿着两只鞋。"妈妈后来告诉我，"但回家时手里却只拿着一只，另一只掉在街上某个地方了。我会问：'甜豆儿，你的鞋子呢？'"

我会冲进家门，冲进她的怀里，给她一个大大的拥抱。"妈妈！我是跑回来的！"

"跑回来的？"妈妈会说。

"是啊！我跑得可快了！"

四五岁时我就已经意识到自己能跑得很快，从此再未停下来。

弗莱明街（Fleming Street），我长大的地方，位于新普罗维登斯岛（New Providence）上的一个古老定居点——贝恩镇（Bain Town）。除非你来自巴哈马，否则你可能从未听说过这个地方。贝恩镇位于岛屿的内陆，距离田园诗般的白色沙滩和清澈明亮的蓝色海水有数英里之遥。那些沙滩和海水让拿骚（巴哈马首都）在乘坐喷气式飞机远道而来的游客和富有的房产业主中声名远扬。那个时候，我的祖辈并不是那样看待海滩的——他们没有看到蕴藏在那里的价值不菲的房地产和自然景观。是的，他们可能去那里游过泳，但在他们眼中，海洋是危险的，不仅有被淹的危险，热带风暴和飓风对最初的巴哈马人来说也是现实存在的

1　起跑线

威胁。因此，搬到内陆在他们看来并不是一件坏事，那意味着安全和保障。

18世纪初，巴哈马成为英国具有战略意义的殖民地，人们开始打击该地区的海盗活动。这种情况一直持续到1973年——那一年我的国家终于获得了独立。所以，当我在1966年7月9日出生时，英国的影响在岛上仍然随处可见，从靠道路左侧开车的驾车者，到海湾街（Bay Street）的英国议会，再到沿街行进的巴哈马警察，他们穿着整洁的白色布雷泽外套，头戴圆顶礼帽。在成长的过程中，我目睹了我的国家从殖民地成为一个独立的国家。在很大程度上，这段殖民历史塑造了后来的我。

美国独立战争后，成千上万的英国保皇派在巴哈马被赠予土地并定居下来，带着他们的奴隶。但1834年奴隶制在巴哈马被废除后，我的国家便成为被解放的奴隶的避风港。

那时，人口分布呈现明显的区域特征——欧洲人留在沿海地区，而前奴隶在内陆建立定居点。这些定居点也被称作"山那边"。这是因为当你沿内陆走上一两英里时，那边真的有座山。海盗和后来的英国人在那里建造了堡垒，从远处监视以防御入侵者。这些堡垒之后就成了贝恩镇社区，最初的奴隶定居点之一。

甚至在贝恩镇之前，那里就有个地方叫格兰茨镇（Grants Town），是以英国军官和殖民地长官刘易斯·格兰特爵士（Sir Lewis Grant）的名字命名的。随着时间的推移，这些定居点逐渐发展壮大。最后，一位名叫查尔斯·贝恩（Charles Bain）的巴哈马成功商人买下了格兰茨镇旁边的土地，并以合理的价格将其出售给了奴隶们。多年后，这两个镇合并了。今天，这个地方被称为贝恩和格兰茨镇（Bain and Grants Town）。

时间轴快进到我成长的20世纪70年代：弗莱明街上有一排

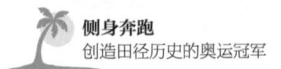

房子,和我们的房子差不多——大多是小型的木制房,有些色彩鲜艳,保养良好;其他的要么破烂不堪,要么晦暗陈旧,被咸涩的海风侵蚀着。

是的,我们很穷,但我们从不认为自己穷。

我们有很多事情可做,毕竟,我周围的世界就像一片丛林。这儿活脱脱就是一个郁郁葱葱的热带游乐场!到处都是果树:杧果、糖苹果(番荔枝的近亲)、木瓜、人心果。这些水果在当时非常丰富,我们所到之处,它们都在疯狂地生长着。所以,那时我们就这么四处游荡,找到什么就吃什么。每个后院都有一个花园,我们称之为大地供应商——爱尔兰土豆、木薯、红薯和卡拉鲁(类似菠菜)是我们的主食,都被扔进沸腾的锅里。

我们依靠土地生活,拥有完全的自由,任想象力自由驰骋。

我们小时候最大的美味之一是"滋味茶"(switcha)——我们自己的"酷爱"牌饮料(Kool-Aid)①。家家户户的院子里都种着酸橙,它们看起来像青柠。我们会把它们收集到衬衫里带回家,无论是从地上捡的,还是从树上摘的,把它们挤进一个杯子里,加糖就行。当然,我们没有冰,但它尝起来还是很棒!

如果有点钱,我们就去街角的小卖部买新鲜烤制的面包。那儿还卖香肠。我们买了面包,买了香肠,用蛋黄酱把它们猛地一夹——砰!这就是"猛击巴马面包"(Slam Bama Bread)。

弗莱明街是一条铺好的路,尽管这里也有很多土路。有时我们甚至不走正儿八经的路,因为当时的贝恩镇有很大一块还未开发。如果我们想快速去某个地方,那么每个孩子都知道如何冲下街道,"穿越灌木丛"。不知怎的,我们那时身体里好像都有个指

---

① "酷爱"牌饮料(Kool-Aid):黑人贫民窟常见的廉价饮料。本书中的脚注,均为译者注。

南针,我们知道从哪里钻进去,从哪里蹿出来。

房子里禁止玩耍,所以我们的整个童年都在外面度过。我记得我们以前会在椰子树上进行接力赛。每个队伍排成一行——各就各位,预备,跑!我们会冲刺到树下并爬上去。游戏的目标就是挑一个椰子,打落到地上,然后滑到树的底部,下一个人接着上树。

朋友那时常问我:"你怎么这么快就上去了?"

我耸耸肩——速度快对我来说就是天生的。

小时候,我就已经很好胜了——总想赢。那时我们经常玩的一个游戏叫玩弹珠,"那些诱人的大弹珠"——我们以前常常这样叫它们。但一般只有男孩们玩这个游戏。这对我来说没多大关系——我硬是挤进去一起玩。我想说,从小到大,我也喜欢裙子,喜欢打扮得漂漂亮亮的,但我是个假小子,哪里有比赛哪里就有我,我喜欢接受挑战。

爸爸有时会有点担心,他会在屋子的前廊看着,看我被一群男孩包围。我就在他们中间,玩弹珠,踢他们的屁股。

足球也是如此。女孩们在成长过程中一般不踢足球——它不是女孩子该玩的。但这阻止不了我踢足球。我非常想踢足球,以至于为此剪了头发,以便能和男孩们混在一起踢。这样一来,学校的老师就认不出我了——至少我是这么想的。

"波琳!是你吗?我知道是你!"朱迪·怀姆斯(Judy Whyms)——我的体育老师,会从操场的另一边对我大喊。

我会快速跑出球场,她会跟在我后面跑。有时男孩们会给我预警,我就可以顺利逃脱而不被抓住。

事后,她会说:"波琳!女孩子不踢足球的!"

"怀姆斯太太,你看错了吧?"我会一脸无辜地回答,"我不

踢足球的。"

如果有人对我说,"波琳,你不能做这件事",我就会更想去做——这种心态对我后来帮助很大。

作为孩子,我们什么都拿来玩。没啥玩具,我们就自己找乐子。所以我们爬树啊,踢罐子啊,一点儿也不觉得日子苦闷。那是一段快乐的时光。当然,在那个时候,我有很想要的东西,也有得不到的东西。但是生活的必需品,我们还是有的。

当我光着脚沿着弗莱明街狂奔,经过那些小木屋时,我脑中一直记着妈妈告诉我要买的东西。在路上拼命奔跑时,我常常闭着眼睛,任草篮子在我手腕上来回晃动,只有在需要看清街道方向时,才睁开眼睛,但也只睁开一会儿。我看到前方有一些老人坐在门廊上。

对我来说,放慢速度并不容易,但看到长辈时我还是会停下来。

"早上好,夫人。""早上好,先生。"我会边打招呼边匆匆赶路。

这是基本的礼貌。你必须这么做。贝恩镇里居住的都是很普通的家庭,物质条件都不富裕,但人们尊敬长辈。在贝恩镇,大家都相互熟悉。每个人都认识你,或者你的家人。

我们就是在这样一个镇上长大的。贝恩镇的族长——社区中最年长的人——通常会为孩子们做很多事情。我最好的朋友的祖母——玛丽女士,经常叫我去她家喝汤,或者她炉子上有什么就用什么款待我。

我从来不知道她的全名——只称呼她玛丽女士,她是一个高大健壮的女人,知道我们每个人的名字。不少被放养的孩子在附近玩够了就跑到她家的餐桌旁坐下。那一刻,我们都是她的孩子，手里拿着碗和勺子，啜饮着她做的汤。

当时就是那样——人们互相照顾。如果我有啥，而你没有，我就给你。就像我说的，我不知道我们穷——但在某种程度上，我也是知道的。

我的意思是，你知道自己是在贫民窟长大的，这一点很清楚。但你被如此多的爱包围着，穷不穷没关系。那时候没有犯罪。20世纪80年代那场悲剧，那场夺走了许多年轻男性的生命、摧毁了许多家庭的毒品交易，这时候还没有显现出其影响。在我成长的年代，这里从来没有发生过暴力事件。孩子们自由地进出别人家，家家户户都不上锁，你可以随心所欲地外出"探险"。如果邻居不认识你，他们会问你是从哪里来的。他们会告诉你快点儿回家去，甚至会亲自送你回家。

大人们会保护孩子，不管你是不是他们的孩子。他们会照顾你，确保你没事。如果你做错事儿，就会被打屁股；如果你被揍了，回家后也不能告诉父母，不然又是一顿揍。

和妈妈一样，我的爸爸在管教孩子方面也从不含糊。

林肯·亚伯拉罕·戴维斯（Lincoln Abraham Davis）在巴哈马的长岛长大，那是距拿骚东南方向大约两百英里的外岛之一。

爸爸的声音很低沉，不太爱说话。但当他说话时，他总爱讲笑话。前面我说他在管教孩子方面从不含糊，并不是说他不关爱我们。爸爸心地善良。他教我如何做饭，周末带我们去海滩玩，给我们买冰激凌。

平时爸爸去上班的时候，我们是不被允许单独去海滩的。所以我们会在他去上班后等上一会——通常至少两小时，以防他回来。然后一群人才会去海滩玩。巴哈马的爸爸妈妈们不会让他们的孩子独自下海——这绝对不允许。在回家的路上，你最好确保

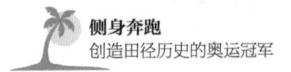

用清水把自己洗干净了，尤其是耳朵后面。

所有巴哈马的家长都能在他们孩子的耳朵后面找到盐。如果他们找到了，你最好做好吃一顿"鞭子炒肉"的准备——那时候我们都这么说。

鞭子来自一种叫罗望子（tamarind tree）的树。它们原产于非洲，结有棕色、类似豆荚的果实。果实倒没什么——我们害怕的是它的树枝。那些树有着细长而结实的枝条，叶子看起来像绿色的蕨类植物。

"去拿树枝来。"爸爸会说。

每个巴哈马孩子都知道"树枝"是什么意思。他们都会在某个时候不得不这么做。无论是你耳朵后面有盐，还是其他什么，"去拿树枝"就意味着一件事：你会低着头灰溜溜地走出去，扯一根罗望子树的枝条。不要企图带回一根小的枝条——他们会让你再出去找一根更大的。

于是你会看着那些罗望子树，试图破解这个既困难又令人不安的任务——我该选哪根枝条呢？

我也曾到罗望子树下找树枝——那是我唯一不会跑着去做的事儿。

爸爸在酒店上班。他工作的地方叫桥亭酒店（Bridge Inn），就在天堂岛桥的脚下。和现在一样，旅游业是当时的主要产业。

蒙特哥海滩酒店（Montague Beach Hotel）和英属殖民地希尔顿酒店（British Colonial Hilton）都相当有名气。那些大楼当时感觉就像城堡一样，里面住满了拿着大把钞票来消费的游客。他们大多来自美国，也有来自加拿大、英国或欧洲其他国家的。爸爸主要给桥亭酒店的老板——一个很有钱的白人——开车，比如，他经常开车送老板的孩子上学；如果老板不需要，爸爸就会在餐

1 起跑线

厅帮忙。我记得他的老板是个和蔼的人,爸爸为他工作了多年。他很照顾我们一家,以至于他和他的妻子成了我弟弟妹妹的教父教母。

他们在拿骚的凯布尔海滩(Cable Beach)有一处很大的住所,那是拿骚较富裕的地区之一。他们会邀请我们去他们家游泳。我记得他们的佣人会给我们做三明治。有时,他们从佛罗里达回来,还会带些衣服给我们。

多年以后,我记得他们给我们家买了一台黑白电视机。那时候我们家已经通电了。我们是街上第一批拥有电视机的家庭之一。

他们是很好的人——我们感觉自己就像是他们的孩子。

当然,成长过程中,你也能感受到住在"山那边"的人,和那些住得起酒店或沿海而居的人之间的差距。那段历史一直延续着。尽管,说实话,在我们社区内部也有这样的差距。比如弗莱明街尽头的基思鸡排店,它是阿兰哈家族的产业。那里是广受欢迎的吃炸鸡和薯条这类食物的地方。他们住的房子在后面,与商店相连。我们两家的院子仅一墙之隔。我会在后院用井里打上来的水洗衣服,从那里我能看到他们家亮着的灯。一墙之隔,他们家有电有自来水。这在当时的贝恩镇来说非常奢侈,也是独一无二的。他们家的孩子和我们差不多大——但从不和我们一起玩。他们的生活完全不同,因为他们的祖父拥有基思鸡排店和街角的加油站。

多年以后,那家的一个儿子在街上朝我走过来,祝贺我的成功。他握着我的手,问我是否记得和他一起长大,那时他好像已经不介意我小时候家里穷了。但过去,在弗莱明街上,这点却影响很大。

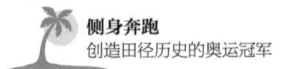

我气喘吁吁、满头大汗地在巴特勒食品店前来了一个急刹车。这是一栋位于拜尤山路（Baillou Hill Road）上的单层房屋，就在我们那条街的尽头。大米、腌牛肉、一小撮盐和食用油——我脑子里都记着呢。我总是很有礼貌，开始找妈妈要的东西。

"是的，女士。谢谢您，女士。"我把妈妈给的钱递给店员，把东西塞进草篮子里。

然后我再往回跑，沿着弗莱明街跑回家，脑子里还清晰地记得妈妈吐在地上的那口唾沫。

妈妈经常在周日打发我去商店，因为那天的饭是一周中最重要的饭。周日是家庭聚会、庆祝和感谢上帝赐福的时刻。我们可能会有山羊肉吃，或者牛肉和鱼，也许还会有海螺或龙虾。平时你可能吃得不怎么样，但周日你会吃得很好——我们那时候就是这么想的。

最重要的是，巴哈马是一个信奉基督教的国家。从我出生的第一天起，我就成长在十分严格的基督教原则和传统中，即便按照巴哈马的标准来看也是如此。

周日，我有时会和爸爸一起去教堂，他是一个浸信会教徒（Baptist）。但我妈妈完全不同——她是一个基督复临安息日会的信徒（Seventh-Day Adventist）。这个教会以将周六视为安息日和一周中最神圣的日子而著称。这样的日子从周五的日落开始，持续到周六的日落。所以妈妈会在周五完成所有的烹饪，一旦太阳下山，就不会再有任何烹饪活动。我记得，在周六早上，我们会起床去教堂。去教堂时，你最好看起来体面些，所以我拥有的最漂亮的衣服——比我别的任何一件衣服都漂亮得多——是为去教堂准备的。

我妈妈过去会做一些针线活，她会给我做裙子，有时甚至还会请女裁缝为我做些特别的东西。我们会手牵着手,穿着为教堂专门准备的鞋子,"嗒、嗒、嗒"地走着,一起去教堂。我戴着我的小帽子,用一根橡皮筋系在下巴下面,牢牢地固定着。

下午一点左右我们回到家时,会吃点妈妈前一天做的东西,然后学习《圣经》。我们会唱歌,或者去别人家做祷告,然后会再次诵读《圣经》,直到日落。

所以,星期天和爸爸一起做完礼拜后,是一段比较放松的时间,尤其是当所有的家务都完成之后。

当我拿着妈妈要我买的杂货打开家门时,我有时会听到我家那台红色小唱片机响亮地唱着奥蒂斯·雷丁(Otis Redding)的爵士灵歌,或者珀西·斯莱奇(Percy Sledge)的福音歌曲。那个唱片机看起来像个手提箱,放那些每分钟45转的黑胶唱片。我非常喜欢它。当然,我家家规很严,不能经常放音乐,但我们会庆祝所有的好事儿——尤其是当有人把好成绩带回家,或者在学校的比赛中获奖时。

妈妈会围着一口大锅辛苦地忙上半天,为我们准备周日的晚餐。她奔来跑去,到后院去挖些这个,整点那个,然后都放到锅里——比如卡拉罗菜叶或红薯,边做饭还要边顾着孩子们。爸爸会在厨房外面和孩子们跳舞,旧地板在他们脚下嘎吱作响。他还会说服妈妈出来和他共舞,并给孩子们示范该怎么跳。

我们的家总是充满活力。家里有七个孩子,我排行老三,上面是我的姐姐伊佐娜(Izona)和哥哥彼得(Peter)。

下面是比我小四岁的弟弟皮特(Pete),然后是比我小六岁的弟弟马丁(Martin)——但我们大家都叫他中间的名字:奥蒂斯(Otis)。这在我们周围很常见——经常会有一个孩子和另一个孩子同名,所以你会直接叫他中间的名字;或许有人只是更喜

013

欢他中间的名字,所以他们就喊那个名字了,并且一直这么喊。我最小的妹妹,比我小十岁的丽莎(Lisa),是个更不寻常的例子:从第一天开始,我们就叫她丽莎,但当妈妈拿着出生证明把她带回家时,我们看到她的法定名字是莉西亚(Lecia)!我猜是医院的工作人员把名字写错了。最后,是小我十一岁的小弟,狄俄尼索斯(Dionysus),但我们大家都叫他纳尔逊(Nelson)。显然,在那个位于贝恩镇的窄小的木板房里,名字并不是最重要的东西。

爱才是最重要的东西,而且我们所有人都被爱浓浓地包围着。

当然,我们也被管得很严。如果你在贫民窟长大,而你的父母又望子成龙,那么你的生活可能会很艰苦。

我把妈妈让我买的杂货放到厨房的桌子上,旁边是一本书和一根皮带。这两样东西在我家里始终存在,清楚地提醒着我们成长过程中要做的选择。

和所有孩子一样,我放学回到家后,就想和朋友们出去玩。妈妈会坐在那里专门等着我。我会走进我的房间,换上在院子里穿的常服。但在我出去玩之前,妈妈却想着别的事儿。

"你要去哪里?"她会问。

"哦,去前院。"我会回答,边回答边往外走。

"不,你不能去。"她会抓住我的胳膊,"过来。"

妈妈把我带到桌子前,在我的座位上是一本书,旁边是一根皮带。她不需要说什么,我所要做的就是拿起其中的一个。

我坐下来,拿起了书。

然后妈妈有话要说。

"你最好坐在这里,读完这本书,写下你读的内容。"妈妈继续说,"然后,你再出去玩。"

每次的书都不一样,我一本都记不得了,但我确实记得那个任务,非常简单,读那本书,然后把读到的内容写下来。

这就是我小时候的日常,日复一日。妈妈将书和皮带视为帮助我们摆脱困境的一种方式。她用这种方式确保我们能读会写,确保我们自律。

回想当时,她这样描述:"当我和我现在认识的人交谈时,他们看看波琳,看看我别的孩子,然后会说:'哦,如果可以重来,我会照你的方法来做。'我会说:'我这本书对你来说太脏了。'我之所以说太'脏'了,是因为它太难了。我就想为孩子做点事,让他们去他们想去的地方。"

书和皮带并不适合所有人。如今,有些人甚至对这种教养方式嗤之以鼻。但那些人应该不是在贝恩镇长大的。

回顾过去,我很感激妈妈那些脏兮兮的书页。我不确定如果没有它们,我是否会成为今天的我。抛开教育不谈,它让我爱上了阅读,它教会了我独处——享受和自己在一起的时光。那个来自弗莱明街的赤脚女孩,在没有自来水和电的木板房里,花了无数个小时坐在厨房的桌子旁,与书和皮带相伴,她学到的不仅仅是读和写。

当时我并不知道,未来我会走一条孤独的道路。当人们看到挂着奖牌和捧着奖杯的运动员时,他们看到的只有荣耀和收获成绩的时刻。但我的道路常常是孤独的,一路充满了付出,一直需要自律——一个人从一个城市到另一个城市,从一国到另一国,代表着我小小的祖国,独自面对世界。现在回过头来看,能够做我自己,快乐地做自己,是非常重要的。书籍是我这场旅程中值得信赖的伴侣。

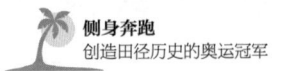

那些脏兮兮的书页让我一直保持脚踏实地、保持谦逊。

我很小就感受到了肩上的责任。作为家中的大孩子之一，我和姐姐负责带弟弟妹妹们去上学。在十岁之前，我就已经知道如何打理家务，保持家里干净整洁。到了十几岁的年纪，我俨然已经是个小大人了。有时我会去花园里采卡拉罗菜叶，在爸爸妈妈忙的时候给弟弟妹妹们煮卡拉罗汤。不久后，我甚至也会把那条皮带放在桌子上，教我的弟弟妹妹们读书和写字。

家里有这么些孩子也意味着我们要喝很多的水。后院的井水不适合饮用——那是用来洗衣服或做饭的。我注意到客厅一角放着的那些水桶已经干得见底了，那可不行，尤其是对周日晚餐来说。我和姐姐负责确保家里始终有饮用水。

当你看到桶见底了，就要去把它们装满——否则就要挨鞭子。

所以，当我的兄弟姐妹在跳舞时，我还有一个额外的工作要做。

我会再次出门，拿着水桶去"政府水管"那里——妈妈就这么叫它，大家也叫它政府水龙头。对于我们这些社区里没有自来水的人家来说，这就是我们的生存方式。

政府水龙头在路的尽头，大约150米远——正好一个冲刺的距离。我从家里出来，左拐，然后飞一样地跑过去——是的，我到哪儿都是跑着去的。但我取水时选择冲刺而不是悠闲地慢跑还有另外一个原因，那就是我不怎么喜欢去政府水龙头那里。

你看，政府水龙头并不是我最喜欢去的地方。

我前面说了，那时的贝恩镇是一个村庄，总体上是很安全的，没有人会伤害你，抢劫你，或者弄伤你。但对于我这样一个即将进入青春期的年轻女性来说，这里有时会让我感到不大舒服。

严格来说，我那时候还是个孩子，但已经有了成年女性的身体特征。

我的家居服通常是短裤配小背心，有时妈妈也会让我穿裙子。但是随着我慢慢长大，开始发育，爸爸妈妈会让我穿些宽松的衣服，这样我就不会引起太多的注意。当我穿裙子时，妈妈会坚持要我在里面穿上短裤。妈妈非常朴素，平时不戴首饰，也不化妆。我们是一个信奉基督教的家庭，我们一直遵循这些生活准则。

我知道，在去政府水龙头的路上，会有一些男孩子在等我——那时我们叫他们"坏男孩"。他们会在街上玩耍，或者在树下闲逛。就像我之前说的一样，我不认为他们想要对我造成任何实质性的伤害，但他们不羞于对我进行各种骚扰。

"过来，大屁股妞！"他们会这么说，拿我的臀部寻开心。

而我绝对接受不了这些。

每次，我都会希望他们不在那里。

一只脚在另一只脚前面交替着，"咚、咚、咚"，我沿着弗莱明街冲刺了 150 米。像往常一样，我闭着眼睛，只微微睁开一条缝隙环顾四周——到目前为止一切顺利。政府水龙头就在路边：一根长长的黑色的摇竿。你必须把它摇上去——打上水——水才会喷涌而出。

我光着脚，一个急刹车，把水桶扔在地上，开始抽水，偶尔瞥两眼周围——男孩们没有出现——也许今天会是轻松的一天，我想，我今天应该不会被骚扰了。

于是我开始抽水，长长的摇竿一上一下。几下之后，第一小股新鲜的细流缓慢落到我干透的水桶里。不一会儿，水就开始正

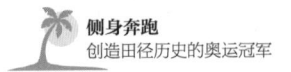

常涌出。一两分钟后,我的水桶就满了。接下来就是最难的部分了。

我需要冲刺回家,手里还要拎两个没盖子的水桶,里面装满了不停晃荡的水。

我正准备闭上眼睛冲回家时,一眼瞄到出现在街角的男孩们。我知道我需要做什么——我甚至没有犹豫——深吸一口气,我拎起两只水桶,沿着街道开始全速奔跑,感觉整个人又像是飘浮着了。我闭上眼睛以便集中注意力,一只脚在另一只脚前面快速交替,找到自己的节奏,"咚、咚、咚"——我能听到身后男孩们的嘲笑和尖叫。

"过来,波琳!过来,你这大屁股妞!"

他们不可能追上我。但这不是一场简单的赛跑,我可不能拎着空桶回家——会挨鞭子的,所以我不想洒掉任何一滴水。

你有没有试过提着满满两桶水冲刺?那可不容易。

当然,在那种情况下,你不会太考虑姿势——事实上,你根本啥也不会考虑,你要做的就是把水满满地带回家。当我沿着贫民窟中心的弗莱明街,从那些男孩身边跑过时,我会把身体扭到一侧。这个姿势对我来说再自然不过——还能有别的什么姿势来保护水不洒出来吗?

于是我就那样,双手靠近下巴,身体侧向一边。

我当时就是在侧身冲刺!

实际上,我当时并不知道自己在做什么。现在回想起来,我的眼睛是闭着的,我想是我的大脑告诉我必须这样做——在跑动时把身体转向一侧。对我来说这种姿势很舒服,而且不会洒掉任何一滴宝贵的清水。

德怀特·马歇尔(Dwight Marshall)记得很清楚。他是那天追我的"坏男孩"之一。多年后,他变成了一个好人,实际上他是我最好的朋友之一。

他和我一样,在我们这个穷人社区里努力学习,不像其他大多数人。许多那时追赶过我的男孩在后来的人生竞赛中被淘汰了。他们中的许多人过了一些年就死了,成为20世纪80年代毒品时代的牺牲品,当时我们的社区也深受其害。但德怀特没有。事实证明,他也是一个有天赋的运动员——一个篮球运动员。我们的父母都无法负担我们的大学费用,体育是我们上大学的通行证。

所以他努力读书,打篮球,后来获得了佛罗里达纪念大学(Florida Memorial University)的奖学金,现在他正走在成为德怀特·马歇尔博士的道路上。

"波琳那时只是想躲开麻烦——没有人能追上她。"德怀特回忆道。

"但她从来没有学过任何跑步技巧。当她跑的时候,她的手和手臂都紧紧顶着她的脸,整个身体侧向一边,就好像在侧身奔跑。这几乎成了她的日常。'波琳来了!我们必须追波琳!'虽然没有人能追上她,但她就是这么做的,还提着两只水桶。如果你把水桶从她手里拿走,那她就跑得更快了,任何人都追不上她。"

为了节省时间,在这段150米冲刺的最后,我会从街道上冲下来,拐弯,穿过邻居的院子。

"这就是她能那么快跑完200米弯道的原因。"德怀特笑着说。

那个小女孩对即将发生在她身上的事情一无所知。她不知道有朝一日,贝恩镇会被一个灯火辉煌的体育场所取代,体育场里挤满了成千上万的人，为她尖叫，仔细剖析她的每一步。她不知道数百万人会在全球各地的电视机前观看，或者通过收音机收听比赛赛况。她不知道弗莱明街上尘土飞扬的街道最终会变成一条橡胶跑道，而她手中的水桶，会变成接力棒，但没有人追赶她——她将超越地球上最顶尖的短跑运动员。

这个侧身跑的女孩的人生将会发生巨大的变化。

如果有一天我真的有了翻天覆地的变化，那么那些脏兮兮的书页就是我的根。我是一个女孩，一个学着赤脚奔跑的女孩，一个提着装满水的桶、扭着身子奔跑的女孩，一个穿过巴哈马新普罗维登斯岛贫民窟奔跑的女孩。

除了那两桶水，我还扛着责任的重担——在某种程度上，我总觉得有人在追赶我，总有一些东西亟待我去证明。

多年后，那个女孩会挺起腰杆站直！她将打破世界纪录，赢得金牌，击碎有色人种女性头顶的天花板！但在那之前，我得讲讲一盘模糊的录像带，以及一位不敢相信自己眼睛的教练的故事。

2

一颗珍珠悄然而生

我刚从学校回到家,就听到有人在敲纱门。我匆忙换上居家服,把校服叠好放在床边,然后跑进客厅——但突然停住了脚步。

透过纱门,我看到一个我不认识的男子。

这挺麻烦。首先,这是贝恩镇。就像我前面说的,这是养育我的村庄——一个紧密联系的社区。你认识所有的大人,大人们也都认识你。但这个男人,我从未见过。另一个问题是,爸爸还没下班,妈妈也没回来。那时我十四岁,多年来——从我学会说话起,爸妈就反复叮嘱我,永远不要和你不认识的男性说话。所以当我看到门口这么个高大瘦长的身影时,我感到吃惊并警惕起来。

"波琳?是你吗?"他问道,眯着眼透过纱门往里看。

听到他的声音,我突然回过神来,这也给我增添了几分勇气。我大步穿过客厅,站到门口,带着一种坚定的、不畏挑战的

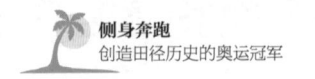

姿态。

"我爸爸会生气的。"我严厉地说。

"你爸爸在家吗？"

"不，我爸爸不在家。你最好现在就离开这里。"

他犹豫了一下，似乎还想说些什么，但最终还是没开口。我想他能从我的眼神中看出些什么——我是认真的。

所以他慢慢点点头，再没说一句话。当他转身离开时，木地板在他锃亮的皮鞋下嘎吱作响。我恢复了镇定，细细打量了他一番：他刮了胡子，穿着刚熨烫过的便裤和带领子的衬衫。他看起来很体面——应该是受过教育的人。我看着他走下门廊，转弯，然后消失在视线中——就像我要求他做的那样。

他肯定就走到我刚好看不见的地方——也许就站在街角，或者去他的车里坐着。不管怎样，大约一个小时后，我听到外面的门廊上有说话声和脚步声，那时我正在厨房弄吃的。

我冲进客厅去迎接爸爸——他身旁就是之前那个男人。

是的，他按照我说的做了——离开了门廊，但显然，他要和爸爸说完话才肯真正离开。

我们的目光再次相遇，但这次我的语气不同了。

"下午好。"我轻声说。

他朝我点头微笑——尽管我看得出，那一刻，他正全神贯注地和爸爸讨论着重要的问题。他是来找爸爸的，不是我。所以我退到厨房，走进后院。当我为那天的晚餐挖土豆时，我仍能听到他们模糊的谈话声。

望着远方，我脑海中充满了万千思绪。我对门口的这个神秘男人感到惊讶，但我也知道那段时间的确有人在找我。

*　*　*

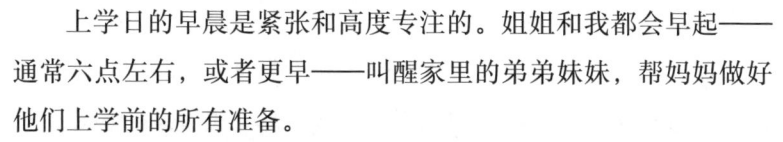

上学日的早晨是紧张和高度专注的。姐姐和我都会早起——通常六点左右,或者更早——叫醒家里的弟弟妹妹,帮妈妈做好他们上学前的所有准备。

伊佐娜负责确保每个孩子都吃了早饭;妈妈负责准备午餐;至于我,我的任务是确保所有孩子穿着干净、熨烫过的校服去学校。虽然我们不富裕,但我们有自尊,尤其是在和教育相关的事情上。我还记得那个沉重的金属熨斗,上面有一个带盖儿的小口,可以放入炭。我会把熨斗挂在火的上方,直到它变得滚烫,然后用它来熨烫衣服。

那是1980年,当时我十几岁,但这项精细的活儿我在九岁时就会做了。

弟弟妹妹们上不同的小学,所以我和姐姐会分开送他们去学校。这是一段漫长的跋涉,孩子们有一半的时间都是昏昏欲睡、脾气暴躁的。你得用力拖着他们走,有时我还会把他们扛在肩上,看着巴哈马炎热的太阳在我们前方升起。

这就是我们不得不早起的一个主要原因——我们要走上将近一个小时的路才能把他们送到学校,然后还要赶到L. W. 杨高中(L. W. Young High School)。

如果你不了解拿骚,那么我来告诉你,L. W. 杨高中位于新普罗维登斯的东部,一个被称为福克斯山(Fox Hill)的地区。从贝恩镇走过来有很长一段路,以至于我送完弟弟妹妹后,就得和时间赛跑才能赶到学校。这对我来说没问题,因为我不管去哪儿都是跑着去的。如果时间来得及,我会走沃尔夫路(Wulff Road)——那是当时的几条大马路之一。如果来不及,我就得穿

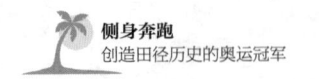

灌木丛了，还要尽力保持我熨烫过的校服不被弄脏。

那时候我就已经能跑得飞快，或者说足够快，所以我上课从没迟到过。

那天早上，我正好在L. W. 杨高中的上课铃声响起前赶到校门口。这是一所好学校，但如果我说我在那儿很快乐，那我就是在撒谎。

就我住的地方而言，我应该去上政府高中（Government High School）——当时巴哈马所有高中里的佼佼者。无论是体育还是教学，它在各方面都是最好的。我们的两位前总理就曾就读于此——开国元勋林丁·奥斯卡·平德林（Sir Lynden Oscar Pindling）爵士[1]，以及后来的佩里·格拉德斯通·克里斯蒂（Perry Gladstone Christie）[2]，还有许多别的政治家、医生、律师和社会领袖也都曾是这里的学生。

就在几个月前，爸爸去了政府高中，为我办理当年的入学手续，却意外地发现了一个严峻的问题——我的学生档案不见了，一起消失的还有我截至当时取得的所有成绩。

而且不止我这样。后来我发现，许多学生——主要来自我住的社区，而且大多来自贫困家庭——的学生档案都丢了。

要知道进政府高中的竞争是非常激烈的，就像我说的，它是顶尖学校。为了减少竞争者，有时如果某些学生因为学生档案

---

[1] 林丁·奥斯卡·平德林爵士（Sir Lynden Oscar Pindling）：巴哈马政治家，巴哈马最著名的政治领袖之一。出生于1930年3月22日，于2000年8月26日去世。他在1967年至1992年间担任巴哈马的总理，是该国独立后的第一任总理，并且是任职时间最长的总理。在他的领导下，巴哈马于1973年从英国获得独立。他也是巴哈马进步自由党（Progressive Liberal Party，简称PLP）的创始人之一。
[2] 佩里·格拉德斯通·克里斯蒂（Perry Gladstone Christie）：巴哈马政治家，巴哈马进步自由党的成员。出生于1943年8月21日，曾两次担任巴哈马总理。他以前是一位运动员。

"丢失"或"损坏"而无法入学,那么事情就会变得简单些。我敢说,来自特权家庭的孩子是不会遇到这样的问题的。

还记得我提过的那些邻居吗?开基思鸡排店的那家?我可以告诉你,他们进入政府高中没有遇到任何问题。

这对我和我的家人来说很痛心、很失望!这意味着在 L. W. 杨高中,我将没有自己的课桌——我不得不和其他所有"档案丢失"与学习掉队的孩子一样,把书放在大腿上学习。

这确实很令人失望。但是,即使在那时候,失望也只是给我内心燃烧的火焰添了一把柴!

当学校铃声响起时,我穿过人群,直奔我要去的地方。突然,一个年轻人跳到我面前。

"波琳!早上好!"

说话的是弗兰克·拉瑟福德(Frank Rutherford),L. W. 杨高中的一个高年级学生。我翻了个白眼,继续往前走——这已经不是我第一次引起他的注意了。

就在几天前,我还一直在学校后面的操场上跑步。那时所有的学生会被分成若干舍[①](house),舍与舍之间在整个学年中会相互竞争——而在巴哈马,没有比田径比赛更激烈的竞争了。

操场上有很多石块,所以你必须小心,尤其是当你赤脚跑步的时候。我们会拿一堆上学穿的鞋子、衣物或在操场上找一些石头来标注起跑线和终点线。那时我就那样穿着校服和裙子啥的,却光着脚,在操场上来回冲刺。这似乎就是平平无奇的一天,和

---

① 舍(house):学校内部的一种组织结构,通常用于英国和英联邦国家的学校,特别是在寄宿学校中。每个"house"由住在一座宿舍里的学生组成,他们可能会在学校的各种活动中相互竞争,比如体育、学术和艺术等方面的活动。这种制度旨在培养学生的团队精神、竞争意识和归属感。所以在这里,"house"可以理解为学校内部的一个竞争单位或者团队。

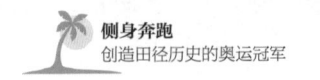

平时没啥两样。然而，我并不知道，有一个人一直在观察着我，那人就是弗兰克。

弗兰克并不是一名普通的高年级学生。

从小学开始，弗兰克就是一个运动员。他的母亲——伊冯娜·汉娜（Yvonne Hanna）——在 20 世纪 60 年代曾是这个国家最优秀的青少年短跑运动员之一。弗兰克也是一个极具天赋的短跑运动员，但可能他更擅长的项目是跳高和跳远。这些才能让弗兰克成为 L. W. 杨高中他所在舍的舍长。

有一天，当他们正为小组比赛做准备时，老师发现弗兰克所在的俱乐部——哥伦布舍（Columbus House）——没有人参加三级跳远。

于是弗兰克挺身而出，并在比赛中大获全胜。就这样，他的内心被点燃了，一直坚持跳远。他训练得极其刻苦，以至于引起了林登·桑兹（Lyndon Sands）的注意。林登·桑兹是一名获得休斯敦大学（University of Houston）奖学金的巴哈马三级跳远运动员。林登发现了弗兰克，把自己的技术教给他，引他上了路。

不必多说，现在弗兰克在田径场上的成就已经为每一个巴哈马人所熟知。和发现他的桑兹一样，弗兰克后来也读了休斯敦大学，并创下该校男子三级跳远的校纪录——至今他仍保持着这一纪录。

1987 年，弗兰克成为我国首位在国际田径联合会（International Association of Athletics Federations，简称IAAF）[1]世

---

[1] 国际田径联合会（International Association of Athletics Federations，简称IAAF）：世界田径联合会（World Athletics）的前身，一个国际性的田径运动管理组织，成立于 1912 年，于 2019 年 10 月正式更名。本书使用"世界田径联合会"或"世界田联"指代"国际田径联合会"，但保留比赛名称中的"IAAF"，以与原文一致。

界室内田径锦标赛上获得奖牌的运动员。那只是他在巴哈马体育领域取得的一系列"第一"的开始。他一共参加了三届奥运会，最好成绩出现在 1992 年，那年弗兰克赢得了巴哈马历史上的首枚个人奥运奖牌——一枚三级跳远的铜牌。

对于我们这样一个小国家来说，这是一项历史性的成就。他后来被誉为巴哈马田径运动的奠基人和开拓者。当然，在 L. W. 杨高中后面的那片满是石头的操场上，他并不知道有什么在等待着他。

他肯定也没想到，曾经被别人发现的他，即将遇见他自己的发现。

"那时候，波琳是一块未经雕琢的璞玉。"他回忆道，"就连史蒂维·旺德（Stevie Wonder）[①]和雷·查尔斯（Ray Charles）[②]都能看出来。她当时还不是最快的短跑运动员，但她身上就是有一种特别的东西。她不仅跑得快——关键是她让一切看起来如此自然，而且毫不费力。"

"未经雕琢"这个词用得很对。毕竟，我从没想太多跑步这件事儿，或者说，我到底是不是侧着身在冲刺，双手举到下巴附近，左右摆动，身体扭向一边——就好像我还提着那两只水桶一样？

我就是一个劲儿地跑——倾尽全力。也许那就是他当时所看到的样子吧。

[①] 史蒂维·旺德（Stevie Wonder）：盲人歌手、作曲家、音乐制作人、多乐器演奏家。他是 20 世纪最成功的音乐艺术家之一，以其独特的声音、音乐才能和对社会问题的关注而闻名。他的音乐风格涵盖了流行、节奏布鲁斯、灵魂乐和爵士乐等多种类型。

[②] 雷·查尔斯（Ray Charles）：盲人歌手、钢琴家、作曲家，被广泛认为是灵魂乐的先驱之一。他的音乐融合了福音、节奏布鲁斯、爵士和乡村音乐等多种风格，他创造的独特音乐风格，对后来的音乐家产生了深远的影响。

那时候，弗兰克没有让我知道他在关注我。他耐心地等待着时机。那天晚些时候，我第一次在课堂上注意到了他。像弗兰克这样的高年级学生有时会被叫来代替老师上课。他会坐在教室前面老师的桌子那里，偶尔站起来在学生中间走动，看看我们做作业时是否需要帮助。

"你好，你需要帮助吗？"他亲切地问道。

我从椅子上抬起头——因为没有桌子，我写字时不得不前倾，脖子几乎低垂到地面。

"不用，我很好，谢谢。"

然后他就离开了，坐回到自己的座位上。我注意到他并没有问其他学生是否需要帮助。没过多久，他再一次站起来，在过道间踱步，直到再次停在我的椅子前。

"你确定不需要我帮忙？"他问。

这次我有点儿不客气了。"不，我已经告诉过你了，先生。我不需要你的帮助。"

现在回想起来，我想弗兰克当时只是在观察我。因为第二天，当我走进L. W. 杨高中的前大门时，他又站在那里。当他叫我的名字跟我打招呼时，我有点不耐烦了。

"我爸爸不让我和不认识的男士说话。别烦我！"

但他还是跟着我走向教室。

"听着，我昨天看到你跑步了，波琳。我的教练想和你谈谈。"

我对他置之不理，继续朝教室走去。但弗兰克最让人钦佩的一点就是，他从不轻易放弃。第二天早上，我正要开始一天的学习，他又在大门那里等着我。

"我受够你了！"说着我快速绕开他，"离我远点儿！"

"我和我的教练谈过了!"他突然说道。我停下来竖起耳朵听,但仍然背对着他。"他让你告诉我你住在哪里,他会去找你的爸爸。"

我没有回头,大声喊道:"贝恩镇,弗莱明大街。"

我以为这样就能让他不再烦我了,于是我去了教室,并且把这件事抛到了脑后。我没想到那位教练后来会真的找到我,更别说那天下午出现在我家的门廊上了!

* * *

就在弗兰克看到我在 L. W. 杨高中后面的操场上跑步的时候,那位教练正弯腰坐在他的办公室里,一遍又一遍地看着一卷雪花点很多的黑白录像带。他揉了揉疲惫的眼睛,再次把录像带倒回去——他就是看不明白。

一开始,录像看起来并没什么不寻常——我的意思是,内维尔·维斯登(Neville Wisdom)教练总是拍摄他带的运动员的比赛录像。这是他指导策略的一部分,以便他用来点评运动员的表现并找出可以改进的地方。这次他录下的是埃尔迪斯·克拉克(Eldece Clarke)——巴哈马当时最有前途的年轻女短跑运动员,也是贝恩镇飞人俱乐部(Bain Town Flyers)这个精英田径俱乐部的骄傲。

是的,就是我住的贝恩镇。

贝恩镇飞人俱乐部成立于 1968 年,旨在为巴哈马最贫穷家庭的孩子提供一个摆脱困境的机会,一个让孩子们走出去的机会,一个可以去追求更大成功的机会。和其他许多运动项目不

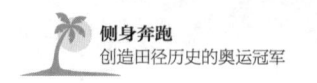

同，跑步只需要两样东西——你的左脚和你的右脚。在许多方面，田径运动都相对公平，提供平等竞争的机会。任何人都可以参与。对于这些孩子——最贫穷的人——来说，跑步造就了他们的专注力、纪律性、自豪感和成就感。

这些就是飞人俱乐部成立时朴实且纯粹的原则和理念。当然，最初的俱乐部成员们并没有想到有一天他们会给国家带来骄傲。

但在20世纪70年代，这个俱乐部就荒废了。没有持续的坚强的领导力量——守护者和监督人——俱乐部根本存活不下去。当时的贝恩和格兰茨镇的国会议员诺曼·盖（Norman Gay）博士领悟到了贝恩镇飞人俱乐部对他所在选区的孩子们的重要性。

于是他找到维斯登教练，与他商讨关于复兴俱乐部的事宜。

毕竟，维斯登教练自己也曾经是一名运动员，并凭借部分田径奖学金入读了曼卡托州立大学（Mankato State University）——现在叫明尼苏达州立大学曼卡托分校（Minnesota State University, Mankato）。他的哥哥"杰瑞"——杰拉尔德·劳埃德·维斯登（"Jerry"— Gerald Lloyd Wisdom）是巴哈马最早的奥运会选手之一，在1968年墨西哥城奥运会上参加了4×100米接力赛和跳远比赛。所以内维尔·维斯登有着运动员的血统。不仅如此，他现在已经是一名经验丰富的田径教练和政府高中的高级教师。对我来说，政府高中就是"山顶的殿堂"。

那是我渴望就读的学校。

维斯登教练后来将贝恩镇飞人俱乐部带到了难以置信的高度。实际上，他不仅仅是一名教练。如果说他是一名教练，那是对他价值极大的低估。他更是整整一代巴哈马精英运动员的精神教父，有很强的号召力。

2　一颗珍珠悄然而生

自从维斯登教练领导俱乐部以来，他对"山那边"社区的数百名儿童来说就像父亲一样。他为他们提供支持和指导。他的母亲——多萝西·维斯登（Dorothy Wisdom），也被许多人称为"妈妈"（对我来说是"维斯登妈妈"）。这远远超出了体育的范畴。在维斯登教练和他的家人的带领下，一群"代理家长"（surrogate parents）[①]加入了贝恩镇飞人这个组织，为这些儿童提供他们所需要的所有东西，无论是食物、鞋子，还是情感和精神支持。当然，还有最核心的内容——跑步。每天早晨，政府高中的校车，加上一队代理家长驾驶的私家车，会分头去接俱乐部的成员，让他们能够在清晨和下午进行训练，并融入这个友爱群体。

其中还有沃伦·拉瓦蒂（Warren Lavarty）——国会议员和内阁部长，他负责在东部接孩子；乔治·穆雷（George Murray）——跑步团队中另一位了不起的父亲般人物，他负责在南部接孩子。这是一项非凡的、多方齐心协力的大工程。他们是真正的奇迹创造者和无私奉献者。

然而，所有的努力背后还有另外一个原因——他认为国内最出色的体育苗子，往往都藏在那些最穷困的地方。

或者，用维斯登教练自己的话说，叫"国家的腹地"（bowels of the country）[②]。

以朱迪·麦克唐纳（Judy McDonald）为例。在我被发现的

[①] "代理父母"（surrogate parents）：在父母缺席或无法履行父母职责时，承担起父母角色的人。这些人可能是家庭成员、亲戚、老师、教练、社会工作者或者其他成年人。他们提供情感支持、指导、照顾和关爱，就像孩子自己的父母一样。

[②] "国家的腹地"（bowels of the country）：这个短语在这里是一个比喻，用来描述一个国家或地区的最内部、最深处，通常指的是偏远、贫困或不太为人所知的地区。在文中，它指的是那些社会经济条件较差、可能被忽视或遗忘的地区。维斯登教练相信，在这些地方可以找到最棒的人才，暗示着未经发掘的潜力往往隐藏在最不为人所注意的地方。

031

前几年，朱迪一直生活在贫民窟的最中心，只有她的盲人祖母抚养她。但她是一位很有天赋的运动员——维斯登教练看出了这一点。有一次，他看到朱迪白天在街上逛，立刻想到她可能在逃学。维斯登教练立刻把她从街上带走，带回到她的祖母家。他告诉她们，他会把朱迪送入政府高中，并担任她的教练。多年以后，这位年轻的女士凭借田径全额奖学金去了美国的一所顶尖的美籍非裔学府——汉普顿大学（Hampton University）。朱迪在多年后回到家乡，成了皇家巴哈马警察部队的一名高级军官。

"对我来说，他是世界上最伟大的教练，就像我的父亲一样。"朱迪·麦克唐纳回忆道，"我敬爱这个男人。他给予我机会，让我摆脱贫民窟，创造新生活。我所拥有的一切都归功于他。"

还有许多人，比如科琳·汉娜（Colleen Hanna）。她同样来自贫困家庭。她后来成为第一个在美国全国大学体育协会（National Collegiate Athletic Association，简称NCAA）一级联赛学校（Division I）[①]赢得100米比赛的巴哈马人。还有利文斯顿·马歇尔（Livingston Marshall），他同样来自贝恩镇飞人俱乐部。他的运动天赋帮助他进入了威廉与玛丽学院（College of William and Mary），一所常春藤联盟学校，并在那里攻读博士学位。

[①] 全国大学体育协会（National Collegiate Athletic Association，简称NCAA）：美国一家非营利组织，总部位于印第安纳州印第安纳波利斯。NCAA是美国和加拿大大学体育的主要组织机构，负责制定比赛规则、组织比赛、管理运动员的资格以及制定各种体育项目的比赛日程等。NCAA将其成员学校分为三个分区（Division）：一级联赛学校（Division I）是NCAA中最有竞争力和最知名的分区，包括了许多大型大学，它们通常会提供体育奖学金，并且体育设施完善，比赛水平很高；二级联赛学校（Division II）通常规模较小，提供的体育奖学金也较少，但仍然保持着较高的竞技水平；三级联赛学校（Division III）不提供体育奖学金，更多地强调学术和参与性，而不是竞技体育。

2 一颗珍珠悄然而生

"他是个很特别的人。"2020年8月,维斯登七十岁生日那天,马歇尔在巴哈马的一档晨间广播节目中这样评论,"我不知道要怎么来感谢他,他无数次倾囊相助,帮助我和很多其他人。他始终是我们这些人的守护者和坚定的支持者。如果你愿意听从他的指导,他就会帮助你实现目标。我无法想象他和他的朋友们是如何做到支持我们这么多人的。我的意思是,这里有数百个来自贫困地区的孩子。因此,他对我们的影响是巨大的。他在培养优秀运动员方面取得了非常卓越的成就。我并不是一个伟大的运动员,但我决定获得博士学位,以此来报答他。"

贝恩镇飞人俱乐部不只是训练跑步,它还改变了我们的人生。那些在人生中几乎看不到希望的女孩和男孩,突然也可以去憧憬一个更加美好的未来了。

田径是通往更广阔世界的入场券,是成就非凡事业的机会。

弗兰克·拉瑟福德,那个帮助维斯登教练发现我的人,也是贝恩镇飞人俱乐部培养出来的杰出人才。他在维斯登教练的指导下成长。如果不是他在 L. W. 杨高中后面的操场上看到我跑步,谁知道我的生活可能会走向何方。

当维斯登教练眯着眼睛看那卷录像带时,不知为何,我引起了他的注意。我到现在为止也不知道当时到底发生了什么。就像我说的,埃尔迪斯·克拉克是他最初关注的焦点——她才是明星,穿着短跑服和整洁的校服,技术已经被打磨得非常精湛。至于我,我与她截然不同。我远远地落在她后面,在第四名的位置,光着脚,以那种最奇特的姿势跑步——侧身跑。

"她的身体是左右摆动的,两只手到处乱挥。"维斯登教练回忆道,"就好像她从起点到终点都在与自己抗争。她的双臂左右摆动,但很有激情和斗志。你可以看出她有一种可以被打磨的内

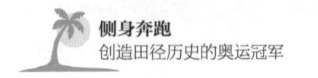

在天赋。"

维斯登教练告诉我,他曾在训练时播放那段录像。当时房间里有一群贝恩镇飞人俱乐部的队员。他问:"有人认识这个女孩吗?"回答都是"不认识"。直到有一天,弗兰克来到那个房间里。

他知道在 L. W. 杨高中哪里能找到我。

现在我有时还会想——如果当时我没有侧身跑,维斯登教练还会在那卷录像带上注意到我吗?我的意思是,我并没有跟在埃尔迪斯后面获得第二名,没有给这位前途无量的年轻运动员带去真正的挑战。我甚至连第三名都没拿到。我是远远落后的第四名。

现在无论怎么看,他在那个下午出现在我家门廊上几乎就是个奇迹。

"波琳,来这里,宝贝儿。"爸爸从客厅里喊我。就像妈妈总是叫我"甜豆儿"一样,爸爸总是叫我"宝贝儿"。

我探出头,从厨房拐角望了过去。

"来这儿,宝贝儿。过来坐下。"

我磨磨蹭蹭地坐了下来——礼貌地,但也很害羞和紧张。我基本都低着头,偶尔偷瞄几眼对面的神秘男人。

"这位是维斯登教练。"他停顿了一下,转身指向维斯登教练以示强调,然后又看回我,"显然,他已经找了你很长时间。他认为你很特别,他相信你能成为一名非凡的运动员。"

"但是,爸爸。"我愣住了,脱口而出,"我只在运动会上跑步。"

我可以想象维斯登教练在那一刻对我的看法。那时,维斯登教练已经名声在外——他没怎么被拒绝过。然而,就在那一刻,这个住在贫民窟的女孩,不仅侧身跑,而且似乎对他的教练身份丝毫不感兴趣。不管他们——弗兰克还是维斯登教练——当时在我身上看到了什么样的原始天赋,反正我什么都没看到——当时,我对自己能成为什么样的人毫无头绪。

"她只是不知道自己身体内蕴藏着什么。"弗兰克这样解释我当时的迟疑不决,"这不难理解,尤其是因为她的成长环境跟我的一样。她需要有人去引导她,相信她,这样她才能相信自己,看到什么是真正可以实现的。"

直到那时,我才意识到我很享受跑步这件事儿,而且我身体的某一部分渴望和别人赛跑。但那时我还参加了各种各样别的运动——曲棍球、排球、网球、垒球和篮球。就像我前面说的,我会剪掉头发,只是为了和男孩们一起踢足球。很明显,我内心的某个角落燃烧着跟人竞争的火焰,尽管我从未想过跑步是否比别的运动项目更重要。回顾过去,在跑步方面,我早年间并不是一个特别出类拔萃的人。

我还在上七年级的时候,有一次,所有男生和女生都聚集到 D. W. 戴维斯中学(D. W. Davis Junior High)的体育馆里——那是我上 L. W. 杨高中之前就读的学校。

唐·诺尔斯(Dawn Knowles)教练喊着那些入选田径队的学生的名字,以及他们将参加的项目。听着她逐一念出那些名字,真是一种煎熬。直到她念完最后一个名字,我才真正意识到我没有入选。我哭了起来,哭得很伤心,直到诺尔斯教练走过来安慰我。

我记得我当时乞求她给我机会,什么机会都行。我只是想成为队伍的一员。

"我喜欢她身上那股劲儿。"诺尔斯女士回忆道,"你知道,作为一个七年级学生，她当时并不像一些八年级和九年级的学生那样强壮。对于一个七年级学生来说，想超越他们几乎是不可能的。但她体内有着某种灵气，她非常积极肯干——无论如何她都想要成为团队的一员。现在回想起来，谁会想到后来事情会变成这样呢！波琳成了一个标志性人物。每次想起此事，我都会激动不已。"

诺尔斯女士让我当 4×100 米接力队的替补。但大多数时候，我就是个跑腿的——为那些人选的人去拿任何他们想要的东西。

"波琳，给我拿些水来！"

"波琳，给我拿一下鞋子！"

只要能在那儿我就高兴——虽然不能上场跑步让我有些烦，但我仍然很兴奋能成为队伍的一员。

"午休时，她总是来找我，想知道什么时候训练。"我们的队长，田径队成员杰基·达姆斯（Jackie Dames）回忆道，"她总是缠着我：'杰基，什么时候训练？什么时候训练？'所以那时我印象最深的就是她的热情。尽管没有入选，她仍然信心满满，一点都没有被打倒的感觉。第二年她依然信心满满。"

第二年我真的入选了，那是我在 L. W. 杨高中的第一年。当时弗兰克在操场上发现了我，但对当时的我来说，跑步只是一项普通的运动——我从未把自己当成一名跑步运动员。我参加校内比赛，并且作为校队的一员，我们会有专门的比赛日去和其他学校一较高下。

但就像我告诉爸爸和维斯登教练的那样——"我只在运动会上跑步。"我没有也从未想过会在别的场合跑步。

"但是宝贝儿，"爸爸坚持道，"这个人相信你很特别。"

这就是问题所在——我从一开始就不相信自己是特别的。正如弗兰克所说，要想成为特别的人，你必须先相信你是一个特别的人。你必须渴望成为一个非同一般的人。很幸运，我遇到了非常相信我的人，让我转变了对自己的想法。

首次会面之后，我的人生舞台已经搭建好。维斯登教练不再是陌生人，也不再是那个神秘的人。他感谢爸爸能坐下来和他聊这件事，也握了握我的手，随后我们把他送到前门廊。在他离开前，爸爸指了指右边的窗户说："那就是波琳睡觉的地方。"

维斯登教练会在第二天早上四点钟准时来叫我。

所以，爸爸接受了他的建议。但这只解决了问题的一个方面。你知道，我犹豫不决的另一个原因是我知道我的妈妈从来不想让我跑步。

还记得之前我提过的书和皮带吗？

对妈妈来说，教育是最重要的。她不希望她的女儿在烈日下跑来跑去。自从我在圣诞节的早晨拆了那个新娃娃，并对她说我想成为一名外科医生后，妈妈的目标就是让她的女儿上大学。我敢说，当时她并没有想到跑步会把我带向哪里。我不知道爸爸当时是如何说服妈妈的——我当时不在那个房间里。我只记得那天晚上他走进我的房间，坐到床边。

"宝贝儿，现在听我说。"他说，"我已经和你妈妈谈过了。你妈妈不想让你做这件事，你知道她的性格。如果，你成绩下滑，我就无话可说了。所以，我们做个约定好吗？这就是我们的约定，你必须保持住你的成绩，好吗？答应爸爸。因为如果你成绩下滑，你妈妈就会把你拉回来，我对此也无能为力。成绩下滑，一切就结束。"

我点点头。对我而言，成绩从来不是问题。

但凌晨四点起床和维斯登教练一起去训练，就完全是另外一

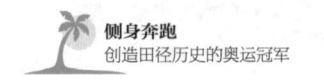

回事了。

第二天早上,我听到卧室窗户上有敲击声。每当他敲窗,我都会哼哼唧唧地滚到窗户的另一边;他又接着敲,我会用枕头盖住头不理他,直到他最终走开。

"咚咚咚,咚咚咚",敲窗声持续了差不多两周时间。我内心深处的"冠军"还在沉睡,它还没有准备好醒过来。

幸运的是,维斯登教练从未放弃。更何况,我还和姐妹们共用一个房间。有一天,我大姐受够了。

"我受够了这个人每天都来!"她抱怨道,"他每天都来!"

伊佐娜从被子里爬起来,一脚把我踢下床。那一刻,我清醒了——那也是唯一能赶走他的方法。于是,在一片漆黑中,我迷迷糊糊、晕头转向地胡乱套上几件衣服,跌跌撞撞地走向前门,在最后一刻想起要轻手轻脚地关上纱门,以免把整个房子的人都吵醒。

汽车引擎轻柔地轰鸣着,隐约可以看到有个人在方向盘后面等待着。我绕到车前,强烈的汽车灯光刺破了黑暗。我用手遮住眼睛,继续挪着步子,直到挪到车门处,一头扎进后座。

没有人说话——太早了,不适合交谈。维斯登教练倒车驶出街道,我看到有一个黑影在车的另一侧,她嘟囔着靠向另一边的车门。当时我看不清她的脸,但她将成为我以后每天早上的同伴——埃尔迪斯·克拉克。

就是那个在政府高中被维斯登教练视为最宝贵的运动员的埃尔迪斯·克拉克,那个在模糊的录像带里跑在第一位的女孩。我当时跑在第四位。

那一刻,我终于明白了我身处何处。前一天我还是一个在贫民窟里光着脚的女孩,完全被忽视;那天早上,我却坐在维斯登教练的车的后座上，只有我和埃尔迪斯。我们没有挤在一辆校车上，也没有被家长志愿者或别的教练接走。

那时我终于意识到我是特别的了——我现在属于维斯登教练。

我们就这样一言不发地开了几分钟。路上一个人都没有。我的思绪在飘忽，眼皮在颤动。我还没学会像埃尔迪斯那样在训练前挤出几分钟来补觉。

突然，维斯登教练的车猛地停了下来。

"你们两个下车。"他向后座喊道。

埃尔迪斯立刻清醒过来——她似乎立刻就知道该做什么。所以我就跟着她。那时候，维斯登教练通常会把我们拉到老的警察训练学院，然后我们要跑超过两英里才能到达古德曼湾（Goodman's Bay）训练基地。一开始我真的觉得他疯了，我爸也疯了！我的意思是，那个时间我本应还在床上！然后在一到两个小时后起来，照顾弟妹们起床，送他们去学校。但生活开始变得不一样了。我面前的任务不再是那些。现在，我面前只有路、光着的双脚和前方的目标。

只是当时我还没有看清楚那个目标。

于是，我们在马路当中跑起来，四周一辆车都没有。维斯登教练的车撵着我的脚后跟，车灯仿佛要把我的背刺穿——并不是因为他车开得快，而是我落在后面了。埃尔迪斯跑在前面，我被她远远地甩在后面。我在跑，但跑得不快。一开始，我差点儿就想用摆烂来说服他——也说服我自己——我并不具备跑步天赋。

我只是一个来自贫民窟的女孩，一个侧身跑的女孩。

然后，前方传来一声撞击声，好像是金属条被扭曲和玻璃被打碎的声音。我看不见任何东西，但我知道声音是从前面传来

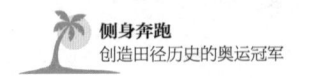

的。这足以让我从思绪中惊醒,从沉思和自我怀疑中清醒过来,专注于前方的路。

突然,我开始全速冲刺,不再思考,不再自我怀疑,直接冲进黑暗中——这和我之前跑步一样,我经常就是闭着眼睛跑的。我全力冲刺,最终追上了路边的埃尔迪斯。我气喘吁吁,双手按着腰,看到了相撞的两辆车的前灯和模糊轮廓,以及两名男子正在检查车损情况。幸运的是,那天早上没有人受重伤。

混乱中,我感觉到有手指在我肩膀上轻轻敲了敲。

"我还以为你不能跑呢。"维斯登教练说,脸上带着狡黠的笑容。

从那一刻起,我知道了,我能跑。我开始相信了。

* * *

早晨的练习是在黑暗中进行的,仅有朦胧的月光和清晨的曙光在地平线上若隐若现。

贝恩镇飞人俱乐部的队员们总是以同样的方式开始:从警察训练学院跑大约2.5英里,然后在凯布尔海滩高尔夫球场集合。今天,那里已经开发成巴哈马大型度假村(Baha Mar),还有一个标志性的杰克·尼克劳斯球场(Jack Nicklaus Course)。但那时那里尚未开发,大部分地方都灌木丛生——仅有一条崎岖的小径在球场和湖泊周围蜿蜒,那是无数奔跑的脚步在漫长岁月中踩出来的。

那条小径并不容易找到。我的意思是,天色一片漆黑——你得知道怎么沿着那条路走。随着时间的推移,我慢慢把它牢记于心。

在最初的几个早晨,我只是跟着领队走,唯一能听到的是自己的喘息声和牛蛙的呱呱声。

这就是我们的热身——对于我和埃尔迪斯来说,这是我们的第二次热身——继续加速血液循环。做完这一切,团队会在古德曼湾集合,那是一片风景如画的草地,绵延至一望无际的海滩。

然后,我们会分成三个小组——短跑选手、跳远选手和长跑选手。那些清晨的大部分时间我们都花在体能训练和技术练习上。下午放学后,我们才会前往体育场,练习真正的起跑和比赛,比如 400 米、200 米或 100 米,重复进行间歇训练(repeat intervals)①。

当然,我在最初的那几个早晨只是练习基础技巧和熟悉其他运动员,毕竟那时我们真正拥有的只有彼此。

我们那里没有像其他田径俱乐部或健身房那样配备昂贵的设施。我们就地取材,用身边的东西进行训练,这对我来说没啥问题。我在贝恩镇就是这么长大的,那时候我和朋友们在四周短跑,玩椰子树接力赛。我们现在的训练方式就像我以前玩耍那样。

做力量训练时,我们就利用自己的身体。找一个搭档,把对方举起来,如果吃得消的话,就扛着对方跑到场地另一端;我们还会跳起来抓住树枝做引体向上,如此等等。远处传来海浪的拍打声。

我们周围的世界就是我们的健身房。

---

① 间歇训练(repeat intervals):一种训练方法,需要在短时间内交替进行高强度和低强度的运动及休息,如此循环。这种训练方式可以提高心肺功能、增强肌肉力量和耐力,以及促进脂肪燃烧和改善整体身体条件。

"我们就地取材、即兴发挥，目的是改进他们的手臂动作，促进快肌纤维的发展。"维斯登教练解释说，"我曾让他们钻进灌木丛，尽可能快地从树上摘叶子，以提高他们手眼协调的能力。这就是我们为运动员们设计的活动和比赛。"

我们最奢侈的条件就是海滩，但不是用来游泳、放松和晒日光浴的，而是用来练习冲刺的。维斯登教练认为，在沙滩上训练能让我们在平滑表面跑步时更加轻松。

现在回想起来，真是不可思议——我们这一群来自贫民窟的孩子，挂树枝做引体向上，互相托举对方，在灌木丛中摘叶子，方法虽然很原始，但很有效，而且我们练习得很投入。在开始的那段日子里，我环顾四周，明白了一件事：我已经成为一个非凡而重要的事情的一部分。

我们当时并不知道，队伍中的一些人后来很快就站到了世界舞台上，与世界顶级运动员同台竞技。

我们或许装备简陋，但志向远大。

"有一点大家要知道，在那个时候，巴哈马从未在田径项目中赢得奥运奖牌，哪怕是接近奖牌。"维斯登教练说，"所以当我告诉这些孩子，'看！你们可以赢得奥运奖牌！'，这在当时是遥不可及的，是无法想象的。"

但是我们——不知道为什么——就是相信。路，就在我们脚下。

我的国家首次参加奥运会是在1952年芬兰的赫尔辛基。一个小小的国家派出了总共七名运动员参加那届奥运会。但直到1956年，澳大利亚墨尔本奥运会，我的祖国才尝到了胜利的滋味。两名巴哈马运动员——杜沃德·诺尔斯爵士（Sir Durward

Knowles）①和斯洛恩·法林顿（Sloane Farrington）——在帆船比赛中赢得了铜牌。但毕竟我们是一个岛国，这项运动对我们来说再自然不过。他们在1964年的东京奥运会上保持了这一势头，诺尔斯爵士与塞西尔·库克（Cecil Cooke）搭档，在同一项目上赢得了金牌。

这无疑是伟大的成就！那些奖牌将永远镌刻在我们国家的奥运历史中。

但与此同时，对于普通的巴哈马人来说，这两场胜利又是那么遥远。

要知道，巴哈马直到1973年才实现独立。当那些运动员在1956年和1964年站在领奖台上时，伴随着英国国旗的升起，赛场上播放的是《上帝保佑女王》（*God Save the Queen*）②，而不是《前进，巴哈马》（*March On, Bahamaland*）③。

抬起你的头，面向升起的太阳，巴哈马之地；
勇往直前，走向荣耀，你明亮的旗帜高高飘扬。

这些歌词对于我们的人民来说是神圣的，就像美国国歌《星条旗》（*The Star-Spangled Banner*）中的歌词"哦，你可看见"一

---

① 杜沃德·诺尔斯爵士（Sir Durward Knowles）：巴哈马帆船运动员（1913—2018年）。他是巴哈马首位获得奥运金牌的运动员，在体育界享有盛誉，被誉为巴哈马体育史上的传奇人物。由于他在体育领域的卓越贡献，他被授予爵士称号。
② 《上帝保佑女王》（*God Save the Queen*）：英国国歌，用于大多数官方场合，尤其是在英国女王或王室成员出席的公共活动中。当英国国王在位时，国歌的标题会改为《上帝保佑国王》。
③ 《前进，巴哈马》（*March On, Bahamaland*）：巴哈马国歌。这首歌曲在巴哈马于1973年独立后成为国歌，替代了之前的英国国歌，因为巴哈马成为独立的联邦制君主国，不再是英国的殖民地。

样。它们是一个国家的骄傲。两首国歌的开头很相似,都是你在注视着某样东西——你的人民或者你的身份。对于巴哈马来说,当我们最终实现国家独立时,就是梦想成真时。

奥运会归根结底就是关乎国家自豪感,来看看谁才是世界顶尖高手的盛会。从运动员们在开幕式上身着代表国家的运动服,骄傲地走进赛场,向观众挥手致意,到他们站上颁奖台,听到国歌最终响起,他们始终在展示这一点。

但在20世纪50年代和60年代的奥运会上,巴哈马运动员并没有那种自豪感,至少没有像主权国家运动员那样强烈的自豪感。他们怎么可能有呢?他们会觉得那些奖牌是属于大英帝国的——属于女王,而不是巴哈马人民。

而且,从运动项目来说,帆船对普通巴哈马人来说不容易产生共鸣,因为缺少接触,尤其是在那个年代。但是田径运动呢?我们都能与之共鸣——我们都知道跑得快是什么感觉。当运动员们冲向终点线时,我们都能感受到那种激动。就像美国的橄榄球、加拿大的冰球、欧洲大部分地区的足球一样,对于巴哈马人来说,田径运动是流淌在我们的血管中的——它深深地融入了我们的灵魂。和其他任何运动相比,只有田径运动是我们文化的一部分,是我们民族性格的一部分。

而且,正如我们的人民所说,这不仅仅是巴哈马一国的事儿。

1972年,巴巴多斯业余田径协会(Amateur Athletic Association of Barbados)主席奥斯汀·西利(Austin Sealy)创立了首届加勒比地区的"奥运会"——加勒比青少年田径运动会(Caribbean Free Trade Association Games,简称CARIFTA运动

会）[①]。比赛竞争非常激烈，国家荣誉在此一举。在这里，不仅有巴哈马最优秀的运动员，还有来自整个地区最优秀的运动员——巴哈马、百慕大、巴巴多斯、特立尼达和多巴哥、马提尼克、格林纳达、圣基茨和尼维斯……当然，还有我们最大的竞争对手——牙买加。

这个比赛意义深远，远超体育范畴。CARIFTA 运动会的成立，标志着加勒比自由贸易同盟（Caribbean Free Trade Association，简称 CARIFTA）向加勒比共同体（Caribbean Community，简称 CARICOM）的转变。这个转变旨在促进十五个成员国在经济、政治和社会方面的一体化。这几乎与促进国际关系发展同等重要。

体育一旦和政治牵扯在一起，界限就变得模糊了。

我们从小就知道田径运动的重要性。当最有潜力的孩子被挑选出来时，你就能感受到这一切。一开始是校内比赛，几乎任何人都可以参加；如果你有天赋，就可能被注意到，那么你可能会入选校队；下一个级别就是田径俱乐部之间的比赛，比如贝恩镇飞人俱乐部。我们的俱乐部并不是镇上唯一的参赛候选队，大使田径俱乐部（Ambassador Track Club），还有雷鸟飞人俱乐部（T-Bird Flyers）和先锋者田径俱乐部（Pioneers Track Club）——这些俱乐部的名字都是田径顶尖水平的代名词。他们也是在每天清晨，太阳升起之前练习，都渴望有机会代表国家出战。

沿着古德曼湾，眯着眼睛看向黑暗，我看到了数十名年轻运动员。他们和我一样，在树枝上做着引体向上，吃力地背着搭档

[①] 加勒比青少年田径运动会（CARIFTA Games）：由加勒比自由贸易同盟（CARIFTA）组织的一年一届的青少年田径比赛。首届比赛在 1972 年举行，比赛项目包括：短跑、跨栏、中长跑、跳跃、投掷和接力。比赛分 17 岁以下少年组（Youth）和 20 岁以下青少年组（Junior）两个年龄组。比赛仅限于加勒比自由贸易同盟的国家和地区参赛。

穿越田野，脸部都因为吃力而不由自主地扭曲着——教练们和帮忙的大人们都在为他们加油。那一刻，我真正意识到，我不再仅仅是在运动会上奔跑。如今，我已成为一项传统的一部分、一种体制的一部分，它远比我个人伟大，深深触及了我们的民族自豪感。如果我足够努力——并且足够幸运，我就能肩负起国家对我们的厚望。

抛开国际比赛不说，即使是高中锦标赛也是一件大事——它们是全国性的比赛。

运动员们如同英雄一般抵达体育场，紧随其后的是五彩斑斓的游行队伍——数十人身着精致的朱坎奴（Junkanoo）[①]服装。这些服装由纸制成，用糨糊粘贴在一起。如果你从未见过朱坎奴，那只需联想一个词——能量。巴哈马人随着深沉的果姆拜鼓（goombay drums）[②]的鼓点翩翩起舞——那是一种用山羊皮制成的鼓，硕大的木桶鼓挂在肩上。其他人手持牛铃跟随其后，不停地踩着节拍踏步。而且还有哨声，那尖厉的鸣响盖过了其他声音。不知为何，这些声音汇合在一起，竟变成了和谐的乐章。朱坎奴的狂潮向你袭来，让你热血沸腾。接下来是啦啦队和充满活力的行进乐队。

[①] 朱坎奴（Junkanoo）：一种在巴哈马以及加勒比地区的其他一些地方流行的文化庆典，在新年的第一天举行。它以街头游行、舞蹈、音乐和丰富多彩的服装为特色。朱坎奴的游行通常由大型乐队带领，乐队成员会穿着精心制作的服装，并演奏各种乐器，尤其是果姆拜鼓、号角和哨子。这个节日起源于17世纪，与历史上非洲奴隶的传统文化有关，是他们为了庆祝短暂的自由时间而举行的活动。朱坎奴是巴哈马文化的重要组成部分，也是该国最重要的节日之一。

[②] 果姆拜鼓（goombay drums）：一种传统的巴哈马鼓，它是朱坎奴庆典中不可或缺的一部分。这种鼓通常由山羊皮制成，固定在一个圆形的木制框架上，玩家通过敲击鼓面来产生节奏。鼓声深沉而有力，是巴哈马及其他加勒比地区音乐和文化的重要组成部分。在朱坎奴庆典中，果姆拜鼓的节奏与牛铃、口哨和其他打击乐器相结合，形成充满活力和热情的音乐，这种音乐风格反映了非洲和加勒比地区文化的融合。

每所学校都有这样的游行，引领着他们的运动员走向胜利。

所有人都和妈妈一起来到体育场观看。巴哈马人围绕着比赛计划假期。场内，一万多人挤在一起——座无虚席，观众只能站立着观看——场面简直太热烈了！持续的欢呼、鼓点和牛铃，还有选手们在起跑线上准备时的紧张寂静，以及随着比赛的推进逐渐加大的轰鸣声，最终把托马斯·A.罗宾逊体育场（Thomas A. Robinson Stadium）推至全体观众狂热的高潮。

每个巴哈马人都知道那个名字——汤米·罗宾逊（Tommy Robinson）。

他是那些为我们铺路并给予我们希望的运动员之一。

1956年的墨尔本奥运会上，巴哈马在帆船比赛中获得铜牌。此后，许多巴哈马人都开始尝试在帆船项目上攀登高峰，争取奥运会的参赛资格。然而，当时还没有田径运动员能够达到这个高峰并赢得奥运奖牌。

从1956年到1968年，罗宾逊作为短跑运动员代表巴哈马参加了四届奥运会。在1968年墨西哥奥运会上，他是4×100米接力队的一员，成功闯入半决赛。尽管他从未在奥运会上获得奖牌，但他在我的国家是一个传奇人物，激励了整整一代田径运动员。罗宾逊在1958年的英联邦运动会（Commonwealth Games）上赢得了一枚金牌，几年后又在中美洲及加勒比海地区运动会（Central American and Caribbean Games，简称CAC运动会）上赢得了一枚金牌，同时还在密歇根大学（University of Michigan）的学院级别比赛中屡获殊荣。1985年，他入选密歇根大学体育名人堂（Athletic Hall of Honor）。

后来还有许多其他杰出的开拓者，如伯纳德·诺特（Bernard Nottage）、莱斯利·米勒（Leslie Miller）、德德利·帕克（Dudley

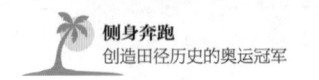

Parker)、诺里斯·斯塔布斯(Norris Stubbs)和维斯登教练的兄弟杰瑞·维斯登。

直到杜沃德·诺尔斯爵士夺得第一枚奥运奖牌的36年之后，弗兰克·拉瑟福德终于成为首位在三级跳远项目上赢得奥运奖牌的巴哈马田径运动员，并以此载入史册。在巴哈马的晚间新闻中，体育记者菲尔·史密斯(Phil Smith)描述了弗兰克为了1992年西班牙巴塞罗那奥运会而剃光头的情景——"就是为了进入他想要的状态"。谁知道呢，也许光头可以减少空气阻力，帮助他跳出17.36米吧。他差点儿抢走了美国运动员查尔斯·辛普金斯(Charles Simpkins)的银牌，那家伙当时的成绩是17.60米。

其实，弗兰克是真的相信自己。这是他的时刻！

在他比赛的前夜，史密斯在晚间新闻中描述了他们是如何同弗兰克交谈的。当时他在房间里放松地玩着吃豆人游戏，当他游戏里的角色吞噬着那些鬼魂时，他告诉史密斯："相信我，今年的比赛是我的了。这次轮到我大放异彩了！"

"他今天非常自信。"新闻主播在弗兰克夺得奖牌后几小时的那个晚上这样问史密斯，"你认为这对巴哈马奥运队的其他成员产生了什么样的影响？"

史密斯毫不犹豫地给出了他的回答。

"波琳·戴维斯……22.44秒！这是巴哈马新的200米全国纪录，她将进入半决赛！波琳今天告诉我，弗兰克的胜利给了她极大的激励，她将在200米中跑得比以往任何时候都快！"

他说得没错——弗兰克的胜利为我们带来了巨大的飞跃，不仅仅在田径赛场上，还在很多其他方面。

我在巴塞罗那奥运会上没能赢得奥运奖牌——那还不是我的巅峰时刻。但弗兰克向我们展示了赢得比赛的可能性，因为他就像我一样，来自贫民窟，在沙滩上跑步，在树上做引体向上。就像维斯登教练说的，奥运梦之伟大，怎么说都不过分。

"整个团队都士气高涨。"史密斯在采访中总结道。

"弗兰克告诉我，在获得铜牌后，他们举行了一场新闻发布会。美国媒体问弗兰克，作为第一个在田径项目上赢得奖牌的巴哈马人，他有何感想。他特别强调了一点：'别再把巴哈马仅仅当作一个旅游胜地。从现在开始，你们将会看到海蓝色、黑色和金黄色①的光芒！'"

亲爱的读者，这就是关键所在。

我来自一个以世界一流的海滩而非运动员闻名的国家。从空中俯瞰，我们这些在佛罗里达南面的岛屿，就像广袤海洋中的点点沙子，很容易被忽视。目前，大约有35万人居住在这些我称之为家的岛屿上。但在那些日子里，我们的人口要少得多。

可以这样想：佛罗里达的坦帕、路易斯安那的新奥尔良和俄亥俄的克利夫兰，这些美国城市的人口都与巴哈马大致相同。

我来自一个被戏称为"屁股上的痘痘"的国家——信不信由你，其他国家的运动员会对我说这样的话。我们国家就像北美洲底部或后背上的小点点。这并不是对地球上最美丽的地方之一应有的描述，但事实就是如此。他们认为我们微不足道。然而，我相信，无论我们出生在哪里，上帝都赋予了众生才能和天赋。人们会取笑我，嘲笑我，但最终，所有这些都会激励我。就像我说的，它给我内心的火焰添了一把柴。你可能会对他们说："我就来自那个国家，但现在我要在全世界面前打败你们。"我一定要

---

① 巴哈马国旗由三种颜色组成：黑色、海蓝色和金黄色。黑色代表巴哈马人民的肤色；海蓝色代表巴哈马周围的海洋；金黄色象征太阳的光芒，同时也代表了巴哈马人民的光明和希望。

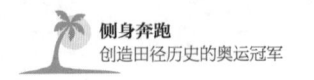

在那里当场击败他们!

想象一下,你来自一个每个人都彼此认识的小镇。但那是生你养你的祖国,所以你是在对抗全世界,你肩上负有责任。

我们都是大卫,而面前的世界——特别是美国,感觉就像歌利亚[①]。

1980年秋,当我加入贝恩镇飞人俱乐部时,巴哈马正在悄然发生一些特别的事情。我们不仅仅是过去的产物,还是通往未来的桥梁。前辈们播下的种子终于开始发芽生长,很快,它们将结出甜美的果实。

我们对这项运动的热情、无数个清晨的训练,以及运动员和教练员的奉献和创造力,这一切最终都会得到回报。如今,巴哈马的田径俱乐部已经超过80个。我们国家在夏季奥运会中已经赢得16枚奖牌。

虽然这听起来令人印象深刻,但这并未完全反映真实情况。

如果按人口比例算,我们国家实际上在夏季奥运会中赢得了世界上最多的奖牌,其次是匈牙利和芬兰。在2020年的东京奥运会之后,巴哈马共获得了16枚奥运奖牌——其中8枚是金牌,大约相当于每百万人获得56枚奖牌。

我有点扯远了。

在最开始的那段日子里,我们还有更多的事情要做——我们还有自己的山峰要攀登。总有一天,我们不仅会站在奥运领奖台

[①] 出自《大卫和歌利亚》(*David and Goliath*)。这是《圣经》中的一个著名故事,出自《撒母耳记上》第17章。故事讲述了一个叫大卫的以色列的牧羊人,挑战并战胜了非利士的巨人战士歌利亚。这个故事成了弱者战胜强者的代名词。大卫的胜利归功于他的机智、勇气和对上帝的信仰。这个故事传达了一个信息,即在上帝的帮助下,即使是最不可能的胜利也是可能的。因此,"大卫和歌利亚"常用来比喻任何在劣势中取得惊人胜利的情况。

上，还会站在领奖台的正中间。人们会看到巴哈马的国旗——而不是英国的国旗，在挤满了观众的体育场上空升起。他或她将抬头看向升起的太阳，听到我们的国歌响起。

　　寻找第一位真正世界级的短跑运动员的行动开始了，更重要的是，寻找第一位女性世界级短跑运动员。直到此刻，许多巴哈马男性已经参加了奥运会，但女性在哪里呢？对于巴哈马的维斯登教练和其他顶尖教练来说，这是一场寻找那颗璀璨明星的竞赛。不仅是为了巴哈马，还是为了整个加勒比地区。加勒比地区的男性已经有了他们的荣耀。在尤塞恩·博尔特（Usain Bolt）[①]之前，还有被称为牙买加"温和巨人"的阿瑟·温特（Arthur Wint）[②]。阿瑟·温特在1948年的伦敦奥运会上赢得了400米跑的金牌。接下来是牙买加的唐纳德·夸里（Donald Quarrie）[③]，他在1976年的蒙特利尔奥运会中赢得了200米跑的金牌。然后是来自特立尼达和多巴哥的哈斯利·克劳福德（Hasley Crawford）[④]，在同一届奥运会中赢得了100米跑的金牌。遗憾的是，加勒比地区的女性在历史书中几乎都缺席了。

[①] 尤塞恩·博尔特（Usain Bolt）：牙买加短跑运动员。他以其在100米、200米和4×100米接力赛中的卓越表现而闻名，被广泛认为是历史上最伟大的短跑运动员之一。他在这三个项目中都创下了世界纪录，并且赢得了多次奥运会冠军和世锦赛冠军。

[②] 阿瑟·温特（Arthur Wint）：牙买加短跑运动员。他在1948年，伦敦奥运会上赢得了400米跑的金牌，成为牙买加首位奥运金牌得主。他因其温和的举止和庞大的身材而被称为"温和巨人"。

[③] 唐纳德·夸里（Donald Quarrie）：牙买加田径运动员。他最擅长的是短跑和跳远项目，他在1976年的蒙特利尔奥运会上赢得了200米跑金牌，并在其他几届奥运会上也获得了奖牌。他以其出色的起跑和加速技术而闻名，是牙买加田径的标志性人物之一。

[④] 哈斯利·克劳福德（Hasley Crawford）：特立尼达和多巴哥的田径运动员。他最著名的成就是在1976年的蒙特利尔奥运会上赢得了男子100米跑金牌，那是特立尼达和多巴哥赢得的第一枚奥运会金牌。

但也有例外，就是玛莲·奥蒂（Merlene Ottey）[1]，她于1960年5月出生于牙买加。她拥有传奇般的运动生涯。虽然奥运会金牌一直与她无缘，但在1980年至2000年间，她赢得了3枚银牌和6枚铜牌，以及许多其他赛事的奖牌——包括在世界锦标赛[2]和英联邦运动会上获得的金牌。另一位是牙买加运动员格蕾丝·杰克逊（Grace Jackson）[3]，她在1988年的汉城奥运会上赢得了女子200米跑银牌。

这两位女子田径领域的巨人，后来都成了我的良师益友。

值得一提的是，在我开始田径生涯的时候，还没有来自加勒比地区的女性在田径领域获得过金牌。

特别是奥蒂，她是像我这样的年轻女性短跑运动员的榜样。我们有充分的理由相信，巴哈马已经做好了准备，她（我的祖国巴哈马）即将迎来一场重大的突破。大约就在这个时候，科琳·汉娜在她的一级联赛学校——爱荷华州立大学（Iowa State University），创造了新的100米纪录。

当然，对我来说，在最开始的那段日子里，这些还只是遥远的梦想。

沿着高尔夫球场跑完步后，我气喘吁吁。站在古德曼湾的黑暗中，我四处寻找维斯登教练。

在我能够挑战全世界之前，他得先让我把跑步的姿势矫正过来。

---

[1] 玛莲·奥蒂（Merlene Ottey）：杰出的田径运动员，以其在短跑项目上的卓越表现而闻名。她出生于牙买加，但在其职业生涯中代表斯洛文尼亚参赛。
[2] 本书中"世界锦标赛"均指世界田径联合会主办的世界田径锦标赛。
[3] 格蕾丝·杰克逊（Grace Jackson）：牙买加田径运动员，以其在短跑项目上的成就而闻名。她出生于1961年，是20世纪80年代初期国际田径界的一颗明星。她最著名的成就之一是在1988年的汉城奥运会上获得女子200米跑银牌。

2 一颗珍珠悄然而生

"珍珠,跟我来。"他在我身后低声说。

一开始我并没有转身——我为什么要转身?他又没有叫我名字。

"嘿,珍珠,跟我来!"他大声喊道。

最后我回头看了一眼——看到维斯登教练修长的影子正在往离开我的方向移动。

"我叫你珍珠,因为你特别。"他后来告诉我。

"没错,你就是一颗未经雕琢的钻石。但我们不能叫你钻石。波琳和珍珠很配——听起来很悦耳[①],还有,这里是巴哈马,没有钻石,但有珍珠。"

野生的珍珠极为罕见——你搜索成千上万个贻贝、牡蛎和蛤蜊,也可能找不到一颗。珍珠一开始就是一粒沙子。这粒沙子对软体动物来说其实是一种刺激物,所以软体动物会在受到刺激后长期分泌出一种特殊的液体来包裹那粒沙子,以保护自己。这个过程在自然界中可能会发生数百万次,但能变成光滑、闪亮、完美圆润的珍珠的就很罕见了。

那时的我就是一粒沙尘,维斯登教练就是牡蛎。不管我怎么抗议和找借口,不论我遇到什么障碍,他仍然像牡蛎包裹沙粒一样,一直包容、支持着我。

他必须验证他心里那种挥之不去的感觉。

问题是,他到底能不能把我变成一颗珍珠?

我跟着他的影子,穿过田野,离开其他运动员。毕竟,我已经站在这里了。在维斯登教练敲了我近两周的窗户之后,我终于下了床。爸爸告诉我,我可以信任他,而且我没有回头路可走。

[①] 波琳(Pauline)和珍珠(pearl)押头韵,所以这里维斯登教练说"听起来很悦耳"。

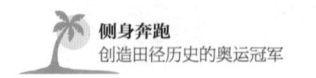

当我们把大部队甩在远处后,维斯登教练停下来,等我走到他身边。

"教练,你没事吧?我们为什么来这里?"我问。

维斯登教练把手伸进口袋,掏出了一样长长的东西。他把东西举起来,在手里面晃着。是绳子吗?在黑暗中我看得不是很清楚。当我用力看时,我意识到那是一条旧领带。我一动不动地盯着他看。如果我之前觉得他是个疯子的话,你可以想象那一刻我脑海中闪过的念头。

"我不想让你在其他运动员面前难堪。"维斯登教练回忆道,"但我必须找到一种方法来纠正你的姿势,让你的手和手臂正确摆动。那时你的身体和手臂都歪向一边。所以我会把你的左臂绑在身体上,这样你就不能移动它了。这就迫使你跑直线。"

维斯登教练认为,只要我能专注于纠正身体的一侧,其他部分自然会随之调整。

这并不是维斯登教练第一次处理这种不同寻常的情况。

在科琳·汉娜打破NCAA纪录之前,她曾拒绝穿短裤跑步。她的家庭是虔诚的教徒,认为跑步短裤不适合年轻女士。因此,多年来她都是穿着裙子跑步的。

"我花了两年时间才说服他们让她穿短裤跑步。"维斯登教练说。

我的问题更为复杂——远不止一件衣服那么简单。回想起来,那情景简直难以置信——我们独自在月光下,教练将我的一个手臂绑在背后。但我信任他,让他这么做。这并不疼,只是感觉非常奇怪。然后我就这样开始跑,和维斯登教练一起,在黑暗中来回奔跑,就我们俩。

他会站在一端,而我站在另一端。

2 一颗珍珠悄然而生

"准备好了吗?好的,珍珠,跑!"他会大喊。

我一只手绑在背后,全力向他冲刺,努力保持上半身挺直,并练习他教我的技术。

只有和他单独训练时,我才能真正集中注意力。他是对的——我确实也觉得跑步时身体扭向一侧很尴尬,尤其在我被贝恩镇飞人俱乐部招募并被别人用"杰出的运动员"这样的外号戏谑之后。他们那时会嘲笑我,对我指指点点。有时我会听到他们的谈话,声音不大但刚好能被我听见。

"那个女孩儿才不会成为世界级运动员呢!"我听到他们这样说。

"她不会有什么成就,教练纯属浪费时间。"

我会像巴哈马人说的那样——不予理会(suck my teet),然后继续前行。

我能怎么说呢?我打小就很有礼貌,妈妈和爸爸教我永远不要还嘴。而且,那时我还是个孩子。

遗憾的是,这是我很早就学到的一课——当你开始做大事时,就会有人想方设法给你使绊子,有时,甚至是你最意想不到的人。有趣的是,骂我骂得最凶的那些是巴哈马人,而不是我的外国对手。

在精英田径俱乐部中,我们最大的竞争对手是先锋者田径俱乐部。贝恩镇飞人俱乐部与先锋者田径俱乐部在许多方面都有分歧。

我们被划分为不同阶层。先锋者田径俱乐部的运动员不必为跑鞋发愁,而且他们住在有自来水和电的房子里。

汤米·罗宾逊是先锋者田径俱乐部的成员。甚至连维斯登教练也曾是那里的会员。但并非每个人都像维斯登教练那样开

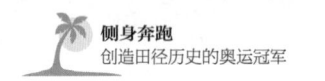

明——他渴望在国家的"腹地"寻找人才。遗憾的是,等级观念和势利做派后来会在我的职业生涯中以戏剧性的方式上演。

当时——作为一个十四岁的女孩,我只记得自己感到既新鲜又害羞,因为维斯登教练正努力教我如何跑直线。一开始真的很难!我只是一粒小沙子,教练努力地要将我这个进入牡蛎的异物变成某种特别的东西。一开始,他就告诉我和他自己,我们都要坚信我不是一般的沙子。

而且幸运的是,他不是唯一看好我的人。

沿着古德曼湾有一道墙,我们会在上面做练习,也有成年人和路过的人坐在那堵墙上观看那些清晨训练的运动员。我们的训练会吸引各种各样的人,其中最引人注目的观众之一不是别人,正是巴哈马的第一任总理林丁·平德林爵士。

他可不是普通的观众,他是我们的国父。1973年7月10日,平德林爵士带领我们走向独立,他的头像还印在我们1巴哈马元的钞票上,拿骚国际机场也是以他的名字命名的。

简单来说,平德林就是我们的乔治·华盛顿。

从1973年到1992年,平德林和他所代表的进步自由党(Progressive Liberal Party,简称PLP)领导我们的国家从英国殖民地走向了完全独立的国家。他激励了整整一代巴哈马人——尤其是有色人种——在社会上实现新的飞跃。

所以,平德林出现在晨练中,可以说是相当令人敬畏的。

我还记得在最开始的训练中,我们都在海边做跳跃运动,六十或七十人排成一排。平德林经常坐在墙上观看,有时也会和教练们交谈。他通常不和运动员聊天。那天在我们做完跳跃运动后,平德林突然走到我身边。

"小丫头。"他说,"你的教练告诉我你喝水喝得太多了。别喝那么多水。"

这是真的。我总是咕咚咕咚地喝水。

说这话时他脸上带着微笑,半开玩笑地对我说。

"是,先生。"我立刻说,"我会的,先生!"

他对我眨了眨眼,然后就离开了。这是他第一次单独把我挑出来说话,后来同样的事又发生了好几次——我一直不知道是为什么。在接下来的几周和几个月里,我去上学或跑去商店时,有时会在街对面看到他——被安保和随行人员包围着。

那一刻我会低下头,心里默默念着:"往前走,别停下。"——那可是林丁·平德林爵士啊,巴哈马最有权力的人!但不知为何,他每次总能在街对面发现我,然后特意穿过街道过来打招呼。

"你好,小丫头。"有一次他这样问我,"你努力训练了吗?"

"是的,先生。"我脱口而出。我太慌了,舌头都打结了。

我一直不知道他为什么那么关注我。

多年后,我才发现他其实一直在关注着我。

"有一天早上,我坐在墙头。"维斯登教练回忆道,"平德林爵士在我身边坐下,他说:'嘿,教练,最近怎么样?'他总是这样问我,他对运动员们很感兴趣。我记得当时我指向人群,他们正在球场上往返跑。'您看到那个年轻女孩了吗?'我说。'你说的不会是那个跑步姿势特滑稽的吧?'平德林爵士回答道。'就是她,先生。'我回答,'她将会成为明星。'"

维斯登教练记得当时平德林爵士问:"那我能做些什么呢?"

"您可以给她买双跑鞋。"教练告诉他。

我对这一切一无所知——我甚至不知道他们有过这样的对话。但我确实记得后来收到了那双鞋,一双来自"匿名捐赠者"

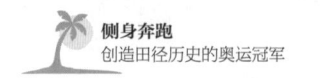

的精美的黄黑相间的阿迪达斯跑鞋。

对于一个一直赤脚跑步的人来说，那就像收到了一罐金子。

"真的吗，教练？我可以穿这双鞋跑步吗？"我几乎不敢相信这鞋是我的。

"是的，这是给你的。"

"天哪！谢谢你，教练！谢谢你！"

"这不是我给你的，珍珠。"

"那我要感谢谁呢？"我急切地问。

"现在不要纠结这个问题。"他微笑着，"那个人只希望你能继续训练，继续努力。"

这不是我收到的唯一的礼物，跑步装备和其他器材接踵而至——整整几袋子。

我的这个默默的资助者在后来几年的时间里扮演了一个更重要的角色。在某种程度上，这既是福，也是祸。但那时我并没有问太多——这一切对我来说是如此新奇，让我有点不知所措了。

现在最重要的是我的训练——维斯登教练对我的一对一训练和他用在我身上的那条旧领带。他总是在凌晨四点敲我卧室的窗户，这样没过多久，我就开始在他到来前从床上跳起来了。

当调整好我身体的一侧后，他决定绑起我另一侧的手臂。

"准备好了吗，珍珠？预备，跑！"维斯登教练大喊。

"当她无论摆动哪条手臂都能做到直线跑时，我就把领带放回口袋了。我们开始练习她双臂的技术。"维斯登教练回忆道，"在短跑中，有四个焦点——两个膝盖和两个肘部。这是她训练中一个非常耗时但重要的部分。我之所以教孩子们这些跑步的基础知识，是因为当焦点部位正确移动时，你就会跑得更加流畅。"

有时候，维斯登教练会让我走到海里，直到海水没到胸部，就是为了给我演示这一点——水的阻力帮助我感受到身体是如何移动的。

我不记得是什么时候突然开窍的——我并不是突然扯掉领带,那些枷锁,然后就跑得完美无缺了。

这一切都是随着时间推移慢慢发生的。它需要努力,真正的努力。

对所有伟大的运动员来说,没有什么是一蹴而就的。要想成为真正伟大的运动员,就要付出努力,还有超越自我的渴望和精神。我想,如果有什么是我一直不变的,那可能就是我的这个特点——是它让我变得与众不同。它是唐·诺尔斯教练决定在田径队为我留一个位置的原因,即使我并不那么出色;它是弗兰克在 L. W. 杨高中后面的操场上注意到我的原因;它是维斯登教练会关心我这个脾气暴躁的赤脚女孩的原因,当时这个女孩在那卷旧录像带里只跑了第四名。

我只是一粒沙子——但在沙子的深处,他们看到了一颗珍珠。

他们看到了一个冠军。

3

金牌女孩

接下来的那一年,也就是1981年的夏天,另一位意外的访客来到了我们在贝恩镇的家,那个不速之客彻底改变了我的人生。

在我成长的过程中,爸爸妈妈给了我很多积极的影响。爸爸努力赚钱养家,妈妈照顾着整个家,把家务打理得井井有条。爸妈管我管得很严,如果没有他们给我种下的纪律意识,我可能永远无法摆脱贫民窟,也不会拥有成为冠军所需的精神动力和坚韧品格。但是,我当时并不知道他们面临着婚姻的问题。

我确切记得有一天,爸爸回到家,妈妈在厨房里对他大喊。当我转过拐角时,我看到她冲向爸爸,爸爸则一把将她抱起——我的妈妈是个小辣椒罐,她有时会情绪激动。

"不可以,不可以!"他严厉地说,把妈妈举在空中,看着她的脸,"这些事不能当着孩子们的面!"

然后,妈妈平静下来。他们用某种方式把他们之间的问题隐藏了起来，保护我们不受影响。

后来爸爸妈妈离婚了，但没有对我们造成太坏的影响。

当时我们都不在家，在附近玩耍，就像那时我们经常做的那样。妈妈在厨房洗东西和整理。突然，她听到前门被猛力推开——不管是谁，那人甚至都懒得敲门。她站在那里，在我们家里，一个年轻女人，怀里抱着一个婴儿。这些都是后来妈妈对我们的描述，我只能想象那个场景。她难以置信地睁大着眼睛，目光从年轻女人转移到她怀里的婴儿，然后又看向我的爸爸。爸爸从卧室里走出来，愣在了原地。

"这是你丈夫的孩子。"那女人终于打破了沉默。

她说这话时带着一种嚣张，好像她才是这里的主人。她很明显在挑衅妈妈，情况很快就会变得一发不可收拾！但是，妈妈没有任何反应——她看着那个女人、婴儿和我爸爸，一句话也没说。

有时候，沉默更加振聋发聩。妈妈从爸爸身边走过，径直走进卧室去收拾她的东西。

"梅尔，你要干什么？为什么收拾东西？"我爸爸质问道。

"我要离开你。"她平淡地说。

"离开我？你要去哪里？你一分钱都没有。"

妈妈继续收拾东西，几乎没抬头看他。"我只知道一件事。"她说，"今天我就要离开这个房子了，而且永远不再回来。"

妈妈把衣服塞进一个包里，尽可能快地离开了房间。

"好吧，你不能把我的孩子们带走！"爸爸尖叫道。

她突然停下脚步，但没有转身。"我不会，因为我没有钱照顾他们。你说得对。但以后我会回来带走我的七个孩子。"

然后她就离开了。她确实说到做到了，她再也没有回到那个

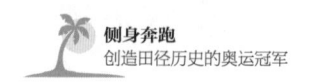

房子。但她强调会回来带走所有七个孩子是因为——妈妈后来告诉我——即使伊佐娜,我的姐姐,爸爸上一段婚姻的孩子,对她来说也像是她自己的孩子。她总说她是七个孩子的妈妈。

我不知道她离开后住在哪里,甚至不知道她如何养活自己。我只知道那天我们回家时,只有孩子们和爸爸在。当你还是个孩子时,你不会问太多问题。生活还得继续,所以我们就这样继续生活着。

但有一天,我妈妈会回来,履行她的承诺。

* * *

甚至在那个命运多舛的夏天之前,我的生活就已经在朝着不同的方向行进。

每天早晨,我都会从床上跳起来,准备好迎接维斯登教练的训练。数月来他对我技术的纠正,很快就证明了他对我的信心并未落空。我每天都在进步,每次练习都让我变得更加强壮,更加自信。当然,我还有很长的路要走。我并没有完全超越对手,事实上,那时候我们并没有参加多少比赛。早期的日子更多是夯实基本技术、习惯和纪律的基础。

尽管如此,到了1981年3月,维斯登教练已经在为我准备我的第一场重大比赛——当年在拿骚举行的CARIFTA运动会。经过数月的高强度训练,他让我达到了可以在高水平竞技场上比拼的状态。但后来由于很严重的流感,我还是错过了选拔赛。

在某种程度上,这预示着未来将会发生的事情。我将在一生中的大部分时间与这种疾病做斗争,这有时会带来毁灭性的影响——关于这点后面再说。

对我这个年仅十四岁的女孩来说,错过第一次在CARIFTA运动会上比拼的机会,并不很令我失望。我还年轻,这只是生活中发生的一件事情而已。我接受了它,然后继续前进。事实上,那时候,生活的变化已远远超出了体育范畴。随着训练的继续,维斯登教练慢慢成为我的"教练爸爸"。他对我来说是一个父亲般的人物——一个强大的支撑——他的家人也是我的家人。

训练结束后,或周末,我总是待在维斯登教练的家中。那里是由女性家长——维斯登教练的母亲多萝西·维斯登操持的,于是她很快成为"维斯登妈妈"。

这与我们在贝恩镇那座木板房中的生活大不相同。维斯登一家是地道的中产阶级,他们在拿骚的高地公园(Highland Park)拥有一座干净宽敞的房子,有自来水和电,这在当时是一种巨大的奢侈。在那个房子里,一切似乎都更大——家具、房间、天花板、门框。维斯登教练的父亲曾是拿骚最大电台的经理,当时已经过世。维斯登妈妈退休前在卫生部门供职。教练的妹妹安德莉亚·维斯登(Andrea Wisdom)和她哥哥一样也是一名教师,她很快成为我口中的"姐姐妈妈"。

我是维斯登教练手中一粒小小的沙粒,很快将成为他的珍珠。我很快意识到这种转变超越了体育范畴。维斯登一家将我带入了他们的世界。他们为我创造了一个保护壳,让我能够成长为一个非同一般的人。

所以,在我爸妈分开之前,维斯登家已经是我的一个安全港湾。

当妈妈离开后,我很幸运有这些人——所有这些像母亲和父亲一样的人——在我身边支持着我,引导着我。我在爸爸和兄弟

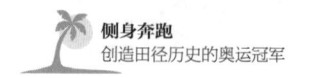

姐妹们一起住的房子里继续住了很久，尽管那时妈妈已经离开了。他们花了很长时间才谈妥离婚条款，妈妈也才重新振作起来。但和过去一样，整个社区都在抚养我，而且现在这个社区已经扩展到了贝恩镇之外。

一步一步地，我从底层社会走向上层社会。

1981年9月，在维斯登教练的帮助下，我成功被政府高中录取——那个被誉为"山顶的殿堂"的学校。这对我来说，曾经是遥不可及的。之前我因为"档案丢失"而被拒绝，但维斯登教练以高级教师的身份为我保住了一个名额。当时的政府高中是巴哈马最好的学校，所以很明显，我将接受更好的教育。我再也不用在连桌子都没有的情况下，在腿上写东西了。但离开L. W. 杨高中的意义远不止于此。突然间，我不只在清晨的训练或者偶尔拜访维斯登教练母亲的家时才能看到教练，我现在完全被他的世界和他的影响所包围。

从一开始，我就能感受到维斯登教练那只坚定而无形的手在引导着我。他甚至没有让我按常规进入十一年级学习，而是决定让我重读十年级，不是因为我的成绩差，而是为了在大学之前他能多一点时间和我在一起，因为他对我有明确的期望——上大学，甚至走得更远。

为了实现那个愿景，维斯登教练不惜付出一切。

据政府高中的体育老师朱迪·怀姆斯回忆，当我还没有剪短头发和男孩们一起踢足球时，我就已经显示出了对于许多其他运动的天赋，包括排球。

"当我们挑选校排球队队员时，我把她的名字写了上去。她很棒。一个非常出色的扣球手。"怀姆斯回忆道，"她拥有那种超级的跳跃能力。我记得有一天我们在体育馆练习时，维斯登教练出现了,给她使了个眼色。她看到后就说:'哦,怀姆斯太太,我现在得走了!'从那以后,我再也没在训练中见过她。"

尽管如此,怀姆斯毫不气馁,她试图留住她的这位新星球员。她找到校长,对她遇到的情况进行申诉。

"我在这方面并没有取得多大进展。"她笑着说,"很明显,她已经被别人预定了。任何其他运动都会干扰她的田径训练。"

怀姆斯很难放手。她自己也是一个伟大的教练。在她三十多年的职业生涯中,她的球员赢得了许多高中排球、篮球和其他项目的冠军。尽管没能在竞技层面上指导我,但怀姆斯对我的关注和支持从未减少,也从来没有放弃对我的争取。她一直是我体育课的老师,直到我毕业,并且在那之后继续是我最大的支持者之一。我在进入政府高中后立马就感受到了那种氛围——所有的老师都充满自豪感,学生们也是如此。当穿上蓝白相间的校服时,我们感受到了自己的重要性——仿佛有一种传统需要我们去传承。

高中阶段的这些高标准为我将来成为怎样的人奠定了基础。

"告诉你哦,我真的很想赢,想把她拉到我的队伍中来。她真的是个充满神奇力量的姑娘!"怀姆斯补充说,"所以,我没有再拖住她,而是让她专注于田径。我竭尽全力让她能专注于那个领域。她是最顶尖的,在我所有指导过的孩子中,她排在最前面。我永远不会去贬低她。她是那种你一直都渴望去指导的孩子,因为她勤奋好学且悟性高。"

勤奋好学、悟性高——是的,维斯登教练知道这一点。就像我说的,他对我的未来非常关注,不仅在学校里留意我,在其他方面也是如此。

当我再大一点的时候,我得到了一双滚轴溜冰鞋。我和朋友

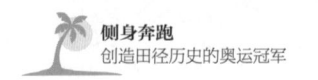

们过去常常在周末沿着老路滑行,一直滑到墓地。我们会在那里待很长时间,直到太阳慢慢落山。我知道,我如果在天黑前没有到家,肯定会挨爸爸一顿揍。

在回家的路上,贝恩镇有一个大坡,被称为医院巷(Hospital Lane)——在这个地方我们会全速滑行,稍有一个失误我就会有麻烦。所以那次我蹲下身子,进入比赛模式——努力集中注意力——只能听到身后"嘀嘀嘀"的声音。

那时,拿骚路上的车并不多,不像现在。所以我想——后面那个家伙是有什么问题吗?

你知道吗,那辆车居然直接把我逼得滑下了路,逼进了灌木丛!我气疯了!但当那辆车在我面前停下时,走下来的竟然是维斯登教练!

"小姑娘,你最好把那些滑轮鞋脱掉!"他大喊,"我们走!"

那一刻,我的愤怒化为羞愧。他不希望我做任何别的事,只希望我跑步。仅此而已。他一直关注着我,有时会开车经过我的街区,只是想看看我在做什么。那天,他只是打开车门指了指,我的滑轮鞋就被没收了,事情就这样结束了。

在政府高中的第一年,训练变得更加紧张。我的技术越来越精湛,同时体育界的其他人士也开始注意到我。虽然我们的晨练在古德曼湾进行,但下午的训练一般会在托马斯·A.罗宾逊体育场进行,那里离政府高中仅一步之遥。

"我偶尔会去体育场看看,看看那些运动员。"巴哈马传奇体育专栏作家弗雷德·斯特鲁普(Fred Sturrup)说。斯特鲁普自1965年以来一直从事媒体行业,从1967年开始写他自己的专栏。

"那是我第一次注意到波琳。她是那么天然和未经雕琢。当你观看运动员绕着跑道奔跑时,你会观察他们的动作形态,想要看到动作的流畅性。那时候,她看起来有些笨拙,但我真正注意到的是她的韧性。当队伍停下来时,她还会继续在跑道上跑上一圈。我已经观察她很长时间了,也看到过许多运动员来了又走了。波琳最突出的特点是她的决心。这种让人难以置信的意志让她继续前进,不断超越。"

与维斯登教练相似,斯特鲁普也非常认同最棒的人才有时会出现在最贫穷的地方。

"你可以看出她真的很想成功,实现个人的转变,得到社会的认可。这在很大程度上与她的背景有关。"他解释说,"所以她想要摆脱那个环境。她很早就意识到这将是她摆脱现状、过上更好生活的出路。"

当然,在那个年龄,我并没有太多考虑大学、奥运会和打破世界纪录那些事儿。但我确实有东西要去证明。在贝恩镇的成长经历,以及我早期所面临的种种困难,现在看来都是在推动我寻找更多的内在动力——那种超乎常人的斗志。1982年1月,我准备好了,而且第一次真正体验到了胜利的滋味。

不要给我面包,不要面包。
不要给我肉,不要肉。
只给我那个节拍,那个节拍。
神奇的节拍!

全国高中锦标赛的欢呼声震动了托马斯·A.罗宾逊体育场。当你十五岁的时候,一万多人的目光紧随你的每一个动作,那种感觉和被一百万人注视着没什么区别。我永远不会忘记那些走向体育场的游行队伍，以及当我睁大眼睛从大门走向赛道时，感受到的粉丝们的狂热。政府高中的运动员们被称为"神奇勇士"，在"神奇节拍"的推动下，我们觉得自己是无敌的。那年，我赢得了少年组100米和200米比赛，从此一路领先，确立了我作为巴哈马新晋顶尖短跑选手的地位。

维斯登教练的大弟子埃尔迪斯·克拉克继续作为我国顶尖的成年组短跑选手在同样的项目上竞技。我俩都获得了CARIFTA运动会的入场券，该比赛几个月后在牙买加的金斯敦举行。

在许多方面，埃尔迪斯就像我的大姐姐，在我的一生中，我和她将会有一段重要而复杂的关系。

当你作为一个精英运动员成长起来的时候，你的世界会变得狭小。穿梭在学校、训练场地和比赛场地之间，你没有时间做其他的事情。而且和你打交道的人也是这个圈子里的，经历着同样的事情。

因为维斯登教练的关系，埃尔迪斯和我一直被紧紧地联系在一起，而且随着时间的推移，我们的关系变得更加紧密。虽然她和我一样是贝恩镇飞人俱乐部的成员，但她住在一个有水电设施的混凝土房子里。我觉得她一定很富有，因为她总是穿着时尚。关于埃尔迪斯，有一点我能肯定，除非她把自己好好打扮一番，不然她是不会出门的。

去她家时，我通常会穿宽松的老式上衣、裤子和网球鞋。她会上下打量我一番，然后摇摇头。

"你是在开玩笑吧。"她会笑着说。

然后我们会走进她的卧室，她会帮我弄头发，化妆，然后把我打扮得和她一样。那时候我是个假小子，不太在意这些事情。

"我就像她的大姐姐。我们真的非常非常亲近。"埃尔迪斯说,"有时我真不想训练了。她比我更有天赋,更热爱田径运动。在我犯懒的时候,她总是鼓励我要做好,要看到更长远的目标。所以,在某些事情上我是她的大姐姐,但就体育运动本身而言,我觉得是她在鼓励我去达到更高的水平。"

埃尔迪斯帮助我认识到我作为女性的一面。我的意思是,我们是年轻女性,做着青少年都会做的事情。但作为精英运动员,这并不总是那么简单。当我逐渐在田径体系中崭露头角时,一些年长的女性会毫不客气地批评我们,告诉我们要"遮掩"自己的身体。在她们的眼中,我们运动员的体态并不符合传统女性的形象。

你可以想象,作为年轻的运动员,尤其是当我们刚刚开始认识自己的青少年时期,要应对这一切是多么困难。因此,我们在竞技场之外通常会尽量保持低调,不让自己过于显眼。这样的压力很长时间以来都在困扰我们这些女运动员。

年长的女性让我们"遮掩"自己的身体,这真让人感觉挺滑稽好笑的。

那时候,也就是 20 世纪 80 年代初,女性并不像今天这样健身,特别是在巴哈马。那时的社会要保守得多。强健的体魄并不被视为力量的展示。通常,当我去健身房时,那里大多是男性,女性非常少。社会发生的变化真是令人难以置信——女性开始锻炼,去健身房,拥抱和展示自己的身体。而在我逐渐成长为精英运动员的过程中,这些都是闻所未闻的。[1]

---

[1] 这段文字主要描述年轻的女运动员在身体发育后,如何在公共场合中因为她们的体型和穿着而受到年长女性的批评和指指点点。这些年轻女性因为拥有运动员的强健体魄,可能会在穿着上显得更加自信和"性感",这在当时的社会环境中并不被普遍接受。年长的女性可能会认为这种展示不符合传统女性的形象,因此对她们进行指责,要求她们"遮掩"自己。这种情况反映了当时社会的保守态度和对女性身体形象的期望。

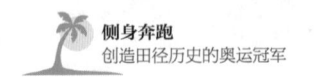

我早期的成功也从一开始就让一些运动员对我产生了强烈的嫉妒和敌意，似乎我展现的潜力越大，就越会被视为威胁。

在我继续往下说之前，我要申明——我爱我的国家，巴哈马。

我是世界大家庭的一员，我对我的巴哈马身份尤为感到自豪。我一生所做的一切都是为了这个国家。即使在我赢得奥运奖牌之后，我内心深处仍然觉得这些奖牌并不属于我个人。这个想法让我热泪盈眶，因为我感觉如果没有他们——我深爱的巴哈马人民，生我养我的父老乡亲——我永远都做不到这些。

田径运动给这个小小的岛屿带来了难以言喻的骄傲。我每天都有这样的感觉，从身边支持我的人，到成千上万的粉丝，他们观看我的比赛、为我加油，或者在大街上拦住我，只为给我一个鼓励的拥抱。

遗憾的是，我在田径圈子内并不总能感受到同样的认可和无条件的爱。

事实上，圈子里的人对我的期望并不高，没有人想到我能走到这一步。在巴哈马，有时候你的出身至关重要。有一条无形的界线——你应该安守本分，待在自己的赛道内。

"田径运动最初是黑人社会的上层群体策划的，而且在一定程度上是由先锋者田径俱乐部代表的。"斯特鲁普解释说，"先锋者田径俱乐部就是标准。每个人都对照着它去实现目标和超越目标。坦白地说，当贝恩镇飞人俱乐部在维斯登教练的带领下达到自己的高度时，他的运动员比其他所有人都做得更好，让人没有办法不注意到他们。"

当地的田径联合会——巴哈马田径协会（Bahamas Association of Athletic Associations，简称BAAA），传统上一直由

先锋者田径俱乐部主导。该协会历任主席都自豪地穿着标志着先锋者田径俱乐部颜色的制服。因此，有些人认为这个组织被政治化了，在运作中倾向于录用那些有这层关系的人，以及来自社会较富裕阶层的人。所以，理所当然，巴哈马田径协会决定着哪些运动员能够代表国家参加比赛，无论是奥运会还是CARIFTA运动会。

我国第一位奥运奖牌得主弗兰克·拉瑟福德这样描述："如果你是贝恩镇飞人俱乐部的一员，那么你必须非常出色，并且赢得比赛，才能被考虑。"

我一直理解这一点——你必须取得更大的成就才能被注意到，才能越过那条无形的界线。你不能只是"勉强达标"，或者"几乎达标"，哪怕就差一点点儿都会让你失去入围的资格。你必须彻底刷新那个成绩，并且远超标准。所以，当我做到之后，那些处于特权位置的人并不总是欣然接受。

"你可以想象，有那么一个享有特权的孩子。"维斯登教练说，"他/她有最好的制服和装备，还有使用设施的机会，然后他/她要和一个没有这些机会的孩子竞争。如果他/她被打败，那他/她对那个孩子就会充满敌意。"

换句话说，我总是清楚地意识到自己出身卑微，不属于那个特权阶层。

"她迟早会让自己怀孕。"我会听到他们说这样的话，"你知道她会和那些不同的男人生孩子。"

你听着这样的话，声音不大但足以让你听见。说这些话的不仅有和我同龄的运动员，还有竞争对手的教练和官员。我过去常常想，好吧，他们说的不是我，他们肯定在说别人。波琳，你把这话藏在心底，让它成为你前进的动力吧。

早些时候,我一半的牙买加血统也让我成为嘲笑的对象。他们通常在背后嘲笑我。"混血怪""牙买加杂种"——他们会这样打击我,贬低我所展现的任何潜力,仅仅因为我不是"纯正"的巴哈马人。

这类事情对大多数人来说并不重要,但在巴哈马,对一些人来说,这确实很重要,尽管我也认识不少有混合血统的人。

幸运的是,我还有维斯登教练支持我、鼓励我,给我力量。有时候,在古德曼湾的晨曦中,他会让我坐下,告诉我我是多么有天赋。他说,我们只需要专注于正事儿。

"孩子,珍珠,这些人,我不知道他们有什么问题。"他会摇着头说,"他们看不到你的才华。但你知道,我们会证明给他们看!"

而且,我还有我默默的支持者,平德林总理。随着时间的推移,他给予我越来越多的关注。

"喂,你最好提防着点儿她。"我还会听到其他运动员低声耳语,同样刚好能让我听到,"你知道她在高层有些朋友。"

我经常听到这种话——却完全不知道他们在说什么。

高层的朋友?维斯登教练可能在政府高中是个高级教师,但他并不在什么高位。我就是这样想的。作为一个小女孩,我被保护着,没有意识到这个国家最有权势的人站在我这一边。但是权力带来了政治斗争、谣言和含沙射影。他的支持加剧了那些政治立场不同的人的嫉妒,甚至是敌意。

我从来都不太关心政治——我只想跑步。几年后,在我高中的最后一年,维斯登教练在车里告诉我他打算涉足政治。我像个小娃娃一样哭了起来。我哭泣着,恳求他重新考虑。

"你为什么想这么做?"我哭喊道。

我难过得无法平静，怎么劝都没用。维斯登教练不得不把车停在路边让我平静下来。他给了我一个拥抱，并解释说，那是他的使命，有时候你可以做出积极的改变。

我的话和情感没能动摇他。他后来成了参议员，再后来，在佩里·克里斯蒂政府担任内阁部长。佩里是平德林总理的政治门生，是进步自由党成员——关于这个我稍后会提到。我想，作为一个来自贫民窟的孩子，我从未觉得我的社区受到过政府或政治团体的帮助。我坐在维斯登教练的车里，整个政治阶层似乎遥不可及——他们拥有权力、影响力、财富或较高的社会地位，但这些人对于其他人或社会底层的问题缺乏同情心甚至非常冷漠。我觉得自己没有被政府或者议员们所代表。但我也只是个孩子，我不了解更广阔的世界。

同样，我也不知道平德林总理在背后默默关注着我。即使我知道，我可能也不会完全理解这意味着什么，以及它会如何改变一些人对待我的态度。而且，那是一个更单纯的年代。所以，他们啥意思？我有高层的朋友？我们可能是精英运动员，但我们并不真正过着高档次的生活。

我们一贫如洗。在那些日子里，巴哈马田径项目必须为每一分赞助去拼抢，尤其是当我们去国外参赛时。

"我们一无所有。真的是一无所有。"维斯登教练回忆道。

"在我们赢得1980年在百慕大举行的CARIFTA运动会时，那次巴哈马田径协会只给了我1000美元来运行整个参赛队伍。记得在去机场的路上，我在凯布尔海滩的银行停了一下，把我银行账户里所有的钱都取了出来。回家后我会受妻子的责备。但我想说，我们得为孩子们做这件事。"

并不是每个人都像我那么幸运，有幸被赠予新的跑鞋。

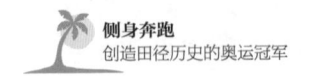

"那时候非常艰难,某个人跑 100 米,我会在终点等着,然后我们会把他的鞋子拿回来给下一个人穿。"他补充说。

想象一下这么个情景——资金有时非常紧张,以至于运动员们不得不合用鞋子。与此同时,我们还要和世界级的对手竞争,争夺地区冠军和奥运会的参赛资格。那时候就是这样——就像我说的,一切都更加单纯。这是巴哈马田径运动的基础,我们为获得国际认可而奋斗。

1982 年 4 月,我前往牙买加参加 CARIFTA 运动会,那是我第一次参加重要的国际比赛。当时资金非常有限,这还是比较委婉的说法。

我记得我们住在金斯敦外的一所学校里,他们为我们搭建了临时宿舍。一个大房间供所有女生睡,另一个给男生。不过,床铺对于所有的教练和运动员来说并不够。

"我睡在宿舍外面的台阶上。"维斯登教练回忆说,"我把西装袋放在地上当枕头,就在那里睡下了。"

教练为了让我们能参赛付出了难以想象的努力。

还有更糟的情况。出于某种原因,那所学校同时还是个农场,气味非常糟糕。

我已经养成了早起的习惯,经常在早晨训练之前就起床了。那天早晨,我照例第一个醒来,跳过睡在台阶上的维斯登教练,然后在场地周围转了转。围栏里有一些牲畜,也有些在操场和建筑物周围放养。当我回到宿舍时,我记得有一个官员提着一整桶牛奶,并把牛奶放在火上煮沸。那是我们早餐的重要部分,还有白米饭和鸡蛋粉。

我们面面相觑,都感到恐惧——我们不习惯吃这些食物,特别是在我们即将与加勒比地区最优秀的田径运动员竞技之前。再加上农场的阵阵恶臭,根本没法吃下去。

吃完这顿饭,我们穿着巴哈马国旗色彩的田径服,列队走出了我们的宿舍,等待交通工具来接我们。我永远也忘不了那一幕——从拐角处缓缓驶来一辆巨大的军用卡车,由牙买加军方提供,用来把我们送到体育场。我们挤上了那辆摇摇晃晃的卡车,紧紧抓住,生怕掉下去摔死。

我们就这样在牙买加风景如画的道路上摇晃着,耳边是军用卡车引擎发出的轰鸣声。突然间,一股烟味飘了过来。我们四处张望,直到看到一股浓烟从车的前方冒出,火焰舔舐着车辆两侧向我们靠近。幸运的是,车并没有开得特别快,我们都从车后方跳下,躲进了灌木丛中。

真是个奇迹!我们没有人受伤——只有几处擦伤和肿块。

我们身穿黑色、海蓝色和金黄色的衣服站在路边——那是巴哈马国旗的颜色,等待另一辆军用卡车的到来。

现在回想起当时糟糕的条件,以及我们不得不忍受的一切,还真挺滑稽的。我们真的是开辟未来道路的先驱啊!当然,对于今天的运动员来说,情况已经大不相同。顶尖运动员很早就会被挑出来,最优秀的跑步运动员还会获得私立学校的奖学金。他们参赛时,都住在漂亮的酒店,有专门的教练、营养师和理疗师照顾他们。不少人还会有代言合同,使用最好的装备,甚至获得在一级联赛大学免费受教育的机会。坦白地说,顶尖运动员就应该有这样的待遇。为了成为世界第一,他们付出了太多,为国家争得了荣誉。

1982年在牙买加金斯敦搭乘那辆军用卡车去参加田径比赛的经历,对我们和对我们的国家巴哈马来说意义都非同一般——就像是战士奔赴战场去打仗。

会有挣扎和困难，但最终这一切都是值得的。我们做了我们必须做的事。

当我们到达赛场时，整个队伍都已经筋疲力尽。虽然参赛了，但我们表现得很糟糕。牙买加队彻底击败了我们——在大多数预赛中包揽第一和第二名。第一和第二，第一和第二……我们的巴哈马短跑选手像被拍死的苍蝇一样倒地不起，直接栽倒在草地上，一个个都愣在了当场，累得动弹不得。当然，牙买加总是派出强大的队伍，但我认为这样的惨况与我们的饮食和身处的环境不无关系。我们的身体和心理并没有准备好去对抗最好的对手，相信我，被牙买加队击败总是让人感觉特别不是滋味。

这是一场持久对抗，一直持续到今天。

就像波士顿红袜队（Boston Red Sox）对抗纽约洋基队（New York Yankees）[①]，洛杉矶湖人队（Los Angeles Lakers）对抗波士顿凯尔特人队（Boston Celtics）[②]，或者乔·弗雷泽（Joe Frazier）与

[①] 波士顿红袜队（Boston Red Sox）与纽约洋基队（New York Yankees）之间的对抗被广泛认为是美国职业棒球大联盟（MLB）中最著名的宿敌关系。这两支球队之间的竞争历史悠久，始于20世纪初，并且充满了激烈的比赛、传奇故事和球迷之间的热烈情绪。这种宿敌关系的主要催化剂之一是1919年红袜队将棒球史上最伟大的球员之一贝比·鲁斯（Babe Ruth）卖给了洋基队，这一交易后来被称为"诅咒的开始"，因为红袜队在接下来的86年里没有赢得世界大赛冠军，而洋基队则成为MLB历史上最成功的球队之一。尽管红袜队在2004年打破了所谓的"诅咒"，并在此后赢得了多个世界大赛冠军，但红袜队与洋基队之间的竞争仍然非常激烈，并且是棒球界最受关注和讨论的竞争关系之一。

[②] 洛杉矶湖人队（Los Angeles Lakers）和波士顿凯尔特人队（Boston Celtics）在美国职业篮球联赛（NBA）中有着悠久的宿敌传统。这两支球队是NBA历史上非常成功和具有标志性的球队，他们的对抗被认为是职业篮球中最经典的竞争之一。湖人队和凯尔特人队的竞争在20世纪80年代达到了顶峰，当时湖人队的魔术师约翰逊（Magic Johnson）和凯尔特人队的拉里·伯德（Larry Bird）分别成为各自球队的象征，他们的对决定义了一个时代。这两支球队在NBA历史上都积累了大量的冠军头衔，湖人队和凯尔特人队的球迷经常将对方球队视为最大的竞争对手。

穆罕默德·阿里（Muhammad Ali）[1]的激烈交战。从国际层面看，就像是加拿大与俄罗斯在冰球上的交锋，意大利与西班牙或巴西在足球上的较量，等等，等等。你可以给出你自己的例子，无论如何，这些都是史诗级的宿敌对决。

巴哈马和牙买加在田径运动中的竞争超越了运动本身。这里涉及至关重要的荣誉问题。

"这种对抗是绝无仅有的。"1988年奥运会200米银牌得主、牙买加运动员格蕾丝·杰克逊这样解释，她是我一生的挚友和竞争对手。

"你必须了解这两个国家的历史和性格。牙买加人总认为自己是最棒的——你以为你是谁啊？你觉得你能打败我们？所以我们牙买加人以自信甚至嚣张而闻名，尤其是在加勒比地区。然后，渐渐地，巴哈马成为一股不可小觑的力量。他们组建了能够与牙买加抗衡的高素质队伍。"

如果你回顾CARIFTA运动会的历史，就会发现牙买加运动员占据了主导地位。截至2019年举办的第48届CARIFTA运动会，牙买加赢得了惊人的43次冠军。巴哈马赢得了4次，百慕大1次。特立尼达和多巴哥、巴巴多斯、马提尼克、格林纳达等国家在这些运动会上也都取得了成功，赢得了金牌、银牌和铜牌。但是，想要赢得整个运动会，那就是一个更高的层次，取决于哪个国家在那一年获得最多的金牌。从整体实力来看，牙买加人大多数时候都占据了上风。

你可以将他们视为加勒比地区的美国人。

---

[1] 乔·弗雷泽（Joe Frazier）和穆罕默德·阿里（Muhammad Ali）之间的对抗确实可以被描述为拳击史上的经典宿敌关系。这两位伟大的重量级拳击冠军在20世纪70年代初的三场史诗般的比赛中相遇，他们的对决成为体育史和流行文化的一部分。

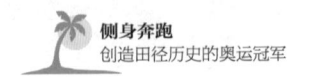

你可能会争辩说，牙买加的运动员更为优秀啊。是的，也许他们更早地筛选出了运动天才，并拥有更好的发展规划。但其实这更像是一个数字游戏。

在那个时期，牙买加的人口已经超过两百万，而巴哈马的人口只有大约 22 万。

"作为牙买加人，我们处于领导地位已经很久了。"杰克逊补充道，"我们有一个非常系统的高中锦标赛和发展体系，竞争水平相当高。我们在 CARIFTA 运动会上的统治地位就是因为这一点。还有就是我们拥有更大规模的人口。然而，巴哈马也在用和我们类似的方式培养他们的青少年——他们正在崛起，培养自己的人才。"

我们就像是小妹妹小弟弟，紧咬着他们的脚跟。在赢得了 1980 年和 1981 年两届 CARIFTA 运动会之后，1982 年，我们与牙买加人正面交锋。所以那时的压力更大，期望更高。

我们还有许多事情要去证明。那时，还没有来自巴哈马的田径运动员赢得过奥运奖牌——弗兰克·拉瑟福德在十年后的巴塞罗那奥运会上赢得了铜牌，才实现了这一突破；而牙买加人，从 1948 年的阿瑟·温特开始，就已经多次尝到奥运胜利的滋味。

当然，在更近的年代，我们都知道尤塞恩·博尔特的壮举和王者地位，他可能是有史以来最伟大的短跑运动员。

即使在 20 世纪 80 年代，牙买加也是一个强国，培养了一些世界顶级的田径运动员。像巴哈马人一样，牙买加人对田径运动充满热情，田径比赛在他们心目中是至关重要的，粉丝们也会追随他们参加所有的比赛。每当 CARIFTA 运动会在拿骚举行时，牙买加人一定会在体育场上划出一块喧闹的区域，他们的噪声强度不输主场的巴哈马人。

他们对自家运动员热情洋溢，对我们的运动员则毫不留情。

尽管如此，我们两国之间仍然有着共同的纽带。我们都来自岛国，对田径运动有着共同的热情。所以，当奥运会或世锦赛来临时，整个加勒比地区就会团结一致，我们会为彼此加油，庆祝我们共同的成功。

但在1982年的CARIFTA运动会上，我们根本没想到这些。我们来到了他们的地盘，这是一场纯粹的较量。CARIFTA运动会通常在复活节周末（Easter Weekend）举行。在耶稣受难日（Good Friday），大多数运动员会放松一下并去趟教堂。周六是我们比赛的第一天，我们表现不佳。周日情况也没有好转。看来1982年对巴哈马来说只会是普普通通的一年了。但接下来发生了意想不到的事情，改变了一切。

到了周日晚上，我们回到学校，消息传来，说是有一架飞机从巴哈马抵达，装满了食物，还带来了厨师。果然，那晚，补给品到了！可以说是空投来的！我们吃饱了，睡下了，肚子里都是巴哈马的特色食物！我猜是消息传到了掌权者那里：巴哈马人需要提振士气！当然，第二天早餐后我们还是得跳上那些军用卡车，但至少这次我们感觉都准备好了，可以战斗了！

最终，巴哈马在那次运动会上获得了第二名的成绩，仅次于牙买加，带回了38枚奖牌，其中13枚是金牌。

我们的运动员在田赛项目中表现尤其出色。拉弗恩·伊芙（Laverne Eve）在青少年组（20岁以下）的铅球、标枪和铁饼项目中赢得了3枚金牌，因此荣获了备受瞩目的奥斯汀·西利奖

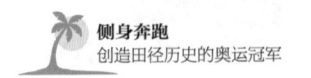

（Austin Sealy Award）[1]，成为最杰出的运动员。在少年组（17岁以下）项目中，妮可·泰勒（Nicole Taylor）在铅球和铁饼项目中赢得了2枚金牌，而让·米努斯（Jean Minus）在标枪项目中赢得了金牌。

至于我，在作为少年参加的第一次重大比赛中，我赢得了2枚银牌，分别是100米和200米，两次都输给了牙买加的劳雷尔·约翰逊（Laurel Johnson）。

埃尔迪斯·克拉克在青少年组的200米比赛中赢得了1枚铜牌。

我还在等待我的第一次重大胜利。但是1982年的比赛给了我第一次竞技体验。别忘了，那时我刚开始和维斯登教练训练还不到一年——他的领带系在我的背后，这样我就不会跑偏。而在那之前的几个月，作为贝恩镇的一个赤脚孩子，我从未想过能走进那个体育场，看到那些景象和听到那些声音，更不用说有人会给我挂上奖牌了！那是一种难以置信的成就感！这让我充满力量和信心，如果我能比任何人更努力地训练，我就能取得伟大的成就，我就能证明，所有怀疑我的人都是错的，我就能让众人刮目相看！到那时，除了牙买加运动员，观众最期待波琳·戴维斯的表现！但我并不满足——事实上，在那些比赛之后，我的斗志已经熊熊燃烧起来！

赛后，我们开了个小会。

---

[1] 奥斯汀·西利奖（Austin Sealy Award）：加勒比地区的一项年度体育奖项，旨在表彰CARIFTA运动会上表现最佳的运动员。这个奖项以奥斯汀·西利的名字命名，他是巴哈马的一名体育管理员和田径运动推广者，对加勒比地区田径运动的发展做出了重要贡献。该奖项于1972年设立，获奖者通常是在CARIFTA运动会上赢得金牌数量最多、打破纪录或者以其他方式表现出色的运动员。这个奖项不仅是对运动员在比赛中的卓越表现的认可，还是对他们在训练和比赛中所展现出的纪律、奉献和体育精神的肯定。

"我不管你们其他人怎么想,但明年这种情况绝不会再发生!"我一边在其他运动员面前踱着步,一边大声说道,"明年,我不会让任何一个牙买加人打败我。我们必须把这一点记在心里。他们给了我们沉重打击,我们必须团结起来!"

我当时只有十五岁,但我感到那种竞争的火焰在我体内猛烈燃烧起来。这预示着我未来的拼搏道路,这股火焰就是我力量的源泉。

对我来说,参赛是远远不够的——我必须赢。

"明年当我们回到巴哈马主场,这样的事情绝不可能再发生。"我边摇头边和队友们说,"所以我们必须努力训练,明年好好教训他们!我不会再接受这样的打击了!"

这种坚定不移的决心和无畏,将我与其他巴哈马运动员区分开来。有时候,正如你会看到的,我的激情和观点也会让我与我的队友们产生分歧——并不是每个人都受得了这种强烈情感。

"如果你问我,我会觉得波琳更像一个牙买加人而不是巴哈马人。"杰克逊在回忆我的早期时光时笑着说,"我认为她母亲是牙买加人,所以她身上的一些特征就显现出来了。她不害怕这一特殊的身份,也不担心别人对她的看法,而是利用这些身份特征来增强自己的竞争力或自信心。所以她会去挑战牙买加人,因为她知道她能打败她们。牙买加人不怕在任何时候站出来去挑战任何人,不管他们之前有没有挑战过。"

我不仅在年龄上成长,也在各方面逐步成熟。

在牙买加期间,众多教练的目光都集中在我这个崭露头角的短跑选手身上。我也正在成长为一名身材丰满的女性,这一点同样引起了注意。换句话说,我身形饱满,曲线分明。一些教练认为,仅凭我的体型,我就永远无法成功。

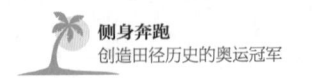

"那个女孩身上好像挂着牛铃铛。"我听到他们这样说,还偷偷地笑。

众所周知,最快的短跑运动员往往体型修长,呈流线型,而不是曲线明显。而且,从很小的时候起,我就像是一个拥有成人身体的儿童。如果你看到我的脸,或者听到我说话,我看起来和听起来都像是一个青少年;但我的身体的其他部分则更为成熟。我猜想维斯登教练可能也听到了这些闲言碎语,因为当我们回到拿骚后,我的"姐姐妈妈"安德莉亚·维斯登第二天就带我去了商场。

我们在拿骚到处寻找运动内衣。那时候要找一件运动内衣真是出奇地难啊!就像我说的,在 20 世纪 80 年代初,并没有多少女性进行常规的体育健身,更不用说在职业运动员级别了,至少在我的国家巴哈马是这样。我们当时一定找遍了十几家商店,最后终于找到了一件——红色的、看起来很工业风的运动内衣。它看着很丑——但话说回来,谁真的会看到它呢?从那时起,安德莉亚和维斯登教练就告诉我每天都要穿着它,训练时穿,睡觉时也要穿。我必须把它当成我的第二层皮肤,这样在比赛中我才会感到舒适。

在比赛前,我会先用一块布把自己绑紧,然后再穿上运动内衣,以保持身形稳定。所以那件红色内衣一直跟着我。我会手洗它,拧干,然后晾出去晒干。冲洗并重复。它对我来说就像鞋子一样重要。

在那个时期,我经历了许多成长的时刻,但并非所有时刻都是愉快的。那年(1982 年)夏天,贝恩镇飞人俱乐部组队去了迈阿密南部经典赛(Miami South Classic),那是佛罗里达州的一个一年一次的田径比赛。那次比赛是我第一次去美国参赛。不知怎么，维斯登教练总能找到钱让我们参加多个赛事，不管是他自己的钱，还是家长们捐赠的钱，甚至是平德林总理本人的资助——我都不知道。我那时还是一个孩子，我的任务就是跑步。

就像我说的，在过去一年左右的时间里，我和埃尔迪斯变得更加亲近了。她比我大，所以埃尔迪斯总是在青少年组别参赛——我们从未正面交锋过。

但在迈阿密南部经典赛上，这种情况发生了变化。不知道是出了差错还是因为我的成绩，我被提升到了她那个级别的预赛。我竟然和她被安排在同一场预赛中，我站在跑道的这一端，她站在另一端。当时我甚至没有注意到这些！因为在这些比赛中，当你被叫到时就要出场，然后就是全力以赴地跑，跑完就退到一边，而后面还有更多的人在排队等候。结果，我击败了那场预赛中的所有选手——包括埃尔迪斯。

那是疯狂的一天。在佛罗里达的比赛结束后，我们得赶飞机去大巴哈马参加第二天的另一场比赛。我猜想那时已经有人在对此事议论纷纷。这次很幸运，我们得以住在一家酒店。我跑上一段楼梯，沿着一条长走廊走向我的房间，这时我看到埃尔迪斯朝我这边走来。

"嘿，姑娘！"我高兴地叫埃尔迪斯。

"别'嘿，姑娘'这样叫我了！"她直接走到我面前。

"你怎么了？"我后退了一步，"出什么事儿了？"

这时，其他几个队友已经聚过来等着看热闹。一开始，我以为她在开玩笑。埃尔迪斯是我在队里最好的朋友，我从没把她看作竞争对手——主要是因为她年纪比我大，而且参加不同的组别。我才开始崭露头角，但她一直是巴哈马最优秀的短跑运动员。

"哦——哦——哦！"她喘着气，戳着我的肚子说，"我告诉

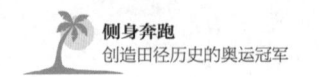

你！你永远不可能再打败我。我告诉你！"

我来自贝恩镇，从小我们就学会了如何保护自己。当你推我的时候，我会做出反应。那一刻我确实这么做了。

"哦，是吗？"我戳了回去，"等你训练得比我更努力的那天，你就能打败我了。而你永远也不可能训练得比我更努力！"

教练们在情况变得更糟之前制止了我们。有一段时间我们互不说话，我做我的事，她做她的事。维斯登教练批评了她几句，说她作为一个姐姐应该为自己的行为感到羞耻。其实，这才是关键。我们就像姐妹一样，事情会有起有落，但我们彼此相爱。我们的生活将永远紧密联系在一起。

我的自信心达到了前所未有的高度。7月份我年满十六岁，我全身心投入了1982年中美洲及加勒比海地区青少年锦标赛（Central American and Caribbean Junior Championships，简称CAC青少年锦标赛）。

发生在我和埃尔迪斯之间的事儿，加上几个月前的CARIFTA运动会，让我心里憋着一股劲。这次，我将准备好迎战那些牙买加选手！他们不可能再打败我们！所以我训练得更努力。

我带着要将对手打趴下的心态参加了那次比赛。

我想我不是唯一一个这样想的。我们的队伍后来被称为"辉煌十九人"（"The Magnificent Nineteen"），带着雄心进军巴巴多斯的首都布里奇敦。那时，许多巴哈马精英运动员正在成长，刚刚开始展示他们的潜力。

男运动员有乔伊·韦尔斯（Joey Wells）、"蓝色男孩"——迈克尔·纽博尔德（"Boy Blue"— Michael Newbold）和特洛伊·坎普（Troy Kemp）——他们不仅在国内取得了了不起的成绩，还在奥运会和世锦赛上留下了深刻印记。至于女运动员，埃尔迪斯·克拉克和我担起了重任。

"这是巴哈马展示体育力量的时刻。"维斯登教练解释说，"我们有许多年轻运动员开始崭露头角，他们在身体素质和赢的欲望上超出了任何人的预期。"

当然，我们身处的环境总是让我们感到卑微。就像那年在牙买加一样，我们住学校，而不是酒店。我记得淋浴间是临时搭建在外面的，用的是铁皮墙，使用得排队，先到先得。你可以想象，这对女孩来说尤其不舒服。我只有一次在正常洗澡时间去洗澡——那也是我犯的一个错误。当时我发现周围的男孩会透过那些薄薄的铁皮墙偷看，心里很不舒服。

从那之后，我每天都是凌晨三点起床洗澡。

正是这些琐事让我意识到，我是在一个男人的世界里竞争。比赛前，我先用布裹住自己，然后穿上那件红色的运动内衣——那是我比赛日的仪式——在身体和心理上为比赛做准备。接着，我穿上了巴哈马国旗颜色的运动服。我是巴哈马在1982年CAC青少年锦标赛我那个年龄段中唯一的女选手。我已经是一个完全不同的运动员，甚至和几个月前在牙买加比赛时候相比也完全不一样了。我按下开关后，横扫竞争对手——在100米、200米和400米比赛中收割了全部金牌。

我记忆最深刻的是从一个比赛项目跑到另一个比赛项目时的那种快乐和自信，仿佛我一生都在做这件事！我知道这就是我想要做的，所以一点儿不觉得累。我跑得如此之快，感觉就像是在飘浮，所以我通常会闭上眼睛，脚踏实地，就像当时跑回贝恩镇的街道上，而那些水桶就在我手中晃动。只是现在我自由了，没有什么能拖累我。他们以前看到我跑偏时会嘲笑我，那时我的头和身体歪向一边，闭着眼，摇摆着手臂。但现在我再也不那样了。

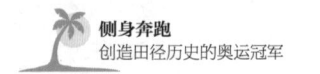

当时我并没有觉得这有什么大不了的。就像我说的，我只是享受其中。后来我才知道我做了些什么。

维斯登教练甚至让我参加跳远——而我根本不是田赛运动员。这都不是事儿，我在那个项目中也赢得了金牌。我记得教练说，他还想让我尝试铅球，但最终他让步了，因为我哭了起来。那些古巴来的女孩个头实在太大了！我刚在跳远项目中赢得了一枚金牌，这对身为短跑运动员的我来说可是一件大事。而现在你又想让我尝试投掷铅球？

我想整个队伍当时都处于一种兴奋的状态，我们一直在加分！

"蓝色男孩"——迈克尔·纽博尔德在100米和200米中赢得了金牌。韦尔斯在跳远项目中夺得了金牌，同时在200米中获得了银牌。埃尔迪斯在成人组100米中击败了牙买加与特立尼达和多巴哥，赢得了金牌。还有许多其他巴哈马运动员在那支队伍中贡献了力量，最终赢得的奖牌的数量创造了历史。那年，巴哈马在CAC青少年锦标赛中完胜，共获得14枚金牌。

至于我，4枚金牌让我成为独一无二的王者。在此之前，没有任何国家的运动员在CAC青少年锦标赛中赢得过4枚金牌。

事后我才真正意识到这意味着什么。

其他国家的运动员和教练开始和我打招呼，围在我身边，和我拥抱并问我问题。赛事官员想要和我握手，告诉我我有一个光明的未来。媒体的关注也随之而来。

在我背后，我开始听到新的窃窃私语。

"巴哈马，你得到你的那个人了！你终于得到你的那个人了！"

这是第一次，一名来自巴哈马的女子短跑运动员产生了巨大的波澜。

当我们回到拿骚,下飞机时,人们欢呼雀跃,递给我鲜花,和我拍照留念。那是我们第一次被称为"辉煌十九人"。而我被正式誉为"金牌女孩"——当地报纸和广播电台都开始这样称呼我。这个称号就此流传开来。

那就是我在赛道上的生活。而赛道之外,我的未来远未确定。

* * *

在学业、紧张的训练和早期比赛之间,我没有太多时间去考虑家里的情况。我当然想念妈妈,我们也会时不时通电话。但我再一次被保护起来,远离父母之间的问题。不过,当我从CAC青少年锦标赛回到家时,我必须面对家里的问题了。

妈妈想要她的孩子们回到她身边。

在过去的几个月里,不知怎的,妈妈设法到了佛罗里达,在那里安顿下来,在辅助护理机构找到了一份工作。与此同时,爸爸妈妈一直在讨论他们的离婚条款。考虑到要抚养七个孩子,父母最终决定妈妈带着女孩们住在佛罗里达,而爸爸则将带着男孩们留在巴哈马。

当时,我是国家一颗冉冉升起的田径明星——新晋的"金牌女孩"——但我毕竟只有十六岁。我还是个孩子,如果妈妈打电话来,我会跑着去接。在我心里,我仍然是那个在贝恩镇弗莱明街上赤脚奔跑的女孩,要赶在妈妈吐在人行道上的唾沫蒸发干净前把她要的杂货带回家。

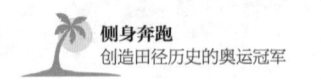

在机场的欢呼声、照片、鲜花以及所有的采访和报纸报道之后，这才是真正迎接我的新闻，唯一真正重要的新闻。我没有提出异议，开始为我在美国的新生活做准备。

我必须立刻把这个消息告诉维斯登教练。

我敢肯定你能想象到他的震惊。我们刚从巴巴多斯回来，经过多年的寻找和训练，他终于发现了他的一颗运动新星，一个有潜力在世锦赛上拼搏，甚至站到奥运会领奖台上的运动员！这是一个在我人生每一个转折点都关注着我，以如此多的方式精心规划我生活的人。而现在我突然要离开？我敢肯定，对他来说，所有的努力、所有的潜力，都要付诸东流了。

我试图向他解释——我的父母达成了协议。我别无选择。我必须遵从妈妈的意愿。于是，维斯登教练做了他唯一能做的事。第二天，他坐飞机去了迈阿密，试图说服我妈妈让我留在巴哈马。

当然，我不在场，没有看到这一切的发生。

他在我妈妈的客厅里坐了几个小时。显然，妈妈的态度非常坚决。我是一个女孩，她是我的母亲，她不能把她的孩子留在那里。孩子应该和她的母亲在一起。我敢肯定，贝恩镇的那一幕，那个出现在门前的年轻女人和那个婴儿，以及她离开前对爸爸说的话，那些都在她的脑海中闪现。

但最终，维斯登教练亮出了王牌——教育。他知道教育对我来说有多么重要。想想那本书和那条皮带，或者想想她在圣诞节给我买的那个娃娃，我把娃娃拆了，说我想要成为一名外科医生。如果有一件事她希望我——以及她所有的孩子——得到，那就是良好的教育。

"我知道你希望波琳上大学。"维斯登教练告诉她，"但如果你把她从巴哈马带走，我不能保证她会得到同样的关注和训练，而只有那样的关注和训练才能让她获得顶尖大学的全额奖学金。"

你看,直到此刻,妈妈才知道我有天赋。但我想她从未真正想象过我有多出色,也没有想到仅仅因为跑步,我就可能会被顶尖的大学录取,并获得接受免费教育的机会。那一刻,妈妈才真正把教练当回事。但这并没有解决她最大的问题——她希望由一个女人来抚养我。理想情况下是由她亲自来。或者,也许,她只是希望我离开贝恩镇的那个房子。

"为什么不把她交给我?"维斯登教练郑重其事地问。

"你说的'把她交给你'是什么意思?"我妈妈吃惊地问。

"让她来和我一起生活。"

"和你?"

"不是和我,而是和我妈妈,多萝西·维斯登。"

于是,事情就这样发生了。妈妈让步了。

在1982年秋学期开学之前,我走进了高地公园维斯登家族的家,不是作为访客,而是作为他们的女儿。这是一个轻松的过渡。我早就在这里感受到了宾至如归,和多萝西——"维斯登妈妈",以及安德莉亚——"姐姐妈妈"在一起。只不过这次,我有了我自己的房间。我不需要和任何兄弟姐妹分享这个房间。我有自己的床,还有自己的书桌,上面放着一盏台灯。

这对我是具有改变命运意义的时刻。那些在贫民窟的日子,那个没有自来水和电的木板房,已经一去不复返了。从这里开始,我不会再回头。我现在是"金牌女孩"。但我永远不会忘记我来自哪里。直到今天,我总是自豪地告诉世界——我是波琳·戴维斯,来自贝恩镇的弗莱明街。

4

成人礼

虽然我从小就具备了一名精英短跑运动员的素质，但和其他孩子一样，我有过别的梦想。

我的第一个梦想是成为一名医生，那还是在我小时候拆解妈妈圣诞节给我的洋娃娃的时候。随着时间的推移，这个梦想逐渐淡去。然后，我想成为一名空姐。在我长大的那个岛上，我看到过无数架飞机从头顶飞过，满载着来自世界各地的游客。他们来到这里，享受世界顶级的阳光、沙滩和海水，然后又飞往未知的目的地。我幻想着自己是一名在那些出境航班上的空姐，探索全球，体验不同的文化和生活方式。随着年龄的增长，我又改变了主意——我不想做空姐了，我想成为一名外交官，在巴哈马大使馆工作。

虽然我在大西洋上的一个小岛上长大，生活在没有电和自来水的贫民窟，但我始终怀有探索外面世界的渴望。

无论是空姐、外交官还是世界级的田径运动员，我想都有一个共同点——旅行。我很早就知道，我的首要任务是拓宽视野，超越巴哈马美丽的海岸线。我热爱与人交往，喜欢结识新朋友和帮助他人。我想，成为医生的想法就是从这里来的。

田径运动成了我通往世界的护照。

到目前为止，我的人生旅途已经涵盖了 177 个国家。每一个国家都历历在目，我从未忘记自己曾经到过的地方，也始终铭记自己从哪里出发。

在 1983 年夏天，我刚刚迎来了十七岁的生日，那时我已经踏足过牙买加、巴巴多斯、马提尼克和美国。亲爱的读者，您需要明白，并不是所有的巴哈马人都能有这样的机会，尤其是那些来自所谓的"山那边"的人。对于许多巴哈马人来说，一次重要的国外旅行就是去佛罗里达购个物，到那里的餐厅和购物中心消费一把。这不仅仅是一次旅行，更是巴哈马人的一种成人礼，是一个我们共同期待的特殊体验。

但在那年 8 月，我带着满心的好奇和憧憬，即将得到一份超越这一标准的成人礼，因为我将参加在芬兰赫尔辛基举办的 1983 年世界锦标赛。

我们抵达并安顿好后不久，主办方带我们来到了一个被茂密森林环绕的开阔场地，紧邻体育场。我们巴哈马的小团队和其他运动员都在那里热身，为第二天的赛事做准备。当我伸展身体，放眼望去，我注意到一些好奇的小眼睛从树林边缘的阴影中窥视着我们。我定睛一看，原来是几个孩子在树林间穿梭玩耍，但他们的目光完全被我们这些国际运动员吸引了。他们对我们充满了好奇和着迷——我也同样如此，对他们的观察和我们之间的这种无声交流感到着迷。

你看，正如我之前所说，我是一个喜欢与人交往的人。也许是在贝恩镇这样的村庄环境中长大的经历，让我习惯了结识新朋友并给予周围人帮助，这或许也与我的性格有关，或许两者兼有。不管怎样，那些小男孩和小女孩一直好奇地盯着我，他们害羞地躲在树后玩耍。

我向他们招了招手，邀请他们从树林中走出来。

起初他们没有回应，但随后一个小女孩率先小心翼翼地探出头来。这些孩子比我小得多，大约十岁，或者更小。我觉得他们可能从未见过有色人种，或者即使见过，也对我与他们的差异感到好奇。

那个女孩有着铂金色的头发和蓝色的眼睛，皮肤白皙，像大多数芬兰人一样。在许多方面，我们都截然不同。

事实上，我试图去了解她，就像她试图了解我一样。（这是一种双向的探索和认知过程，我们都在这次相遇中发现了对方的不同之处。）

当女孩犹豫地靠近时，我不知道会发生什么。我不懂芬兰语，也不知道她是否会说英语。但我们很快就发现，我们不需要用言语来交流。我伸出手，握住她的手，引导她触摸我的脸颊。她露出了微笑，并开始用手摩擦我的脸。

"这是我真实的肤色！"我笑着告诉她。她回以微笑，继续摩擦，更加用力了。

"不，不，这是我真实的肤色。它不会掉色的！"

之后，又有几个男孩和女孩走出树林，好奇地观察了一番，然后又跑回树林里玩耍。我则回到了自己的拉伸和训练中。我不知道为什么孩子们会特别关注我。或许是因为我的年龄——我也不过是个孩子，看起来和他们有些相似。又或许是因为我的友好姿态，在所有运动员中，只有我邀请他们走出树林。

我探索世界的梦想正在一步步实现。

此前，我习惯于与十几岁的同龄人竞技。然而，在1983年的世界锦标赛上，我突然要面对成年人，其中一些甚至是我年龄的两倍。由于我是未成年人，我不被允许单独行动。前田径运动员伊莱恩·汤普森（Elaine Thompson）成为我忠实的影子——我的官方监护人。在早期的这些比赛中，她总是陪伴在我身边。

许多人误以为她是我的母亲。

在芬兰赫尔辛基奥林匹克体育场——1952年奥运会的举办地，我感到自己既渺小又卑微。

在某种程度上，我完美地融入了这个环境。尽管我还未充分发挥自己的潜力，但我已经足够优秀，能够在这里与顶尖运动员同场竞技。如果从背后或侧面看我，你可能会误以为我已成年，因为我的体格已经相当发达。但我的面容和说话的方式，却透露出我真实的年龄。

"是的，女士。是的，先生。不，女士。不，先生。"

那年在赫尔辛基，我就是这样——当见到田径史上一些最传奇的运动员时，我的眼睛瞪得像盘子一样大。

首先是卡尔·刘易斯（Carl Lewis），他与尤塞恩·博尔特一起，可能是有史以来最著名、荣誉最多的田径运动员，在体育界的统治地位无论怎样形容都不为过。刘易斯共赢得了9枚奥运金牌，其中最为人所知的是在1984年的洛杉矶奥运会上，他一举夺得100米、200米、4×100米接力和跳远四个项目的金牌。他甚至在四届不同的奥运会上都赢得了跳远金牌，换句话说，他在这个世界上最好的跳远运动员的位置上保持了十六年之久，同时还在其他项目上保持着统治地位。当然，这些成就之外，他还在世界锦标赛、泛美运动会（Pan American Games）和友好运动会

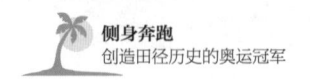

（Goodwill Games）上获得无数奖牌，并在此过程中多次刷新世界纪录。《体育画报》（*Sports Illustrated*）将他誉为"世纪奥运选手"。他是我的好朋友。

在赫尔辛基世界锦标赛之前，刘易斯尚未在国际舞台上崭露头角。实际上，我们在一两年前的拿骚沃尔特·维斯登田径经典赛（Walter Wisdom Track Classic）上就已经相遇。当时，他作为一名年轻运动员来到巴哈马参加比赛，尽管那时我们都已经知道他的实力不容小觑。

刘易斯一直是巴哈马的朋友。他与第一位获得奥运田径奖牌的巴哈马人弗兰克·拉瑟福德同为休斯敦大学校友。当刘易斯即将完成他在休斯敦大学的学业时，拉瑟福德刚好入学。尽管如此，同为杰出的跳远运动员，他们之间始终保持着联系。

我第一次在拿骚的田径赛场上见到刘易斯时，就被他深深吸引。他身材高大，气势非凡。而当他在赛道上奔跑时，那步幅、那姿势、那技术，一切都完美无瑕，令人叹为观止。

1983年，在赫尔辛基，当他挥手向我致意时，我心中的敬畏之情愈发强烈。

天哪！他竟然知道我的名字！我内心激动地尖叫，表面上保持着镇定，内心却是无比地喜悦和自豪。

这标志着我们之间终生友谊的开始。正如我所说，随着他逐渐成为巨星，我们在未来的日子里成为亲密的朋友——名声和赞誉似乎并未将他改变分毫。我有幸成为少数几个能与他同车的人之一。每当他的私人司机在体育场外等候时，他总是亲切地招手让我加入，然后礼貌地送我回酒店——他始终那么善良友好，是一位真正的绅士。

在赫尔辛基与刘易斯的再次相遇，对于我这个来自贝恩镇的女孩来说，只是一系列激动人心时刻的开始。

在 100 米短跑的首轮比赛中，我与伊芙琳·阿什福德（Evelyn Ashford）并肩竞技，她是我心中的美国田径传奇。多年来，她在美国国内被视为顶尖的女飞人，甚至可能是世界上最出色的。一年后，她在 1984 年奥运会上赢得了金牌。

我对阿什福德的记忆和我当时的感觉同样清晰——真是太冷了！作为来自巴哈马的运动员，我并不习惯如此低的温度。当我穿过奥林匹克体育场的隧道时，我禁不住浑身颤抖。那是芬兰的 8 月，但那天天气阴冷，下着绵绵细雨。我被冰冷的雨水浸透，内心充满紧张，却还是设法在小组中获得了第三名。冲过终点线后，发生了一件出乎意料的事情。

"干得好，波琳！"阿什福德说，亲切地把她的胳膊搭在我颤抖的肩膀上。

我感到震惊——内心再次涌起一股兴奋。她知道我的名字？

在随后的岁月里，阿什福德和我在田径巡回赛中建立了深厚的友谊。我怀念我们一同坐在场边度过的美好时光。

"波琳，你能从我的包里拿些巧克力吗？"她经常这样请求我。

她很爱吃巧克力。我们以前经常玩一个小游戏：我会假装在她包里寻找巧克力，然后偷偷地将它们藏起来。

"我不知道你在说什么，我没看到包里有巧克力。"我会这样逗她。

"小姑娘，别逼我动手。"她总是带着玩笑的语气回应。

随后，我们便会相视而笑——这曾是我们之间的小乐趣，一种顶级运动员们在巡回赛中的轻松互动。说真的，在某种程度上，我是在照看她，尽管她年长于我。我并不认为她应该吃那么

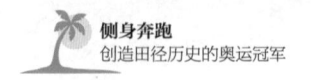

多巧克力。

即便在那个年纪,我就有些与众不同。我有点古板——从未对甜食,比如巧克力,产生过渴望。我一生中从未喝过酒,从未抽过烟,甚至从未尝过咖啡。出于某种原因,这些东西从未对我有过诱惑,我也从未有过尝试的意愿。在我们成长的过程中,家中从不摆放甜食、酒精或咖啡——我不是在那种环境中长大的。但我确实有一个弱点——爱吃奶酪蛋糕。我记得,每当我们学业有成或获得奖项,或者有任何值得庆祝的理由,爸爸总会从他工作的餐厅带回一份奶酪蛋糕。

阿什福德并不是唯一关心我的短跑运动员。

另一位卓越的美国短跑运动员,钱德拉·奇兹伯勒(Chandra Cheeseborough),也给了我鼓励的话语,并递给我一条跑步紧身裤——那是我的第一条跑步紧身裤。我冻得那么明显吗?或许是她出于善意。我所能确定的是,这些运动员似乎都知道我的名字。

作为1983年世界锦标赛上最年轻的运动员,我吸引了媒体的目光。来自像巴哈马这样一个尚未培养出杰出女性运动员的小国,可能也让人们更容易注意到我。于是,我在赛道上接受着当地电视台和报纸的采访。整个经历是如此奇妙又有趣,我深感敬畏和谦卑,同时也让我感到自己正在做一件非同寻常的事情。

或者至少,我有成为非同寻常的运动员的潜力——在这些伟大运动员的面前,我清楚地意识到自己还有很长的路要走。

在这段时间里,我对自己有了更深的了解。我认为这些经验丰富的田径运动员如此热情地接纳我进入国际跑圈的一个重要原因,是我在贝恩镇长大时所学到的对周围环境的感知能力、对他人的情绪和需求的洞察力,以及在与不同人交往时所表现出的细腻和体贴,特别是对长辈的尊敬。尽管我是这个圈子里的新人,但我从不表现得像个冒冒失失的新手。

甚至我比赛前的准备也体现了我活泼又随和的风格。

我总是确保在比赛前夜获得充足的睡眠。先做个按摩放松,然后把脚搁在床上读会儿书。我会冥想,有时还会自言自语,提醒自己:"你为此努力了。你可以做到的。"

第二天早上起来,我在赛道上的心态就不同了。是的,我很专注,会用内心的独白来激励自己。同时,我也会变得非常爱社交。甚至在起跑线上,我都会带着微笑转向我的竞争对手。

我会活泼健谈地对她们说:"你怎么样?祝你跑得愉快!祝你好运!"

这曾让我的一些巴哈马队友感到抓狂。

"波琳,我快让你烦死了!"她们会说,"她们不想和你说话!"

确实,大多数跑者并不喜欢这样。有些人会直接无视我。

这或许就是我放松的方式:与人交谈。无论是在树林中的孩子还是世界级运动员,与人交流,对我来说,就像呼吸一样自然,无须刻意。当发令员说出"各就各位"时,我就会全神贯注。我的心态完全转变,就像一台运行中的电脑,只专注于我需要做的事情。这正是我在田径比赛中所展现的性格特点,该严肃时严肃,该紧张时紧张。

从赫尔辛基的世界锦标赛开始,我就意识到我有多么热爱这种国际赛事和交流——它证实了我一直以来的感受。我的这种性格特点对我的跑步生涯乃至更远的未来都会有所帮助。

我已经远离了贝恩镇。尽管我尚未准备好站到国际赛事的领奖台上,但我看到了一个等待我去征服的广阔世界。

* * *

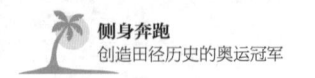

  当然，我可能就是那个"金牌女孩"——巴哈马的一颗新星，周游欧洲，与世界顶尖的田径运动员交朋友。

  但实际上，我还是那个波琳。家中的一切让我保持着谦卑。

  与"维斯登妈妈"一起的生活，每一刻都被细心规划着。每天，我都会在四点半醒来，这是在维斯登教练开车到房子前面的通道之前。然后他带我去古德曼湾训练。之后，他会把我送回家，让我可以快速洗个澡，吃个早餐，然后我的"姐姐妈妈"安德莉亚会送我去学校。她不直接把我送到校门口，而是把车停在高速公路边的一个角落，然后我会走着去政府高中，因为她在卡迈克尔小学（Carmichael Primary School）教书，学校正好在去政府高中的路上。下午，维斯登教练会在放学后接我，然后我们就去体育场继续训练。之后是在维斯登妈妈家吃晚餐。如果我的作业不是太多，我会帮忙做饭。坐到餐桌旁，做祷告，吃晚餐，然后是做作业。然后第二天早上四点半又起床，周而复始。

  成功不是偶然的。我很早就明白，你必须为之努力。

  也就是在这个时候，维斯登教练帮我找到了第一份工作——到麦当劳打工。大家都觉得我需要工作。毕竟，我已经是个高中生，而且马上就要读大学。在巴哈马，按照英国体系，如果你想申请高等教育，就必须参加一系列的考试来获得普通教育证书，也就是你的O级证书[①]。而这些考试并不便宜。所以维斯登教练找了一个老朋友，一个名叫卡尔顿·威廉姆斯（Carlton Williams）的先生，商量在周末让我到麦当劳工作，这样我就能支付自己的教育费用。

穿着那件复古酒红色、袖子上有条纹的麦当劳制服，头上戴着纸船帽，我将那份工作视作田径比赛般全力以赴。

通常我被分配到烤肉区，但我不满足于仅仅翻烤自己负责的汉堡。我经常也会在其他工作站帮忙翻烤汉堡，将薯条投入嗞嗞作响的油中，并且积极完成任何需要做的工作，确保订单能够准时完成。

"波琳最终成了我们的明星员工。"威廉姆斯回忆道，"她后来在田径领域也成为明星，这并不令人意外。她对于自己想做的事情总是能够做得很好。她天生就是那种人。从她进门的那一刻起，直到离开，她都在不懈地工作，她的努力程度超过了在场的任何人。实际上，其他员工并不特别喜欢她，因为她的努力让他们相形见绌。即便在年轻时，波琳就已经展现出了天生的领导力和明星气质，这正是她能够从众人中脱颖而出的原因。"

威廉姆斯人很不错——说实话，我非常感激这个机会，所以我埋头苦干，认真做好我的工作。

在我的人生中，能遇到像威廉姆斯这样信任我的人，我感到非常幸运。后来我才知道，威廉姆斯也是在贫民窟长大的，就在

[①] O级证书（O Level certificates）：在英国及其前殖民地国家（包括一些英联邦国家）的教育体系中，学生在完成中学教育后参加的普通水平证书考试（General Certificate of Education Ordinary Level）的资格证书。这些考试通常在学生大约16岁时进行，是中学教育结束时的标准化考试。随着教育体系的变化，许多国家已经改革或更新他们的中学教育考试系统。例如，在英国，GCSE（General Certificate of Secondary Education）已经取代了O级和A级（Advanced Level）考试，成为中学教育的标准考试。

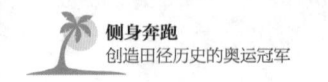

贝恩镇，最终他超越了自己的环境，成了一个成功的商人。

这对我来说是极大的鼓舞。除了薪水之外，我总算有点别的事可想，而不是整天只想着跑步，这也是一种解脱。在我成为家喻户晓的人物之前，威廉姆斯就已经在支持我了。当我需要额外的帮助时，无论是运动装备、器械，还是额外的一点钱，我都可以向他寻求帮助。

威廉姆斯最终成了我的家人——我的父老乡亲。

我永远不会忘记这一点。直到今天，尽管威廉姆斯已经年过九旬，但每次我们重聚，我总是冲着他跑过去，给他一个大大的拥抱。

在紧张的日程安排中，国际比赛是我优先考虑的。

在赫尔辛基世界锦标赛前几个月，我随巴哈马国家队前往马提尼克岛参加了1983年的CARIFTA运动会。这个位于东加勒比海的小岛在某种程度上与巴哈马相似。它高度依赖旅游业，拥有大约四十万人口，大多数是非洲血统。如果你在街上遇到某人，你可能会误以为他们是巴哈马人——直到他们开口说话。

巴哈马在1973年之前是英国的殖民地，而马提尼克则被称为法兰西共和国的"特别行政区"。官方货币是欧元，人民被视为完全的法国公民。与巴哈马相似，这里的建筑、美食和文化都带有明丽的加勒比风情——但又有欧洲的特色。

在CARIFTA运动会上，人们会走到我面前，立即用法语和我交谈，以为我也来自这个岛。

1983年4月，我还只有十六岁，7月将满十七岁，然后在8月我就参加了世界锦标赛。然而，作为我国顶尖的短跑运动员，我发现自己被推入了为更年长运动员设置的青少年组，尽管从年龄上讲，我只符合少年组的资格。

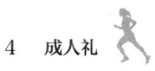

埃尔迪斯·克拉克在贝恩镇飞人俱乐部一直是我的大姐姐——从维斯登教练第一次在清晨接我们到古德曼湾训练时就开始了。但她获得了全额奖学金,转去了汉普顿大学。虽然从规则上讲,埃尔迪斯仍然可以代表巴哈马参加CARIFTA运动会,但是运动员一旦进入大学,继续参赛的就不太常见了。

所以,在这届运动会上,我在女子短跑项目中完全属于独自作战。

我在田赛项目中的对手是队友拉弗恩·伊芙,一位举足轻重的运动员。她再次为巴哈马在铅球、铁饼和标枪项目中赢得3枚金牌,并第二次获得颁发给最杰出加勒比运动员的奥斯汀·西利奖。在许多方面,伊芙和我总是处于对抗状态——可以说是一种竞争关系。她是先锋者田径俱乐部的成员,我是贝恩镇飞人俱乐部的成员;她高中就读于圣奥古斯丁学院(St. Augustine's College)——政府高中的主要竞争对手之一;她参加田赛——我参加径赛。

"我俩都非常有竞争力。"拉弗恩回忆说,"她想赢,我也是。波琳总是非常非常有决心。而且我总说她是自驱型的——她想要的东西,就会去争取。这就是关键。"虽然拉弗恩和我在很多情况下都处于对抗状态,但成年后,我们的生活在许多方面都步调一致。对于像巴哈马这样的小国来说,她和我可能是少数几个可以代表巴哈马参加奥运会,或者欧洲田径赛事的运动员——甚至可能是仅有的代表。拉弗恩最终成了我亲爱的朋友、战友和知己。

在男子方面,乔伊·韦尔斯在青少年组中回归,并在这次的CARIFTA运动会上赢得了200米的银牌和跳远金牌。"蓝色男孩"——迈克尔·纽博尔德在少年组中成了明星,赢得了100

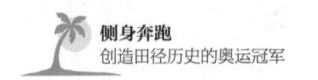

米金牌和200米银牌。前一年，我们在牙买加举行的上一届CARIFTA运动会上获得了第二名，在那之后，我们都渴望为巴哈马赢得冠军，尤其是前一年我们在CAC青少年锦标赛上取得了压倒性胜利之后。

至于我，终于在CARIFTA运动会上获得了我的第一枚金牌——200米赛跑，但在100米赛跑中我只获得了银牌。

回顾历史记录，真是令人震惊！那次比赛冠亚军的成绩非常接近——瓜德罗普的玛丽·弗朗斯·洛瓦尔（Marie France Loval）的成绩是11.68秒，而我以11.69秒紧随其后，她仅以0.01秒的微弱优势赢得了金牌。尽管当时你不会质疑成绩，但是以这样的差距失利确实很让人难过。你只能接受并继续前进。作为一个年轻的运动员，我学会了接受失败并继续前进。我记得在那个项目中我在起跑时绊了一下，我对输掉比赛感到沮丧。我觉得我本可以带着两枚金牌离开那届CARIFTA运动会的。

但无论怎样，对于巴哈马来说，那次CARIFTA运动会我们取得了巨大的成功。我们最终赢得了14枚金牌——比牙买加多，弥补了前一年的失利，他们获得11枚金牌。

这对我个人也是一个巨大的鼓舞，几个月后我信心满满地前往赫尔辛基。

但如果我们在接下来的那一年表现不佳，那么所有这些都不会有任何意义——所有这些。1984年的CARIFTA运动会是我们的主场，在巴哈马拿骚举行。我们的确在马提尼克赢了，但1982年在牙买加的那场惨败仍然历历在目。

现在是时候回敬他们了。

唯一的问题是，我的股二头肌拉伤了。这发生在1984年1月的一次常规训练中——离正式选拔只有几个月的时间。我清楚地感觉到那声撕裂,倒地的那一刻时间在你眼前闪过:我要彻底错过那次选拔了!作为顶尖的女短跑运动员,错过在家乡举行的CARIFTA运动会,对我来说无疑是巨大的失望。

维斯登教练带我去拜访了拿骚当地的所有医生。不幸的是,我们得到的只有摇头,他们都表示治不了,说我不能在4月参加CARIFTA运动会,更不用说未来的精英级别的赛事了。

你必须明白,这在当时是一种可能会让你整个运动生涯都报销的伤病。那个时候大家都这么说。这是一场灾难,甚至巴哈马的官员也都说我完了。

但后来发生了一件意想不到的事情。维斯登教练说在奥兰多有一位医生想见我。这完全出乎意料。我不知道应该如何支付费用——作为一个十七岁的孩子,这些想法从未在我脑海中出现过。在我弄明白这一切之前,我们已经坐上飞机,抵达了一个顶尖医生的诊疗室。

后来我才知道,我的默默资助者再次出现了——林丁·平德林总理。

我接受了为期数天的治疗和护理。最后,维斯登教练和医生确定我有一处严重的撕裂,但相信我可以康复。

他们并没有放弃我。我还有希望。

我们带着坚定不移的决心回到了拿骚,齐心协力专注于我的康复训练。每周六天,每天早晨,维斯登教练都会在凌晨四点半开车到他母亲家。我想,在我康复这个问题上,我们都是全力以赴的。这已经变成了全家人的事,我们无路可退。

维斯登教练带着我前往古德曼湾,但这一次我们前往的是有海水的区域——那里的沙滩软些,因为我还没有足够的力量在干燥的地面上奔跑。

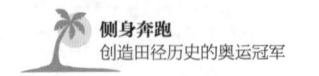

一切又回到了开始的样子，当时我还是侧身跑，维斯登教练借用海水教我基本技巧。现在我们又在那里，在黑暗中，在海滩附近的浅水区扑腾——每周六天，雷打不动，不仅在早晨，下午也会在那里。我们的常规训练完全被康复训练所取代，日复一日，从不间断。

大多数巴哈马人，以及那些常来巴哈马的人，都对海洋的治疗功效深信不疑。海水的治愈力量可以追溯到数千年前，并且为许多不同的文化所认同。

人们无须远寻，只需看看古希腊或古罗马的浴场，或是那些利用死海治病的古老文明。死海位于现今的约旦和以色列边境。即便在今天，世界各地的游客也会来到这里，在它的治疗性水域中漂浮。商人们从死海中提取盐分，用以制作药物和长生不老药。

在18世纪和19世纪，法国人和英国人，尤其是贵族阶层，相信盐水可以治疗疾病，无论是呼吸系统问题还是皮肤炎症，而且可以减少炎症、刺激血液循环、缓解僵硬和肌肉痉挛。

甚至还有一个专门的名称——海洋疗法（thalassotherapy），源自希腊语中的"海"（thalassa）一词，实际上就是使用海水作为治疗手段的实践。

我没有医学证据来证明巴哈马的神奇水域治愈了我撕裂的腿筋——也许真的是海洋温和的阻力以及那些平滑、渐进的动作起了作用。无论如何，让维斯登教练的这颗珍珠回到水中，用海水磨平它粗糙的边角，是非常合适的。

这样的状态持续了三个月，直到1984年4月初的一天。在此期间，我看着队友们训练，为拿骚的大赛做准备。就像我说的，选拔赛来了又走。在距CARIFTA运动会还剩几周时，有一天，我们和往常一样到达古德曼湾，在我正要走向海滩时，维斯登教练拦住了我，把手放在我的肩膀上。

"珍珠，我们今天不下水了。"他表情严肃，声音中带着坚定的决心。

我静静地注视了他一会儿。

"真的吗，教练？你确定吗？"约九十天来，我一直在海水中训练，日复一日，感觉就好像要一直这样下去了。一听要回到干燥的地面，我还是觉得挺可怕的。

"是的，我们今天要在草地上跑步。"他回答。

我跟着他走到附近一片长长的草地上。

"珍珠，我现在去那边等你。"他解释道，边说边指着前方，"我会像这样把手举在空中。当我放下手臂时，我希望你朝我冲刺。明白吗？"

我紧张地点了点头，看着他走出了200米左右的距离。最后他停下来，直直地盯着我，然后把手举在空中——接着放了下来。

我开始起跑，起初是闭着眼睛的，但当我睁开双眼时，我看到维斯登教练朝我跑来。于是我开始慌了：是不是出了什么问题？但当他靠近时，我看见了他的微笑。我们几乎直接撞到了一起，但他把我举了起来，高高举起，在空中转了个圈。

"天哪……你做到了！你做到了，珍珠！"

我低头看他的眼睛，它们充满了泪水。我也哭了。他把我放回草地上，我们相视而笑。

"哦！我要告诉我爸妈！我应该给妈妈和爸爸打电话！"我兴奋地尖叫着。

"不，不，珍珠。"维斯登教练坚定地说，"这是我们之间的

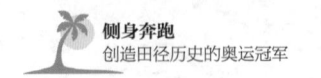

小秘密，好吗？你现在不能和任何人提这件事。我会告诉你什么时候可以说出去的。但现在还不行，好吗？"

我很困惑。但随后我明白了——CARIFTA运动会选拔赛已经结束了。巴哈马代表队已经定下来了。尽管参赛的前景令人兴奋，但事情并不会那么简单。维斯登教练需要进行一些认真谨慎的操作。可能还需要求助一些人脉。

平德林总理是不是介入了？

那时候发生了很多事，我并不知道真实的情况。

我所知道的是——大约一周后，我参加了一场专门为我举办的CARIFTA运动会的选拔赛，贝恩镇飞人俱乐部的其他三名女孩也参加了。已经获得参赛资格的其他跑者都没有参加。我想，为了让我加入队伍，需要给出我康复的外部证据，需要一些东西来证明我已经真正准备好穿上巴哈马的队服了。

所以在其他巴哈马教练的注视下，我和那三名运动员一起站到了起跑线上，并轻松赢得了比赛，"获得了"加入CARIFTA运动会队伍的资格。

但这并不能保证我能够参赛，直到实际比赛开始前，我仍可能出于某种原因而无法参赛。

维斯登教练告诉我，我将作为替补队员加入队伍——这让我想起了在L. W. 杨高中的情景。我算是在队伍里吗？当然，现在的情况完全不同了。回想起来，很难想象国家顶尖的短跑运动员竟然没有被纳入参赛队，尤其是在如此重要的时刻。

我努力保持耐心。毕竟，能够有机会参赛我已经很幸运了。我也清楚地感受到身边的嫉妒，这样的嫉妒已经跟随我好几年了。别忘了——我错过了正常的选拔赛。我总感觉有一个靶子对准着我，但现在它似乎变得更大了。

不久之后，现实就摆在了我的眼前。

1984年4月21日，第十三届CARIFTA运动会在拿骚拉开帷幕。整个岛屿都沉浸在即将爆发的激动情绪中。我努力远离喧嚣。我需要保持专注。幸运的是，我不必睡在农场，或者使用室外的临时淋浴。我可以待在熟悉的环境中。运动员们被安置在政府高中，离托马斯·A.罗宾逊体育场只有几步之遥。你猜怎么着？我被分配到了我自己的教室——他们为所有运动员都设置了双层床。

听起来很平静和谐，不是吗？遗憾的是，事情并没有完全这样发展下去。

一开始我像往常一样，躺在双层床上，双脚搁在高处，读着一本书——我比赛前总是这样做。

突然，一位女运动员走到了我的床边。

"你以为你是谁啊？"我记得她当时这样说，"你错过了选拔赛，现在竟然还进了参赛队？"

我选择无视她——继续专心读我的书。但这种做法并没有持续太久。那个女孩上前一步，用力戳了我的侧腹一下。

"你疯了吗？"我大喊。

然后她又戳了我一下。那一刻，我已经忍无可忍。我推了她一把，于是我们大打出手。她的朋友们纷纷加入进来，试图将我们分开。紧接着，辅导员和教练们冲进了房间。

那次事件之后，双方都指责了对方一番。

幸运的是，1984年的CARIFTA运动会对我来说并不是第一次参加这样的挑战。我的声誉足以说明一切。我从不主动找麻烦——从未有过。但如果有人敢来惹我？我也不会被动挨打，就像一年前和埃尔迪斯·克拉克的那次事件一样。我来自贝恩镇的

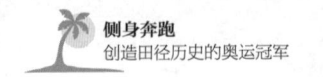

弗莱明街，你别想碰我。

事情还远没有结束。比赛前，那个运动员又整起了别的幺蛾子。

"我记得有一次，一个队员因为嫉妒，把波琳的内裤拿走，戳在棍子上，在操场的四边跑来跑去，想出波琳的洋相。"维斯登教练回忆道，"事情闹得非常大。"

但最终，所有这些都没干扰我参赛。

重要的是要在主场赢得CARIFTA运动会。次日晚，熄灯前，当我正躺在床上看书时，队伍领队走了过来。

"戴维斯，你明天要参赛。做好准备。"他说。

我睁开眼睛。我不笨——我知道接下来会发生什么。100米短跑。他甚至不需要告诉我比赛项目。我知道比赛时间表。第二天早上九点。

"全国上下都紧张得如坐针毡。"那年担任巴哈马队主教练的维斯登教练回忆道，"我们不是用子弹和枪来战斗的。我们竞争的是田径，这是非常严肃的。这是我们竞争的方式。我们必须击败牙买加。"

让我说得再清楚一些——对于巴哈马人来说，这就像世界职业棒球大赛、世界杯、超级碗和奥运会的总和。

别误会，我之后会有比在CARIFTA运动会中赢得奖牌更伟大的成就。但这里确实牵涉到真正的民族自豪感。这个比赛对运动员个人意义非常重大。

难以用言语来描述第二天早上人们在托马斯·A.罗宾逊体育场迎接我的气氛和激动。空气中弥漫着一种厚重感——仿佛呼吸都变得困难。我几乎感觉不到自己的思考，所以我不得不大声自言自语来激励自己。我能听到的只有心脏在胸膛中跳动的声音。

看台上，站着一万多名巴哈马人，尖叫着、呼喊着，放眼望去座无虚席！

"对于波琳来说，这就像是在为一位拳击选手夺冠做准备。"维斯登教练说，"作为一名教练，你必须赢得运动员的信任，让他们对你说的每一句话都深信不疑。'这是你跑过的成绩。这是你为了准备所做的一切。你是最好的。'你必须让他们在心理上做好准备，并让他们真正相信自己能够击败任何人。"

我站在第一轮比赛的起跑线上——然后轻松地击败了所有对手。观众疯狂了。第二轮——同样的结果。每一次奔跑都像是出体体验（out-of-body experience，简称OBE）①。我身处其中，同时又像在观看自己完成这一切。

我的意思是，我本不应该在这里——根据我受伤的情况，我本不应该在这里；错过了正常选拔赛，我本不应该在这里。

当我站在100米决赛的起跑线上时，平德林总理和他的内阁成员坐在第一排。在他们旁边是世界田联的官员或代表。

在另一条赛道上，是埃尔迪斯·克拉克，她从汉普顿大学回家参赛。她不会错过这个在家乡观众面前展示自己的机会。

枪声响起，我的起跑非常出色。一切发生得太快了——确切地说，才11.08秒。跨过终点线，我听到扬声器传来的声音："天哪！波琳·戴维斯刚刚打破了100米世界青少年纪录，时间是11.08秒！"

整个体育场沸腾了。正如我所说，那一刻，我感觉自己就是

---

① "出体体验"（out-of-body experience，简称OBE）：心理学和超心理学术语，用来描述一个人感觉自己的意识或灵魂似乎脱离了自己的肉体，从外部观察自己的身体和周围环境的体验。这种现象可能在某些极端情况下发生，如濒死体验、冥想、睡眠瘫痪或其他心理或生理状态下。

观众，在观看自己的比赛，有一种灵魂和身体分离的感觉，因为一切来得太快了。我清楚地记得维克多·洛佩斯（Victor Lopez）和阿马迪奥·弗朗西斯（Amadeo Francis）两位国际知名田径裁判员走向赛道，进一步检查照片结果。

几分钟后，两位裁判员向观众确认了——"我们见证了新的世界青少年纪录。"

我感到头晕目眩。在CARIFTA运动会中为你的国家赢得金牌是一回事。但是打破世界纪录了？那不言自明！如果这一切又是当着我家乡父老的面呢？这种心情难以用言语来表达。我们在100米决赛中包揽了第一、二名，埃尔迪斯获得了银牌。考虑到我们之间过去发生的事，以及我们所经历的一切和所有的付出，这是一个真正特别的时刻。

但我万万没想到，这一切会那么快离我而去。

创造一个新的世界纪录，必须遵循一定的程序。例如，你需要进行准确的风速读数和照片式终点判定，赛道必须经过官方测量，以确保它的精确距离。之后，所有信息必须发送到当时位于伦敦的世界田联总部进行认证。

我记得官员们告诉巴哈马田径协会如何打包这些信息以进行认证。

然而，不知道是这一流程的哪个点出了问题，导致整个局面最后分崩离析。

"我亲眼见证了波琳打破世界纪录的那一刻。"洛佩斯说。他曾两次担任世界田联理事会成员，并在莱斯大学（Rice University）的田径项目担任了近三十年的主教练。

"我亲眼看到了。但出于某种原因，它没有得到官方认可。他们声称电子系统出了故障，所以没有正确记录结果并进行提交。很难说清楚到底发生了什么。波琳和我都同意这一点：时间太快了，巴哈马人民甚至都不相信。这太神奇了！波琳是这项运动历史上最好的短跑运动员之一。"

维斯登教练也同意这一点。"我们完全没有准备，每个人都很震惊……没有采取必要的措施来确保它成为世界纪录。"他解释说。

我尊重我的导师们的观点，但我也有其他的怀疑。我知道我打破了那个纪录。我们都看到了屏幕上的时间——11.08 秒。这个纪录的"丢失"和"没有被记录"对我来说似乎难以置信，而且不可接受。

后来，我的这场比赛被正式记录为手动计时——CARIFTA 运动会中唯一一场非数字计时的比赛。之后，为了消除任何怀疑，其他比赛也被记录为手动计时。

是否有某些巴哈马官员篡改了我的记录？

遗憾的是，我认为答案是肯定的。亲爱的读者，在我整个职业生涯中，我一直备受争议，可能是因为我贝恩镇飞人俱乐部的背景、我直率的性格，或者我与平德林总理的联系。尽管作为一个青少年，我对这些一无所知。

"维斯登教练是个严肃的人。"洛佩斯补充说，"他后来进入了政界。我不知道是否有人和他合不来。波琳创造的新的世界纪录没有被认证，这件事真的很奇怪。"

你可能还记得，巴哈马田径协会传统上是由先锋者田径俱乐部主导的。

他们与此事有关吗？没有确凿的证据，这将永远是一个谜。无论是故意的破坏还是提交错误，我的世界青少年纪录丢失了，我的成绩永远被记录为 11.1 秒，比实际慢了 0.02 秒。

但我们还是要继续前进。幸运的是，我是后来才知道纪录丢失这件事的。在那次CARIFTA运动会中，我还有其他比赛要去拼。几天后，我在200米比赛中夺得了金牌，以23.80秒的成绩击败了特立尼达和多巴哥的吉莉安·福尔德（Gillian Forde）。别忘了，CARIFTA运动会的获胜者是获得金牌最多的国家——而不是奖牌总数最多的国家。所以当后来我们在4×100米接力赛中以银牌告终，输给老对手牙买加时，我们是非常痛心的。

在比赛的最后一天，形势非常紧张——牙买加领先，他们有19枚金牌，我们只有18枚。在银牌和铜牌上我们做得更好，我们有22枚银牌，他们只有9枚；我们有16枚铜牌，他们只有15枚。但那已经无关紧要了。如果我们不能将金牌数量扳平，我们就会输——在主场观众面前输。

那天下午，维斯登教练接到了巴哈马内阁全体成员的电话。

"平德林爵士和其他人在电话那头想知道我们是否能赢。"他回忆道，"我向他们保证我们能赢。"

正如维斯登教练所说："压力山大。"

只剩下一项比赛可能扭转局势，成为我们的王牌，让我们的金牌数跃升至19枚——那就是4×400米接力赛。与平德林爵士通话后，维斯登教练与他的助理教练汤米·罗宾逊会面。是的，就是那个汤米·罗宾逊，他的名字被刻在我们的国家体育场上。

"我记得我对汤米说：'你和我想的一样吗？'"维斯登教练说。

我本来是不应该参加4×400米接力赛的——实际上，我本不应该参加那次运动会的任何比赛。几周前，这种想法几乎是不可能的。

"我们意识到必须让波琳上场。我知道我们的最后一棒实力太弱。如果没有像她这样的天才,我们无法获胜。"维斯登教练回忆道。

这些计划我完全不知情。我和国家队的其他成员坐在看台上,无法保持平静,和其他人一样既兴奋又紧张。拥挤的体育场是一个焦虑的混合体,时而雷鸣般地欢呼,时而鸦雀无声。集体的呼喊声席卷着我们,就像海浪拍打着海滩。

突然,一名巴哈马官员走上前来,让我跟着他上场。当时,我不知道该想些什么。我完全被震惊了。我看到维斯登教练、汤米·罗宾逊和其他教练围在一起。维斯登教练看到我走过来——甚至他还没指向我,我就从他的眼神中看出了他要说什么。

"你上场,珍珠。"他转过身对教练们说。

我的心提到了嗓子眼,赶紧脱下田径服,尽可能地快速热身——拉伸并沿着跑道来回奔跑。我完全是冷启动上场的。人们后来告诉我,观众已经疯了,尽管我不记得当时观众席上的情形——我已经完全进入了比赛状态。

"波琳拥有一种伟大的超级表演者所独有的特质。"当晚在观众席观看的洛佩斯说,"她非常自信。没有人能够击败她。从她的脸上就能看出这一点。波琳是一个可爱、美丽、温柔的人。但一旦她穿上比赛服,她就变成了一只猛兽。"

直到最后的时刻,教练们还在调整策略。他们把我换到了第二棒,然后他们又改变了主意,我又成了接力赛的最后一棒。

"你训练有素。"枪声响起前,维斯登教练对我说,"你能够做到。我们需要你跑出你一生中最棒的一场比赛。"

没有压力,对吧?

颇具讽刺意味的是,他其实一直在为这一刻的我做准备。后来他告诉我,他训练所有运动员时都有一个秘诀,那就是让我们为超越自我而准备。教练以前常常让他的三级跳运动员参加200米赛跑。并不是因为他认为他们能赢，而是因为这能赋予他们"内在的坚韧"和信念。所以当他们必须完成三级跳远时，就容易多了。

同样，尽管400米并非我的强项，但我们经常将其作为训练计划的一部分。

"400米是基础。"维斯登教练解释说，"它是让你成为一名成功的短跑运动员的秘诀。如果你能够成功地驾驭400米，那么100米和200米自然也就拿下了。如果你在身体上没有准备好跑400米，那么你也无法在100米和200米上有好的表现。"

就在枪声响起之前，我的心态是——我需要像跑200米那样跑这个400米。

作为最后一棒，我有特权，或者说是一种负担，因为我可以看到整场比赛的进展——那真是令人紧张得难以呼吸。牙买加与特立尼达和多巴哥处于领先位置。实际上，当我最终接过接力棒时，我们排在第四位。

然后，我如离弦之箭般射了出去。

就在那一刻，我找到了下一个挡位，那种更快的速度和更高的性能水平。所有顶尖短跑运动员都有这个能力——这就是区分优秀与伟大的关键。对我而言，它源自内心深处——我能感觉到，就在我的肚脐下方。这场最后的比赛点燃了我内心的火焰。

接下来的几分钟，我几乎没有记忆。我不太记得超越了哪些人——我几乎失去了意识。

巴哈马最具影响力和最权威的报纸之一《论坛报》（*Tribune*）的见习记者，布伦特·斯塔布斯（Brent Stubbs），当晚也在观众席上。我们相识多年，实际上从我还是一个在L. W. 杨高中赤脚奔跑的女孩时就开始了。他曾是贝恩镇飞人俱乐部的长跑运动员,但在高中最后一年受伤。在那之后,斯塔布斯放弃了田径,决定成为一名作家。

事实证明,这是一个明智的选择——他后来担任了体育记者,之后又成为体育编辑,这两个职位他总共服务了三十年。

"我们整个国家都从未见过那样的壮举。简直难以置信!"他回忆道,"当她接过接力棒时,至少落后第一名200米。我绝对没有撒谎。你根本写不出比这更好的剧本。太壮观了!不知怎的,她在最后的直道超过了领先者,观众为她疯狂!"

我清楚地记得摔过终点线时双腿和双臂的感觉——筋疲力尽、彻底耗尽。然后,我意识到运动员和教练们都压在了我身上。粉丝们也冲进了场地。在嘈杂、亮光和混乱中,我只想瘫倒在边线上,因为实在太累了。

我抬头望向天空,感谢上帝,同时努力在人群的挤压中保持平衡。

慢慢地,我意识到发生了什么——我仅用了一圈就超过了所有的三个对手。我的国家获得了金牌,金牌数与牙买加相同。但我们拥有更多的银牌,所以我们赢得了1984年的CARIFTA运动会!

"波琳在那晚挺身而出,真正赢得了巴哈马人民永恒的爱,"维斯登教练说,"她肩负着整个国家的荣誉。在我看来,那是她职业生涯中最重要的一场比赛。那绝对是她的职业生涯的一个重大转折点。"

官员们花了很长时间才最终清理完场地,准备闭幕式。到那时,我已经稍微恢复了一些体力。我和我的队友们尽情享受着这一切,在边线上跳来跳去,疯狂地庆祝。对于这个曾经侧身跑的

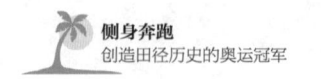

女孩来说，现在能处于这个位置，真的就像一场完整的梦——经历了所有的逆境，所有的挣扎。然而，最好的还在后面。

"1984年CARIFTA运动会的奥斯汀·西利奖，颁发给最杰出的运动员……波琳·戴维斯！"播音员尖叫道。

我的队友们把我举起来，走上舞台。

前方，平德林总理在等着我，他露出了我见过的最灿烂的笑容。他递给我奥斯汀·西利奖杯。那个巨大的银杯，感觉比我还要大！

当我举起奖杯时，总理在我的耳边这样轻声地说道。

"哦，小丫头。"他总是这样称呼我，"你让我感到如此地自豪。你让这个国家感到如此地自豪。"

5

红潮队

1984年夏天，我已成为全球顶尖的青少年女子短跑运动员之一。当时我十八岁，是高中的应届毕业生。我已经在中美洲及加勒比海地区青少年锦标赛上夺冠，被誉为我们国家的"金牌女孩"。我还曾作为历史上最年轻的运动员之一参加了世界锦标赛。而在1984年夏，在巴哈马，我在CARIFTA运动会上击败了牙买加的对手，并荣获奥斯汀·西利奖，成为加勒比地区最佳运动员。

一切看似都在按部就班地进行——至少表面上是这样。

拥有这样的成就，大多数高中运动员都会面临一个重要选择：我的下一步该怎么走？我应该去哪所大学深造？

通常，这个选择过程会提前很多年开始。精英运动员在很年轻的时候就会被发掘、招募并备受关注。在即将毕业之际，他们的电话会响个不停，都是招募者的来电。教练和招募人员会登门拜访，竭力说服他们和家长，为何自己的项目是最优之选。带有大学校徽的T恤、毛衣和帽子会被留在厨房的桌子上。最后，这

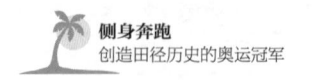

些运动员会被邀请参观校园，享受盛情款待，领略城市的风光、文化和魅力。

学费当然是全免的，因为会有全额奖学金。问题只在于——我应该去哪里施展我的才华？

我的招募过程并不像童话故事那般美好。

实际上，到了那年8月，也就是开学前的一个月，我对于自己将去哪所大学仍一无所知。一片茫然。这似乎让人难以置信，不是吗？但对于那个曾经习惯侧身跑的女孩来说，生活从来就不是一条直线。

让我稍微回顾一下。

4月份的CARIFTA运动会之后，我成了国内的知名人士。人们在街上拦住我，拥抱我并请求合影。他们脸上的感激与自豪，无不体现了整个国家对我的认可。直至今日，与巴哈马人民分享我的胜利，仍是我最自豪的事情。但名声并没有让我飘飘然。毕竟，我的生活算不上光鲜。那个夏天，我继续在麦当劳打工，努力攒钱支付O级考试的费用，以便能够进入大学。我甚至还额外找了一份工作，傍晚在凯布尔海滩的一家酒店担任前台接待。

我从不认为任何事是理所当然的。坦白说，我承担不起这样的奢侈。

还有一件值得补充的事——我被选为巴哈马代表队的一员，参加三个月后，也就是7月28日在洛杉矶开幕的奥运会。

在训练、两份工作以及备考的压力下，我感到非常疲惫。那段经历犹如一场旋风，它从各个方面挑战了我的极限。我几乎不记得维斯登教练告诉我我已经获得奥运会参赛资格的那一刻——那时我可能正埋头书本，为大学入学考试努力学习。顺便提一下，我最终通过了考试，英语还取得了优异的成绩。

5 红潮队

对于上大学的事情，我并没有想太多。要知道，直到那时，我的生活一直都有明确的规划。维斯登教练和他的家人掌管着我的一切——何时训练、何时用餐，甚至何时祈祷。我原以为维斯登教练——我的另一位父亲，会在收到顶尖美国学校的录取通知时告诉我。这一过程由他全权负责。

不过，有两件事我是清楚的。首先，维斯登教练在一两年前曾告诫我，不要在不阅读内容的情况下签署任何文件。这句话我一直铭记在心。其次，我希望能够进入东南联盟（Southeastern Conference，简称 SEC）[①]的大学就读。

我已经做了一番研究。SEC——包括路易斯安那州立大学、密西西比大学、奥本大学、肯塔基大学、佐治亚大学和亚拉巴马大学等——似乎都是顶尖中的顶尖。我就是想去那里，和最优秀的人一起。

但是，那个夏天我实在是太忙了，几乎没有时间去细想这件事，尤其是随着奥运会的临近。于是，年仅十八岁的我就这样踏上了第 23 届奥运会的征程，而对于那个 9 月我将身处何方，我完全没有头绪。而且，维斯登教练没有陪我一起去，因为他没有被体育联合会选中。来自青年、体育与文化部（Ministry of Youth, Sports and Culture）的先锋者田径俱乐部教练弗兰克·潘乔·拉明（Frank Pancho Rahming）获得了提名，并相应地组建了他的教练团队。

正如你所见，巴哈马的政治生态依然活跃。

[①] 东南联盟（Southeastern Conference，简称 SEC）：一个美国大学体育联盟，由位于美国东南部的多所大学组成，比如路易斯安那州立大学（Louisiana State University，简称 LSU）、密西西比大学（University of Mississippi）、奥本大学（Auburn University）等。东南联盟的成员大学在体育竞技方面有着悠久的历史和强大的传统，尤其是在橄榄球方面，这些学校经常在全国排名中名列前茅。

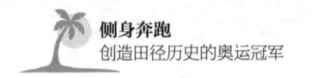

这对我们俩来说都很艰难。作为一名年轻运动员，我已经习惯了某种训练模式，习惯了教练如何从身心两方面为我准备比赛的所有细节。恕我直言，这个教练团队始终无法与之相比。不仅因为我与维斯登教练的关系，奥运队的其他成员，如埃尔迪斯·克拉克和乔伊·韦尔斯，也与他非常亲近。这对于一个即将参加人生首届奥运会的青少年来说，是一个巨大的挑战。

维斯登教练并未因此放弃，他自己掏钱飞往了洛杉矶。我刚抵达奥运村不久，他就设法找到了我。当时我正在训练场上，一个队友把我叫到一边，指向附近的围栏。围栏的那头，是我忠实的教练，正在注视着我训练。

我立刻冲了过去。

他给了我一些宝贵的建议，并询问我感觉如何，饮食和休息是否都充足。

在接下来的几个月里，我们难免会有争执和分歧。但无论如何，我都会永远爱戴和尊敬我的启蒙教练，就像对待父亲一样。

我确实很需要这样的精神支持。

的确，一年前在赫尔辛基举行的世界锦标赛为我备战国际大赛打下了基础，但奥运会无疑是一个全新的挑战。

位于南加利福尼亚大学（University of Southern California，简称USC）校园的奥运村规模宏大，汇聚了来自世界各地的运动员。在巴哈马这样的小地方长大，我从未过多地关注过肤色问题。和在赫尔辛基时一样，正是在这个时期，我深刻地意识到自己是黑人，而有的人是白人，还有阿拉伯人、亚洲人，以及更多不同肤色的人。这个世界如此广阔，而我才刚刚开始寻找自己的位置。

抵达奥运村不久，我便和巴哈马队的其他成员一同走进了食堂。当然，我的监护人伊莱恩·汤普森也一直陪伴在我身边。

我们走进食堂时，所有人都愣住了，目不转睛地盯着一张堆满了食物的桌子。对于我们来说，这一幕就像是《杰克与豆茎》故事[①]里的场景重现，因为围坐在那张桌子周围的，是我一生中见过的最高大壮硕的人。

"你们真的打算吃掉所有这些食物吗？"我忍不住脱口而出，一如既往地活泼。

其中一个巨人转向我，微笑着问："你这是什么口音？你们是从哪里来的？"

"哦，我们都来自巴哈马。"我回答。

"真的吗？我老家是牙买加的！"

我们简单聊了些关于岛屿的话题，然后有人提出了我们都想知道的问题。

"那你们是做什么的？"埃尔迪斯好奇地问。

"我们是篮球运动员。"他说，"我来介绍一下我的朋友们。"他转身指向对面的那个人，"这位是迈克尔·乔丹（Michael Jordan）[②]。"

乔丹抬起头，露出了微笑，然后又继续吃他的"食物山"。我们当然知道他是谁，但并没有太大惊小怪。那时，奥运村里全

[①] 《杰克与豆茎》（*Jack and the Beanstalk*）是一则英国童话故事，讲述了一个名叫杰克的小男孩的冒险经历。故事的大致情节：杰克是贫农之子，与母相依，家仅一牛。某日，母命其卖牛换物，途中杰克以牛换得神奇豆。母怒扔豆，次日豆成巨茎。杰克攀茎至巨人家，偷金被发现，再爬茎偷得下金蛋鹅，砍茎逃回，巨人坠亡。母子用金过上了富足的生活。

[②] 迈克尔·乔丹（Michael Jordan）：美国前职业篮球运动员。出生于1963年2月17日，被广泛认为是篮球史上最伟大的球员之一。乔丹在NBA的职业生涯中取得了巨大的成功，并在全球范围内提升了篮球运动的知名度。乔丹不仅在篮球场上取得了巨大成就，他的影响力也延伸到了商业、文化和慈善领域。他的竞技精神和求胜欲望被许多人视为榜样，他因此成为全球体育和文化的标志性人物。

是顶尖的著名运动员。尽管他是世界上最传奇的篮球运动员之一，或许是有史以来最知名的体育明星之一，但在1984年，他还没有达到超级巨星的地位。原来，那位友好的牙买加人就是帕特里克·尤因（Patrick Ewing）[1]，他后来加入纽约尼克斯队并十一次入选NBA全明星队。

很多人可能不知道，在这一切成就之前，他出生在牙买加的金斯敦。

尤因把桌上的人，包括迈克·泰森（Mike Tyson）在内，都介绍给了我们，然后我们才去取自己的食物。

正是这份岛屿情谊，使得我们与尤因的交流显得格外顺畅。这是所有加勒比地区的运动员在国际赛场上都会体验到的情感。如果是地区内的比赛，那可就是针锋相对的较量了。但在奥运会上，我们就像是一个大家庭。

这种身份认同永远不会消失，也许是因为，与世界上其他人相比，我们这些来自加勒比地区的人更清楚自己在世界上的微小。就像我之前提到的——"屁股上的痘痘"，一些美国运动员曾经这样打趣我们。这是我的第一届奥运会，一开始的确有这样的感觉。我们整个巴哈马代表团对1984年奥运会开幕式上的人群和耀眼的灯光感到震惊和敬畏。

"这和加勒比青少年田径运动会简直天差地别啊。"我们互相低声说道。

开幕式非常隆重，包含了众多环节。我记得我们在仪式开始

---

[1] 帕特里克·尤因（Patrick Ewing）：牙买加出生的美国前职业篮球运动员。出生于1962年8月5日，被广泛认为是NBA历史上最伟大的中锋之一。帕特里克·尤因不仅在篮球场上取得了卓越成就，还是20世纪90年代NBA最具影响力的人物之一，他的比赛风格和职业态度为他赢得了篮球界和球迷的广泛尊重。

前几小时就坐上了巴士。它们把我们带到某个地点，然后我们就得步行，直到到达一个与其他所有运动员一起的集结区，在那里我们被按照国家分组。幸运的是，由于巴哈马的首字母排序靠前，我们不需要等待太久就能在扬声器里听到自己的国名。我们实际上是第八个出场的，位于奥地利和巴林之间。这真是太好了——因为我既紧张又兴奋，急切地想要开始。

我是说，与其他人相比，我还只是一个年轻的女孩。布拉德利·库珀（Bradley Cooper），那位在铁饼和铅球项目上屡获殊荣的运动员，手持巴哈马国旗带领我们入场。当我走进洛杉矶纪念体育场的时候，我真希望自己能被大地吞没——"令人畏惧"这个词远远不足以形容我当时的感受。大家可以想象一下，我已经习惯了容纳一万多人的体育场。而现在，抬头望向那些高高的橡子，感觉就像是在凝视无垠的宇宙，相机的闪光灯在黑暗中闪烁，就像百万颗星星在闪耀。

那个体育场容纳了近九万三千名观众。在1984年，这个数字相当于我国总人口的40%。我从未在一个地方见过如此庞大的人群，之前的经历跟这根本没有可比性。

有趣的是，威尔玛·鲁道夫（Wilma Rudolph）的形象一直在我脑海中挥之不去。

鲁道夫是一位标志性的美国短跑运动员，她在20世纪五六十年代声名鹊起，在1960年的罗马奥运会上赢得了100米、200米和4×100米接力3枚金牌，被誉为世界上跑得最快的女性。她不仅刷新了多项世界纪录，还是民权运动的先驱。

在美国社会发生重大变革的时期，她成了黑人运动员的楷模，提升了女性田径运动员的知名度。虽然我出生在巴哈马，但这位美国人对我影响巨大。

鲁道夫小时候不幸患上了脊髓灰质炎，这种传染病会侵袭中枢神经系统，导致严重的肌肉无力和瘫痪。鲁道夫的童年大部分时间都是在残疾中度过的，她直到十二岁都不得不佩戴着腿部支架。作为一名生活在田纳西州克拉克维尔的非洲裔美国女性，她拥有的资源很有限，但她克服了残疾——她做到了。她不仅学会了不依赖腿部支架行走，还成了奥运冠军！

而我的故事则有所不同，我需要克服的是自己身体和心理上的种种障碍。

作为在贝恩镇木板房里长大的侧身跑女孩，她的奋斗我感同身受。毫无疑问，鲁道夫是我的楷模。我渴望成为她的样子。那天晚上，我想象着她在1956年第一次参加奥运会时的情形，那年她才十六岁。她那时在想什么呢？我对自己说，如果威尔玛·鲁道夫能够克服一切困难，那我还有什么理由放弃呢？

尽管在场上行进时我感到有些胆怯，但我的内心充满了渴望——极度渴望。我渴望得到鲁道夫所追求的——我知道，我的机会终将到来。

但是，罗马不是一日建成的。

在洛杉矶，我参加了100米、200米以及4×100米接力。第一次踏上赛道，置身于众多运动员、电视摄像机和观众之中，我感到连重力都似乎在跟我作对，仿佛随时会双腿发软，跌倒在地。

我从未想过在那届奥运会上能登上领奖台。我的目标是进入决赛。我们做到了，在4×100米接力中，我们成功晋级决赛。与我一起的是埃尔迪斯·克拉克、黛比·格林（Debbie Greene）、奥拉丽·福勒（Oralee Fowler）。埃尔迪斯负责头棒，我本想跑最后一棒，但他们认为我太年轻了。当我传递接力棒时，我们排在第三位。遗憾的是，最终我们只获得了第六名。

在 100 米和 200 米个人项目上，我的目标同样明确——进入决赛，争夺奖牌。但这一次，我只走到了半决赛。

这当然令人失望。我们都渴望得到更多。但最终，这一切似乎都是上帝的安排。他仿佛在说："孩子们，还不是时候。还不是时候。"

我的身体和心灵都承受了巨大的压力。回想起来，当时我连迈步都显得艰难，生活中的一切都压在了我身上。有一天在奥运村里，我正在回食堂的路上，突然眼前一黑，栽倒在地。就像我之前说的——连重力都似乎在跟我作对。

幸运的是，有几个队友及时伸出援手。他们把我扶到运动员医疗中心，医生们对我进行了几个小时的观察。最终，他们确定我并没有什么大碍。我没有生病，也没有受伤。高中和大学入学考试、两份兼职工作、训练、奥运会，还有对未来的种种忧虑和担心……我想这些压力终于让我崩溃了。

回到巴哈马，回到维斯登妈妈家熟悉的环境中，让我感到一丝安慰。但我也清楚，这只是一时的安全感。我在逐渐长大，生活即将发生变化，尽管未来依旧充满不确定性。奥运会之前，我有很多事情可以分散注意力，但现在，奥运会结束了，大学的问题就日益凸显。终于，维斯登教练来了。

"波琳，我需要你签一下这些文件。"他说着，随手把文件往厨房的桌子上一放。

我立刻明白了这意味着什么——那是大学录取通知书。我心里想，终于等到了，这就是我一直在期盼的。

"好的，教练，我来看一下。"我兴奋地说着，急忙拉出一把椅子。

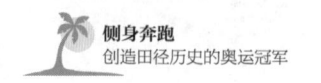

"珍珠,你不用读,直接签字就行。"他坚持道。

"不,先生。我当然得先读一遍。"

"我是你的教练。"他平淡地回答,"我让你签,你就签。"

这几年来,维斯登教练的话对我来说就像圣旨一样。但几年前他说的某句话一直在我脑海中挥之不去。

"教练,你曾经告诉我,在签字之前,我必须逐字逐句地阅读。"我解释着,并用笔指了指他,"我要读一下这份文件。您可以先坐下来,先生。等我读完了,理解了我签的是什么,那就没问题了。"

维斯登教练显得有些吃惊。

"我真是拿你没办法!"他脱口而出,"如果你不签字,那我就走了。"

令人难以置信的是,他竟然真的拿着文件走了——留我一个人坐在厨房的桌子前,手里拿着笔,惊讶地张着嘴。作为一个十八岁的女孩,我完全不知所措。我所知道的是,维斯登教练已经安排了他所有顶尖的运动员去上大学。埃尔迪斯·克拉克和朱迪·麦克唐纳去了汉普顿大学;迈克尔·纽博尔德去了杰克逊州立大学(Jackson State University);弗兰克·拉瑟福德去了休斯敦大学。

而我,作为世界顶尖的女短跑运动员之一,竟然没有大学可去?

这显然有些不对劲。随着时间一分一秒地流逝,我决定直接向他摊牌。

"教练,那我该去哪所大学?"

他面无表情地望着我。"你上不了大学。你连高中都毕不了业。"

这个男人到底在玩什么把戏？不去上大学？那我的那些入学考试又是为了什么？我们过去几年在训练上所付出的辛勤努力又是为了什么？

这些问题在我脑海中飞快地掠过，但我还是没有勇气问出口，就怒气冲冲地离开了，不知道该如何应对这个局面。他不仅是我的教练、赞助人，更如同我的父亲一般，而且还是政府高中的高级教师。我一个青少年能做什么？在很多方面，我的生活都掌握在他的手中。不久之后，他回到了维斯登妈妈的家里——带着同样的文件，要求我直接签字。而我再一次坚持了自己的立场。讽刺的是，他过去给予我的那个父爱般的忠告如今成了他最担心我会去做的事。

回过头来看，我猜维斯登教练可能已经承诺将我推荐给某所大学。或许是汉普顿大学，就像朱迪和埃尔迪斯一样？这种情况很常见，教练们通常与某些校队有特定的联系。或者，也许因为他已经控制了我生活的很多方面，所以他只是想继续操控我的这一人生阶段？他似乎无法放手。

我始终没有得到一个明确的答案。是否有大学与维斯登教练联系过？是哪些大学？有多少所？我对此一无所知。我的生活和所有努力的目标都悬而未决。直到突然间，命运介入了。

那天我正在家里，电话铃响了。

"是帕奥琳吗？"电话那头传来一个带着南方口音的声音。

"是的，先生，您是？"

"我是亚拉巴马大学的韦恩·威廉姆斯（Wayne Williams）教练。"他继续说道，"我给你打电话是因为好像没人知道你打算去哪所大学。你已经做出决定了吗，帕奥琳？"

"嗯……还没有，先生。"我说，"我还没和任何人谈过。"

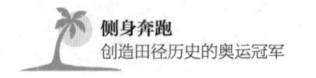

电话那头沉默了片刻。

"先生？喂？还有人吗？"我问。

"哦，天哪……"他难以置信地拖长了声音，"你是说你还没有和任何人谈过？帕奥琳，我们认为你是一名出色的短跑运动员。我们非常希望你能加入亚拉巴马大学。"

令人惊讶的是，威廉姆斯教练竟然是临时起意打的电话——他不确定我是否已经承诺了其他学校。你看，直到那时，我在美国顶尖大学中的选择还是个高度保密的事情。似乎没有人知道我的打算。那时候是20世纪80年代中期，通信手段远不如今天这样便捷，尤其是如果你想在国际上找到某个人。没有脸书、谷歌、领英或X这样的平台。亚拉巴马大学的助理教练兼招生协调员威廉姆斯教练，不知怎的找到了我的家庭电话号码。这完全是一次碰运气的尝试——没想到竟然成功了！

"在正常情况下，波琳会被美国每个顶级大学激烈争夺。"在亚拉巴马大学执教二十一年的威廉姆斯教练后来解释说，"虽然无法确切知道具体数字，但我想说的是，她被美国SEC的每个成员大学都关注过。如果我说有一百所学校想要她，那也不算夸张。"

然而，就在那一刻，威廉姆斯教练却意外地排在了招募队伍的最前面。

他并不习惯这种待遇。通常情况下，美国顶尖大学之间的竞争非常激烈，尤其是在SEC的田径项目中。用威廉姆斯教练的话来说："为了得到你想要的人才，你必须全力以赴。"

尽管威廉姆斯教练从未目睹我跑步的样子，但他通过我的名声了解了我。

作为招生协调员，他仔细阅读了各种关于世界顶尖田径运动员排名的出版物。他还密切关注CAC青少年锦标赛和CARIFTA运动会的比赛结果，深知加勒比地区一直是培养田径人才的热土。

这并非威廉姆斯教练第一次展现他的这一才能——通过各种途径和方式找到并联系到有潜力的运动员。

多年前，当他在办公室里翻阅田径新闻和统计数据时，他发现了一位世界排名第三的冰岛铅球运动员。尽管在那个国家他一个熟人也没有，他还是联系了冰岛的田径联合会。经过一番坚持不懈的努力，他最终成功地在电话中联系到了这位运动员，并为他提供了亚拉巴马大学的全额奖学金。

"这就是我的工作方式。"他说，"找到一个名字，然后进行一番研究——通常是通过当地的体育联合会，找到与这些运动员相关的人。我相信联系上波琳也是一样的。"

直到今天，威廉姆斯教练仍然无法回忆起究竟是谁给了他维斯登妈妈家的电话号码——但感谢上帝他们这么做了。

除了在更远的地方发掘人才，威廉姆斯教练也因在家门口招募运动员而闻名。比如卡尔文·史密斯（Calvin Smith），这位来自密西西比的前田径明星，教练多年前就把他招募到了亚拉巴马大学。1983年，他以惊人的9.93秒的成绩打破了100米世界纪录，并且在他的职业生涯中两次赢得了200米世界冠军。我想，如果威廉姆斯教练能够招募并训练史密斯，那么他对我来说也一定是足够好的。

我只有一个问题："先生，您所在的联盟是哪个？"

"您是问哪个联盟吗，女士？哦，我们是东南联盟。"

"是SEC吗？"

"是的，女士。"

听到这里，我脑海中响起了"啊哈！"的声音。这是天意！我一直想去的就是一个属于SEC的大学。

"好的，教练。"我自信地说，"您为什么不干脆给我寄一份'I-20'①呢？"

"I-20"也称为非移民学术和语言学生身份合格证书，也就是我表达"给我报名"的花哨说法。

"我……帕奥琳……"他在电话那头结结巴巴地说，"我没听错吗？你想要我给你寄一份'I-20'？"

"是的，没错，威廉姆斯教练。"

"当然可以，帕奥琳！"他兴奋地说，"我们挂电话后，我马上就给你寄。"

事情就这样发生了。在第一个学期开始前的几周，韦恩·威廉姆斯教练通过联邦快递把文件寄到了巴哈马的拿骚。我仔细阅读了每一份文件，签了字，然后立刻寄了回去。

事情敲定了——我现在是亚拉巴马大学的一名学生运动员了。红潮队②。

尽管我兴奋得快要爆炸，但还有一个大问题没有解决。我该

---

① I-20 表格：在美国用于证明非移民学生身份的官方文件，全称为"Certificate of Eligibility for Nonimmigrant Student Status"。这张表格是由美国的教育机构（如大学或语言学校）签发，用于证明外国学生已经被该机构录取，并且有资格申请F-1或M-1非移民学生签证。I-20 表格包含学生的个人信息、学习计划、财务证明以及学生在美国的居留期限等重要信息。学生需要这张表格来申请签证，进入美国，以及在美期间维持合法身份。此外，I-20 表格也是学生在美国获得工作许可（如校内工作或实习）的必要文件之一。简而言之，I-20 是外国学生在美国学习和生活的法律和行政基础，是他们获得学生签证和在美居留许可的关键文件。

② "红潮"（crimson tide）：一个特定的术语，起源于 1907 年。"crimson"是一个形容词，用来描述一种颜色，通常比鲜红色更暗、更红。在亚拉巴马大学的橄榄球文化中，"crimson tide"这个词组用来形容球队的球衣颜色和他们在比赛中的表现，传达出一种强烈的力量感和决心，作为亚拉巴马大学橄榄球队的一个代名词，用来形容球队在比赛中的强势和压倒性表现。

如何告诉维斯登教练这个消息呢？后来我发现，事情比我预想的要容易得多。

几天后，他又拿着同样的文件出现了，准备再试一次。但还没等他开口，我就尖叫起来："嘿，教练！我要去亚拉巴马大学了！在SEC！翻滚吧，浪潮！[①]宝贝儿！耶！"

我发誓，我觉得那个可怜的男人当时差点要中风。

"你在说什么？你做了什么？"

他几乎说不出话来，一边在身后摸索着找椅子。而我却站在那里，低头看着他，满脸笑容。

"你对亚拉巴马大学知道多少？"他质问道。

我告诉他："我可能知道的并不多，但我会去那里闯出一片天地，因为我选择了它。"要么勇往直前，要么一事无成。过了一会儿，他平静下来。然后我们接通了威廉姆斯教练的电话，聊了聊。我觉得这也让他感觉好了不少。我们决定将尽快前往亚拉巴马大学进行一次短暂的访问。毕竟，我会得到一次全面参观"一级联赛学校"的机会，尽管时间得安排得更紧凑一些。

但首先，我有几个电话要打。

第一个电话是打给我妈妈的，尽管那次电话算不上真正的交流。大部分时间她都在大喊、尖叫和哭泣。这并不是她的错。毕竟，我妈妈的梦想成真了。在贝恩镇的那个时候，她完全不知道我们该怎么负担起大学学费。她只知道，教育是我通往更好生活的门票，她坚信这一点，并且努力将它变为现实。还记得那些沾

[①] "翻滚吧，浪潮！"（Roll Tide！）：亚拉巴马大学橄榄球队的一个标志性口号，它代表了球队和球迷的团结、热情和支持。这个口号在橄榄球赛季中尤为常见，尤其是在主场比赛时，整个体育场都会响彻"Roll Tide！"的欢呼声。它不仅是一个加油口号，也成了亚拉巴马大学橄榄球文化的象征。

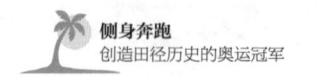

满灰尘的书页吗？那本书和那条皮带？

如果没有那样的管教，我不敢确定我是否能够进入大学。

父母离婚的事情解决后，妈妈看着我随维斯登妈妈离开，心里一定非常痛苦。这对任何父母来说都是难以承受的。但生活就是这样。我的童年充满了取舍和艰难，但我也明白这一切都是为了更高的目标。所以，当我妈妈得知这一切的努力都是值得的时候，她那种难以言喻的喜悦一定是无比强烈的。因此，那天在电话里，她情感失控，泪水夺眶而出。

接下来的电话是打给我爸爸的，当然，我还能时不时在拿骚见到他。在我离开前，爸爸给了我一个紧紧的拥抱。他告诉我他有多么爱我，以及他有多么为我自豪。然后他后退一步，让我站直，双手坚定地放在我的肩膀上。

"不要接受任何男人的东西。你明白我的意思吗，姑娘？"他直视我的眼睛，用他那低沉的嗓音说道。

"明白，爸爸。"

"别给自己惹麻烦。别让自己怀孕，明白吗？"

"明白，爸爸。"

"别让我从巴哈马跨海来收拾你。"

这些话深深刻在了我的心里。爸爸其实不用担心——我已经不再是弗莱明街上的那个小女孩了。我现在是CARIFTA运动会的冠军，是奥运选手，即将成为"一级联赛大学"的明星新生。我专注于自己的目标，知道如何照顾自己。同时，我内心深处清楚，如果真的有必要，爸爸会不惜一切来帮助我。

1984年9月，我整理好行囊，飞往亚拉巴马州的伯明翰。我并没有太多的东西——只有几个包，里面装的大部分是带有巴哈马色彩的训练装备。当然，还有多年前安德莉亚·维斯登给我买的那件难看的红色运动内衣。在我离开之前,我将我的奥斯汀·西利奖杯送给了我的麦当劳雇主卡尔顿·威廉姆斯,以感谢他的支持。物质上的贫乏,我用满怀的期望来弥补——我肩负着父母、家族、贝恩镇的希望和梦想,实际上,是整个巴哈马的希望和梦想。

* * *

亚拉巴马大学是南方历史最悠久的大学之一,它于1831年迎来了首批学生。起初,这里只有19世纪早期的一些零星建筑,孤立在偏远之地。如今,它已发展成为占地近两千英亩的宏伟校园,位于塔斯卡卢萨市(City of Tuscaloosa),在伯明翰西南方向大约六十英里。校园中最引人注目的当数方形广场。这个占地二十二英亩、树木葱郁的中心公园,是学生们学习、运动、交流和漫步的主要场所,也是学生生活的核心地带。对于来自巴哈马的学子而言,这里仿佛是一片广袤的原始森林。

在方形广场,你还能找到许多校园内最古老的建筑。尽管大部分建筑在美国内战期间遭到破坏——1865年联邦军队放火烧毁了校园,现在的建筑多是后来修缮或重建的。亚拉巴马大学曾为邦联军队培养了大量士官生,他们中的许多人后来晋升为军官。

亚拉巴马大学在美国内战期间的历史,以及它在非裔美国人历史中的地位,并不是游客一眼就能察觉的,但这些历史确实存在。

举例来说,在生物楼附近有一块墓地,那里有两座坟墓属于曾经为大学教员所拥有的奴隶。这些坟墓在长达160年的时间

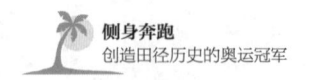

里无人问津，直到亚拉巴马大学的法学教授阿尔弗雷德·布罗菲（Alfred Brophy）撰写了一篇名为《大学与奴隶：道歉及其意义》（"The University and the Slaves: Apology and Its Meaning"）的论文，这些历史才被重新提及。

这项工作基于亚拉巴马大学第二任校长巴兹尔·马纳利（Basil Manly）（1837年至1855年在任）的日记，以及另外四本图书。它揭露了一些事实，包括大学曾拥有奴隶，从塔斯卡卢萨县（Tuscaloosa County）居民那里租用奴隶，并且批准了购买奴隶的行为。那时甚至允许学生带自己的奴隶来校学习，并声称"奴隶制是事物的自然秩序"。

这篇论文及其引发的讨论，为大学带来了许多积极的改变，包括为那两座坟墓设立了适当的标识。2004年，杰克·鲁道夫（Jack Rudolph）和"博西"——威廉·布朗（"Boysey"—William Brown）的名字终于被铭刻在一块青铜和黑色的纪念牌上，以示纪念。

教师评议会甚至为它在奴隶制机构中所扮演的角色表示了道歉。

坦白说，我刚到这里时并不了解这段历史。实际上，在我毕业超过十年之后，亚拉巴马大学才开始对其历史上的错误进行反思和修正。我曾无数次经过那个墓地，却对那里埋藏的历史一无所知。然而，当触及种族议题时，大学过去的幽灵仍然会困扰我——这一点，我稍后会详细说明。

我来这里时，对过去的种种并没有任何先入之见。我专注于自己的未来。当我走下飞机，满怀激动地准备开启人生新篇章时，威廉姆斯教练已经在那里迎接我了。

他看着我，满脸的难以置信，仿佛见到了鬼魂一般。"你是帕奥琳吗?"他问。

我不明白他为何如此困惑。毕竟,维斯登教练和我大概一周前才匆匆参观了校园。

"是的,威廉姆斯教练,是我。"

"我真的不敢相信,"他说着给了我一个拥抱,"我真的不敢相信你竟然来了。"

这让我也感到非常惊讶。虽然我已经为这一刻做好了准备,但作为正式注册的学生,再次走进那些房间,还是让我有一种不真实的感觉。

一个个房间里堆满了各种重量器械——有供橄榄球运动员使用的,有棒球运动员的,还有田径运动员的,等等。这与我们在古德曼湾的训练相比,简直是天壤之别。那时候我们快速地从灌木丛中抓叶子,用树枝做引体向上,还有互相背着做负重练习。

但真正让我感动的是女更衣室。当我看到一个贴有我名字的储物柜——波琳·戴维斯时,我不禁泪流满面。

亚拉巴马大学可能有近四万名注册学生,十多个学术分支,以及近两百年的教育历史,但体育运动无疑是这所骄傲学府的核心和灵魂,这样的说法甚至还有些保守。

毫无疑问,橄榄球在这里承载着荣光,它是这所学府体育精神的起点与归宿。

有人称之为激情,也有人称之为信仰。

1907年,亚拉巴马大学对阵实力强大的奥本大学时,倾盆大雨袭击了球场上的球员,他们在一场激烈的比赛中拼搏。当时的一位记者将亚拉巴马队的进攻阵线形容为"红潮",因为他们的球衣被雨水和泥浆染成了红色。这个描述和这种颜色,后来成为大学传说的一部分。当有人高呼"翻滚吧,浪潮!"时,这不仅

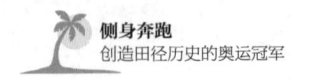

是对那段不屈不挠的历史的致敬，也是对一种不可阻挡的自然力量的认可。

今天，亚拉巴马大学的橄榄球项目已经成为一个传奇。红潮队赢得了28个SEC冠军和18个全国冠军，并且有8名前队员入选了职业橄榄球名人堂。2019年，《体育画报》将该校评为历史上最杰出的大学橄榄球项目，而且这一地位无可撼动。

虽然我不是橄榄球运动员，但我明白这个信念——坚韧、决心，永不放弃。战胜逆境，征服命运。

这种卓越的传统渗透到了所有运动队。事实上，只要你穿上红潮队的战袍，那么，无论是棒球、网球还是篮球，就都承载着一种期待。田径队也同样出色。

"我们的项目水平极高。"威廉姆斯教练回忆道，"波琳加入后，她将我们的水平提升到了一个新的高度。亚拉巴马大学的田径队在全美都享有盛誉。人们都知道我们拥有哪些优秀的运动员。"

卡尔文·史密斯无疑是男子项目中的佼佼者。但他并非唯一的光环。另一位短跑运动员埃米特·金（Emmit King）在1983年夺得了NCAA 100米全国冠军。同年，史密斯在这一项目上打破了世界纪录。金也是一名奥运选手，在1983年的赫尔辛基世界锦标赛上赢得了金牌。

女性运动员的表现同样令人瞩目。

首先是高我两届的莉莉·勒瑟伍德（Lillie Leatherwood），她在400米项目上表现出色。作为亚拉巴马州塔斯卡卢萨的本地人，她在1985年，也就是我进入亚拉巴马大学的第一年，在NCAA室内田径锦标赛上赢得了400米全国冠军。第二年，勒瑟伍德再次夺冠，并且刷新了大学纪录。我第一次见到她，还有史密斯,是在洛杉矶奥运会上,她帮助美国队夺得了 4×400 米接力的金牌。

然后是弗洛拉·海辛斯(Flora Hyacinth),另一位来自岛屿的运动员。

虽然弗洛拉出生在圣卢西亚,但她是在美属维尔京群岛长大的。这位优秀的跳远和跨栏运动员和我成了好朋友,并且一度是亚拉巴马大学的室友。安德鲁·奥乌苏(Andrew Owusu)、基思·塔利(Keith Talley)、简·约翰逊(Jan Johnson)、威廉·武克(William Wuycke)、莉兹·林奇(Liz Lynch)、昆内莎·伯克斯(Quanesha Burks)——这些运动员,以及许多其他过去和现在的运动员,都在田径项目中取得了世界级的卓越成就,无论是全国冠军、世锦赛冠军,还是奥运会冠军,抑或是三类比赛都获得过冠军。

从我踏入校园的那一刻起,我就意识到自己与众不同。并非我自身感觉有何异样,而是别人对我的态度有所不同。

在亚拉巴马大学,运动员似乎总是带着一种光环和神秘感。而很大程度上,这种光环仍然与橄榄球息息相关。在校园里,尤其是女学生眼中,那些橄榄球运动员几乎被视为神一般的存在。她们难以置信地发现我认识所有的橄榄球和篮球运动员,会兴奋地和我讨论这些运动员,向我提出各种问题,好像我能够了解球员们的私生活似的。但对我来说,这并不是什么特别的事情。从第一天开始,我就和这些球员们相处自如,因为我总是和他们在一起。

在亚拉巴马大学,以及许多其他一级联赛学校,运动员享受着特殊的待遇。我们有专门的自习室,有导师为我们提供帮助。我们经常一起用餐,坐在食堂专门为运动员预留的座位区。这样

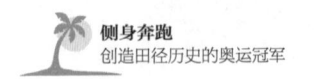

的特殊待遇是有其道理的，它帮助我们建立了深厚的战友情谊和兄弟情谊。鉴于我们密集的训练和比赛安排，校园生活的每一个细节都需要精心规划。

我们甚至被安排住在校园的特定区域。我就住在红潮大楼，距离方形广场仅一个或两个街区，那里住着大部分田径运动员。

这就像是一个精心安排的保护罩，目的是让我们以最高水平参赛。

尽管如此，身处异乡的我，在最初的日子里还是经历了一些适应新环境的痛苦。记得在我来到这里的第一个周日晚上，我去食堂吃晚餐。在巴哈马，我们或许物资不丰，但每个周日我们都会有一顿丰盛的晚餐，那是与家人共度的特别时刻。而在这里，我看着食堂提供的食物，心情跌到了谷底——只有热狗、汉堡和薯条。

我冲回宿舍，给威廉姆斯教练打电话，电话那头我泣不成声。

"教练……教练……热狗和汉堡……我不能吃这个……我周日晚上不吃热狗和汉堡……"我哭诉着。

不出几分钟，威廉姆斯教练就飞奔进了我的宿舍，拯救了我的那一天。

那天晚上，为了我在亚拉巴马大学的第一个周日晚餐，他带我去了一家雅致的小餐馆，只有我们两个人，我吃到了烤牛肉、土豆泥和绿叶蔬菜。

虽然我已经是大学生了，但我依然只是一个十几岁的孩子，这是我第一次独自生活。从第一天起，威廉姆斯教练和他的妻子就像对待家人一样对待我——延续了维斯登夫妇的关怀。我清楚地记得威廉姆斯夫人的样子，她偶尔会邀请我过去吃晚餐，并且坚持要为我烤饼干。

"帕奥琳,你最喜欢什么口味的饼干,宝贝?"她会用那特有的南方口音问我。

"哦,威廉姆斯夫人,我其实不太吃饼干。"我会这样解释,"但如果我要吃的话,那可能是燕麦葡萄干饼干。"

而她烤的,正是燕麦葡萄干饼干。

他们的支持对我来说意味着一切——如果没有他们,我不确定我能否坚持下来。作为一个来自巴哈马的外国学生,我在校园里没有一个认识的人,要在那两千英亩的大学里找到方向,真会令人感到不知所措。起初,我会在庞大的建筑物、走廊和教室里徘徊,试图弄清楚我应该在哪儿。

有趣的是,迷失反而帮助我找到了我需要去的地方。

"打扰一下,您能帮帮我吗?"

我转身看到一个女孩,和我年龄相仿,比我矮几英寸,深色的头发和眼睛。

"您知道玛丽·伯克(Mary Burke)楼在哪里吗?"她用浓重的南方口音问道。

"抱歉。"我笑着回答,"我自己也有点迷路了!你知道学生中心在哪里吗?"

"哦,天哪,你的口音真有趣,你从哪里来?"

"我从巴哈马来!"

"你从巴哈马来!那可够远的!我喜欢你的口音。继续说点什么!"她笑着。

当时我并不知道来自亚拉巴马州伯明翰的沙伦达·路易斯-普赖尔(Sharonda Lewis-Pryor)将成为我非常要好的朋友。那天,我们一起找到了我们要去的地方。在我的亚拉巴马大学的岁

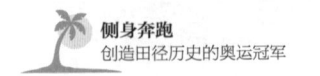

月里，我们将形影不离。

"我对波琳的第一印象是她对巴哈马和对家人的爱。"沙伦达说，"我很快就了解到她是一个非常努力的人。她的国家派她来这里是有任务的。因为她的家人和许多其他人为了让她跑步做出了很多牺牲。我和我的家人也是这样的，所以我们立刻就有了共情。"

沙伦达在公屋村（project）[①]长大，与兄弟姐妹、单身母亲和祖母同住。她分享了许多关于她母亲晚上去上大学课程时，她和兄弟姐妹不得不跟随母亲一起去学习的故事。像我一样，沙伦达也是在贫困中长大。同样，她也怀有强烈的决心去克服这些困境。她的母亲最终成了一名护士，这与我的妈妈离婚后在佛罗里达所做的工作一样。

现在，我们两个都踏上了大学之路。沙伦达主修会计和数学，后来成了美国联邦政府的一名审计员。

当时，我们的未来就在脚下，我们相互支持。大多数日子里，我们会去公园散步，最后在长椅上坐下来聊天，互相提供建议。通过沙伦达，我结识了其他朋友，他们成了我在田径队之外的主要社交圈。后来，我们一起去看橄榄球比赛，参加"加油集会"，参加校园里所有兄弟会的派对，我们在那里跳舞，有时甚至会跳上几个小时。

在大学二年级时，她甚至成了我的室友，我们共度了一年时光。我欠沙伦达很多，包括我的生命。我稍后会详细讲述这一点。

[①] 公屋村（project）：在美国，公屋村通常指的是政府资助的低收入住宅区，这些区域旨在为低收入家庭提供住房。这些住宅项目有时会因为高犯罪率、贫困和缺乏资源而受到负面评价。

当时，她是我的精神支柱，一个可以依靠的肩膀，一个倾听我的人，一个可以一起欢笑的人。她甚至帮助我提高我的美式英语水平。

"显然，波琳会讲英语，但她总是随身带着一本字典。"沙伦达回忆道，"她总是带着这本字典。她以前用的是英式英语拼写——比如'honour'（荣誉，美式拼写是'honor'）或'colour'（颜色，美式拼写是'color'）。所以我们总是帮她校对论文。这只是我们在波琳刚来时帮助她适应新环境的一种小方式。"

我进入亚拉巴马大学时主修英语和传播学，辅修商贸。我是去那里跑步的，但我也为自己的学业感到自豪。为了一直拿到奖学金，我必须保持成绩优秀。英语一直是我的强项——得益于书本和皮带的教育，尽管当我到达亚拉巴马大学时，他们让我参加了一系列各种科目的入学考试——包括化学在内。我从未上过化学课，考试全是选择题，所以我只能半猜半蒙完成了化学考试。

几天后，我去见了我的学术导师莫里斯女士（Ms. Morris），一起查看了考试结果。我正在浏览我第一学期要上的课程，然后我惊讶地发现了一门化学课！

"莫里斯女士，我人生中从未上过化学课。"我解释道，有些不安。

莫里斯女士在她的桌面上翻找了一些文件，看起来同样困惑。"你从未上过化学课？这怎么可能？"她在一堆文件的底部找到了我的化学考试卷。

"波琳，你在化学入学考试中得了 98 分。"她惊讶地说。

我无法解释——就像儿歌中的"eeny, meeny, miny, moe"一样，对我来说就是一场游戏，仅此而已。她无法相信，我也无法相信。直到今天，我仍然难以理解我是如何取得了这么高的分

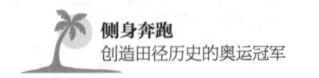

数。然而，我坚持认为，如果让我学化学，将会是一场灾难。所以我们退而求其次，选择了生物学。

这并非我在学业方面遇到的唯一尴尬情况。

我在亚拉巴马大学的第一堂课是社会学101（Sociology 101）[①]。通常，我喜欢坐在教室的前面，但在这个场合，那并不是一个好主意。在社会学课程中，你会学习关于人类社会及其行为的各种知识。这门课的开篇就是关于奴隶制的讨论。我完全无法控制自己的情绪——每堂课我都泪流满面。教授展示了关于美国历史的视频和图片，从三K党（Ku Klux Klan）、吉姆·克劳（Jim Crow）和洛杉矶暴动，到民权运动的兴起。简单来说，这些内容我们在巴哈马从未接触过。我无法相信人们竟然可以残忍到这种地步。

我就坐在那儿，在教室前面，情绪失控，浑身颤抖。其他学生，包括许多白人学生，都尽力安慰我。教授也非常理解我。

也许那时候我还太天真。正如我之前所说，世界锦标赛和奥运会让我大开眼界，看到了世界上有各种各样肤色、种族和信仰的人。在巴哈马，我不知道什么是种族主义。某种程度上，我是被保护着长大的。我出生在一个基于基督教信条的村庄，在那里，所有人都被上帝视为平等的。我的白人教父教母——我爸爸工作的餐馆和酒店的老板——总是平等地对待我们。

我认为自己是巴哈马人，而不是黑人。

[①] 社会学101（Sociology 101）：在美国高等教育体系中，课程编号通常用来表示课程的难度和顺序。数字"101"是一个常见的课程编号，通常代表该课程是该学科领域的入门课程或基础课程。因此，"社会学101"通常是指社会学专业或相关领域学生的入门课程。这门课程可能会介绍社会学的基本概念、理论、研究方法和研究领域，为学生进一步学习社会学的高级课程打下基础。101课程一般不需要学生具备该学科的专业知识，适合大一或大二的学生选修。

"那么你是哪里人?"听了我的口音后,学生们一般都会这样问我。当然,我会自豪地告诉他们我是巴哈马人。

有时,他们会疑惑地看着我:"为什么你要说你是巴哈马人?"

"因为我就是巴哈马人啊。"我解释说,"我不是美国人。我是巴哈马人。"

"为什么你不说你是黑人?"

我下巴都惊掉了。惊讶、困惑、说不出话来。然后我会问:"你是什么意思?"

"嗯,你的皮肤是黑色的。你是一个黑人。"

我很快就意识到,有时候差异是关键性问题,是人们关注的焦点。人们迫不及待地根据你的肤色将你归类。不是每个人都这样——但有些人就是这样。我来自另一个国家的事实让事情变得更糟。

"你是怎么到这里来的?"

"你的意思是,我是怎么来的?"我会问,"我是坐飞机来的,从伯明翰来的。"

巴哈马只是佛罗里达海岸外五十英里远的地方,但他们好像觉得我是从世界另一边的丛林来的。

"你住在小木屋里?你是怎么从你的小木屋到这里来的?"

他们都是一本正经地问我这些问题。我并没有太在意,经常只是顺着他们的话开玩笑。

"哦,是的。我住在一个小木屋里。"我一本正经地解释,"你知道,我们的小木屋里都有绳子。我们可以从一棵树飞到另一棵树。"

他们听得津津有味,对我的话深信不疑。我想,在1984年

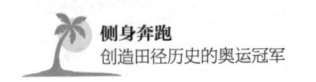

的秋天，我对种族主义和隔离的了解与他们对外部世界的了解一样匮乏！

当然，也有很多思想开放的人，他们理解我、支持我。

在社会学课上几次艰难的经历后，教授课后把我留了下来。每个教授都知道哪些学生是运动员，尤其是国际学生。教授让我坐下。

"很明显，这门课让你感到困扰。"她说，"我想，你来自巴哈马，肯定有非常不同的经历。"

"是的，夫人。"我点头，擦去脸上的泪痕，"我以前从未见过这样的东西。"

她告诉我最好不要再继续修这门课——我也同意了。我已经承受了足够的内在压力和外在压力。所以他们给了我一个WP——免修通行证。

在亚拉巴马大学期间，我所有的教授、教练团队以及整个大学都对我给予了极大的支持。但是，他们无法控制整个世界，尤其是当我走出校门的时候。

"人们会辱骂我们。"沙伦达回忆道，"你会偶尔听到种族歧视的用语（N-word）。我努力让波琳明白并不是所有人都那样。这一切往往是因为这些人的父母，以及他们是怎样被抚养长大的。有时你去商场，人们会跟着你，尤其当你拿着一个包时。你是黑人，所以他们认为你没有钱买你看中的东西。他们认为你一定会偷窃。我会让其他人知道：波琳不习惯这些。她来这里是为了跑步。"

无论好坏，种族主义带来的刺痛感将会深深地影响我在亚拉巴马大学的生活。

正如我所说的，因为我是一名学生运动员，我经常和橄榄球队员在一起。有一次，橄榄球队的四分卫问我是否想和他一起组建一个学习小组——只有我们两个。亲爱的读者，我不用告诉你，对于亚拉巴马大学的大多数学生来说，这是一件多么令人兴奋的事情！这就像童话故事一样，灰姑娘的故事——王子邀请你参加舞会。

对我来说，这没什么大不了的。他是个好人，我经常在自习室看到他，周围都是其他运动员。

但这次，他来到我在红潮大楼的公寓。我们学习了一会儿，然后他提议我们休息一下。他带我去了校园附近一个很受欢迎的湖边餐厅。我们实际上是在他的车顶上吃的饭，一边聊天，一边欣赏湖景。吃完饭，是时候继续学习了。他绕到车门旁边为我开门，轻轻地推我上车。他的嘴唇正好落在我的嘴唇上——我却在想：出啥事儿了？

我推开了他——并问："你现在能送我回家吗？可以吗？"

"你怎么了？"他一脸无辜地问。

"你刚才做了什么？"我指着我的嘴唇问道。

"嗯，我喜欢你。"他耸了耸肩。

作为美国最传奇的大学橄榄球队的四分卫，我认为他没被拒绝过。

"这可不是个好主意，对吗？"我坚持说，"我来自巴哈马。你是四分卫。你是白人，我是黑人。我可不想被人用尸袋运回巴哈马。"

我们一路上都讨论着这件事。

"你为什么会这么说？我以前也和黑人女孩约会过。"

"好吧，你可能有过。"我说，"但这次不行。"

他把我送到红潮大楼，然后我独自走回我的公寓。在那之后，他尝试联系过我几次，但我没有回应他的任何追求。我承认，我非常喜欢他。他从未强迫过我或动粗。他做了很多年轻人在大学里都会做的事情，99.99%的时间里，女孩都会回吻他。但我并不觉得自己身处童话故事中。我是不是把它看得太严重了？谁也不知道事情会如何发展。重点是，虽然我最初可能太单纯、不经世事，但我很快就明白了我在哪里，我是谁，以及我需要时刻小心。他太出名了！红潮队的球迷以狂热著称。我不想和他们有任何瓜葛。我不想冒这个险。正如沙伦达所说——我来这里就是为了跑步。

有时，尽管我小心翼翼，但我仍然无法避免遭受种族主义的攻击。

刚来不久，大约几个月后，我在塔斯卡卢萨的街道上行走时，一辆经过的汽车向我脸上扔了一个鸡蛋。他们大喊种族歧视的话——并让我滚回家。他们可能根本不知道"家"对我意味着什么。我怀疑他们甚至无法在地图上找到它。那些时刻非常令人痛苦。但我就是巴哈马的波琳·戴维斯，我来到亚拉巴马大学是因为有任务要完成。

没有什么能阻挡我的梦想。

从第一次训练开始，我的田径生涯就占据了我生命的全部。正如我所说，我加入了一个本来就很强的项目，我们每年都要参加SEC和NCAA的锦标赛。我要参加室内60米、200米和4×400米接力，以及室外100米、200米、4×100米接力和4×400米接力。无论是SEC还是NCAA锦标赛，室内和室外都有各自的单独比赛。第一场比赛是SEC室内锦标赛，将于2月开始。

"波琳·戴维斯总是表现得非常出色。"威廉姆斯教练回忆道,"周六去参加田径比赛时,她会打扮得像参加高中舞会一样。她会打理自己的头发,化妆。她看起来非常精致。她的准备总是非常细致。我不知道我是否见过她在任何比赛中感到害怕,无论是在她的大学一年级还是在奥运会。在精神、身体、情感上,她都完全投入她所做的事情中。"

刚开始,让我感到最不舒服的地方是举重室。当我走进去时,无论你把什么放在上面,我都完不成一个卧推。我抗拒了一段时间。对我来说,我是一个女孩,举重看起来不像女孩应该做的事情。

"帕奥琳,"威廉姆斯教练经常说,"我知道你不习惯这种事情,但你要学着去做,好吗?"

最后我还是妥协了。没过多久,我那像牛铃一样的胸部就消失了,这意味着我不需要再穿那种工业风的内衣了。我信任威廉姆斯教练,尽管这对维斯登教练来说并不容易接受。

当我刚到亚拉巴马大学的时候,我就知道维斯登教练不太高兴。他从一开始就显得格外沉默。这可能是因为我选择亚拉巴马大学的决定,或者他只是怀念我们之间那种亲密的联系。我知道,他不肯给我打电话——但他肯定和威廉姆斯教练保持着联系。

有一天,我走进威廉姆斯教练的办公室,看到他正在打电话。所以我坐下来等待——并暗中聆听。没过多久我就意识到他们在谈论我。维斯登教练在电话里告诉他应该如何给我训练,以及我们过去常常做的事情。我立刻感觉到威廉姆斯教练心里不大舒服了。

我猛地从椅子上站了起来。"教练,请把电话给我,好吗?"

我伸出手等了几秒钟。威廉姆斯教练目不转睛地盯着我,然

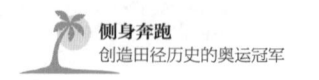

后慢慢地把听筒交到了我的手中。

"喂？维斯登教练？是我，波琳。"我对着电话说，"您不是认真的吧，先生？您给我在亚拉巴马大学的教练打电话，告诉他该怎么做？您已经把我交给他了，先生。所以请允许他来指导我。"

"但是，珍珠，我……"他脱口而出。

"请不要再这样给他打电话了，先生。"然后我把电话交回给威廉姆斯教练，他尴尬得脸都红了。

如果说维斯登教练之前已经不和我说话了，那么你可以想象那次之后的情况。我猜我离开巴哈马去亚拉巴马大学对他来说很艰难——在很多方面，我是他的小女孩。他从未有过女儿。但为了让我达到更高的水平，我们都必须向前看。而且，我相信维斯登教练会适应的。每隔一段时间，我就会在田径比赛中看到他的兄弟杰瑞。

他总是给我一个意味深长的微笑。"你知道是谁派我来的，对吧？"

"是的，我知道。"我会微笑。维斯登教练总是能找到方法来关注我。

1984年，我大学田径生涯的舞台已经搭建好——直到旧伤复发。在我开始和威廉姆斯教练训练后不久，我的腘绳肌拉伤了。这件事发生在赛季初期，我原本以为自己能够恢复并参加比赛。我去看了医生，接受了治疗。当你重新开始跑步时，你会以"略低于疼痛阈值训练"的方式进行训练（training below the pain）[①]，试图回到你可以恢复到全力奔跑的那个点。

事实上，我在洛杉矶奥运会上的晕倒是一个警示，提醒我即将面对的挑战——我完全不知所措，而且对自己要求过高。大学生活的压力和亚拉巴马大学的期望对一个新生来说是一个巨大的负担。在我的一生中，我也将不得不与糟糕的月经周期做斗争，其间我的整个身体会抽搐、痉挛和疼痛。我经常因为这个而出现在诊所。

尽管如此，我仍然坚持不懈，以"略低于疼痛阈值训练"的方式进行训练，直到再次受伤。我的整个第一年的田径比赛都化成了泡影。

我满怀期待——作为亚拉巴马大学的新星运动员，我备受瞩目。这无疑是一个令人沮丧的挫折，尽管我知道我可以更强大地回归——那年在拿骚举办的CARIFTA运动会教会了我这一点。好消息是，我受伤得比较早，我有足够的时间在下个赛季到来前恢复。

然而，命运弄人，撕裂的腘绳肌并不是我在亚拉巴马大学遇到的最糟糕的事情。远非如此。

[①] "略低于疼痛阈值训练"（training below the pain）：这个短语的意思是在训练时保持在疼痛感的阈值以下。这通常指的是运动员在进行恢复训练或加强训练时，会尽量在不会引起疼痛或不会使疼痛加剧的强度下进行。这种训练方法允许运动员在受伤后逐渐增加训练强度，同时避免进一步的伤害。简单来说，"below the pain"就是在训练时不触发或最小化疼痛，这通常需要运动员对自身的身体状况有很好的了解和控制。这种训练方式是谨慎的，旨在帮助运动员在恢复期间保持体能，同时不加重伤情。

6

峰与谷

进入亚拉巴马大学的第二年，我身体健康、专注投入，准备弥补之前错失的所有时间。幸运的是，由于我上一年没有正式参赛，根据NCAA的规则，我得以延期，将1985—1986赛季作为我的"新生赛季"资格。这无疑是一种幸运。第一年的大部分时间，我都在适应新环境，寻找自己的立足点——在那之后，我开始全力以赴。

我的工作态度和训练强度很快就为我赢得了声誉。"硬核新生"，队友们时常这样称呼我。

1985年深秋，我终于在路易斯安那州立大学参加了我的第一次正式比赛，这是我们SEC的最大对手之一。经过一年的休整，我这个硬核新生开始发力——我迅速在预赛和随后的比赛中取得了胜利。虽然重大比赛要到2月份才开始，但这些早期的成绩极大地提升了我在那个赛季的自信心。

同时，我的表现也引起了人们的关注。

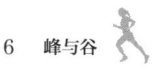

接下去的那个周末，我们的队伍再次踏上客场之旅。我从红潮大楼出发，走向球队大巴，肩上背着装有几本书的沉重的书包；一只手提着一个装满衣物、跑鞋、队服和跑步装备的健身包。走近大巴时，我抬头一看，发现有些不对劲——大巴台阶口站着三个西装革履的男人。

虽然这种情况少见，但我并没有过多考虑。

"早上好。"我愉快地说着，从他们身边走过。

其中一位男士挡住了我的去路。

"对不起，先生。"我总是非常有礼貌，"劳驾，我要上车。"

"波琳·戴维斯？"他面无表情地问。

"是的，先生。"

"你需要跟我们走一趟。"他伸手想带我走，但我后退了一步。

"对不起，先生，不行。我不会跟你们走的。"我厉声说道，任凭我的书包滑落到脚边。"这是怎么回事？威廉姆斯教练在哪里？"

就在这时，威廉姆斯教练从他们身后的大巴车上走了下来。他看起来同样有些慌乱，但同时也让我安心了不少。

"波琳，"他边说边走到那两位西装革履的人中间。"你需要跟他们走，好吗？"

我仍然不同意。

"威廉姆斯教练，先生，我爸爸告诉我不要和男人去陌生的地方。"我带着一丝挑衅地回答。"我不认识他们。这些人是谁？"

那两位西装革履的人试图挤在我们中间，阻止教练和我说话。威廉姆斯教练转身向他们举起手，希望他们耐心一些。

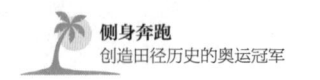

"没事的,帕奥琳,我保证。你可以跟他们去,你们是要去见体育总监。"他一边解释着,一边把手放在我的肩膀上。

"好吧,那我们走吧。"我说着,提起我的包。

"我不能陪你一起去,帕奥琳。但放心,你会没事的。你回来的时候我就在这里等你。"

我越过他的肩膀看去——那三个穿西装的男人正紧紧地盯着我,神色严峻。大巴上的运动员们也从车窗里注视着这边的情形。我不喜欢这种感觉,但似乎也没有别的选择。

于是我们就这么出发了,一个西装男在前面带路,另外两个则跟在后面。没几分钟,我们就来到了亚拉巴马大学体育总监——传奇人物雷·佩金斯(Ray Perkins)的办公室。

1983年,佩金斯接替"熊"——保罗·布莱恩特("Bear"—Paul Bryant),成为亚拉巴马大学橄榄球队的主教练及大学的体育总监。在此之前,他曾是亚拉巴马大学红潮队的全美最佳外接手,并随后加入美国国家橄榄球联盟(National Football League,简称NFL)的巴尔的摩小马队(Baltimore Colts),赢得了1971年的超级碗(Super Bowl)。之后,他先后在新英格兰爱国者队(New England Patriots)和圣地亚哥充电队(San Diego Chargers)担任助理教练,最终在纽约巨人队(New York Giants)获得了主教练的职位。尽管如此,他仍将亚拉巴马大学的主教练职位视为自己的"梦想工作"。

佩金斯于1990年入选亚拉巴马大学体育名人堂,并在2019年被授予SEC橄榄球传奇人物称号。

当然,那个时候,我对他的辉煌履历并不感兴趣。当我们走进他的办公室时,我感到一阵眩晕。佩金斯伸手示意我坐在他桌前的椅子上。

"请坐。"

我一屁股坐到椅子上,包掉落在地。那几个西装男走到我面前,分别在办公桌两侧站定。佩金斯则坐回自己的椅子,深吸一口气,坐直身体,整理了一下他带有白色圆点的红色领带。

"波琳,"他开始说,同时整理了一下桌上的几份文件,"这些人是NCAA总部的。他们只是想问你几个问题。"

离我最近的官员直接进入了正题。"你是怎么到亚拉巴马大学的?"他问道。

"我怎么来的?我坐飞机来的。"我有些愤慨地回答。或许这个问题我已经被太多学生问过了——他们对巴哈马在世界上的位置一无所知。不,我不是住在小屋里的——尽管这位协会官员并不是这个意思。

"不,不,"佩金斯温和地打断我,一边用手梳理着他那短短的棕色头发,"他的意思是,你是怎么成为亚拉巴马大学的学生运动员的。"

回过头来看,我能理解为什么这会引起这么多的怀疑。我的整个招募过程都是神秘兮兮的。在正常情况下,各个大学至少都会有机会展示自己。但据我所知,在维斯登教练时期,这些都没有发生。然后,我大一时因为腘绳肌受伤而"隐形",错过了比赛。快进到1985年,我现在就像一个硬核新生一样在赛道上驰骋。我想这足以引起我们分区对手的怀疑,以至于他们向NCAA举报。我的招募过程太低调了——或许他们认为亚拉巴马大学违反了规则。

NCAA对招募丑闻并不陌生。无论是为了竞争激烈的比赛、学校的自豪感,还是大学体育背后的巨大商业利益,美国各地的项目都曾有过违规行为,有时甚至是以十分卑劣的方式。

我对这些历史一无所知。我完全没有隐瞒任何事情。

所以我把我的招募过程向他们和盘托出，威廉姆斯教练的电话，以及我一直渴望为SEC的校队效力。我告诉他们，我几乎是凭空选择了亚拉巴马大学，完全是出于一时兴起。当我讲完，官员们个个目瞪口呆。我想这并不是一个典型的招募故事——但这就是真实的情况。

"你为什么有这么多耐克鞋和耐克衣服？"另一位官员继续追问，毫不退缩。

没有人翻看我的包。他们是怎么知道这些的？显然，举报我的人提供了详尽的报告。

"耐克衣服？"我困惑地问。

"是的，你穿了很多耐克产品。这些东西都是从哪里来的？"

我难以置信地摇了摇头。多年来，我一直穿着耐克衬衫、裤子、袜子，脚踩耐克鞋，背着耐克包。那时，耐克已经赞助了巴哈马奥运队的装备，全套装备都装饰着巴哈马国旗的颜色。我可能拥有的不多，但我的巴哈马跑步装备绝对是我最珍视的物品之一。

"是我的国家给的，先生。"我平静地回答。

"你的国家？"他嘲讽道。

"是的，先生。我也代表巴哈马参赛。"

"国家队给了你这些东西？"

"是的，先生。"我尽责地回答。

要知道，NCAA的规则是禁止接受金钱、礼物或代言。但他们会因为我的国家队跑步装备而大动干戈吗？这场审问似乎持续了几个小时。

最后，我看着他们说："您知道我是个受过教育的女性，对吧?你们一遍又一遍换着方式问我同样的问题,我也只能一遍又一遍地给出同样的答案。"

最后,他们让我走了。没有证据能证明我的罪行,他们的指控毫无根据。

"好的,佩金斯教练!"我转身准备离开,"我们晚点见哦,我现在有场田径比赛要去赢!"

佩金斯挥挥手,被我的话逗乐了。

事情就这样结束了。你可以想象,当我回到大巴上时,每个人都问我发生了什么。我低着头,没有多说什么。其实说不说都一样,消息很快就像野火一样燃烧开去。说实话,我感到非常害怕。虽然我什么都没做错,但我的生活还是悬而未决。我还可能会失去奖学金。我开始想象爸爸从巴哈马游过来接我回去的画面。我把包扔在旁边的座位上,深吸一口气,拿出一本书。

田径可能只是一种运动,但我总是发现自己置身于政治中。这并不是我第一次成为攻击目标,也不会是最后一次。

* * *

在亚拉巴马队,球队的大巴车就像是我的第二个家。我所说的"大巴"实际上更像一辆露营车,我们可以在路上伸展身体休息或睡觉。有时我们会坐上一整天的车,穿梭在美国各地参加比赛。作为一名运动员同时还要上学,这从来都不容易。我有教授布置的作业要完成,所以我只能在旅途中尽可能地挤出时间来学习。有时,我们在周日晚些时候返回亚拉巴马大学,周一早上我

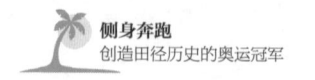

还要参加考试。

我尽可能地利用任何空闲时间学习。我经常在比赛时在体育场里找一个隐蔽安静的地方，尽管我仍然能听到广播里解说员的声音，以及球迷的呼喊和尖叫。教练们会密切关注比赛，然后轻推我一下——是时候开始热身了。于是我猛地合上书本，完全切换到另一挡位，飞快地跑到赛道上，为了奖学金而奔跑——表演时间到了！结束后我又打开书本，直到下一次被召唤。

我别无选择。要么成功，要么失败。

不是每个人都能做到这样。我记得我在红潮大楼的第一个室友——蒂娜（Tina）——一名跨栏运动员，她第一年就挂科了。我绝不能那样。当然，运动员在学业上会得到很多帮助——大家都希望你成功。但最终，你必须在课堂上也有所表现。

我的父母负担不起我的学费。这是我的机会。要么成功，要么失败。

1985年底在赛道上取得辉煌成绩后，我于1986年2月在路易斯安那州立大学参加了我的第一场重量级的一级赛区竞赛。SEC室内田径锦标赛是我大学级别的第一次重大考验，幸运的是，我没有让人失望，在60码和300码比赛中均获得了第二名（当时有些室内赛仍以码为单位计量）。在比赛的最后一天，亚拉巴马队和路易斯安那队基本上是平手，对手以微弱的优势领先。一切都将取决于我们在锦标赛的最后一项赛事——4×400米接力赛中如何排名。

拿骚的那次CARIFTA运动会的情景再次上演，因为我感到身体非常不舒服。

随着比赛的进行，我的健康状况急转直下。我发烧了，感觉很虚弱。所以当我躺在场边的地上时，突然有人拍我的肩膀。我睁开眼睛，看到了威廉姆斯教练的脸。

"帕奥琳……我真的很抱歉。"他说，把手放在我的额头上，"我知道你感觉不舒服。我能感觉到你有点发烧。但我必须派你上场。"

"教练，你不是认真的吧？"我嘟囔着，再次闭上眼睛，双手捂住脸，试图化解这个男人所说的话。我的抗议并不由衷。说实话，我觉得自己没有选择。我的一切都靠我的奖学金，而且我的大学和我的国家都指望着我。我无法拒绝。

"我知道。我再次跟你道个歉。"他继续说，"我待会儿来接你，好吗？你现在就好好休息。但你必须去。"

"但是教练！"我尖叫着，手从脸上移开，指着其他队员。"你有其他运动员啊！用她们啊！"

然后他说了一些我永远不会忘记的话。

"帕奥琳，我宁愿选择生病的你，也不要健康的她们。"

这句话结束了我们的对话——就像我说的，不管付出什么代价，我都感到有责任去参赛。我尽可能地休息恢复。威廉姆斯教练很快就回来了，宣布比赛即将开始。

"如果她直接告诉我，'教练，我做不到'，那我可能就不再坚持了。但帕奥琳是个真正的竞争者。"威廉姆斯教练回忆当时的情况时说，"作为教练，如果你有机会赢得冠军，尤其是在SEC的联赛中，你就会全力以赴。那些SEC锦标赛太残酷了——简直就是丛林法则。"

我踏上赛道时，感觉糟糕透了。人声鼎沸的体育场里既有欢呼声也有惊呼声。那时，路易斯安那州立大学的队伍和他们的粉丝已经知道我生病了，他们几乎已经开始庆祝SEC锦标赛的胜利。然而，我就像是从坟墓里爬出来一样。这个女孩真的要跑吗？队友们的鼓励给了我力量——她们围在我身边，拍打我的后背，尽力为我加油。尽管我身体状况不佳，但威廉姆斯教练还是决定让我跑最后一棒。我深深地吸了几口气，集中精神在当下，告诉自己只要再翻越一座山，就可以休息了。

枪声响起——亚拉巴马队全力以赴地投入了比赛。当队友们竭尽全力奔跑时，我闭上了眼睛，呼吸也变得急促。当第三位队友绕过弯道，准备把接力棒递给我时，我意识到我们落后了。别问我落后了多少。我记得那场比赛，但细节已经有些模糊了。那更多的是一种本能的反应。我几乎全程都闭着眼睛。这样我能更好地集中注意力，就像我以前在贝恩镇的街道上跑步时那样。我体内仿佛有一种内置雷达，随时都知道自己在赛道上的位置。尽管有这样的意识，我却记不得穿越终点线的那一刻。我的下一个记忆是在一天后，我醒来时发现自己在红潮大楼的床上，队友弗洛拉·海辛斯站在我床边。

"她完全耗尽了自己的体能。"威廉姆斯教练回忆道，"她已经筋疲力尽。但我们的训练师很专业，确保她补充了液体和电解质。不过，那场比赛后，她在车上就直接昏迷了。"

当我逐渐清醒过来，弗洛拉帮我填补了记忆中的空白。比赛结束后，我倒在了教练的怀里。他们带我上了大巴，我在回家的路上一直睡着。

我立刻在床上坐起身来："比赛结果怎么样？我们赢了吗？"

结果我们那场 4×400 米接力赛获得了第二名，但超过了路易斯安那队，赢得了足够的积分，最终夺得了 SEC 室内田径锦标赛的冠军。

最终的比分是多少？亚拉巴马大学得到了 $125\frac{1}{3}$ 分，而路易斯安那队则是 125 分！决定胜负的关键在于当天早些时候的高跳比赛，我们有三个人并列第六名，正是这额外的三分之一分让我们赢得了冠军。

尽管我还没有赢得任何个人奖项，但对团队来说，这已经是一项巨大的成就。我们势头不减，一个月后继续赢得了NCAA室内田径锦标赛。我们正处于顶峰——我也确实在证明自己配得上"硬核新生"这个称号。

"这真的是太棒了！"亚拉巴马大学女子田径队的主教练约翰·米切尔（John Mitchell）告诉《塔斯卡卢萨新闻》（*Tuscaloosa News*）："这是大家共同努力的成果。这种感觉非常棒，很多教练和运动员可能一辈子都没有机会体验。"

但好景不长，我们很快就遭受了打击。

在首次赢得SEC室内田径锦标赛几个月后，我们收到了一个噩耗。我们队中的超级明星——中长跑运动员莉兹·林奇，被NCAA指控接受了公路赛的奖金。林奇告诉调查人员，她本无意违反协会的规定，只是因为接受了错误的建议才收取了奖金。尽管如此，这已经足以让协会取消她的比赛成绩。

这个结果对我们来说是毁灭性的——没有了她的积分，亚拉巴马大学失去了SEC和NCAA室内田径锦标赛的冠军头衔。

对林奇个人来说，她被取消了参加美国大学比赛的资格，并在那年返回了她的故乡苏格兰。这件事对我们所有人都是一个巨大的打击。我不禁怀疑——几个月前NCAA官员把我叫到佩金斯教练办公室，是不是就因为这件事？因为那时候协会已经在调查林奇了吗？幸运的是，林奇最终挺过来了。尽管失去了奖学金，她还是继续书写了传奇的运动生涯。她一回到苏格兰，就在英国全国锦标赛（UK National Championship）上赢得了10000米跑的金牌。仅仅两个月后，她在英联邦运动会的同一项目上再次夺

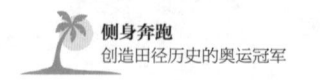

金。这些成就只是她漫长且辉煌职业生涯的开端，随后她还在1988年的汉城奥运会上获得了银牌，并在1991年的世界锦标赛上赢得了金牌。

虽然失去那两个锦标赛的冠军让我们痛心，但我们没有时间自怨自艾。那年春天晚些时候，在SEC室外锦标赛上，我终于赢得了个人项目的首场胜利，连续夺得了100米、200米和4×100米接力三项冠军，助力我们的团队再次将联盟锦标赛奖杯收入囊中。

到1985—1986赛季结束时，亚拉巴马大学已经赢得了两个SEC锦标赛和一个全国锦标赛。尽管其中两个奖杯被取消，但这对我影响不大。我满怀信心和动力，在威廉姆斯教练的指导下快速成长，已经五次成为全美最佳运动员（All-American）。同时，在那个夏天，1986年的CAC运动会上，我在多米尼加的圣地亚哥再次创造了佳绩，赢得了100米和200米的金牌。我似乎距离在个人项目中成为全国冠军只是时间问题。我极度渴望成功——我对自己施加了巨大的压力——以至于没有察觉到即将到来的灾难。

* * *

1987年1月，我第一次濒临死亡。是的，我说的是第一次，因为我将不止一次地站在死亡之门前。第二次，我相信我确实跨过了那道门，至少是暂时的——但那是另一个故事，留待以后讲述。我与死亡的第一次亲密接触发生在我就读亚拉巴马大学的第二年，那是一个看似与平常无二的日子。

假期已经结束。我从巴哈马归来，准备迎接新的学期，当然也准备着迎接接下来一年的重要比赛。在那之前的几天，我就感觉身体有些不对劲。训练后，我异常疲惫，回家后直接倒头就睡。我鼻塞且咳嗽。但我并没有太在意，还是像往常一样继续我的日常生活。

一天早上，我与当时的男友基思·塔利见面，他也是亚拉巴马大学田径队的一员。我们去报告厅调整一些与训练时间冲突的课程。

就在我们踏入报告厅的那一刻，我突然意识到——我不应该在这里。

我的整个身体如火灼烧般发烫。我想我可能当场就会晕过去。我知道我必须立刻回家。我请求基思帮我换一门课程，然后就离开了。我不太记得走回家的那段路。最后的记忆是打开公寓的门，然后倒在了沙发上。

我不知道沙伦达多久之后才发现我。但感谢上帝，她终于找到了我。

"我就记得回到家看到波琳倒在沙发上，脸朝下。"沙伦达说，"这本身就很不寻常，因为波琳总是充满活力，不会停歇。当我走近并在沙发上坐下时，我能感觉到她在发烧。她汗流浃背，毫无反应。所以我开始慌了，冲到走廊上大喊：'波琳生病了！救命啊！我们需要立刻送她去医院！'"

沙伦达后来说，田径队的一些男生，我们的邻居，冲进了房间。他们摇晃我，拍打我的脸颊。

"波琳？波琳？你能听见我们吗？"他们大声呼唤。

显然，我曾在某个时刻睁开了眼睛，但他们看到的只有我的眼白。

已经没有时间叫救护车了。幸运的是，学生医疗中心只隔了几条街。有人飞奔出去，把车开了过来。他们把我从沙发上抬起来，急匆匆地下了楼，穿过大厅，将我放到了车后座上。没几分钟，我们就猛地停在了学生医疗中心门口——他们直接把我从正门抬了进去，大声呼救，引起了医生和护士的极大骚动。

"那是一场疯狂的冲刺。"沙伦达回忆道，"医生们立刻把波琳放在了担架上，急匆匆地把波琳推进去。他们告诉我们，如果我们再晚一点，她可能就救不活了。在我心里，我只是在祈祷，祈祷我的朋友能够活下来。后来，当我们知道她没事了，我记得我非常生她的气。"

现在你们应该知道了吧，我总是容易生病。部分原因可能是温度差异。简单地说，我来自巴哈马，适应不了寒冷。另一个原因是我并不总是好好照顾自己。

是的，我在训练和健身方面一直很努力，饮食也很注意。但我对自己太过苛刻了。最重要的是，我讨厌医院，拒绝吃药。

沙伦达解释说："波琳相信这会影响到她的跑步——他们可能会对她进行药检，并发现一些东西，哪怕只是感冒药。我以前常告诉她：'我懂你爱你的国家。但如果你不在了，你就再也不能为你的国家效力了。'我们让她保证她再也不会那样做了。"

医生诊断我患有严重的肺炎和支气管炎。我在医院住了两个星期，尽管我对第一个星期几乎没什么记忆。

沙伦达给田径队的队员们打电话，让他们来医院等待，并为我祈祷。我曾告诉沙伦达，除非真的是紧急情况，否则不要给我妈妈打电话。她还有我的弟弟妹妹要照顾，我不想让她无缘无故地恐慌。我想这个事件算是我说的紧急情况吧。沙伦达说我妈妈准备立刻坐飞机过来，但他们告诉她不需要——"医生说她现在已经稳定了。她应该会没事的。如果有什么变化，我们会给您打电话。"

一连几天我都没有反应。沙伦达和许多其他朋友和队友，包括威廉姆斯教练，在医院的候诊室里连续守夜。"为什么她还不醒过来？为什么她还不说话？"医生说我仍然非常虚弱。我不够强壮。直到几天后，我终于发出了呻吟声，转动身体，慢慢地醒来，看到沙伦达坐在床边的椅子上。

沙伦达对我露出了灿烂的笑容，然后冲出房间去找护士。

我可能已经脱离了危险，但我仍然昏昏沉沉，不知所措。我完全不知道我在哪里，我怎么来的，或者为什么我在亚拉巴马大学。我几乎连自己是一名学生运动员都记不起来了。

沙伦达回忆道："我们始终也没整明白是怎么回事。我们猜测这和她的病有关。很多事情她都不记得了。我也不确定医生们是否了解这个情况。"

无论是什么原因，他们说我患了暂时性失忆。那是一段让我极其困惑的时期。虽然我对那段时间几乎没有印象，但有一次我竟然离开了医院床位，走了两个街区，一路回到了我的公寓！当时我身上穿的医院的长袍还在风中飘扬，手臂上还插着静脉注射针。那时是1月份，塔斯卡卢萨白天的温度大约在50华氏度，也就是10摄氏度左右。到了晚上，温度会降到接近冰点。

而我，就这样穿着医院的长袍在街上蹒跚而行。

我没有钥匙。我径直走到我的公寓前敲门。沙伦达打开门，然后我直接倒在了她的怀里。

又一次疯狂的冲刺之后，我再次被送回了我的病床——这次是一直待到我康复为止。沙伦达用她能想到的最管用的方式威胁我。

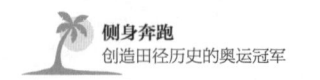

"如果这种情况再发生一次,我会给你爸爸妈妈打电话,让他们来照顾你。"她说。

我想我始终对医院有一种恐惧。我想自己照顾自己。

沙伦达记得,大约一年前,我在公寓里教她和一群朋友跳朱坎奴,也就是巴哈马的舞蹈。当时音乐声很大,大家都在欢快地跳舞,沙伦达不小心把脚趾撞到了家具上。

沙伦达回忆道:"波琳检查了我的脚趾后,帮我进行了包扎。她告诉我不会有事的。我听从了她的建议。几个月后我回到家,我妈妈——她是一名护士——为我做了检查。结果是我的脚趾骨折了,需要进行手术。这就是我的朋友波琳,她就像一个母亲一样,总是尽力照顾每个人,告诉我们应该怎么做。"

当然,在我生病的时候,我最需要照顾的人是我自己。经过一段时间,事情才开始好转。我在两周后出院,虽然仍然感到虚弱,但总体上是在逐渐康复。我体重减轻了许多。威廉姆斯教练和体育部门的医生来探望我,想要了解我的身体恢复情况。你可能不会相信,最需要恢复的是我的大脑——我对细节的记忆仍然混乱不清。

他们本可以让我休学一年,这样我就会错过那个赛季的比赛。但别忘了,我之前已经因为腿筋受伤而休学了一整年。

尽管我的健康状况还很脆弱,但大家最终还是认为我应该开始训练。这不仅有助于我恢复体形,而且在心理上也能帮助我找回记忆。

这种方法确实在一定程度上起到了作用。

我每天都在心理和身体上变得更强壮。那年 2 月,我未能参加 SEC 室内田径锦标赛。但我回归了,参加了 NCAA 室内田径锦标赛。我认为项目组并没有期望我取得高分,只是希望我重新回到赛场。即便如此，那些熟悉我的人还是看出了我的挣扎。我不再像以前那样活泼，话也变得少了。有时候，助理教练会在终点处等候，我会倒在他们怀里，然后找个地方休息。

这对所有人来说都是一个艰难的时刻。毕竟，我是亚拉巴马大学的田径明星。在 1986 年的辉煌赛季之后，大家原本以为我会步入个人巅峰，达到最佳表现。

"帕奥琳，我真的非常抱歉。对不起，宝贝。"威廉姆斯教练过去常这样跟我道歉，他总是那么歉意满满，"但我们得一起面对这个问题。医生说我们得继续训练。我一看就知道你状态不对，从你的眼神就能看出。你不再是那个我所熟悉的波琳了。"

继续前进，这决定对吗？

那个时刻，你真的没有时间去深思。我不仅仅是感到尴尬，还因为没能展现出自己真正的实力而自责。我打电话给爸爸妈妈。妈妈提醒我别忘了自己的目标，以及能在亚拉巴马大学上学是多么了不起。不管是对是错，我总是觉得有一种责任，不仅仅是对我的父母、队友，甚至我自己，还有所有的巴哈马人。我必须表现出色，为其他人而让这扇门保持敞开的状态，让他们也有机会走进来。

我也意识到了我的朋友们和队友们有多么特别，尤其是沙伦达。我曾经濒临死亡，是她救了我。最终，这段艰难的经历让我更加珍视自己的存在和价值、我所拥有的天赋，以及我能实现的目标。这坚定了我的决心。作为一名顶尖运动员，在最高水平上的成功远不止于你的身体能力。我在精神上一直很强大，但这次的崩溃，以及我再次缓慢地攀登至顶峰，只证实了一件事——比赛的心理层面是最为关键的。你需要拥有坚韧不拔的意志，才能成为一名真正伟大的运动员；仅有天赋是不够的。幸运的是，

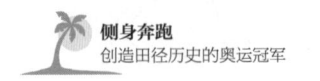

我两者兼具——这就是为什么我如此具有威胁性，我的身体能力和精神韧性让我在竞技场上变得非常强大和不可小觑。

到了 1987 年 5 月，也就是我病愈大约四个月后，我重新找回了竞技状态。在 SEC 室外锦标赛上，我包揽了 100 米、200 米和 4×100 米接力的冠军，尽管我们团队整体上只获得了第二名。随后，我们这支团结而健康的队伍参加了 6 月份的 NCAA 室外锦标赛，希望能为亚拉巴马大学赢得另一座全国冠军奖杯。巧的是，这次比赛又是在路易斯安那州立大学举行的。又一次，在最后一项比赛——4×400 米接力前，我们与对手的比分紧紧咬住。

威廉姆斯教练安排了接力棒的顺序——第一棒是弗洛拉，接着是桑德拉·拉瑟姆（Sandra Latham），然后是我，最后由莉莉·勒瑟伍德跑最后一棒。但比赛的开局并不顺利。弗洛拉在赛前参加了三级跳远比赛，不慎扭伤了脚踝。

"我记得在我传递接力棒时，我们应该是最后一名。"弗洛拉回忆道，"那是我跑得最糟糕的 400 米，我想我的分段成绩大概是 57 秒。"

桑德拉接棒后，将我们队的排名提升到了中游。当她绕过弯道时，接力区的争夺就像是一场堑壕战。所有跑者都在争抢位置——你稍微领先一点，他们就会把你推回去。在接力赛中，接受接力棒有一个指定的区域，如果超出这个区域，就会被取消比赛资格。我身处激烈的比赛中，深知我们处于落后状态，我尽力与桑德拉保持一致，紧贴队伍的前端。与此同时，其他选手不断撞到我身上，试图将我推回，而我则努力保持视线，等待桑德拉猛冲过来，将棒交给我。

当我接过接力棒时，我全力以赴地冲了出去。我跑出了 49 秒的惊人分段成绩——那是我跑过的最快的 400 米之一。到我跑完时，我们已经领先了。最后，莉莉完成了收尾工作。那一刻本应属于我们——当莉莉冲过终点线时，我们都欢呼雀跃，尖叫着，因为我们以为我们刚刚赢得了全国冠军。但就在这时，当我们抬头看向显示结果的屏幕时，上面赫然显示着两个大字："亚拉巴马大学——取消资格（Alabama—Disqualified.）。"

我们因此跌至第二名，失去了全国冠军的头衔。

"这就像是从山顶跌落到山谷。"威廉姆斯教练遗憾地说，"真是让人士气全无。"

回放显示，我的鞋子大约有一半超出了接力区的界限——这已经足以导致我们被取消资格。而我并不是唯一犯规的人。还有另外两支队伍也在这次混乱中被判定违规。这引发了一场激烈的争议，尤其是考虑到路易斯安那州立大学在自己的主场赢得了比赛。更具争议的是，判定我们犯规的裁判竟然是路易斯安那州立大学老虎队（LSU Tigers）的前田径运动员。

"这简直是一场灾难。"威廉姆斯教练说，"在我看来，这就好比因为闯红灯而判人死刑。闯红灯固然不对，但也不至于因此就给人判这么重的罪。实际上，这是一个相当常见的犯规，通常不会有人去追究。运动员很容易犯这样的错误。我觉得这次判罚太过于吹毛求疵了。我以前从未见过因为如此微小的犯规而被取消资格的情况，之后也再没见过。大多数时候，他们甚至不会专门派裁判去注意这种细节。这是罕见的。在我看来，这完全是主场优势在作祟。"

威廉姆斯教练和路易斯安那州立大学的洛伦·西格罗夫（Loren Seagrave）教练在报纸上展开了口水战。他们说："亚拉巴马大学的红潮队就是一群爱哭鬼。"他们认为我们输得无话可说。但在我看来，虽然我们确实输了，但事情绝不像他们说的那

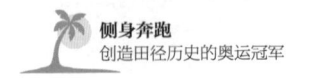

么简单。

那时候，我哭了许多次，泪水止不住地流。

经历了那一年的种种挑战之后，我竟然输在了半只鞋上。你可以在回放中看到——我只是在尽力保持自己的位置，但他们却一直将我推回。

那天，我们团队拒绝领取亚军奖杯，或许你会说我们的做法不够具有体育精神。我们离开了巴吞鲁日，坐上了返回塔斯卡卢萨的巴士。我们的体育信息主管替我们领走了奖杯，并在周一送到了威廉姆斯教练的办公室。

"我甚至没有告诉姑娘们我们把奖杯拿回来了。"他坦言。

我的1986—1987赛季就这样结束了。我几乎达到了身体和心理的极限，尽管遭遇了失望，但在亚拉巴马大学，我还有两年的时间，还有机会。在我的生活中，我总是一个后起之秀。

还有高山等着我去攀登。

*　　*　　*

在我大三那年，我正处于巅峰状态。实际上，那是我大学的第四年，但从参赛的角度来说，是我的第三年。我找到了自己的最佳状态，把伤痛和疾病都甩在了身后。在心理上，我对周围的环境感到自在，无论是训练项目、教练团队，还是我的朋友圈子，都让我感到舒适。

然而，在亚拉巴马大学之外，有时我会感到非常不适应。

大约就是在那个时候，我开始越来越多地受到国际田径界的关注。我是红潮队中一名崭露头角的巴哈马短跑运动员，威廉姆斯教练偶尔会接到赛事组织者的电话，邀请我出国参赛。

你可能认为，在红潮队的学习、训练和比赛日程中，我不会有时间去做其他事情。但不知怎的，我竟然独自一人前往法国巴黎参赛，所有费用都由主办方承担。

那次旅行一开始就非常不顺利。

我从伯明翰飞往纽约，却发现我飞往巴黎的航班延误了。作为一个从未到过纽约的年轻女性，我并不想离开机场。航空公司分发了一些枕头和毯子，那晚我就在登机口附近的一个机场长椅上睡了一夜。

当我最终抵达巴黎时，机场并没有人来接我。

幸运的是，我的钱包里放着赛事推广人的名字和电话号码，这是威廉姆斯教练给我的。戴高乐机场人声鼎沸，一片混乱。我在人群中挤出一条路，费力地将口袋里的几美元兑换成法郎，以便打电话。然而，令我惊讶的是，我手上的号码并不是赛事推广人的，而是我预定入住的酒店的。从那一刻起，事情开始变得更加糟糕。我不会说法语。我慢慢地试图向电话那头的女士解释我是谁，我来巴黎做什么，以及我正在寻找这位赛事推广人。机场的喧嚣让我几乎听不清她的声音。我觉得她可能正在尝试用英语和我沟通。我看到了沟通的希望，并请她放慢语速。突然，我身后传来爆炸声。

我转身一看，发现我的包，在我身后几英尺的地方，突然燃起了火焰。

话筒立刻从我手中滑落。我冲向我的包，试图弄清楚发生了什么，但就在这时，我注意到几名身穿防弹衣、手持冲锋枪的警官向我冲来，把我抓了起来，拖着我离开——我踢着，挣扎着，尖叫着。

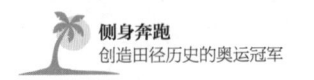

我的心在胸膛里狂跳,他们把我扔进了一个小而昏暗的房间。警官没收了我的钱包,让我坐在一把金属椅子上,并指控我是恐怖分子。

"恐怖分子?我不是恐怖分子!"我尖叫着,"我是巴哈马人。我是来这里参加跑步比赛的运动员!"

"你不是巴哈马人。"一名警官咆哮着回答,"说法语!我们知道你会说法语!"

"我不会说法语。"

"我们不相信你。谁派你来的?谁派你来的?"

另一名警官开始用法语对我大声喊叫,好像我就应该听懂似的。我坚定地站在那里,一遍又一遍地重复着我的话。我完全不知道自己身处何地,也不知道为什么我会遭遇这一切。最终,一名警官因为极度愤怒,把我抱起来,像扔破布娃娃一样把我扔到墙上。我撞到了头,就那样躺在地上,不敢动弹。那一刻,我的世界缩小了(在那种极端的压力和恐惧下,我几乎无法看到任何其他的可能性或希望)——我觉得他们可能会杀了我。作为一个来自巴哈马的年轻黑人女性,我的外表和口音与他们格格不入,我觉得这可能是我生命的终点了。他们让我在那里待了几个小时,没有给我任何食物,甚至不让我上厕所。

后来有人告诉我,这一切发生的原因是我把包留在了离我几英尺远的地方。你在机场里会反复听到他们通过公共广播系统广播"要一直和你的包在一起"。我们都听到过。但我敢发誓,没有人会想到他们的包会被警察炸掉,然后他们会被警察拖走并受到虐待。

在那个角落里,我蜷缩在黑暗中,祈祷了一会儿。那一刻,我不再挣扎和反抗。我是不是反应太过激烈了?但在当时,我确实不觉得。

然后,终于,那个小房间的门打开了,一丝光线透过黑暗照射进来。我抬起头,望向门口。

"波琳?"有人用温和的声音唤道。

我默不作声,依旧像受伤的野兽一样蜷缩在角落里。

"波琳,我是田径比赛的推广人。"他继续说,"我对发生的事情感到非常抱歉。我来接你了。"

我还是没有动弹一下。我不再信任任何人。

但他继续说着,我开始慢慢放下戒心。他提到了威廉姆斯教练,以及我是来自巴哈马的那位出色的短跑运动员,列举了我参加CARIFTA运动会的经历和在亚拉巴马大学的所有成就。我从未对任何法国警官说过那些。最后,我站了起来,他带我离开了那个地方。

他后来解释说,虽然我的包完全烧毁了,但我鞋子的金属钉幸存了下来。我想,根据这个证据,以及我钱包里的巴哈马护照,足以让当局进行适当的调查。只需要打几个电话就能发现我对他们说的都是真的。我真的经历了很可怕的事情。这件事如果发生在今天,可能会引发一场国际事件。那些警官所做的一切——无论是否出于种族原因——都是令人震惊的。

我年轻而天真,并不真正理解发生了什么。也许听起来很疯狂,但我当时最大的担忧是田径比赛。推广人告诉我比赛那天就已经开始了。由于纽约的延误,以及后来在戴高乐机场发生的一切,我已经完全落后于比赛安排了。

信不信由你,我们直接去了比赛现场。他并没有强迫我跑步——如果我说不,我想没有人会强迫我。但我确实想跑。这就是我坐飞机来的原因。我总是有一种强烈的愿望,无论付出什么代价，都要代表自己和我的国家。但问题是：我应该穿什么？毕竟，警官们炸毁了我的包。在体育场浴室洗了个澡后，我设法从其他参赛者那里拼凑出了足够的衣服和装备。我参加了100米比赛，并获得了第二名，输给了美国短跑运动员伊芙琳·阿什福德。

那天晚上到达酒店时，有一个新的运动包在等着我，里面装满了新的运动服装和装备。但这并不能弥补他们给我带来的所有痛苦。

令人难以置信的是，这不是我作为亚拉巴马大学运动员期间在国际赛事上经历的唯一一次创伤。

不久之后，我受邀参加另一场田径比赛——这次是在意大利。

比赛结束后，赛事官员把我送到罗马郊外的莱昂纳多·达·芬奇－菲乌米奇诺机场（Leonardo Da Vinci-Flumicino Airport）。但在去的高速公路上发生了一起严重的车祸。我们花了几个小时才通过，所以当我到达机场时，我的飞机已经飞走了。就像我在纽约一样，我决定在机场等待，睡在长椅上，直到下一班飞机抵达。

你知道那种有人在你的头顶上俯视你的感觉吗？

即使闭着眼睛，我也能感觉到那种奇怪的压迫感。当我睁开眼睛时，我没有看到一张脸，而是看到了一根枪管。站在那里的是一名身着制服的警官，他的机关枪直指我的脸。我毫不羞愧地告诉你们，亲爱的读者，接下来发生了什么——我被吓得失禁了。这一次，当他把我拖走时，我没有被带到审讯室。我就像个罪犯一样被直接扔进了拘留室。不像在法国，我完全不会说当地语言，在这里，我大概听懂了一些他们对我大喊大叫的内容。在亚拉巴马大学，我修了一门西班牙语课程。我对罗曼语族有基本的了解，足以拼凑出他们用意大利语对我大喊的内容。

他们声称我是一个妓女。

我怎么会陷入这种境地，我真的不知道。我被关了很久，久到警官们都要换班了。我想，新警官上岗时，他们会巡视并检查所有被拘留的人。令我没想到的是，恰好有一位警官当时就在这个机场工作，而且碰巧就在那个班次。

"波琳？波琳·戴维斯？来自巴哈马的？"有人在说话。

我从床铺上抬起头，仍然躺在自己的污秽中。

"是的！就是波琳！你来自巴哈马，是吗？"

我愣愣地看着这个人，嘴巴张得大大的。过了一会儿，他跑去和一位警官说话，他显然很激动，告诉那位警官我是谁。这位安保人员竟然认出了我——他在那一周的比赛中见过我跑步。

你们可以想象一下，这是怎样的一种超现实的经历。我完全惊呆了。

"有什么需要我帮忙的吗？"他打开牢房门后问道。

我平静地告诉了他显而易见的事——我需要洗个澡。

于是他就去准备了我可能需要的一切物品：毛巾、肥皂、洗发水——应有尽有。我就在那里，用机场的设施洗了澡。接着，这位警官带我去了一家餐厅，为我买了午餐，并不断地为我遭遇的事情道歉。在下一班航班起飞时，我被护送到飞机上，两边各有一个警官，直接坐进了头等舱。我的同机乘客忍不住好奇地盯着我看，他们肯定在想我经历了什么。我可以自信地说，他们中没有一个人能猜到我刚刚经历了什么。

就像我在巴黎的经历一样，我选择了继续前进。事后，我并没有过多地反思这件事。是因为我的种族、我的肤色，还是我的口音，让我再次成为攻击目标？或者，这仅仅是一场意外，一个

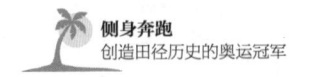

错误的时间和错误的地点？

最重要的是——如果我是白人，这些事情还会发生在我身上吗？

我无法控制周围的世界。在亚拉巴马大学，我专注于我的跑步训练，所以能够把这些都跨过去了，尤其是在我前两年的挫折之后。在我大三的那一年，一开始，我在1988年2月的SEC室内田径锦标赛上赢得了55米和200米比赛。这是一个良好的开端，但我目光坚定地聚焦在3月份的NCAA室内田径锦标赛的200米比赛上。我的履历上就只剩这个空缺了——如果我想成为全国冠军，现在是时候了。

尽管我在心理、身体和精神上都感到舒适，但适应跑道却是另一回事。俄克拉何马城的这条黄色和橙色的室内跑道——形状上是一个紧凑的椭圆形——全长仅160米，这是我以前从未遇到过的赛道状况。

首先，在那些极为急促的弯道上完成200米的赛程感觉很奇怪。其次，跑道不是我们通常使用的橡胶表面，而是由木板构成，并且还是倾斜的——或者说高于地面。这样的设计旨在模拟在160米跑道上直线跑的感觉，据说这样更容易操控。然而，我在弯道上显得非常不稳定——滑来滑去。在预赛中，特别是在弯道出口处，我失去了平衡。我以极快的速度冲进直道，感觉我的身体就像被弹射出去一样，不过这感觉很棒，只要我不飞出跑道冲进看台就行。

此外，没有起跑器也是一个不利因素。我们是在弯道上起跑的，并且需要用双手辅助进行蹲式起跑。我习惯用起跑器——当你发力起跑时，你会把膝盖向前顶出，并将跑道拉向身体下方。没有起跑器，你就不能以同样的动量起跑。

在初赛中，我小心翼翼地应对，以确保不犯错误，同时也试图控制比赛的节奏，展现出自己的实力和竞争力。我知道自己有赢得全国冠军的潜力，因此不想犯错。半决赛给我敲响了警钟——特别是在弯道出口的木板上，我感到有些摇摆不定。因此，在决赛前，我特别提醒自己要小心行事。为了确保万无一失，我还特意在决赛前到弯道上进行了一些额外的练习。

在 200 米决赛中，共有八名女运动员获得了参赛资格，分为两组进行比赛。我所在的组别包括了半决赛中成绩最快的四名选手：来自塞顿霍尔大学（Seton Hall）的安吉拉·威廉姆斯（Angela Williams）、来自得克萨斯南方大学（Texas Southern University）的玛丽·奥尼亚利（Mary Onyali）、我自己，还有来自得克萨斯大学（University of Texas）的卡尔莱特·吉德利（Carlette Guidry）。几年后，我们中有三人在奥运会上获得了奖牌。奥尼亚利，这位尼日利亚的女孩儿，可能是 20 世纪 80 年代末和 90 年代非洲大陆最顶尖的女短跑运动员，她参加了五届奥运会。她在 1992 年的巴塞罗那奥运会的 4×100 米接力中赢得了一枚铜牌，在 1996 的年亚特兰大奥运会上又赢得了一枚铜牌。但我的最大竞争对手是吉德利，一个美国人，她在那天晚上的早些时候已经赢得了 NCAA 55 米冠军。事实上，在她的职业生涯中，她总共赢得了 12 个 NCAA 冠军，并被评为 20 世纪 80 年代室内田径西南联盟十年最佳运动员（Southwest Conference Athlete of the Decade）。在 1992 年和 1996 年的奥运会上，她为美国队赢得了 4×100 米接力的金牌。

吉德利在第五道，我在第四道。为了获胜，我知道我必须跑出一场出色的比赛——不能有任何闪失。

在这次 NCAA 锦标赛中还有一个特别的规则。如果有一次抢跑，运动员就会被取消比赛资格。

也许是因为我一直记着这个规则，或者是因为我没有起跑器，总之，当发令枪响起时，我没有一个好的起跑。我明显落后了。160米椭圆形跑道上的弯道使得情况变得更加复杂——直到最后的直道，你才能准确判断选手的位置。而那里正是我表现的时刻。在最后的直道上，我知道自己落后了，于是我全力加速。我以全速绕过那个弯道，闭上眼睛，就像从弹弓中射出的石头，只求击中目标。所有的担忧和准备都不重要了，最终就是看谁的能量更大，谁更渴望胜利。

"这是最后一个弯道，也是决定胜负的地方！"电视评论员在重播时总结道，"这是一场力量的比拼！波琳·戴维斯在跑过最后一个弯道后变得越来越强。看她如何不顾一切地冲过终点线，她知道自己已经赢得比赛！"

这是一场险胜。我在比赛接近尾声时差点失误，身体冲过终点线时几乎失去控制。

但比赛的关键在于胜利，而不是动作优美与否。评论员说得没错——我就知道我能赢。跨过终点线后，我拍了两下手，喘着粗气，然后做了几个握拳庆祝的动作。我以22.99秒的成绩拿到了200米的全国冠军，并创造了新的NCAA纪录。

吉德利以23.25秒的成绩获得第二名，奥尼亚利以23.57秒紧随其后。

"波琳·戴维斯创造了新的全国大学室内200米纪录。"场边记者宣布。当时我就在他旁边，听他说出这些话，我微笑着望向远方，不敢相信那是真的。"波琳，你来自巴哈马，现在代表亚拉巴马大学比赛。刚才比赛中发生了什么？你是拼尽全力在奔跑吗？"

这个问题真有趣。说实话，虽然我赢了，还创造了新的NCAA纪录，但我仍然觉得我还能再快一秒或两秒。

"在比赛的前半段，我会尽量在进入弯道时稍微减速。"我解释道，对着镜头兴奋地挥舞着拳头。"然后我努力快速跑出弯道，调整好转身姿态，并继续前进。"

"在你今天的比赛中，你有想过创造NCAA锦标赛纪录吗？你觉得自己今天能跑这么快吗？"他问。

"我感觉我能跑那么快。"我点点头，"但我不知道我能在有坡度的弯道和木制跑道上跑多快。直到昨天参加预赛之前，我从未在有坡度的弯道和木制跑道上跑过。"

"那些对你昨天的比赛有没有造成什么麻烦？"

"并没有，就是在离开弯道时感觉有点儿奇怪。它直接把我扔进了直道，我在那里感觉有点儿不适应。但今天我已经为那个地方做好了准备。"我说。

无论如何，我做了充分的准备。

"拿骚和巴哈马今晚为波琳·戴维斯感到骄傲！"他结束了采访。

那一刻，我真实地感到了那种骄傲——为我的父母，为我的国家，也为我自己。终于，我经历了所有的起伏，并觉得我赢得了这份全额奖学金。

回到塔斯卡卢萨时，我内心非常平静。我意识到，我只剩一年半的大学时光了，我会怀念我在那里扎根的日子。在我大二和大三的时候，我和弗洛拉住在一起。她和沙伦达，以及一群亲密的朋友和运动员，让我觉得大学就像家一样。每个周日，我养成了为大家做晚餐的习惯。我想，食堂里汉堡和薯条的回忆会一直伴随着我。每次从巴哈马回到亚拉巴马，我总会打包一袋装满海螺、龙虾、鱼和鸽子豆的食物。土豆沙拉、烤通心粉和奶酪、豌豆饭、卷心菜沙拉、鸡肉和排骨——所有这些巴哈马食物,加上牙买加的风味,让我减少了对家乡的思念,也让我们至少每周聚一次。它帮助我在异国他乡建立了我的小圈子。

"因为波琳和我是室友,她就提议我们一块儿做早餐。"弗洛拉回忆道,她现在居住在圣地亚哥,是一名脊椎按摩师。"她先负责第一个周日,那天简直是一场盛宴。轮到我掌厨时,情况就糟糕透了。连我自己都吃不下去。但波琳却坐在那里,全部吃光了。之后,她温柔地让我坐下,一一指出我哪些地方做得不对,以及下次该如何改进。尽管食物难以下咽,她还是为了照顾我的感受而全部吃完,并帮助我改进。波琳真是个非常善良的人。"

实际上,从贝恩镇的木板房开始,我就一直热爱烹饪。在参加国际跑步赛事周游世界时,我开始收集食谱。只要是用英语写的,我都会买下来。在亚拉巴马大学,我的厨艺受到了极大的追捧,田径队的队友们经常在大赛前一天,把一袋袋的食材送到我的公寓。第二天凌晨三点,我就会起床,为整个田径队的队友们准备巴士上的早餐。说实在的,我感到非常幸福——因为我又找到了那些珍贵的朋友和人际关系,它们在生活的道路上指引着我。而这些友谊,将远远超越我在亚拉巴马大学的时光。弗洛拉和我未来会在国际跑步赛事中频繁相遇。

1988年夏天,在我即将步入亚拉巴马大学最后一年之际,我前往韩国首尔参加了我的第二届奥运会,再次体验了国际生活。我是巴哈马国家队的四名女运动员之一——也是唯一的女子短跑运动员,因为埃尔迪斯已经退役了。拉弗恩·伊芙和肖内尔·弗格森分别代表我国参加了标枪和跳远项目,而洛里·罗伯茨(Lori Roberts)则代表巴哈马参加了跳水比赛。

在男子项目上，我们派出了十二名运动员，包括特洛伊·坎普、布拉德利·库珀和弗兰克·拉瑟福德等主力选手，参加田径比赛。我们一直期望有人能为国争光，带回一枚奖牌。那时，我们这个小国刚刚开始在国际舞台上找寻自己的位置，真正参与到最高水平的竞技中。但我们始终明白，与大国相比，我们是多么地微不足道。以美国为例，他们在首尔奥运会上派出了527名运动员——其中男运动员332名，女运动员195名——最终赢得了94枚奖牌，其中36枚是金牌。

再过四年，弗兰克·拉瑟福德才为巴哈马赢得第一枚个人田径项目的奖牌，打破了那个高高在上的天花板。

作为大学运动员，我感觉自己比在洛杉矶的第一次奥运会时更加成熟和自信。毕竟，这是第一次在国际比赛中，我可以不用在伊莱恩·汤普森的监护下自由行动。当然，汤普森仍然在赛场上，代表巴哈马田径协会。我们一到首尔，我和伊芙就迫不及待地享受这份新获得的自由。对于我们两个从未踏足亚洲的人来说，首尔是一个既刺激又充满异国风情的地方。在训练之余，我们会外出探索和购物；我们会跳舞到凌晨，然后蹑手蹑脚地回到我们的房间。

"波琳，这么晚了，是你回来了吗？"汤普森从她的房间里大声问道。

"汤普森夫人，您快回去睡觉吧。"我们一边笑着回应，一边心里偷着乐，"我们已经是大人了！"

我确实是成年人了——而且还在不断成长。虽然我已成年，但作为顶尖的田径运动员，我还有很多要学习的地方。

在女子短跑项目中，最引人注目的是弗洛伦斯·格里菲思（Florence Griffith）[后来嫁给了乔伊纳，因此也被大家称为"弗

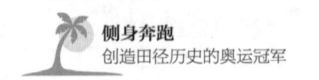

洛-乔"（Flo-Jo）]，许多人认为她是有史以来跑得最快的女子短跑运动员。在1984年的洛杉矶奥运会上赢得银牌之后，她在首尔奥运会上大放异彩，分别赢得了100米、200米和4×100米接力的金牌。她在100米和200米项目上创造了世界纪录——令人称奇的是，这些纪录至今仍未被打破。

对我来说，她就是弗洛伦斯，或者简称弗洛。和卡尔·刘易斯一样，我了解她，无论是在她成名之前还是之后。我是在参加欧洲巡回赛时与弗洛相识的。记得那是1986年8月在瑞士苏黎世的一个特别时刻，我们都参加了在瑞士举办的苏黎世世界田径赛（Weltklasse Zurich）。这是一场年度的、仅限邀请的田径赛事，有时被誉为"一日奥运会"（one-day Olympics）。就在比赛前，我在一家珠宝店里偶遇了阿尔弗雷德·乔伊纳（Alfred Joyner）。他本人也是一位明星运动员——毕业于阿肯色州立大学（Arkansas State University），在1984年的奥运会上赢得了三级跳远的金牌。

"波琳，你觉得这个戒指怎么样？你觉得它漂亮吗？"他问我。

"嗯……挺好看的。"我微笑着回答，"但这可不是一个普通的戒指。"

"嘘……我打算向弗洛求婚。你就当什么都不知道，行吗？"

我守口如瓶。第二年10月，他们举行了婚礼。

1990年，她生下了他们的女儿，玛丽·鲁思（Mary Ruth）。阿尔弗雷德实际上在1988年的汉城奥运会上担任了她的教练。然而，不幸的是，弗洛伦斯的短跑生涯和生命都被无情地缩短了。她在1989年退役，转而追求其他兴趣。然而，九年后，她因癫痫发作而在睡梦中离世。

在那届奥运会上，还有其他传奇人物，比如牙买加的格蕾丝·杰克逊和玛莲·奥蒂——我与她们都相熟，以及民主德国的希克·德雷切尔（Heike Drechsler）和西尔克·莫勒（Silke Möller）。在200米首轮预赛中，60名运动员代表各自的国家出战。我被分到了第七组，最终以23.08秒的成绩完赛，排名第十二，足以晋级32人的四分之一决赛。下一轮我跑得稍快一些，成绩是22.92秒。在半决赛中，参赛人数减少到了18人。和洛杉矶奥运会时一样，我的目标是进入决赛，争夺奥运奖牌。但在半决赛中，面对弗洛－乔、奥蒂和莫勒等强手，我再次未能如愿。事实上，正是在那轮比赛中，弗洛－乔以21.56秒的成绩创下了世界纪录。她最终在决赛中赢得了金牌，我的好朋友格蕾丝·杰克逊获得了银牌，德雷切尔则获得了铜牌。

100米与200米类似，许多熟悉的面孔依旧占据主导地位。不过这一次，我们当中多了美国队的旗手伊芙琳·阿什福德。

64名运动员参加了100米比赛，期望赢得奥运荣誉。我在首轮比赛中击败了其他八名对手，赢得了小组第一，并将这种势头保持到了四分之一决赛，但最终在半决赛中再次止步。

对于刚刚成为200米NCAA全国冠军的我来说，这无疑是一次严峻的考验。我尚未完全准备好。在最高水平的竞技场上，所有因素都必须恰到好处——身体和心理状态都需要达到最佳，还要激发出超级自信和至关重要的杀手本能。尽管我没有实现目标，但我对自己整体的发展方向仍然感到满意。再说，我是巴哈马唯一的女子短跑运动员。能进入半决赛本身就是一种成就。我昂首离开了韩国，目光望向了未来的远方。

然而，我在亚拉巴马大学的最后一年却遇到了挑战。由于我最后一年的课程安排——为了毕业我必须修满的学分——我无法在下午参加正常的训练。几乎整个学年，威廉姆斯教练和我都是一对一地在早晨训练，下午则根据我的课程表，通常会安排两到三次训练。威廉姆斯教练从未缺席过任何一次训练，也从未迟到过。他从未因此得到过任何额外的报酬。

到了大学第五年，我们的关系变得更加成熟和深入。他对我来说，就像维斯登教练一样，既是教练，也是父亲。

"波琳很特别。"威廉姆斯教练解释道，"她不仅是一名出色的运动员，对我来说也意义非凡。我渴望为她提供一切成功的机会。我尽力为所有运动员提供支持，但我必须承认，我对待波琳的方式是独一无二的。我无法像对待她那样，对每个人都投入那么多时间和精力，因为一天的时间毕竟有限。"

我偶尔会在田径比赛中见到队友，但大多数时候，都是威廉姆斯教练在场边陪我慢跑，帮我调整步伐和做拉伸。我从不让别人为我按摩或准备比赛。

因此，在我大四那年，我感到更加孤独。我不仅很少与队伍一起训练，还独自居住在校外。在某种程度上，我正在为毕业后的生活做准备。

然而，与威廉姆斯教练的训练是值得的。我一直是全美最杰出运动员，并在SEC和NCAA锦标赛中多次获得第二名和第三名。当我步入大学生涯的最后一场重要比赛——NCAA室外锦标赛时，我决心要以一场精彩的表现为我的大学生涯画上圆满的句号。我的心态也非常积极。到了1989年6月，我已经从亚拉巴马大学毕业，尽管我错过了毕业典礼。我本想在毕业典礼上走过台前，领取我的学位证书，但当时我正在佛罗里达参加SEC室外锦标赛，无法脱身，因为我签过那份I-20表，对亚拉巴马大学有过承诺。尽管如此，我实现了我母亲的梦想。这个在贝恩镇长大，来自贫民窟的女孩，现在已经成为一名大学毕业生，准备迎接人生的下一个阶段。

我感到轻松自在，决心让所有的付出——尤其是威廉姆斯教练在最后一年所做的牺牲——都变得值得。唯一的问题是，由于我一直只跟着教练训练，我对自己在竞争中的位置并没有完全的把握。

我对200米有更深的了解。它一直是我的最爱，年初我就参加了这个项目的比赛。但400米呢？我从未在重大比赛中尝试过这个项目，尽管威廉姆斯教练坚持让我在离开亚拉巴马大学之前挑战一下。事实上，他花了几年时间试图说服我参加这个项目。不知何故，400米对我来说很容易，这可以追溯到1984年CARIFTA运动会的那个重要时刻。这个距离非常适合我的训练方式，我总是全力以赴地冲刺。正如维斯登教练常说的，400米是其他一切的基础。

我想这种心态也延续到了我在犹他州普罗沃的最后一次NCAA锦标赛上。当我站在400米决赛的起跑线上时，我只记得一切都显得那么轻松。我在预赛中轻松过关。当我跨过终点线，成为NCAA冠军时，我并没有感受到兴奋或满足。这与我一年前在200米中所感受到的巨大成就感不同。我的意思是，我知道我赢了——这确实令人惊叹。但让我印象最深刻的是那个从场边跑向我的人。

没错，就是威廉姆斯教练！泪水顺着他脸颊滑落。这让我再次想起了1984年CARIFTA运动会前夕的那一刻，经过数月在海水中康复大腿肌肉后，维斯登教练将我高高举起。

"即便到了今天，每当提及波琳，我还是会情绪激动。"威廉姆斯教练说，"当一个人像她那样拼命努力……对教练来说，这

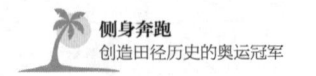

是一种极大的安慰。帮助她获得那样的成就,那一刻无比珍贵。"

那时只有我们两个——那是我们的辉煌时刻。

"你打破了大学纪录,波琳!"他大声喊道。

我难以置信地望着他。当我看到他的泪水时,我也忍不住了。我向来感性——容易掉眼泪。但那天的情绪并非因为我自己——而是因为他。我的喜悦就是他的喜悦。在自己的付出和努力,还有别人的帮助下,我们完成了这不平凡的事,这真是一种奇妙的感觉。他紧紧抱住我,在我的脸颊上留下了一个深深的吻。

"我爱你,波琳!"他对我说。

"我也爱你,教练!"我回答,"我会想念你的。"

从1984年夏天他打来的那个关键电话到现在,这仿佛是我大学生涯的完美谢幕——如果这就是结局的话。然而,还有一场比赛在等着我。我原本不会去参加那场比赛的,但为了教练,我愿意尝试。那就是4×400米接力。

就像我说的,我甚至没有入选NCAA锦标赛的4×400米接力队。至少在官方名单上没有我的名字。几周前,威廉姆斯教练邀请我加入接力队参加资格赛,他认为只要我们能进入NCAA锦标赛,亚拉巴马大学就有机会站上领奖台。于是我参加了比赛,我们也确实获得了参赛资格。但是,队伍中的一些成员对我心存不满。或许是因为我并非正式的4×400米接力队成员,却需要我来帮助队伍获得参赛参赛资格。或许这也与我整个赛季的相对缺席有关,因为我一直在与威廉姆斯教练进行一对一的训练。不管原因如何,在4×400米接力决赛前夕,我敬爱的教练再次找到了我,就像我大一那年病倒时一样。比赛的前一晚,他召集我们开了一个会。

"我们围坐在地板上,聊了一会儿。"威廉姆斯教练回忆道,"我们边哭边谈。波琳原本不想参赛,但当我们谈完之后,她决定加入。我对大家说,为了赢得这场比赛,我们需要波琳。当大家这样聚在一起交流时,所有的情绪都释放出来了,就不会再有隔阂。接下来,我需要决定让哪位队员退出,以便波琳能够参赛。"

我在最后一刻被安排进接力队——威廉姆斯教练坚持要我跑最后一棒。如果我们能赢,那就是锦上添花。起初,胜利似乎就在眼前。

"我们的第三棒选手,通常她能保持在接棒人群中间偏后的位置,避免麻烦。"教练回忆道,"但在最后一个弯道,她冲进了队伍中。接着我注意到,她开始用肘部争夺空间。"

不知怎的,接力棒意外地碰到她的腿上,飞了出去。等她捡起接力棒时,已经回天乏术——我们失去了胜利的希望。尤为遗憾的是,当时我们正处于比赛的激烈争夺中,绝对不可以有任何闪失。我相信如果我们没有失误,本可以赢得那场比赛——以及另一个全国冠军的称号。但结果是我甚至还没有机会跑,比赛就已经结束了。那是我作为亚拉巴马大学红潮队成员的最后一刻。

我感到失望,但很快就振作起来。我的心思已经完全被未来所占据。不久,我回到了公寓,开始为即将在洛杉矶展开的新生活打包行李。那里有一份巴哈马旅游部(Ministry of Tourism)的工作在等着我。同时,我将继续训练,并参加世界田径巡回赛。

我的梦想似乎正在逐步实现。

"关于波琳,我要说的是,她对亚拉巴马大学的影响是深远的。"威廉姆斯教练说,"有些人可能会把她在 200 米和 400 米中的冠军看作她的主要成就。但在我看来,她的贡献在于她在队伍中的存在感和领导力。她极大地提升了我们的信心。她将我们的队伍提升到了一个新的层次,让我们在每一次比赛中——无论是周末的小型赛事还是大型比赛,都能感受到亚拉巴马队的力量。我们来这里就是要大杀四方,让对手溃不成军,片甲不留。"

带着一串SEC和NCAA冠军头衔、两项个人全国冠军、两项NCAA纪录,以及一张大学文凭,我离开亚拉巴马大学时毫无遗憾。尽管如此,我还是觉得我本可以做得更多。任务完成了——我回报了投在我身上的每一分钱。我没有让我的国家失望。但是我的伤痛和疾病却成了巨大的阻碍。我不禁思考——我是否倾尽全力了?

简而言之,我所经历的挑战与所获得的荣誉同样突出。这就像1987年SEC室外锦标赛时,威廉姆斯教练所说的,当时因为我的半个鞋子越线,我们被取消资格——从高峰跌落到低谷。

有时候,成功与失败仅一线之隔。

我的人生旅程才刚刚起步。然而,当我离开亚拉巴马州大学时,我已经明白通往荣耀的道路将会充满挑战。从一开始,我就和逆境相伴。但接下来的几年,我的决心将面临前所未有的挑战。

7

失　宠

那年我二十三岁,世界仿佛就在我脚下。我将行李寄往加利福尼亚,随后飞往西海岸,确保一切顺利。但我知道,我不会在那里久留。那是1989年的夏天,接下来的一年里,我将代表巴哈马,奔波于世界各地参加比赛。

加利福尼亚可以稍后再去。我不仅在巴哈马旅游部找到了一份理想的工作,还在蒙特贝洛安了家。更重要的是,我即将在牙买加传奇短跑运动员唐纳德·夸里的指导下开始训练。

尽管在大学时期,我和维斯登教练有过一些分歧,但他依然在背后为我牵线搭桥。

维斯登教练在1976年蒙特利尔奥运会上第一次遇见夸里。他回忆道:"当波琳从亚拉巴马大学毕业时,我告诉她,现在她或许都能当我的教练了。"他继续说,"你已经达到了世界级的水平,所以你需要一个能够提供世界级资源的环境。因此,我推荐你去南加利福尼亚大学,那里你可以进一步提升自己的技能,抓

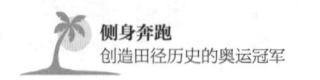

住更多机会,并且能够接触到营养师、理疗师和力量训练师。"

在牙买加国家体育场前矗立的坚实青铜雕像,无声地诉说着夸里在田径界的崇高地位。在尤塞恩·博尔特之前,是唐纳德·夸里的时代。

他最大的成功出现在1976年的奥运会。那届奥运会上,他在200米中摘得金牌,在100米中赢得银牌。夸里的运动生涯跨越了二十年,他参与了五届奥运会,荣获无数奖牌和荣誉,包括在英联邦运动会上获得的6枚金牌和在泛美运动会上获得的3枚金牌。作为南加利福尼亚大学的毕业生,夸里把加利福尼亚视作自己的家,而我,几个月后也将如此。

但是首先,世界在等待着我。

在加利福尼亚的一切都安排妥当后,我踏上了飞往拿骚的航班,准备参加1989年中美洲及加勒比海地区锦标赛(Central American and Caribbean Championships,简称CAC锦标赛)的选拔赛。这项赛事将于7月底在波多黎各的圣胡安举行。

尽管我可能已是世界顶尖的女子短跑选手之一,但我仍需通过选拔,才能跻身巴哈马国家队。我们在波多黎各的队伍虽小,实力却不容小觑,由我和拉弗恩·伊芙领衔女子队,特洛伊·坎普、弗兰克·拉瑟福德和安东尼奥·格林(Antonio Greene)领衔男子队。虽然我们并非整个锦标赛的夺冠热门,但有一项比赛却备受瞩目。

一个月前,我刚以破纪录的成绩赢得了400米NCAA冠军,成为备受瞩目的新星,许多人认为我是女子400米短跑运动员中的佼佼者。但要成为真正的最佳,你必须击败最佳。

这次CAC锦标赛注定要书写新的历史。当时,女子400米短跑最快的选手包括我、牙买加的格蕾丝·杰克逊和古巴的安娜·菲迪莉亚·基罗特（Ana Fidelia Quirot）。格蕾丝比我年长五岁，是牙买加200米和400米的纪录保持者，刚刚在汉城奥运会上夺得200米银牌。而安娜只比我年长几岁，她在400米上取得了一系列辉煌成就，包括1986年多米尼加的CAC运动会、1987年的印第安纳波利斯泛美运动会和1989年的西班牙巴塞罗那世界杯（World Cup）的金牌。安娜在800米上同样留下了自己的印记，她后来两次荣获世界冠军（1995年和1997年），并在1992年的奥运会上获得铜牌，1996年的奥运会上获得银牌。

我们三个来自同一地区，无论是男运动员还是女运动员，这在CAC锦标赛中尚属首次。我们将在同一赛场上争夺世界第一的宝座。

这场比赛意义非凡，它将确立我在亚拉巴马大学脱颖而出之后，成为国际田径赛场上的顶尖选手的地位。

锦标赛一开场就高潮迭起。我迅速闯入了100米决赛，并以11.25秒的成绩摘得金牌。我感到状态极佳——无论是身体还是心理——而两天后就是400米的比赛。赛后，按照规定，我不得不接受药检。即便在最佳状态下，我也不喜欢这个过程，而这一次药检直到午夜过后才结束。你可以想象，我已疲惫不堪。

运动员村距离圣胡安大约两小时车程。和以往的运动员村一样，那里并不豪华。在我职业生涯早期，我在牙买加和巴巴多斯参加的CARIFTA运动会上见过更糟糕的条件——狭小的居住空间、糟糕的食物和临时搭建的淋浴房，漫长的车程尤其令人难熬。

那晚尤其难熬。自比赛以来我就没吃过东西，也没有人给我留饭。在漫长、黑暗、孤独的班车旅程后，我回到运动员村，空腹上床。很难想象，这种情况会发生在一名争夺排名第一的顶尖

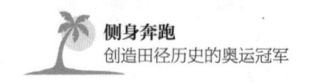

运动员身上。现在，顶尖运动员享受着前所未有的宠爱。

但那时，情况并非如此。

第二天早上，我在铺位上醒来，感觉非常不适。第二天的400米比赛压力巨大，紧张的神经让我的胃翻腾。我感到虚弱、疲惫，还有一种被遗弃的感觉。幸运的是，那天早上一位老朋友打来电话，挽救了那一天。

是的，维斯登教练当时也在波多黎各——他一直是我的支持者、守护者和教练父亲。严格说来，在那次CAC锦标赛上，他并不是我的正式教练。这项荣誉再次归属于先锋者田径俱乐部的弗兰克·潘乔·拉明，他也曾是我在洛杉矶奥运会的教练。维斯登教练发现自己再次成了局外人。他只需听到我在电话中的声音，就能知道我需要帮助。

他随即给领队卡尔·布伦南（Carl Brennan）打电话，卡尔是我们贝恩镇飞人俱乐部的成员。他说服卡尔立刻安排一辆出租车，将我送到他在圣胡安下榻的酒店，那里离体育场仅一步之遥。

这是为了让我更好地准备比赛而做出的临时举措。我们都明白，比赛一结束，我就会回到运动员村，与其他运动员团聚。

但说实话，我本就不应该住在那里。

我的竞争对手——格蕾丝和安娜——已经住在同一家酒店，享受着教练团队、按摩师和理疗师的全程服务。现在，我需要声明一点——我从未觉得自己比任何人更优越。在拿骚的家中，我的朋友和家人过去常常取笑我，他们知道我并不需要特殊待遇。"波琳总是在挖沙子。"他们会这样说。这意味着我总是保持低调——从不自高自大，也不表现得高人一等。在贫民窟成长，社区的每个人都支持着你，我们强调的是集体而非个人。我努力在一生中保持谦逊。

"关于波琳，我要说的是，她始终如一。"D. W. 戴维斯中学田径队队长杰基·达姆斯说，就是我中学时未能加入的那支队伍。"有时，当人们达到一定高度或取得某些成就后，他们就会有所改变。我在生活中有过这样的经历。他们变得不一样了。但我发自内心地说，尽管波琳取得了那么多成就，她依然保持着谦逊。"

所以，当我说我不属于运动员村时，并不是说我作为个人比别人更优越。但事实上，我确实与众不同。我肩负着使命，而在那一刻，我缺乏成功所需的某些关键要素（比如合适的训练设施、足够的休息、良好的营养）。维斯登教练，愿他安息，他理解这一点。

当时同时在指导我的夸里教练，对此有另一种看法。

"这是运动员开始追求更舒适条件的起点。"他解释道，"在那个年代，从田径联合会的角度来看，并没有足够的资金支持。他们（组织或负责田径比赛和运动员住宿的机构，比如田径联合会、比赛的组织者或者运动员村的运营团队）已经尽力了。但有运动员已经开始思考：'为了表现更好，我需要特定的条件。'这样的思考成了一个转折点。这并不是要贬低其他运动员，对于波琳和其他运动员来说，这关乎进步，确保他们能够发挥出最佳水平。"

对我来说，睡在酒店房间的床铺上，享受理疗服务，以及在餐厅用餐，这些都是极大的奢侈——我仿佛过上了高端生活。但二十年后，你能想象顶级运动员不享有最优质的条件吗？

我敢肯定，如今的顶级短跑运动员，比如加拿大的安德烈·德·格拉斯（Andre de Grasse）和牙买加的谢利－安·弗雷泽－普莱斯（Shelly-Ann Fraser-Pryce），不会再经历半夜接受药检，然后饿着肚子疲惫地倒在床上的情形。实际上，21世纪的任何一位顶级田径运动员都不会有这样的遭遇。正如夸里所说，体育已经来到了一个十字路口，最优秀的运动员开始要求最好的条件。当你的竞争对手不惧挑战，积极争取他们所需的条件时，你也不会甘于落后。

我收拾了几件必需品，把其他物品留在了运动员村，然后前往酒店。我和安德莉亚·维斯登共用一间房，她也参与了这次旅行。弗兰克·拉瑟福德也在那里，还有杰瑞·维斯登，教练的兄弟，也是前奥运选手。这正是我所需要的支持团队。他们带我去吃午餐，然后我享受了按摩服务。到了一天结束时，我感觉焕然一新。晚上八点，我和安德莉亚回到房间，准备享受一个完整的夜晚睡眠。这才是应有的样子——我背后有一个团队，准备为巴哈马争取世界第一的排名。

但我并不知道，在几小时车程之外的运动员村里，另一个团队正在举行会议。

肖内尔·弗格森（Shonel Ferguson）是巴哈马的跳远运动员。她参加了三届奥运会，尽管她从未获得奖牌。她的主要成就要追溯到1976年的CARIFTA运动会和1982年的英联邦运动会，她在那两个赛事中赢得了金牌。但在1989年夏天的CAC锦标赛中，她并未能获得任何奖牌。

弗格森、拉明和其他巴哈马田径协会的成员注意到了我的缺席——他们对此颇为不悦。我无从得知那晚的具体谈话内容。那时，我已经完全沉浸在自己的节奏中，并且早早休息了。但据后来他人转述，他们要求我返回运动员村。

亲爱的读者，理解这里所涉及的派系主义（tribalism）的程度至关重要。

7 失宠

或许拉明等人对维斯登教练的领导地位感到不满。毕竟,他并非我的正式教练。但维斯登教练培养出了巴哈马顶尖的短跑运动员,现在似乎还在幕后指挥。我们属于贝恩镇飞人俱乐部,出身于不太富裕的地区。而他们来自先锋者田径俱乐部。社会和政治立场的差异加剧了双方的隔阂。尽管当时我并不完全明白这些,但维斯登教练作为进步自由党的参议员,与总理林丁·平德林关系密切。并非所有人都支持同一政党或观点。在人口仅35万的巴哈马这样的小国,这些事情尤为重要。

我不会妄加揣测或断言造成这种分歧的确切原因,无论是嫉妒、怨恨、俱乐部间的派系主义,还是政治因素。这些动机深藏于他们心中。但我确知三件事:首先,我被保护得很好,对这些分歧几乎一无所知;其次,我只想跑步,但我的青春和整个职业生涯都面临着风险;最后,接下来发生的事情,对我们所有人来说,都是一段悲伤的回忆。

第二天,我们驱车前往体育场,路途并不遥远。维斯登教练坐在我旁边,像激励拳击冠军一样为我打气。

"你已为这场比赛做好了准备。你付出了努力。你可以穿越任何障碍。"

广播中正在讨论这场比赛,每个人都对这场赛事充满期待,据说有大约六万名观众到场。尽管人潮汹涌,但这并没有让我感到不安。当然,紧张感难免,但那时我已经参加过两届奥运会了。

"我们抵达体育场后,我带着波琳进入了运动员等候区。那里有唐纳德·夸里,他正在指导格蕾丝·杰克逊,安娜和她的教练也在那里。"维斯登教练回忆道,"我们都在为这场赛事做准备。就在我们即将踏上赛道的几分钟前,一位巴哈马赛事官员告

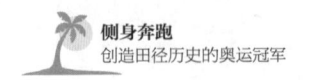

诉我：'抱歉，她不能参赛。'一开始，我还以为他们在开玩笑。"

他们之间发生了一些争执——我并未目睹。正如我赛前常做的那样，我在一个安静的角落，抬起脚，读起了书。

"那个官员坚称她违反了规则。"维斯登教练说，"'应该保持公平。'最终，波多黎各的官员们说：'够了，让你们的运动员上赛道。我们需要开始比赛了。'"

教练把我从角落里叫起来，告诉我是时候了。当我们走向赛道时，一切看似正常。我走向我的赛道，开始调整起跑器。广播里的报道并没有夸大，体育场内座无虚席，数万人来观看这场较量。我试了一两次起跑，但感觉不对劲。于是我重新调整，再次尝试。当我第三次从起跑器中冲出——准备就绪——这时我感觉到有人在我的赛道上。站在我面前的是拉明。起初，我以为他只是来检查我的起跑器是否调整到位。

"没关系，先生，我会把它调整好的。"我说。

他一言不发，面无表情地从我身边走过，拿起我的起跑器，转身朝相反方向离去。

"拉明先生，您这是要做什么？"我不敢相信地喊道。但他甚至没有看我一眼。

于是，我站在赛道中央，没有起跑器，六万名观众在等待比赛开始。赛事官员纷纷涌向场地，围成紧密的圈子进行激烈的讨论。格蕾丝和安娜看着我，满脸困惑，我也只能无奈地举起双手，耸了耸肩。从CAC官员的肢体语言中可以明显看出，他们希望比赛能够继续。谁会不愿意呢？这是女子田径运动的历史性时刻，也是CAC及其代表的所有国家都值得骄傲的时刻。

这个过程持续了很久。起初我只是在场边来回踱步，但大约一个小时后，我坐了下来。直到最后，一位官员走过来告诉我：

"你的国家取消了你的参赛资格。"不是CAC的决定,在他们看来,一切都没有问题。

是我的国家。

我发现自己很难用言语来表达那一刻的感受。愤怒、沮丧、尴尬、羞辱——这些形容词或许可以形容,但它们无法完全传达我内心的感受。

当短跑成为你生活的全部,你就很难作为一个旁观者来描述一场你没有参与的比赛。你为之奋斗并已经赢得的一切,就这样被无情地夺走了。而这又是因为什么呢?仅仅因为在酒店住了一晚?为了一顿像样的餐食和按摩?事实是,巴哈马田径协会本可以让我参赛。我们确实违反了规定,但牙买加和古巴对他们的运动员住在酒店并没有异议。

"这完全是个错误的决定。"夸里回忆那一刻时说,"但你看,那时候和现在不一样,现在的运动员有更多的发言权。那时候,对于联合会来说,就是'按我说的做'。联合会有权做出他们的决定。遗憾的是,我们之间没有进行任何协商来解决这个问题。"

惩罚是否与罪行相称?绝对不是。

他们本可以对我进行纪律处分。回想起来,如果他们在比赛后暂停我的参赛资格,或者给我某种警告,我可能都不会责怪他们。相反,他们选择了这种羞辱的方式。在我看来,这是心胸狭窄和恶意报复。太过分了。

比赛结果怎样?古巴的基罗特以50.63秒的成绩获胜。杰克逊以53.00秒的成绩出人意料地只获得了第三名。特立尼达和多巴哥的安吉拉·约瑟夫(Angela Joseph)以52.40秒的成绩获得第二名。

但仅仅一个月前,我以50.18秒的成绩打破了美国大学纪录。

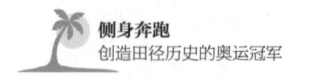

如果我参赛了，我会赢得比赛并在400米中排名第一吗？

大家自行判断吧。

比赛结束后，我默默地回到酒店，收拾行李，灰溜溜地返回了运动员村。尽管遭受了如此羞辱，我还是咽下了所有的委屈和羞辱。那个夜晚，我独自一人在双层床上痛哭流涕。第二天早晨，就像以往一样，我将那些逆境抛诸脑后，将目光投向未来。但地平线上乌云密布，波多黎各只是我生命中一段非常黑暗的时期的开始。

我深爱着我的国家。任何了解我的人都知道，我内心深处充满了民族自豪感。然而，事实是，有些人却对我不屑一顾。他们对我怀有敌意，这与巴哈马无关，而是这些人的问题。从一开始，就有人因为我独特的跑步姿势而嘲笑我，他们讥讽我这个来自贫民窟的女孩，质疑我站在世界舞台上的资格。当维斯登教练预言我将来会成为冠军时，他们连他也一并嘲笑。我的国家从未培养出真正的冠军。这本应是我们所有人的荣耀时刻。经历了无数挑战，就在我即将触碰到荣耀的边缘时，我却在全世界面前跌倒了。

* * *

虽然，我生活的一面支离破碎，但从另一个角度看，我正在实现童年的梦想。

我依然作为一名顶尖的短跑运动员参加国际田径赛事，环游世界。

这不仅是我个人的梦想，也是任何一位巴哈马的短跑运动员

7 失宠

的梦想。我成为首位进入国际赛道的巴哈马短跑运动员,而不仅是首位这样的女运动员。拉弗恩·伊芙和弗兰克·拉瑟福德后来也在田赛项目中体验了这种荣耀。但就短跑而言,我是唯一扛起巴哈马国旗的人。

由于我的独特性——作为一个来自弹丸岛国的短跑运动员,在国际田径界并不多见——世界田联邀请我参加各种比赛。我性格开朗,容易交朋友,这也对我有很大的帮助。我享受社交和结识新朋友的乐趣,就像我享受跑步一样。世界田联拥有214个会员联合会——比联合国的成员还多。它的重要任务之一是在全世界推广田径运动并展现参赛元素的多样性。作为一个来自小岛国家的女性,我受到了热烈的欢迎。

离开波多黎各后,我首先在哥伦比亚停留,以获取田联世界杯(IAAF World Cup)的参赛资格。之后,我前往瑞士苏黎世,参加苏黎世世界田径赛。

我试图把烦恼抛诸脑后——起初这感觉很好。在苏黎世,我喜欢乘火车去市中心,偶尔停下来享受莫凡彼冰激凌(Mövenpick ice cream)的美味。这让我想起了和父亲周末去海滩时共享冰激凌的温馨时光。然而,这美好的时光却是短暂的。或许,这只是噩梦的序幕。

我无法逃离波多黎各的阴影。

在我被取消资格几周后,巴哈马田径协会打来电话,告知我将面临田径运动的终身禁赛。

是的,你没听错——终身禁赛。

"终身禁赛"这个词对我来说显得有些委婉。不如直说——这是被驱逐,纯粹而简单,永久的流放。而我也并非唯一遭受此待遇的人。尽管维斯登教练并未随队,他也收到了同样的终身禁

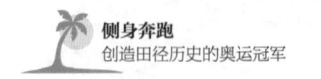

赛令。弗兰克·拉瑟福德虽受到处分，但仍被允许参赛。

这一决定不仅仅是因为我在酒店过夜。我的敌人想要我的血。他们想摧毁我的精神，终结我的运动生涯。

终身禁赛？谁会这样对待自己的同胞？我深受打击，陷入了深度抑郁——这种抑郁持续了很长时间。

这是一个残酷的现实，难以承受。我将一生奉献给了短跑，它塑造了我的身份，指引了我人生的方向。当你如此热爱一件事，而它却被无情夺走时，你该如何面对？仿佛他们夺走了我的灵魂。即使在今天，写下这些文字仍旧让我心痛。他们怎能如此地羞辱我？怎能这样对待我？但随着岁月的流逝，我逐渐明白，这种痛苦是我必须承受的，因为我不希望任何其他运动员重蹈我的覆辙。没有人应该遭受这样的对待。没有人。我确实感到，我必须为他们——为今天的年轻运动员——继续奋斗，这样他们或许就能免受这样的痛苦。

我之所以能够度过那段艰难时光，全凭上帝的眷顾。正如我们所知，即使在最黑暗的时刻，生活仍将继续，不以我们的意志为转移。尽管我感到痛苦和迷茫，但我仍然必须弄清楚我的下一步行动。我思绪纷乱。我刚刚大学毕业，我所有的物品都在洛杉矶，而且我本应几个月后在那里开始一份新工作。

首先，我离开了欧洲，飞往佛罗里达，去和妈妈住了一段时间。我需要她的那份支持——一个可以依靠的肩膀。同时，我也清楚不能永远依赖她。最终，我回到了拿骚，去面对我余生的抉择。

尽管归家之路令人畏惧，巴哈马人民却赋予了我力量。我在街上遇到素未谋面的巴哈马同胞，他们会与我交谈，轻拍我的肩膀，给我拥抱，并表达他们为我骄傲。这一切让我感到，我并不孤单。他们的爱缓解了我心中的痛楚。

在接下来的几个月里,我虔诚地祈祷。我与家人同住,定期去教堂,其余时间则大多独自静处。自从被终身禁赛后,我便没有再进行任何训练。何必呢?我仿佛在漫无目的地漂泊,直到1990年初,一通电话打破了沉寂。电话那头是巴哈马田径协会的官员,他突然通知我准备行囊,我将前往新西兰奥克兰参加英联邦运动会。

新西兰?我半信半疑。

"嗯……不,先生,我不去。"我轻蔑地回答,"我不会去参加任何英联邦运动会。你们忘了给我的终身禁赛吗?"

"你的禁赛已经取消。"他语气平淡,仿佛只是在告知我天气的变化,"你必须去。"

"你的'必须去'是什么意思?"我尖锐地追问。

你或许以为我会欣喜若狂,但我并没有。

我对巴哈马田径协会的所作所为感到愤慨。他们先是阻止我奔跑,宣布终身禁赛,几个月之后又改变主意,将我送往世界的另一端参赛?难道突然之间,所有的不公都烟消云散了?我根本未做任何训练。现在,他们却期望我立即投入与世界顶尖选手的较量?

"你没有选择的余地。"他坚持道,"你夏天就已经获得了参赛资格,他们都在期待你的表现。"

那个电话很快就挂断了。我没有多说什么,也没有做出任何承诺。我立刻再次拨通了电话,打给了维斯登教练。他让我冷静下来,并试图说服我以宽容的心态看待这件事。他说,这是一个让我重新站起来的机会。但他能感觉到我对此并不热心。我受到了深深的伤害,感到沮丧和迷茫。为什么我要经历这些?为什么

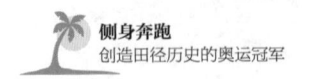

突然之间会有这样的转变？为什么偏偏是现在？

第二天，电话铃声再次响起。我很快就得到了答案。

"小丫头？"电话那头的声音问道。

只有一个人会这样称呼我。

"平德林总理？"

"是的，小丫头，"他继续说道。"我知道你遭遇了很多事情。我和维斯登教练谈过了，他说你不想参加英联邦运动会。我也知道你一直没有在训练。但我认为你去参赛会对你大有裨益。"

我在对话中显得有些语无伦次。我思绪纷乱。但最终，我同意了准备前往新西兰。当国家最有权势的人命令你去奔跑时，你必须毫不犹豫地服从命令。

我只能猜测巴哈马田径协会为什么会撤销对我的终身禁赛。是总理出面干预了吗？还是他们意识到自己犯了一个错误？也许在巴哈马田径协会内部，并不是每个人都同意对我的禁赛决定。当时的巴哈马田径协会主席是伯纳德·诺特博士，他本人以前也是一名运动员，并且是进步自由党的终身成员——与总理同属一个党派。实际上，除了是一位知名的妇产科医生外，诺特博士还拥有数十年成功的政治生涯，曾任众议员、参议员和内阁部长。而在他的政治生涯中，大部分时间他都是代表贝恩和格兰茨镇的议员。别忘了——那时，维斯登教练也已经是一名参议员了。因此，不管我是否愿意，我都被进步自由党的政治精英所包围、保护，并且与之永远联系在一起。

我很难不感到自己像个棋子。我的命运并不掌握在自己手中。我被困在中间，命运悬而未决，随着他人的一时兴起而摇摆不定。

尽管如此，我还是前往新西兰，再次披上了巴哈马的战袍。

7 失宠

本届英联邦运动会的口号是"此刻是关键"(This Is the Moment)。这真是一个贴切的标语,我的运动生涯似乎从死亡边缘被拉了回来。然而,在我的内心深处,我还是感到缺失了些什么,远未达到完全恢复的状态。1990 年的英联邦运动会于 1 月 24 日开幕,有 55 个国家的两千多名运动员参加,涵盖了 213 个不同的项目。新西兰郁郁葱葱、美丽动人,那本应是我运动生涯中一个激动人心的时刻。

我的一些朋友,比如加拿大跳高运动员米尔顿·奥特伊(Milton Ottey),试图让我振奋起来。他能看出我仍然深受之前事件的困扰。奥特伊也有牙买加血统,他鼓励我走出运动员村,去探索、去体验。但我心情沉重。考虑到在波多黎各的遭遇,我只是低头前行。不知是不是我的幻觉,我总感觉有人在注视和议论我,评判我的一举一动。因此,我精神上彻底乱了套。身体上,我也感到迟钝,状态全无。我曾自豪地说:"你可以在赛道上击败我,但你永远不可能在训练中超越我。"对于总是准备充分的我来说,几乎没怎么训练就参加比赛,这不仅是一种侮辱,更是一种不安。

除此之外,我是唯一代表巴哈马的短跑运动员。自从我被终身禁赛以来,情况并没有改变。一切成败都系于我一人,这无疑加剧了我感受到的压力。我本不应被置于这样的境地。

在那次比赛中,我能够赢得两枚奖牌简直是个奇迹。

我在新西兰参加了 100 米和 200 米的比赛,不知怎的,我竟然在这两个项目中都赢得了铜牌——这也是我的国家在那次英联邦运动会上带回家的仅有的两枚奖牌。我的朋友、前辈和老师,来自牙买加的玛莲·奥蒂——米尔顿的表亲,她在这两个项目中都获得了金牌。我真心为她感到高兴。我们冲过终点线后,我搂

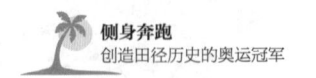

着她的肩膀，我们肩并肩地慢跑在胜利的喜悦中。

赢得这些奖牌让我心情复杂。比赛之初，我并没有想过能够登上领奖台。每次晋级，我都感到惊讶并受到鼓舞。能够在这个水平上继续表现，证实了我作为世界顶级运动员的地位。但同时，这也让我感到一丝遗憾，因为我知道，如果我一直在系统性地训练，两枚金牌本应是我的囊中之物。就像我在波多黎各时一样，那次我原本很可能赢得 400 米的金牌。

至少，我的生活似乎回到了正轨。我似乎又有了新的未来可以期待——至少看起来是这样。

英联邦运动会结束后不久，我抵达洛杉矶，开始在巴哈马旅游部工作，并与唐纳德·夸里重新开始训练。

我选择了住在洛杉矶旁边的蒙特贝洛，因为这里更宁静，不知何故，它让我想起了拿骚，尽管这意味着我需要忍受漫长的通勤和洛杉矶糟糕的交通。我总是需要提前很久出发，才能准时到达位于威尔希尔大道（Wilshire Boulevard）一栋二十层大楼中的旅游部办公室。一天早上，我在电梯里，一位女士毫无顾忌地上下打量着我。

"你很美。"她若有所思地说，一边用手指轻敲着嘴唇，"但是你的个子太矮了。"

我一开始有些无言以对，不确定该如何回应。最后我终于问道："请问，您说我太矮是指什么？"

她对我的提问似乎感到惊讶，好像我应该心知肚明。显然，我们楼上有一家顶尖的模特经纪公司。

"真是遗憾。"她继续说，"但如果你愿意，可以上楼来拍几张照片，我们可以看看效果。"

电梯停了——我到了。不用说，我从未接受她的提议。我对

7 失宠

成为模特没有半点兴趣。但这件事提醒了我,我正身处天使之城——好莱坞。在前往加利福尼亚之前,维斯登妈妈和安德莉亚曾开玩笑说,凭借我活泼开朗的性格,我在洛杉矶待不了几个月就会变成演员。我还有快速记忆文本的能力,这要归功于妈妈以前让我在厨房桌子上抄写的无数页的书页——还记得书和皮带吗?

洛杉矶的明星文化似乎无处不在。每个人都自认是明星。我对这些事情不感兴趣——我只想成为一名奥运奖牌得主。

我在这里是为了训练——同时也为了工作。我在旅游部的职责是走访市内及周边的旅行社,向他们介绍巴哈马的最新动态,并鼓励他们为客户预订前往我们美丽岛屿的旅行。这份工作很适合我的性格。我喜欢结识新朋友,也热爱我的国家,所以我不介意工作。尽管如此,那绝对是一段极其疲惫的时光,甚至比在亚拉巴马大学上课还要辛苦。因为大多数日子和周末,我还要接受艰苦的训练。

唐纳德·夸里,南加利福尼亚大学田径队的教练,将我纳入他的麾下。我仍在努力恢复到最佳的体能状态。心理上,尽管我有所改善,但我仍然对在波多黎各发生的事情感到困扰和怨恨。

"波多黎各对波琳来说是一个巨大的挫折。"夸里教练回忆道,"这很不幸,因为那本应是她大放异彩的一年。这件事阻碍了她向前迈进的步伐。当这样的事情发生时,确实会让人感到气馁。"

夸里教练的训练方法和他的性情正是我所需要的。

在田径界,他的名声如雷贯耳,尤其对加勒比地区的运动员来说。而他本人则更为内敛,是那种以行动而非空谈来领导的坚强而寡言的人。他性格随和,给了我比在维斯登教练和威廉姆斯

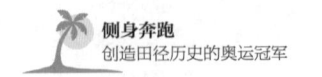

教练手下时更多的独立性。

但是，一旦涉及训练，他就要求我们全力以赴，这正合我意。我们的训练通常持续四个小时，有时甚至长达六个小时。后来我才知道，夸里教练在加利福尼亚还指导着另一位运动员，我的老朋友格蕾丝·杰克逊，自从波多黎各一别后我就再也没有见过她。幸运的是，我们在洛杉矶共同度过了美好的时光，并变得更加亲密。

"在我们一起进行的许多训练中，波琳和我确实配合默契。"杰克逊回忆道，"我是一个勤奋的训练者，波琳喜欢这一点。有时我们甚至会挑战和我们一起训练的男生，如果我们赢了，教练就会让他们做额外的训练。我们确实赢了。这就是波琳的了不起之处。我们内心可能感到害怕，但我们勇于面对挑战。在我们看来，没有不可逾越的高山。"

赛季之初，我们总是从长跑和山坡训练开始。到了三四月份，我们会逐渐过渡到跑道上的速度训练——进行100米、200米、300米等不同距离的间歇跑，同时练习起跑器的使用、接力棒的传递技巧。对于短跑运动员而言，目标是在6月份达到最佳状态，以迎接当地的锦标赛、欧洲的重要赛事，以及世锦赛和奥运会（具体取决于那一年的安排）。每天早晨我都会来到南加利福尼亚大学，夸里教练会指导我完成各项训练，给出他的建议和评价。下午，我大多独自在健身房进行力量训练。

夸里教练和他的妻子在赛道之外也成了我的朋友。刚到洛杉矶时，我买了一辆小红跑车——而且是手动挡的。我那时根本不知道怎么开手动车。这或许反映了我那时天不怕地不怕的性格。我一旦想要什么，就会毫不犹豫地去追求。在加利福尼亚的山路上学习开手动挡并不容易，幸好夸里教练伸出援手，教我如何驾驶。他时不时地邀请我去他家,我也会照看他的女儿们。他们把我当成了家人。

同时,杰克逊就像对待小妹妹一样照顾我。我们会互相拜访,一起烹饪牙买加美食。她经常帮我编辫子。那是一段治愈的时光,让我远离了之前因终身禁赛判决而经历的心理创伤。我过得忙碌而有意义,周围都是关心我、支持我成长为顶尖短跑运动员的人。

然而,我沉浸在了一种虚假的安全感中。我以为自己在波多黎各已经尝尽了痛苦。事实证明,我的磨难还远未结束。不久之后,我将面临人生的最低谷。

* * *

在我父母离婚后,我与爸爸相见的机会变得稀少。对某些人而言,我的成长环境或许显得不那么传统——我搬去与维斯登妈妈和维斯登教练同住,而维斯登教练在很多方面,扮演了那个始终如一的父亲角色。我的爸爸不会每天早晨开车送我去学校,他在训练结束后接我回家,或是出席我的每一场田径比赛。

尽管如此,我始终将我的爸爸视为我最大的灵感源泉。

1982年4月,在参加完在牙买加举办的CARIFTA运动会后,我刚开始在国际舞台上崭露头角。飞机在跑道上停稳时,我看到下方人潮涌动,人们尖叫着,挥舞着旗帜,欢迎我们回到巴哈马。我们拿起行李,开始向出口移动。这时,前排的队友们开始朝我喊道:"波琳,你爸爸在这儿!"

那一刻,我心中涌动着激动之情。确实,当我踏上舷梯时,

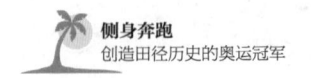

我看到他站在下方，被一群热情的粉丝包围着。

他身着一件蓝色的丛林夹克衫，我想那是他能找到的最接近巴哈马国旗颜色的衣服了。当我走下舷梯时，他满面笑容地望着我，双臂张开，准备给我一个深情的拥抱。这一幕至今仍历历在目。他在停机坪上热情地迎接我，亲吻我的脸颊，把我举起来转圈，他的脸紧贴着我的脸。尽管他可能错过了我生活中的许多重要时刻，但在那些至关重要的时刻，他总是在场。

归根结底，是爸爸决定了我的人生轨迹。是他激励我奔跑，是他说服我的妈妈应该信任维斯登教练。若非他一直以来的支持，我的人生将会走向何方？

在随后的岁月里，爸爸时不时来到赛道边关注我。他不是那种总是在我训练时坚守在场边的爸爸。但每隔一段时间，我就会从赛道上的其他运动员那里得知："哦，你爸爸来过，他向你问好了。"他常常以他那深沉的嗓音向人提问，给人一种严肃的印象。

说实话，我的爸爸对许多人来说颇具威严。随着我逐渐长大，我更加感激他一直以来对我的保护，他明确无误地向周围人表明，谁也不许欺负他的女儿。他无法改变一些人对待我的方式，但他努力遏制他们不尊重人的行为。

无论如何，我总感觉爸爸就在我身边。我总能依靠他——我忠诚的守护者。所以，当爸爸离世时，我感觉自己好像输掉了一场重要的战斗，一切努力都变得毫无意义了。

这一切发生在1991年3月，当时我正在西班牙塞维利亚参加世界室内田径锦标赛。我接到电话，得知爸爸住院的消息。尽管我重返了国际赛场，但我还是心神不宁。我闯进了60米决赛，最终却只获得了第五名。他们等到我比赛结束后才告诉我爸爸在医院的具体情况。

"你必须马上回家。"

仅仅几周前,我接到了一个电话,得知爸爸遭遇了一场严重的车祸。我对事故的具体细节记忆模糊。但我清楚记得,医院在没有进行彻底检查的情况下就让他出院了。当他再次被送回医院时,医生发现他不仅有内出血,还患有糖尿病,这是他之前从未接受过治疗的疾病。

据家人说,就在我飞回拿骚之前,爸爸还处于重症监护中。所以当我在医院看到他坐在床上,精神相对清醒、情绪良好时,我感到非常震惊。他关心的全是我,而不是他自己的健康。

"比赛怎么样,宝贝?"他问。

"哦,还行。"我叹了口气,拉过床边的椅子坐下。我对自己的表现并不满意,但能和他说说,感觉还是很好的。

"只是还行?"

"是的,我进了决赛。"

"好吧,宝贝,下次要做得更好,好吗?"

"好的,爸爸,我会的。"

他总是有办法激励我做得更好,同时又不让我感到自责。我们父女俩在医院的房间里聊了一会儿,仿佛他已经康复,第二天就能回家。但最终,护士进来宣布探视时间结束,我需要离开。

"爸爸,我稍后会再来看你。"我微笑着说。

但他的表情让我的笑容凝固了。他严肃地看着我,仿佛有很重要的事情要说。

"我想让你答应我一件事。"他说,向我伸出双手。

"好的,爸爸。"我握住他的手,"什么都行。"

"答应我,你将永远照顾好自己,永远能够照顾好自己。因

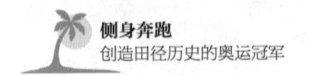

为我不想你受到任何人的欺负。"他坚持道。

我的眼眶里充满了泪水。"爸爸，你总是这么说。"

"是的，宝贝。"他紧握着我的手，"但我现在要你向我保证。"

"好的，我保证。"

"这才是我的好孩子。现在给爸爸一个吻。"

我在他的脸颊上轻轻一吻，又紧紧拥抱了他。当我这样做时，他在我耳边低语："记住，爸爸永远爱你，你是我的女儿，我爱你。"

此时，泪水已从我的脸颊滑落。那一刻我不知道该想些什么——他看起来还挺好的。然而，他的话语却又透露出一种宿命感。那天我离开了医院，前往天堂岛的酒店。我一走进大堂，前台接待员就叫住了我，手里拿着电话。

"波琳·戴维斯？有你的电话。"

我之后的记忆变得模糊了。他们后来告诉我，我尖叫一声，随即晕倒在地。是我的阿姨帕西（Auntie Patsy）打来的电话，她告诉我，爸爸去世了。

当我醒来时，我发现自己躺在酒店大堂的角落里。不知何时，他们把我扶起来，又把我扶回了房间。我对刚刚发生的一切感到困惑和迷失。根据爸爸最后的那些话，他是否已经知道自己大限将至？医生们是否已经束手无策？他是不是只是为了我而强颜欢笑？又或者，这只是个意外，他的离去比任何人预料的都要突然？现在这些都不再重要。我们每个人终将在某一刻失去自己的父母。我们每个人都将以不同的方式面对这样的失去。对我而言，我感觉自己的心被彻底撕裂。或者说——我感到空虚，就像失去了自己的一部分。有很长一段时间，我感觉自己无法继续前

7 失宠

行。我甚至不想再奔跑了。

我不得不承担起安排葬礼的责任。更糟糕的是,几天后,帕西阿姨又打来电话,提出了一个令人困惑的要求。

"波琳,他们需要接管你爸爸的遗体。"她说得很简单,好像她所说的事情都是已经安排好了的一样。

"接管我爸爸的遗体?谁要这么做?"

"嗯,你爸爸是某个组织的成员。他们需要为他进行一些仪式,所以他们需要接管他的遗体。"

我对帕西阿姨的话一头雾水。

她试图继续解释,但我打断了她。

"我爱你,但我得挂了。"我挂断了电话。我内心如此痛苦,无法接受有人要"接管"我爸爸的遗体。

我后来才知道,她当时试图向我解释,我的爸爸一直是北美共济会(North American Freemasons)的美籍非洲裔分支——普林斯·哈尔共济会(Prince Hall Freemasons)的成员,而这一点我之前并不知情。

帕西阿姨来电两天后,我又接到了路易丝阿姨——我父亲的另一位姐妹的电话。她尽力向我解释了死亡仪式的含义及其必要性。通话结束时,我感到了些许释然,但仍未做出承诺。直到我一向最亲近的帕西阿姨再次来电,我才最终被说服。

"波琳,这件事必须进行。我知道你承受了很多,但我们必须这么做。这是你爸爸所希望的。"她坚持道。

于是我让步了,因为疲惫不堪,我无力再争辩。

我在这里向你们,亲爱的读者,解释这一切,是因为我相信我爸爸与普林斯·哈尔共济会的联系,最终让许多事情变得清楚了。

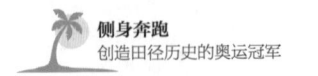

他或许在物质财富上并不富有，但这为他带来了特定的社会关系和地位。林丁·平德林爵士也是这个共济分会的成员。我不禁怀疑，这是不是平德林爵士总是在幕后关照我的原因？

两周后，我们安葬了爸爸。然而，我的灵魂却远未得到安宁。

爸爸去世后，我不再是以前的自己了。就像我所说的，我感到空虚，我的动力和决心——一直是我最强大的特质——正在逐渐减弱。

我试图坚持前行，履行我在爸爸床边许下的承诺。我在国际赛跑巡回赛的第一站是布拉格。布拉格是一个美丽而阴郁的城市，这与我当时的心情相呼应。

一天晚上，我拉上所有的窗帘，早早上床，准备第二天的比赛。当我躺在床上，在几乎一片漆黑中，我感到双脚开始麻木。寒冷慢慢爬上我的腿，覆盖了我的全身。然后，在我眼角的余光中，我看到了一道白光从门缝中透出。转过头，我看到那其实是一团无形的白云，但我能看到爸爸的脸。我颤抖着，一动不动，看着他向我的床边飘来。

虽然那片云没有形状，但我感觉到有什么东西握住了我的双手，就像父亲在医院里握着我的手那样。但这一次，我既没有感到安慰，也没有感到悲伤——我感到的是恐惧。他似乎在尝试和我交流，却发不出任何声音。

我紧紧闭上眼睛开始祈祷。当我再次睁开眼时，那片云已经不见了。我跳下床，冲出门外，沿着走廊狂奔，寻找我的教练唐纳德·夸里，他也陪同我来到了布拉格。我猛敲他的房门。

"你看起来像是见了鬼一样。"他说。

他当时只不过就这么一说。他并不知道这句话背后的讽刺意味。

那天晚上，我缩在他的酒店房间的地板上，紧紧地蜷成一团，哭泣和呻吟。夸里试图通过讲述自己的经历来安抚我。他对我的遭遇并不感到惊讶。他的祖母去世后，也曾在他身边短暂地出现。他告诉我他相信我，这让我感到一丝安慰。

我们永远无法确切知道鬼魂和精灵是否真的存在。始终有人相信，也有人怀疑。

我所知道的是，我和我的父亲那时都不曾安宁。而且这不会是我最后一次有这样的经历。那年夏天，也就是1991年，他去世几个月后，我又有了类似的体验。当时我在日本东京，参加世界锦标赛。我像之前一样躺在床上，脚部开始感到同样的麻木。他再次以类似云雾的形态出现在我面前。我猜父亲是在那里安慰我——告诉我一切都会好起来的，让我保持坚强。但不幸的是，这并没有给我带来安慰。

我的挣扎和抑郁在赛道上显露无遗。在那年世界锦标赛的200米赛事中，我仅获得第七名，这远低于我的实际水平和预期。更糟糕的是，1992年巴塞罗那奥运会即将到来。我回望那段日子，感觉我只是在勉强撑着。我在洛杉矶有我的工作，唐纳德·夸里是我的教练，我仍然在国际最高水平的赛场上竞技，但在许多方面，我只是在机械地完成任务而已。

然而，在我内心深处，我已经不再是曾经的那个我了。事实是，我承受着巨大的失落感。爸爸的去世，加上在波多黎各遭遇的背叛，这一切都叠加在一起，进一步毒害着我的精神状态。

作为巴哈马十四名代表之一，我抵达了西班牙，参加1992年的奥运会。我再次成为我国唯一的赛跑选手。这是我第三次参加奥运会，我迫切想要突破自我，实现我的终极梦想。我参加了 100 米和 200 米的比赛，轻松通过了预赛和四分之一决赛。在 200 米赛事中，我以 22.44 秒的成绩刷新了巴哈马的国家纪录。但在半决赛中，我 22.61 秒的成绩不足以晋级，仅比格蕾丝·杰克逊的 22.58 秒慢了三百分之一秒。

100 米的比赛结果几乎如出一辙——我只差四百分之一秒就能进入决赛。

我开始怀疑自己——我是否真的足够好？我能否赢得奥运奖牌？这些问题开始悄悄侵蚀我的信心，让我对二十六岁的自己产生了怀疑。这真的是我的最佳表现吗？我陷入了低谷，但在巴塞罗那期间，确实有一件积极的事情发生了——我遇到了我未来的丈夫。

实际上，我第一次遇见他是在巴塞罗那奥运会之前，在英国的一场赛事中。那时我正在酒店里打电话，和我当时的男朋友聊天，他已经回到了巴哈马。当我挂断电话后，有人敲门，随后几个牙买加运动员走了进来。雷·斯图尔特（Ray Stewart）、凯茜·拉特雷－威廉姆斯（Cathy Rattray-Williams）、格蕾丝·杰克逊——他们都是我在国际跑步赛事中的朋友。就像我说的，在 20 世纪 80 年代和 90 年代，很少有巴哈马运动员能在这样的高水平赛事中竞争。因此，我经常和我的牙买加兄弟姐妹们在一起。但那天，在那个房间里，有位先生是我未曾见过的。

他个子高挑，肤色较深，长相英俊，面带宽厚的微笑。雷向我们做了介绍——他叫马克·汤普森（Mark Thompson），是一名牙买加的 400 米栏运动员。

当时我并没有太在意。我们相遇了，仅此而已。

"嘿，波琳，你想不想来我们房间尝尝'面包和奶酪'？"凯茜问。

7 失宠

如果你不知道什么是"面包和奶酪",那么我来告诉你:"面包和奶酪"是一种传统的牙买加甜面包,里面加了糖、鸡蛋,有时还会加入香草、肉桂和肉豆蔻。当然,上面还铺有奶酪片。在旅途中,我总是渴望能尝到一些家乡的味道。他们离开后,房间里只剩下了雷、马克和我,马克在房间的某个角落。突然,马克又向我走来,仿佛我们第一次见面一样,重新做了自我介绍。这有点儿奇怪。接着,他做了一件非常出人意料的事——他告诉了我他的房间号码。

我对这种事情并不感兴趣。用巴哈马人的话说,我没买他的账(I kissed my teet)。

雷和马克离开后,我便躺下小憩。醒来后,我打算上楼去找那种面包和奶酪。所有的牙买加运动员都住在同一层楼,因此在走廊上走动时,我难免会遇到熟人。这次遇到的是理查德·巴克诺(Richard Bucknor),一名牙买加的110米栏运动员。我们聊了一会儿,直到我告诉他:"兄弟,我得去拿我的面包和奶酪了,回头见。"他刚回到自己的房间,又立刻出来,请求我进去一会儿,他有话要说。那么,我在那个房间的另一张床上看到了谁呢?马克·汤普森。所以从一开始我就知道,马克对我有意思。

在最初的日子里,我总觉得他挺烦人的。一部分是因为我当时的心态,我对开始新的恋情并不太感兴趣。但马克似乎没有领会到这个暗示。

他自从我们抵达巴塞罗那后,就一直在追求我。

他会在自助餐厅出现,总是挑选坐在我旁边的位置,尽管在奥运会期间那里人满为患。我在去公寓的路上,也会在村子里看到他,这让我不得不开始绕道而行,以免被他打扰。我的室友甚至告诉我,马克会到公寓来,只是想确认我是否在家。说实话,

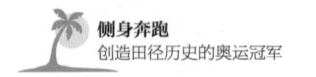

那时候我的仰慕者不止一个，我把他们都归为一类。

最终，他还是找到了我。在奥运村靠近运河的一个小沙滩上，有一个较为安静的用餐地点。那里不太引人注意。我有几次独自去那里吃饭，只是为了一个人静静地思考，品尝烤虾和鸡翅。

肯定有人向他透露了我的行踪，因为我当时正望向水面，他高挑的身影进入了我的视线，坐到了我旁边的空椅子上。

"真不敢相信，我终于有机会和你单独说话了。"他笑着说，"你的队友没告诉你我去过你的公寓吗？"

"他们告诉我有很多人在找我。"我有些不屑地回答，目光再次投向水面，"那你到底想干吗？"

"我只是想和你聊聊天。"他答道，"我想邀请你一起出去。"

"我们现在不就在聊天吗？"我反驳道，一边咬掉了一只虾的头。

过了一会儿，我放下了戒备。他风度翩翩，性格温和，聊着聊着，我发现自己其实还挺享受他的陪伴的。考虑到我当时的心理状态，我可能确实需要这样散散心。午饭后，我们沿着海滩散步，最终坐在水边的石头上，畅谈各种话题。我们开怀大笑，有那么一瞬，我忘记了所有的烦恼。然后，他突然俯身吻了我。就在那一刻之后，一个浪头打上岩石，把我们从头到脚都弄湿了。

我们笑得更加开心，从石头上跳了下来。这是一个美丽的时刻，让我暂时摆脱了所有的忧虑。我得知他住在佛罗里达，离我妈妈住的地方不远。我也知道我会在其他国际田径赛事上见到他。我们并没有以恋人的身份离开巴塞罗那，但这件事为我们后来的关系奠定了基础。

尽管我并未完全恢复，但我还是带着继续前进的决心回到加

7 失宠

利福尼亚和我的工作岗位上,正如我爸爸希望的那样。很快,有其他力量参与了进来,超出我控制的范围。在巴哈马,政治格局正在发生变化。自1967年以来一直执政的平德林爵士和其领导的进步自由党在1992年的大选中被反对派——自由民族运动党(Free National Movement,简称FNM)击败。这不仅是政治格局的大地震,也是整个社会的巨大转变。你可能已经注意到,政治正在渗透到田径运动领域。

自由民族运动党取得了历史性的胜利,标志着休伯特·英格拉哈姆的崛起。他是巴哈马的第二任总理。

人们常说,你无法选择自己的父母和家族。同样,从一开始,我就自然而然地与进步自由党站在了一起。

我从不认为自己是政治人物——我从未为任何政党摇旗呐喊过,也从未考虑过成为国会议员,尽管两大政党都曾邀请过我。我唯一的愿望就是投身田径运动,直到20世纪90年代初,平德林总理和维斯登教练一直是我的守护天使。现在,那些天使陨落了。

选举结束后,又过了几个星期,一天早晨,我来到了位于威尔希尔大道的旅游部办公室。当我推开那扇玻璃门时,接待员递给我一个棕色信封。当时我并没有意识到接下来会发生什么,心中没有任何警觉。我向大家问候了一声早安,给自己倒了一杯茶,然后坐进了办公室。

然而,当我打开信封时,我震惊地用手捂住了嘴——我被旅游部解雇了!立即生效!

我感到沮丧、羞辱,完全不知所措,急忙收拾起自己的东西,想要尽快离开这个地方。这一切对我来说就像是一场地震,巴哈马社会在我脚下裂开了,我感觉自己整个被吞没了。

215

就像海螺沙拉（Conch salad）和朱坎奴狂欢（Junkanoo Rush）[①]一样，我也经常在我的国家感受到政治迫害现象。在未来的几年里，两个政党都会被指责有这种行为——没有哪一方是无辜的。有时，这是因为某个职位已经承诺给了党内忠诚的人士；有时，仅仅是因为盲目的敌意——你不是我们中的一员。即使到了今天，我仍然倾向于认为自己属于后者。我并不是唯一一个遭遇这种情况的人。在休斯敦为巴哈马旅游部工作的弗兰克·拉瑟福德也收到了解雇通知。一些官员指责我们工作表现不佳，这就是我们被解雇的原因。我不会代表弗兰克发言，但我对自己的工作感到自豪。对我来说，这不仅仅是自由民族运动党在拒绝我，这更像是我的国家在拒绝我。

巴哈马田径协会对我的终身禁赛虽然令人痛苦，但我至少能够接受。这在很大程度上只是少数关键人物的行为。而我被巴哈马旅游部解雇则要糟糕得多——这简直是一记响亮的耳光，这一次，没有人来拯救我了。

离开旅游部后，我驾车穿过洛杉矶的斯基德罗，那里因无家可归者众多而闻名。突然间我情绪崩溃了。我觉得自己仿佛成了无家可归的人。我现在要住到哪里去？我要靠什么来赚钱？我完全依赖我的工作来支付账单和维持训练。我回到我的公寓，将自己与外界隔绝，在床上躺了几天，几乎不出门。我陷入了深度的抑郁，那是我生命中最黑暗的时刻。

近十年来，我作为巴哈马唯一的短跑运动员，在世界舞台上

[①] 海螺沙拉（conch salad）和朱坎奴狂欢（Junkanoo Rush）是两个与巴哈马文化和生活方式密切相关的元素。海螺沙拉是巴哈马的一种传统美食，主要原料是海螺肉，通常与切碎的蔬菜（如洋葱、青椒、番茄）和调味料混合。这道菜在巴哈马及其他加勒比地区非常受欢迎，是当地美食的代表之一。

7 失宠

扛起了国旗。这就是我所渴望的一切。即使在被终身禁赛后，我仍然选择了以德报怨，继续参赛，并为国家赢得了更多的奖牌。而现在，这一切又算什么？

我认为我的运动生涯——乃至我的生命——都结束了。

经历了数日的抑郁之后，一个夜晚，爸爸再次来到了我的身边。但这一次，我不再感到寒冷。他没有以云的形式出现，而是以一个完整的人的形态出现，我能清晰地看到他。

"宝贝，"他握着我的手，轻声说道，"站起来。我教你要坚强。不要再自怨自艾了。我需要你站起来。"

我只是默默地注视着他，泪水无声地滑落。

"我就在你身边。"他继续说道，"你并不孤单。"

不一会儿，他就从我的掌中消散了。我环顾四周，对刚才发生的一切感到震惊和不可思议。我冲进浴室，把冷水泼在脸上，站在镜前，认真地审视着镜中的自己。我清醒过来，开始在公寓里忙碌起来，每一步都充满了决心。与其说我是重新振奋，不如说我是感到了一种紧迫感，有一个声音仿佛在告诉我，必须立刻离开加利福尼亚，没有时间可以浪费。我不知道我的生活将何去何从，或者我将何以为生。我只知道，我不能再在蒙特贝洛逃避我的问题了。

那天早上，我订了飞往佛罗里达的机票。之后，我将前往巴哈马。

8

救 赎

在我人生的艰难时刻,我常常坐在海边——找一片宁静的海滩,聆听海浪拍岸的声音。我会闭上眼睛,再睁开时,凝视那无尽的、如同电光般的蓝色水面。即便在我最黑暗的时刻,我也无法不感到幸运,能生活在这样一个美丽的国家。我走遍世界,但没有任何地方能与我的岛屿——巴哈马的自然美景相媲美。

当然,那样的时光总是要结束的。生活的现实始终在等待着我们。现在远隔千山万水,巴哈马给我的感觉不再相同,它变得冷漠和无情。

我深爱着这个国家,但却总是受到各种伤害。

当我抵达拿骚时,我的精神几近崩溃。过去我所做的一切似乎都已不再重要。我在CARIFTA运动会上的传奇表现、在亚拉巴马大学赢得的冠军、参加的三届奥运会,以及作为我国唯一的短跑运动员,多年来,我孤身一人在国际比赛中代表我的国家把国旗高高举起——这一切似乎都失去了意义。

我从加利福尼亚回来后,并没有马上回到巴哈马。我做不到。在跌到谷底之后,我去了任何人都可能会去的地方。我在佛罗里达和妈妈一起生活了几个月,试图疗伤,沉浸在她的爱、拥抱和烹饪中,从她那里汲取力量。这给了我足够的勇气,在回到拿骚后去克服内心的挑战和创伤。当我回到岛上时,我先和姐姐伊佐娜同住了一段时间,之后又和维斯登妈妈以及安德莉亚(我的"姐姐妈妈")住了一段时间。

靠着银行里所剩不多的积蓄,我"飘浮"了几个月,对未来没有太多的思考和动力,一切处于一种没有明确方向或目的的停滞状态。我必须强调一点,在大多数情况下,巴哈马的人民都在支持我。认识的人,甚至还有很多我不认识的人,会在街上走过来告诉我他们有多么爱我,他们都在为我祈祷。

我生活在两个截然不同的世界里——一个世界里充满了关爱和认同,另一个世界里却是排斥和忽视。这就像是在分割的屏幕上同时观看两幅不同的生活画面,体验着两种完全不同的生活状态和现实。

那时,显而易见,我状态不佳。我的热情已经减退。然而,我并没有完全放弃。短跑运动员的那份热情和决心,依然深藏在我心中。在那段时间里,作为一种应对机制,我学会了将自己的情绪封存起来。我相信,无论你是田径明星、冠军拳击手还是全明星篮球运动员,顶尖运动员都拥有强大的心理素质,或者说,都有克服重重障碍的能力。

有些障碍和其他心理上的挑战相比则更为具体和实际——看得见、摸得着。

在那个时期,全国只有托马斯·A.罗宾逊体育场有一条专业的橡胶跑道,而且并不容易进入。

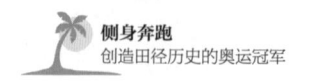

大家回想一下，那时候，像我这样的运动员并不多见。并没有成群的顶尖田径运动员为国际赛事做准备，争相使用那条跑道。多年来，我一直是孤军奋战。

有时候，他们会开放体育场，让学校和孩子们在特定的时间和活动中进行训练。但对于像我这样的专业运动员来说，并没有一个固定的系统来支持我们训练。这意味着我经常会遇到紧锁的大门。

"哦，我们不会开放跑道的。"保安对我说，"跑道已经关闭了，你不可以在这里训练。"

你能想象吗？我可是国家的顶尖短跑运动员啊，竟然无法训练！

当然，我绝不会因为一扇锁着的门就放弃。

体育场的墙至少有六英尺高——于是我翻了过去。我会先助跑，然后跳起来，攀上墙然后翻过去。小时候在贝恩镇，我经常这么冲着爬上椰子树和杧果树，所以对我来说，翻越这堵墙轻而易举。

我独自一人在这个锁着的体育场里训练，那个保安又来找我麻烦。

"离开跑道！你不准在这里训练！"他大喊着，挡住我面前的跑道。

"是吗？"我尖叫着回怼他，"叫警察啊！你叫警察的时候，也叫上《拳报》(*Punch*)，叫上《拿骚卫报》(*Nassau Guardian*)，叫上《论坛报》，还有 ZNS TV 13 电视台。我受够了，我要让全世界看到我为了代表我的国家到底要经历什么。"

我受够了，列举出我能想到的每一家报纸和媒体。他一脸震惊地看着我，然后继续做他的事情去了。

精神上，我已经处于崩溃的边缘。我不会再忍受任何愚蠢的行为。在那之后有好几次，我看到他就在那里坐着，看着我翻墙——一个字也不说了。

那时候的情况和现在大不相同，真正的职业田径运动还处于初级阶段，而且管理得并不够好。资源稀缺，对于像我这样的运动员，几乎没有什么关注和照顾。

我那时虽然丢了工作，但仍然坚持了下来。每天早晨，我都会慢跑到古德曼湾，在太阳升起前做一些拉伸，回到了一切开始的地方，那里有着贝恩镇飞人俱乐部的记忆。但现在，只剩下我一个人。

正如我所说，我处于一种半吊子的状态，虽然还在参加比赛，但已经不再是曾经的那个我了。

我的成绩还算不错，依然能收到田径比赛的邀请，有时这些邀请来自一些我意想不到的地方。有一次，在布拉格，我正在酒店房间里，突然听到了一个奇怪的声音。原来是电话铃响了。在铁幕之下，这个国家当时还是苏联阵营的一部分，一切都显得那么不同。我拿起电话，在一段短暂的延迟后，我听到了一个熟悉的声音。

那是来自巴哈马的资深体育记者和广播员菲尔·史密斯，他打电话来问候我，并想要做一个关于我的报道。

我当场就哭了出来。

能听到巴哈马同胞的声音，我真是太高兴了，原来家里还有人惦记着我！

这是我生平第一次考虑退出。我甚至真的想过放弃国籍，转而为别的国家效力。我不缺这样的机会。在那段时间里，我公开表达了对待遇的不满。消息传得很快，没过多久，就有好几个国

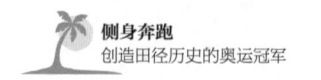

家向我抛出了橄榄枝，不仅提供国籍和国家队的名额，甚至还承诺终身每月的生活补贴。我本可以轻松地过上好日子。我想，或许我应该为美国或牙买加跑步，他们肯定会热情地接纳我，而不会把我晾在一边。这些念头在我脑海中不断闪现，尽管我心里并不真的想这么做。出于对故土的热爱，我还是留了下来。

然后，我做了一个梦。

这个梦开始于一两年前，在巴塞罗那奥运会之前，而且总是以同样生动的细节反复出现。梦中，我正在某项赛事上奔跑，不只是我，还有其他四位女孩。我们正全力以赴地参加接力赛。我目睹她们传递接力棒，绕着跑道冲刺，而我则在最后作为队伍的最后一棒等待。她们将接力棒交给我，我随即出发，但从未看到比赛结束，总是在我冲过终点线之前梦就醒了。

这个梦我做了好几次，直到有一天，梦境终于完整了——我们跑完了比赛。我能感觉到我们是在一个庞大的体育场内，成千上万的观众在欢呼。我和其他四位女孩兴奋地跳上跳下，大声喊叫。过了一会儿，我恍然大悟，原来我们刚刚赢得了奥运金牌。

你可以称之为预感，也可以说是自我实现的预言，或者简单地说就是一个梦——这些都无关紧要。重要的是，这个梦激励我不断前进。

这个梦之所以特别，是因为我每次都能清楚地认出我的队友们。她们的脸庞从未改变——埃尔迪斯·克拉克、钱德拉·斯特鲁普（Chandra Sturrup）、萨瓦塞达·菲尼斯（Savatheda Fynes）和黛比·弗格森（Debbie Ferguson）。起初，我不敢相信，也一直没有告诉别人。但在梦见我们赢得奥运金牌之后，我决定采取行动。

我决定在 1992 年 6 月，也就是我前往巴塞罗那奥运会前几个月，在拿骚找她们谈谈。

在所有女孩中，埃尔迪斯是我最想找的人。她是我最好的朋友、知已、队友和伙伴，我们的友谊可以追溯到一起去古德曼湾训练的时候。那时，每天清晨，在维斯登教练的车里，她就在我旁边的后座上打盹。如果有人会相信这个疯狂的梦并支持我，那一定是埃尔迪斯。唯一的问题是——埃尔迪斯已经好几年没有穿跑鞋了。大学毕业后，她有了儿子，搬去和她的母亲一起住在拿骚，并且已经从田径界退役了。

"波琳，我已经不再参加田径比赛了。"她说，腿上还坐着一个小男孩，"我已经和那段日子告别了。"

"听着，埃尔迪斯，我们要赢得这枚金牌。"我坚持说，"我在梦里看到了，你是队伍的一部分。"

我不知道哪一样更疯狂——是我梦见我们将会赢得奥运金牌，还是相信她可以在这么多年后回归，在最高水平的比赛中竞争。毕竟，时光已经流转。埃尔迪斯和我最后一次，也是唯一一次在奥运会上一起比赛是在1984年的洛杉矶奥运会，我们获得了第七名。十二年过去了，我们真的能赢得一切吗？因为这需要很长的时间。毕竟，我们甚至还没有一个4×100米接力队。巴塞罗那奥运会是不可能了，我们最早可能一起比赛的机会是1996的年亚特兰大奥运会。那时我将三十岁，埃尔迪斯将三十一岁。

我惊讶于她没有因为我提出的这个近乎荒唐的想法而立刻把我从她妈妈家里赶出去。从第一天起，我们之间就有着特殊的纽带。埃尔迪斯将会是我长久的朋友和战友。多年后，当我们俩最终从短跑退役时，她给出了最贴切的解释。

"波琳，如果我要去打仗，我会带一支两个人的军队。"她说。

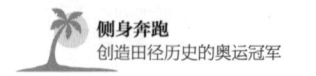

"两个人的军队？谁会用两个人的军队去打仗？"

"两个人足够了。"她解释道，"我只需带上一个人就行。"

"那这个你要带去的人是谁？"我问。

她直视我的眼睛说："你。"

"我？！"我惊叫起来。

"没错，就是你，波琳。我会来接你。要和我一起打这场仗的就是你。你知道为什么吗？因为我知道你会血战到底。而且你不会先杀了我，然后回来报告说我被敌人杀了。"她笑着说。

我们之间就是这样，尽管那一刻我并没有说服她。我们又谈了一两次，她才答应下来。不过，我相信她内心深处知道她的运动生涯并没有完全结束——油箱里还有剩余的油。据埃尔迪斯所说，在我们重逢之前，她就已经梦想着复出了。随着她观看巴塞罗那赛事的报道，她的兴趣变得愈发强烈。

"我那时正坐在妈妈家的客厅里观看1992年奥运会。"她回忆道，"我看到了一个我以前的对手，那时我还是个青少年运动员——牙买加的朱丽叶·卡斯伯特（Juliet Cuthbert）。我看到她在巴塞罗那赢得了100米和200米的银牌。然后我看到弗兰克·拉瑟福德在三级跳远项目中赢得了铜牌。我想：为什么我就这样坐在这里？他们在外面为奥运奖牌拼搏。为什么我不参与进去呢？"

埃尔迪斯改变了主意——她同意一起去和其他女孩谈谈。

钱德拉·斯特鲁普比我小五岁，最初作为贝恩镇飞人俱乐部的成员而出名。像我一样，钱德拉出身贫寒。在我去亚拉巴马大学后，她接受了维斯登教练的训练，并迅速成了一名出色的100米短跑运动员，她在CARIFTA运动会上和CAC青少年锦标赛上连续获得前三名的成绩。无论我什么时候回家度假，或者学校放假，我都会去观看训练和高中比赛，了解所有新生的天才运动员。

后来，随着维斯登教练转向政治事业，钱德拉加入了另一个田径俱乐部——跑步爱好者俱乐部（Striders）。

尽管如此，维斯登教练仍然在她生活中扮演着重要角色。实际上，在钱德拉获得诺福克州立大学（Norfolk State University）的体育奖学金后，因为怀孕，她的运动生涯差点儿终止。这种事情很可能会导致奖学金丧失。幸运的是，维斯登教练联系了诺福克州立大学的总教练，并说服他继续支持钱德拉。最终，双方达成一致——钱德拉回到拿骚，生下了孩子，并将孩子留给了母亲照顾，以便自己继续追逐梦想。从此，她的发展如日中天。

钱德拉性格活泼，偶尔显得有些冒失，但她与我之间有着默契。在未来的日子里，每当团队出现问题，她总是第一个来找我商量。

1992年，钱德拉还很年轻。除了埃尔迪斯和我，其他成员都是如此。

萨瓦塞达·菲尼斯出生于1974年10月，比我小八岁。她出生在巴哈马的亚伯岛，并在那里长大，后来为了上高中搬到了拿骚。她的教练是维斯登教练的弟弟埃旺·维斯登（Evon Wisdom），是他最早发现了她的潜力。在我住在加利福尼亚的时候，他安排萨瓦（萨瓦塞达·菲尼斯的昵称）来和我同住了几周。因此，我带她去训练，并帮助她参加了当地的一些田径比赛，以丰富她的经验。与钱德拉不同，萨瓦非常内向——一个不善言辞的女生。

她虽沉默寡言，却极具杀伤力。我们曾经给她起了个外号，叫"沉默的刺客"。

有趣的是，我第一次注意到她是因为她的走路姿势。她有"鹦鹉脚"——这是巴哈马的说法，指的是脚趾向内弯曲。跑步时她也是这样。我对非传统跑步技术持开放态度，不会仅因其不规范就对人品头论足。当我看到她跑步时——天啊，我惊呆了。那个女孩的速度太快了！

萨瓦最为突出的特点是她那纯粹的、未经打磨过的速度。她就像是从起跑线冲出的高速列车，是我所见过的最出色的短跑运动员之一。

当埃尔迪斯和我邀请她加入队伍时，她刚在CARIFTA运动会上赢得了200米金牌。她获得了全额奖学金，并即将前往南方大学新奥尔良分校（Southern University at New Orleans），但后来她转学到了东密歇根大学（Eastern Michigan University）。之后，她又再次转学，最终在密歇根州立大学（Michigan State）完成了学业。

接下来要说的就是黛比·弗格森。

我第一次遇见黛比是在很多年前。那时我二十岁，她才十岁。应巴哈马田径协会的邀请，我从亚拉巴马州飞回拿骚，参加巴哈马国家队的选拔试训。回想起来，我当时并不是很乐意。因为那时我正专注于自己的训练。

这一切似乎都显得有些无趣。

当时的巴哈马田径协会主席迈克·桑兹（Mike Sands）认为，让年轻一代的女运动员看到我是一件好事。他会邀请许多有潜力的年轻女孩来观看我的跑步。黛比就是其中之一。

试训结束后，我从赛道上下来，正沿着走廊走向洗手间时，我听到有人在后面叫我的名字。

"戴维斯女士！戴维斯女士！"

我转过头,看到一个小朋友向我疾奔而来。

"戴维斯女士!我能有幸和您说说话吗?"她用甜甜的嗓音问道,显然在努力尽量表现得有礼貌。她的措辞虽然正式,但我注意到,她眼睛瞪得大大的,充满了紧张和敬畏。"我觉得您太厉害了!史上最厉害!我希望成为像您这样的人!就像您这样,女士!"

我弯下腰,对她微笑。那一刻,我意识到,从亚拉巴马回来是对的。

"你叫什么名字?"我问。

"黛比,黛比·弗格森。"

"那么,弗格森小姐,"我也用一种庄重的语气回应她说,"我不希望你就跟我一样,我希望你能超越我,好吗?"

"好的,女士!"她兴奋地回答。

我转身准备离开,回头一瞥,看到她仍站在原地,动也不动,目送着我离去。

我不清楚那天她是否把我的话当真了,但黛比确实没有让我失望。到了1992年夏天,当埃尔迪斯和我开始组建队伍时,黛比已经是巴哈马女子青少年短跑项目的佼佼者了。有人甚至说她是"天降之子",我的接班人。在许多方面,她的体格、身材和跑步风格都和我相似。相似之处还不止这些。黛比也是出自贫困家庭,由单亲妈妈抚养长大。就像我一样,她的才华和决心注定了她终将脱颖而出。

黛比获得了圣安德鲁学校(St. Andrew's School)的奖学金,那是一所位于拿骚的私立学校。她加入了先锋者田径俱乐部,并成了汤米·罗宾逊和弗兰克·潘乔·拉明的得意门生。我想,我们的相似之处可能就到此为止了。遗憾的是,现实有时会让我们

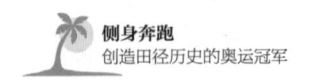

站在对立面——这一点我稍后会详细说明。在20世纪90年代初，黛比是田径界的新星，在许多方面，她代表了巴哈马田径的未来。她刚刚在CARIFTA运动会上赢得了100米少年组的金牌，这仅仅是她漫长而辉煌职业生涯的开始。

我们每个人都有自己的荣誉和成就，但当我们团结在一起时，我们将很快向全世界发起挑战。

在埃尔迪斯的帮助下，我召集了一次会议，将我们所有人聚集在一个房间内。当我向她们解释为何将她们召集到这里，并讲了我做的梦时，她们一开始用一种异样的眼光看着我——考虑到我的名声，这也在情理之中。

我感觉到房间里的女孩们不想再听我讲下去了。就在这时，埃尔迪斯挺身而出。

"听着，我知道这听起来很疯狂，但每当波琳说某些事情会发生时，它就一定会发生。"她告诉女孩们，"我们会赢得奥运金牌。"

我不确定她们是否相信我的梦，甚至是否认为我们真的能赢得奥运奖牌，但我和埃尔迪斯还是说服她们组成了一个团队。这已经足够了。那就像是一瞬间抓住的奇迹，珍贵而又充满力量——我们这五个来自大西洋佛罗里达州下方小国的贫穷女孩，竟然凝聚在了一起，是的，就是那个被美国运动员戏称为"屁股上的痘痘"的弹丸岛国。几个月后，我将是我们这个女子团队中唯一一个前往巴塞罗那的成员。1996年的亚特兰大奥运会似乎遥不可及。但我们还有什么可失去的呢？前方的道路虽然漫长，但至少我们的旅程已经开始。

快进到1993年，我在拿骚，没有工作且心情低落。但是，那个梦和我们之前建立的关系让我在至暗时刻依然坚持着。

这些成为我在艰难时刻的精神支柱。

然而，组建一个团队是一回事，训练和比赛是另一回事。1993年8月，我们所有人都迫切希望参加在德国斯图加特举行的世界锦标赛。经费总是个问题，不仅对我们个人而言，对巴哈马田径协会也是如此。简单来说，就是没有钱。运动员及协会都依赖于世界田联提供的奖学金，以资助他们参加比赛。鉴于我资格赛的成绩，我是女子运动员中最有可能被选中的。特洛伊·坎普和弗兰克·拉瑟福德为男子运动员赢得了两个名额。如果其他女孩想要和我一起去德国，就得自筹经费。

所以我们做了什么呢？我们一起上街去乞讨。

就这样，两名奥运选手和三名国内顶尖的女子短跑运动员在首都的马拉松购物中心（Mall at Marathon）前聚集，向普通的巴哈马老百姓募集资金。我们在炎热的太阳下待了一整天。虽然我们筹集了一些钱，但远远不足以送团队去德国。

筋疲力尽、失望和沮丧，几天后我只能独自飞往德国。

我的确有一个更大的梦想——但在这个阶段，它只是一个梦。比赛中我有点无精打采，还在努力应对我所处的困境，而且现在我开始感到内疚，因为我没有让其他姑娘和我一起前往德国。我设法进入了100米决赛，最终以第八名的成绩结束了比赛。美国选手格温·托伦斯（Gwen Torrence）击败了俄罗斯的伊琳娜·普里瓦洛娃（Irina Privalova），从而获得了金牌。那个结果仍然让我排在世界上顶尖的女短跑运动员之列。但我陷入了困境，这远远没有达到我的潜力和期望。

我感到无助和痛苦，对我所经历的事情感到愤愤不平。有些事情必须做出改变！令人惊讶的是，我的救赎来自一个意想不到的地方。

＊　＊　＊

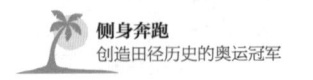

　　在我感觉生活中的一切都杂乱无章、不可预测的时候，去古德曼湾晨跑成了我每天必做的事。

　　那里静谧而昏暗，我可以独自与思绪相伴。

　　我从不会与他人同行，也没有告诉任何人我的晨跑习惯。所以，在我从德国回来不久，有一天，我在清晨的黑暗中惊讶地发现有一个陌生人向我走来，仿佛他知道我会在那里。

　　"戴维斯女士，总理想见你。"他说。

　　我坐在草地上拉伸，抬起头，眯着眼睛试图透过黑暗看清他的脸，但只能看到一个轮廓，看不清面部特征。他说的"总理"当然是指休伯特·英格拉哈姆总理。我没有感到害怕或不安——古德曼湾从未给我带来过危险的感觉。但我确实有些警惕、困惑，并略感恼火，这个神秘的人是怎么知道我会在这里的？

　　"请你去他的办公室见他。"

　　我耸了耸肩，含糊地说了些什么，然后继续我的跑步。

　　我对这种游戏没有兴趣。总理为什么现在想见我？明明是他或者他的政府解雇了我啊。我感到愤怒，直接无视他的请求。直到大约一周后，这位神秘绅士再次出现。

　　"请你去见总理，戴维斯女士。"他坚持说，"你必须去见他！"

　　"先生，你不是认真的吧？"

　　"我非常认真，戴维斯女士。请去见一下总理。"

　　你相信吗？我再一次跑开了，没有打算接受他的请求。直到这个男人第三次出现时，我才认真听他讲话——因为这次他拦住了我，不让我跑了。在清晨的光线中，他没有说一句话，走近我，抓住我的手，紧紧抓住不放。

"我不会让你走了。"他郑重地说，"我们一起等天亮，然后我亲自带你去见总理。"

他靠得这么近，我终于可以看清他脸上的细节。"先生，我甚至不认识你。"他就是个陌生人，这让情况变得更加古怪。他第一次是怎么知道我在这里的？我以前从未见过他，估计以后也不会再见。

"我告诉过你了，总理想见你。"他固执地说。

"先生，我根本不相信你。他解雇了我。他见我有什么事？"

"我知道这对你来说很难理解，但我需要你相信我。如果不是真的，你以为我会一次次来找你吗？"他问。这话说得没错。"请你给总理办公室打个电话，让他们转接给他的秘书。"

他放开了我的手，转身离开。

那天早晨，我完成跑步和拉伸后，返回维斯登妈妈的家，洗了个澡，然后终于决定给总理办公室打电话。是时候解开这个谜团了。

当我告诉电话那头的人我是谁时，秘书的声音变得很兴奋。

"哦，天哪！"她惊呼，"总理想见您！立刻！请给我一个联系号码，我会安排时间并回电话给您。"

果然，没过几分钟电话就响了。

"十一点来见他。"她说。

总理的办公室位于加勒比海滩的高端社区，是一座装饰华丽的庄园，白色柱子和粉色的墙壁。我穿过安全门，沿着长长的车道驶去——车道左边有一个小池塘，中间有一个水族馆——然后进入了一个绿树成荫的胡同。主门前有一群警察，我一开始有些

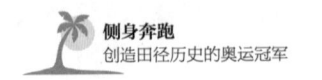

害怕，尽管每个人都似乎在等我。

"是的，是的，戴维斯女士。"他们说，引着我走进去，"请进来。"

我被领着穿过走廊，进入一个小房间，接待员邀请我坐下，说总理很快就会见我。

只过了几秒钟，我就被叫进了他的办公室。

英格拉哈姆总理身材不高，但他的个性非常突出。他从不回避问题，以夸张的有时甚至带有攻击性的言辞风格而闻名。他直截了当、不玩花样的风格让他在巴哈马人民中获得了"老爸"的昵称。他不接受任何愚蠢的行为。走进办公室，我看到他坐在办公桌后面，穿着西装，打着鲜艳的红色领带，低着头，像是在整理一些文件。当我走近时，他猛地抬起脑袋，两眼瞪得大大的。

"戴维斯女士。"他大声说，指着我面前的椅子，"请坐。"

正如我所说，总理不是一个说话拐弯抹角的人。

"我找了你几个星期了。"他立刻切入主题，"这个岛只有七英里乘二十一英里大。没有人知道你在哪里，也没有人知道你现在怎么样。"

突然间，我觉得自己就像是个在校长办公室的学生。他也没有给我留下太多回应的机会，我静静地坐在那里，双手合十。

"让我告诉你一件事。"他继续说，手指指向我，"你，波琳·戴维斯，我不会眼睁睁地看着你失败。你明白吗？"

我坐在那里，面无表情。我完全震惊了，努力保持冷静。然后一切都崩了！我大哭起来，简直是洪水泛滥。他递给我一张纸巾，让我擦脸。感觉好一点后，我决定现在是反击的时候了。我觉得自己没有什么可害怕的了。

"您说'眼睁睁地看着你失败'是什么意思？"我问道，声音颤抖着,"是您解雇了我,先生。是您解雇了我。现在您说不想看到我失败?"

英格拉哈姆总理的表情柔和了下来。他绕过办公桌的一角,拉过来一把椅子,坐在了我旁边。

"戴维斯女士。"他说,身体靠到了椅背上,"我没有解雇你。"

我暗自轻轻笑了一下,用纸巾擦了擦鼻子。那种笑更像是听到有人讲了一个糟糕的笑话时不屑的哼笑声。

"您是总理,先生。"我实事求是地说。

即使他没有下达命令,我仍然认为总理应该为发生在我身上的事情负责。我觉得,在当时,他本可以阻止这一切的发生。

他伸出手,握住我的手。

"我道歉。"他说,"我真的很抱歉你被解雇了。但我需要你相信我,我没有解雇你。我能感觉到你正在经历很多痛苦。"

我点了点头,把脸埋在纸巾里。

总理桌上的电话铃声打破了沉默。他从椅子上站起来,伸手拿起一部红色电话。

"喂?"他说,"是的,她就坐在我旁边。我现在正在处理这件事。"

总理突然挂断了电话,又坐回我旁边。直到今天,我都不知道电话那头是谁。

"戴维斯女士,国家希望你能为奥运会训练。"

"真的吗,总理先生?"我带着一丝讽刺地问,"国家希望我训练?在我经历了这一切地狱之后希望我再次训练?"

"我再次道歉。我为让你经历这么多感到抱歉。我代表巴哈马向你道歉。现在,我们希望你能重新开始你的训练,继续

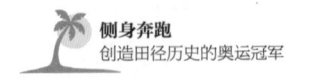

你的运动员旅程。我能为你做些什么，来帮助你实现这一点？"他问。

我直视他的眼睛："您可以把我的工作还给我，这样我就可以照顾好自己，支付我的账单。"

他微笑地看着我："成交。"

英格拉哈姆总理从椅子上站起来，绕过桌子回到他的位置。"你的训练怎么办？你将在哪里训练？"

"我得考虑一下。"

"嗯，我不认为你应该留在巴哈马。"他边说边在空中挥了挥手，"你需要去巴哈马之外的地方进行训练。你想要去美国的哪个城市？只要我们在那里有旅游部办公室。"

我停下来，趁总理在桌子上整理文件时思考了一下。然后我突然想到，下一届奥运会将在佐治亚州的亚特兰大举行。这座城市是巴哈马人的热门目的地，有直飞拿骚的航班。这再适合不过了！我立刻做出了决定。"亚特兰大，先生。"

英格拉哈姆总理双手放在桌子上。"成交。"

就这样，我的生活再次改变了——这次，变得更好。我再次成为巴哈马旅游部的带薪雇员，这给了我独立生活的收入，并让我可以继续训练。最重要的是，它恢复了我对我的国家、我的人民和我自己的信心！我可以毫不夸张地说，英格拉哈姆总理挽救了我的运动生涯，甚至挽救了我的生命！

对总理来说，这只是笔尖轻轻一划的事。

"当我知道她需要我的帮助时，对于我来说，帮助一个挣扎和努力的巴哈马同胞，尽管她已经取得了成就，是一件小事。"英格拉哈姆回忆道。他曾两次担任总理（1992年至2002年，2007年至2012年）。"我认为我只是做了在那种情况下我应该做的事情。我帮助了很多人。这不是我应该大肆宣扬或谈论的事情……这是我的工作。如果我能帮助谁,我就会去帮助他/她。"

是的,对他来说是一件小事。但对于我来说却是巨大的。考虑到我所经历的一切,1992年大选后我遭遇的拒绝真是一根冰冷的钉子!他恢复我在巴哈马旅游部的职位,撬起了那根钉子,把我从死亡中拉了回来。我永远感激他。

针对那些导致我失去工作的政治迫害的说法,英格拉哈姆补充道:"我不同意那种说法。不管她的政治倾向是什么,我从未与她讨论过政治。我甚至不知道她的政治倾向,在帮助她时我根本不在乎这一点。"

几天后,我回到了工作岗位,最初是在拿骚办公室,他们开始为我准备转移到亚特兰大的文件——一块巨石终于从我的心头落地了。我逐渐回归到更认真的训练中。在那段时间里,我对自己许下承诺,要低调行事,让申请慢慢通过系统,然后我就可以去亚特兰大了。

但是后来发生了一些奇怪的事情。四个月后,我还是没有接到任何电话。我仍然保持低调,害怕引起麻烦。

一天早晨,在拿骚的办公室里,我碰到了布伦特·西蒙内特(Brent Symonette),他是自由民族运动党的重要成员,当时担任旅游部长。

"波琳,你怎么在这里?"他问道,显得有些惊讶。

"先生,您这是怎么了?"我疑惑地回答,"您忘记我在这儿上班了吗?"

"不是,我是问你怎么还没去亚特兰大?"

我向他说明了原委——我还在等文件审批。他听后显得有些不悦,让我再耐心等一下,他会亲自过问我审批的事宜。果不其然，不到二十分钟，我桌面上就摆好了所有审批好的文件，全部已经盖章待用。这是怎么回事？是有人把我的文件弄丢了吗？还是他们疏忽了？考虑到我之前的遭遇，我倾向于认为这不是巧合。尽管加入巴哈马亚特兰大旅游部的命令是总理亲自下达的，但这似乎仍无法阻止某些人不断地试图干扰我的生活和工作。

我怀疑有人故意藏起了我的文件，不过这也只是推迟了我的行程。我立刻开始打包行李，准备前往亚特兰大，迎接我的新生活。但在离开之前，我去了埃尔迪斯那里。我们赢得奥运金牌的梦想似乎更加接近了。我告诉她，这个梦想必须在亚特兰大实现。如果想要梦想成真，我们就得开始训练，尤其是埃尔迪斯，她已经退役好几年了。

最终，在接下来的几年里，她时不时来到亚特兰大和我一起训练，而她的儿子则交由她的母亲来照看。

当然，那次重逢充满了喜悦——我感觉我们仿佛回到了在贝恩镇飞人俱乐部的青涩岁月。然而，我们之间确实不止一次发生过争执。埃尔迪斯一直被体重问题所困扰，即便在她还是一名短跑运动员时也是如此。她对垃圾食品情有独钟。生了孩子并且退役后，埃尔迪斯的体重更是增加了不少。对我俩来说，恢复到最佳状态还有很长的路要走。每隔一段时间，我就会去她的房间搜查垃圾食品。她总是把它们藏在一个地方——床底下。我会把那些垃圾食品统统清理掉，扔进垃圾桶。

"你这是在把我当小孩子看吗，波琳？"她总是会尖叫着抗议，"我可比你大。我要回巴哈马去！"

"随便你，我不在乎。"我也会毫不客气地回敬，"但我会照看着你，埃尔迪斯。我要帮你达到目标。你不可能靠吃这些垃圾食品去获得成功。"

埃尔迪斯和我有一个特点——我们总是能够床头吵架床尾和。人们常把我们比作夫妻。我想，我们在维斯登教练指导下成长的早期经历，让我们之间形成了一种特殊的纽带，尽管这并不意味着我们的关系在未来的岁月里不会经受考验。

在 1993 年末以及随后的 1994 年里，我们在亚特兰大迅速找到了自己的节奏。我负责大部分的烹饪工作，确保我们的饮食健康。埃尔迪斯在跑步技术上更胜我一筹，因此她能够轻松地适应训练计划。

对我来说，这段时间是恢复和找回最佳状态，同时也是适应新家的过程。在亚特兰大，我得到了旅游部办公室众多朋友和同事的欢迎与支持，感觉非常温馨。父亲去世的阴影已经彻底消散。如今，连总理都站在我这边。同时，我的比赛成绩也足以让我参加一些国际比赛，虽然我的表现还远未达到自己的预期。但这并没有让我太过烦恼——我感觉自己重新掌控了生活，正在朝着目标迈进。

要想成为顶尖运动员，你需要在多个层面上具备坚韧的心理素质。确实，你必须克服摆在你面前的种种障碍。但除此之外，你还需要认识到，通往理想之地的旅程可能比你想象的要漫长。

"作为一名短跑选手，她的决心尤为突出。"唐纳德·夸里——那位传奇的牙买加短跑运动员，同时也是我的前教练，如此解释道，"有时候，你可能会跑得很好，但在大型赛事中却未必能如愿以偿。但最终，成功总会到来。根据我的经验，这种情况屡见不鲜。你可能会经历两三个不理想的赛季，或者几个差强人意的赛季，然后就会迎来重大的突破。耐心和决心——波琳都具备。但有时候，成功不会立即降临。"

我的转折点是 1995 年 3 月在西班牙巴塞罗那举行的世界室

内田径锦标赛，那时我真正感觉到自己已经回归了。来自131个国家的近600名运动员齐聚帕劳圣乔迪体育馆，这里曾是1992年奥运会的比赛场馆之一。我带着全新的心态参加了这次世锦赛——不再找任何借口。英格拉哈姆总理对我寄予了厚望。我想向他证明，他的选择是正确的，他支持我前往亚特兰大的时间和金钱没有白费。

我满怀信心地踏上了200米决赛的赛道，我相信自己能为巴哈马赢得一枚金牌。最终，我与金牌仅一步之遥。

这不禁让我想起了在亚拉巴马大学读大三的那年。当时我在1988年全国锦标赛上夺冠，并以"侧手翻"的方式越过了终点线。巴塞罗那的室内跑道有一个陡峭的弯道，而且是倾斜的，高于地面。通常来说，无论是室内还是室外，弯道总让我感到非常棘手。说到底，那个采用非传统跑姿、侧身奔跑的女孩依旧藏在我内心深处，我是说，尽管维斯登教练和其他人费尽心思帮我纠正技术，但我偶尔还是会不自觉地回到那些旧习惯。在弯道上，这些问题就被放大了，使我失去了平衡。

发令枪响起的那一刻，我感觉这场比赛尽在我的掌控之中。然而，就在最后的直道——当我从弯道顶端冲出时——我稍微失了节奏，出现了一个小失误。在大学级别的比赛中，我能够坚持下来并赢得胜利，但世界锦标赛的竞争则是另外一回事。澳大利亚的梅琳达·盖恩斯福德（Melinda Gainsford）仅比我快了四百分之一秒，抢先冲过了终点线，夺得了金牌。我最终只获得了银牌，虽然远远领先于排在第三的俄罗斯选手娜塔莉亚·沃罗诺娃（Natalya Voronova）。

"波琳在200米中的表现，我认为非常出色。"夸里回忆道，"她唯一需要改进的就是弯道技术。如果波琳能够更好地掌握弯道技术，她将会更加出色。"

尽管我的速度和意志不容置疑，但弯道问题始终困扰着我。

尽管如此，这次的成绩对我来说依旧意义重大。经历了多年的平庸表现——至少按照我的标准来看是平庸的——我再次登上了国际赛场的领奖台，距离奥运会仅剩一年时间。但这次奥运会将与众不同。多年以来，我一直都是孤身一人与世界竞争。而现在，我需要考虑的不再只是我自己。经过十二年的等待，巴哈马终于将迎来一支女子接力队。

* * *

自1992年夏天我们组建接力队的那一刻起，我就深信我们能在1996年奥运会上夺得金牌。

我们几乎从未一起训练过，但这看起来只是一个小障碍。

当然，埃尔迪斯和我一直在亚特兰大训练。但萨瓦塞达、钱德拉和黛比都在忙于各自的大学比赛。我们时不时会在拿骚相聚，比如在参加奥运会选拔赛期间。但从1993年在购物中心外"讨生活"开始，我们五个人几乎没有在一起练习过。

现在，我们就这样去挑战全世界了？

但是不知怎的，我仍然深信不疑。这种信念逐渐传染给了每个人。我们的首个重大考验是1995年在瑞典哥德堡举行的世界锦标赛。如果我们在那里表现出色，就能在第二年获得奥运会的参赛资格。

我们只需要确定接力的顺序。谁跑第一棒？谁担任冲刺的最后一棒？还有中间的第二棒和第三棒该如何安排？每个国家都有

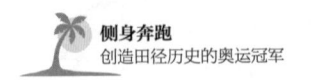

自己的策略。通常，你会将最快的短跑运动员放在第四棒，作为队伍的冲刺选手，以强劲的势头结束比赛。在哥德堡以及后来的亚特兰大，我们都决定由我来跑最后一棒。4×100米接力就是绕场一圈的距离，当接力棒传到我手中时，我将以我最快的速度在直道上冲向终点。这样就不需要担心那些大弯道，不是吗？

萨瓦和埃尔迪斯的起跑技术非常出色。大家都希望第一棒的选手能够为队伍赢得一个好的开局。通常来说，钱德拉、黛比和我更擅长耐力和速度，所以我们更适合在比赛的后期接棒，这样可以在奔跑中顺利接过接力棒。

当然，队伍里有五名运动员，决定让谁休息总是个难题。

在瑞典，我们决定让埃尔迪斯领跑，紧随其后的是黛比，然后是萨瓦和我。这一次，钱德拉将作为替补，但如果有人受伤，她将顶替上场。

我还记得，当我们闯入决赛时，我们所有人都为能站在那里而兴奋不已。在如此有限的训练情况下，我们就来到了这里。在我们国家的历史上，这才是我们第二次在女子4×100米接力决赛上进入了大型国际比赛。

那次，我们最终获得第四名，这并没有让我们感到失望——毕竟这是我们的历史最佳成绩！这极大地提升了我们的信心，并为未来的比赛奠定了基础。美国队赢得了金牌，然后是牙买加队，再后是德国队。

我们43.14秒的成绩也足以让我们获得奥运会的参赛资格。

与此同时，在那次世界锦标赛上，我成为唯一获得奖牌的巴哈马女运动员。在400米中我获得一枚银牌。特洛伊·坎普在跳高项目中赢得了金牌。

领奖台的最高处仍然遥不可及，但我已经敲响了那扇门。我回到了位于亚特兰大的家——这个即将承办第 26 届奥运会的地方，为即将到来的挑战做准备。现实正在缓缓向我梦中所见的景象靠近。

虽然我住在亚特兰大，但在奥运会开始时，我还是选择了住在奥运村。弗兰克·拉瑟福德——四年前为巴哈马赢得了第一枚个人田径奖牌的运动员——作为旗手带领我们的队伍走进了开幕式。在那届奥运会上，我们有 26 名运动员，其中 7 名是女性——我们的接力队就占了 5 个名额。其他两名女运动员呢？我的老朋友拉弗恩·伊芙代表巴哈马参加了标枪比赛，而杰基·爱德华兹（Jackie Edwards）则参加了跳远比赛。

在那届奥运会之前，大多数体育评论员可能都不会太关注巴哈马队。虽然这是我们有史以来最大规模的奥运代表团，比巴塞罗那时的 14 名运动员有所增加。但与美国的 646 名、俄罗斯的 390 名或加拿大的 303 名运动员相比，我们的 26 名运动员显得微不足道。如果有人预测巴哈马会赢得奖牌，那他们可能会把希望寄托在拉瑟福德的三级跳、坎普的跳高，或者我的 400 米上。

那巴哈马女子接力队呢？

我们当时并不是一个广为人知的团队。大家都知道牙买加队，但巴哈马队呢？自从 1984 年获得第六名之后，我们就很少在这个舞台上亮相了。

我已经三十岁了，来到亚特兰大时并没有太多的紧张感。这已经是我参加的第四届奥运会了。赛事的辉煌、魅力和壮观对我已不再有初次那样的震撼——我只想赢得比赛。1984 年时，我怀有威尔玛·鲁道夫那样的梦想，并因自己经历的困难而与她产生共鸣。现在，我意识到自己的时间不多了。拉瑟福德在 1992 年打破了那层天花板——他凭借一枚铜牌证明了我们在奥运赛场上

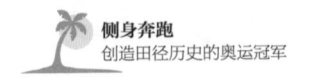

夺得奖牌是可能的。我们不会再找借口,也不会再畏惧了。

埃尔迪斯和我都清楚我们要做什么。但对于我的其他接力队友来说,这完全是一次全新的体验。我们与其他三名队员在年龄和经验上存在巨大差距,从一开始这一点就很明显,我们并不在同一个节奏上。

黛比·弗格森,那个我十年前遇到的眼睛睁得大大的小女孩,如今成了我的队友。这本来应该是一个很棒的故事。她是下一颗新星,是即将崭露头角的女子短跑运动员,有朝一日将带领我们的队伍达到新的高度。但在1996年奥运会上,队伍中出现了分歧。黛比不知何故,踪迹全无。她有一段时间甚至都没有出现在奥运村,更别说参加训练了。对于我们这支几乎没有时间一起训练的接力队伍来说,她的缺席让所有人都感到焦虑。

我们的教练,又是弗兰克·潘乔·拉明。就是那个在1989年CAC锦标赛中拿走我的起跑器、拒绝让我参赛的那位教练,也是在我"终身禁赛"的判决中起了关键作用的人。是的,他同样是那个对手田径俱乐部——先锋者田径俱乐部——的教练。他将黛比视为自己的得意门生,这也是他对维斯登教练将我培养成我国有史以来最杰出女运动员的回应。

从第一天起,这就注定会是一场灾难。

尽管她的缺席让我感到不安,但我没有太多时间去深思。毕竟,我在这届奥运会上唯一的个人项目是400米。在前一年世界锦标赛上赢得银牌之后,我信心满满,相信自己终于能够触及那难以企及的领奖台。从CARIFTA运动会到亚拉巴马大学,再到更广阔的舞台,我在这个项目上都取得了显著的成就,而且我每次夺冠的方式都是那么激动人心。终于,这场比赛给了我大放异彩的机会。

8 救赎

女子 400 米比赛吸引了来自 35 个国家的 49 名选手参加——这注定是历史性的一年。1996 年的比赛阵容异常强大。

其中最受瞩目的选手是法国的玛丽－约瑟·佩雷克（Marie-Jose Perec），她在上一届巴塞罗那奥运会的 400 米中摘得金牌，并在一年前的瑞典哥德堡世界锦标赛上再次夺金。美国选手杰尔·克拉克（Jearl Clark）在 400 米中的表现也很突出，她在 1993 年的德国斯图加特世界锦标赛的 400 米和 4×400 米接力中都赢得了金牌，并在 1995 年的瑞典哥德堡世界锦标赛的 4×400 米接力中继续保持优势。凯西·弗里曼（Cathy Freeman）是来自澳大利亚的新星，亚特兰大奥运会只是她辉煌生涯的开始，她将在未来的 400 米赛事中屡获金牌。而尼日利亚的法利拉特·奥冈科亚（Falilat Ogunkoya）则是非洲 200 米和 400 米的绝对统治者，自 20 世纪 80 年代中期起，她在这些项目上称霸了整整十年。

为了赢得奖牌，我知道我必须跑出一生中最精彩的一场比赛。我确实做到了，至少大部分时候是这样的。我全力冲刺，当我冲过终点线时，感觉像是经历了一种灵魂出窍的体验。我心跳如鼓，筋疲力尽，几乎要喘不过气来。当我终于恢复呼吸，抬头看向巨大的记分牌时，我感觉自己几乎要在跑道上直接晕过去，而且是晕过去两次。

对于一名奥运会的顶尖田径运动员来说，这是最糟糕的结果——我获得了第四名。

我宁愿垫底，也不愿成为第四名。

如此接近奖牌，却最终与之失之交臂。我的成绩更是令人心痛。媒体不断地称呼我为"最快的失败者"。我以 49.28 秒的惊人速度完成了比赛。放到历史的长河中看，这在二十五年后依然

243

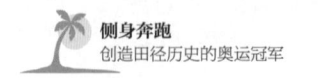

是女子400米跑历史上第二十三快的成绩。

那天，佩雷克以48.25秒的成绩夺得金牌，这个成绩仍是历史第四快。弗里曼获得的银牌成绩至今保持着历史第九快的纪录。奥冈科亚赢得铜牌，成绩目前排在历史第十五位。

这无疑是一次沉重的打击。

能跑出这样的成绩，却仍然不足够好，这让我很难接受。因为在大多数年份，这个成绩本应是足够的。例如，在1984年的洛杉矶奥运会上，我的成绩本可以获得铜牌。四年后的首尔奥运会，我本可以获得银牌。而在巴塞罗那奥运会上，我本可以拿到第三名，再次站上领奖台。

实际上，回顾任何一届奥运会，我都"本可以"获得奖牌。但我不找借口。奥运奖牌极为珍贵。虽然情况各有不同，但这让我想起了1987年的NCAA室外锦标赛，我们队因为我鞋子的越线而输掉了比赛。在顶级竞技场上，成绩往往就是由半只鞋的距离、几毫秒的差距、一个瞬间的失误或无数其他因素决定的。我一生中有好几次都感到被剥夺了荣耀，很多时候的确都是因为无法控制的因素。但是过分纠结于此，只会让自己陷入一个充满自责和遗憾的恶性循环。我能做的只有重新振作，毕竟，我的队友们还等着我。4×100米接力就在几天后。

我睡了整整二十四小时，甚至更长的时间，才恢复体力重新归队训练。当我回到队伍时，黛比的情况并没有好转——她依旧不在奥运村，训练也照旧缺席。

那些时刻让我不禁回想起在波多黎各的经历，当时我因为在一个酒店过夜而被我们现任的奥运教练极端严厉地处罚了。

黛比却可以为所欲为，而且不必承担任何后果，这使情况愈发糟糕。

尽管如此，我们还是像往常一样继续训练。黛比是4×100米接力预赛中我们队伍的四名短跑选手之一。直到半决赛结束，黛比的问题才彻底暴露出来。

决赛前一两天，我们五个人都在进行训练。黛比正在她通常的第二棒位置上全速冲刺时，意外发生了。当时她正准备将接力棒递给萨瓦，但她在跑动中稍微偏离了自己的跑道，与萨瓦发生了轻微的碰撞。我们不得不立即中止训练，经过一番检查，我们发现萨瓦的腿筋受了伤。

"其实在亚特兰大奥运会之前，我就已经受伤了。"萨瓦在接受采访时这样解释道，"大约在那年5月份的时候，我受过伤。那时候伤病并没有完全康复，一直都有异样的感觉。所以说不上'又受伤了'。"

在即将参加4×100米接力决赛之际，还有其他一些因素令人担忧。首先，黛比缺席了训练，在奥运村外消磨时间。然后，萨瓦的受伤让我们雪上加霜。此外，我还做了一些额外的研究。我打印了所有预赛和半决赛的数据，分析了每位运动员的个人成绩。

黛比是一个极具天赋的运动员，她日后定会有非凡的成就。但在此时此刻，情况一目了然——她跑得慢了些。至少和我们的对手相比是这样。我梦中的那枚金牌似乎正在逐渐变得模糊。

首先找到我的是钱德拉——她一向是我们中最有斗志、最直言不讳的人。考虑到萨瓦的情况，她也认为黛比应该被替换。

因此，我们在奥运村组织了一个会议——我、埃尔迪斯、萨瓦和钱德拉——讨论接下来该怎么办。我们知道必须谨慎处理。对于黛比的情况，尤其是她与拉明的关系，我们都很清楚其敏感性。我们把所有问题都摆在了桌面上。我把那些统计数据带到了

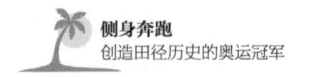

会议上，每个人都发表了意见。最终，我们共同决定让钱德拉在决赛中顶替黛比的位置。

尽管萨瓦并未完全康复，但她的身体状况还能继续比赛。我们一致认为，作为一个团队，我们需要一起和黛比谈话，共同把这个决定告诉她。

遗憾的是，事情并没有按照我们的计划发展。

钱德拉最先遇到了黛比，并泄露了消息。具体她说了什么，我不清楚。我在拐角处时，先听到了黛比的声音，然后才看到她。那是一种尖锐的哭声——一种哀号——然后我看到黛比在走廊的那头朝我走来。

"钱德拉说你不想让我留在队伍里！"她哭喊道。

我尽力平静地向她解释我们决定的理由。我们本应该一起坐下来，逐点向她解释清楚。那是一个糟糕的局面，很快，悲伤转变成了愤怒。然后，我们还得面对拉明。

很显然，他非常愤怒。尽管这是团队共同做出的决定，但作为队长，我承受了他大部分的怒火。

"你们没资格做这样的决定！"他尖叫道，"我是这里的教练。你们怎么敢！你们不能就这样随意地做出决定。"

在某种程度上，他是对的。他是教练。但我觉得——整个团队也这么认为——我们在那场 4×100 米接力决赛中肩负着特殊的使命。是我们自己一开始将这个队伍聚集在一起，是我们自己为了参加比赛乞讨集资，在奥运会前尽可能地安排训练，拼尽全力来到了这里。坦白说，根据黛比的成绩和那时的行为，她不应该参加决赛。

"我参加了亚特兰大奥运会。"巴哈马主流报纸《论坛报》的体育编辑布伦特·斯塔布斯回忆道，"我和黛比谈了……她当时非常沮丧。她并没有掩饰自己的情绪。但值得赞扬的是，我清楚地记得黛比那时说她不会让这件事摧毁她自己。她会回来，重新赢得她在队伍中的位置。"

不管结果怎样，我总是直言不讳，这有时会给我带来麻烦。但我不怕任何人，不管他的地位如何。我总是说出事实真相。

我心中只有一个目标——那就是赢得我在梦中看到的那块奥运金牌。

"波琳就是这样的人。"斯塔布斯补充道，"她从不隐瞒什么。这也是我欣赏她的地方。她总是直言不讳，不会刻意奉承。这种性格有时会让她陷入麻烦。作为一个女性，有些人因此而不接受她。但这就是波琳，这是她性格中不可剥夺的一部分。"

拉明挥舞着双手，怒气冲冲地离开了。从那刻起，我们失去了教练。之后的训练和预演，我们只能靠团队自己指导自己，我们在赛道上或场边大喊加油，互相鼓励，指出对方的不足。拉明和黛比已经不知去向。

当我踏上世纪奥运体育场的赛道，看着看台上数以万计的欢呼着的观众，以及数百万在家观看比赛的观众，我心里只有一个念头——这次我们必须成功。

如果这次失败了，那将是一场彻底的灾难。

我们面临的任务异常艰巨。和往常一样，美国队是夺冠热门，紧随其后的是牙买加队、俄罗斯队和尼日利亚队。法国、澳大利亚和英国队也都实力强劲，成功晋级决赛。我们上次处于这样的境地还是在1984年，那时我们获得了第六名。在那个体育场里的八万五千名观众中，我觉得没有多少人看好我们。

"在这届奥运会上，已经有超过一百万人（现场）观看了田径比赛，而今晚的比赛预计将精彩连连。"哥伦比亚广播公司

（Columbia Broadcasting System，简称CBS）的解说员说道，"比赛从接力赛开始，首先是女子4×100米接力。亚特兰大的本土明星格温·托伦斯将带领美国队出战，她们将向世界其他队伍发起强有力的挑战。格温·托伦斯将跑最后一棒，盖尔·德弗斯（Gail Devers）将负责第二棒。"

尽管盖尔在几天前刚刚赢得了100米金牌，但格温作为东道主的女儿，获得了更多的关注。在奥运会前夕，我们彼此间变得非常熟悉。她的丈夫曼利·沃勒（Manley Waller）在奥运会前其实是我的教练之一。因此，我们关系很好，但实际上，我们之间暗藏着激烈的竞争。

多年前，格温是一名佐治亚大学的明星运动员，而佐治亚大学是我所在的SEC中最大的对手之一。我们的关系起初并不顺畅。

那时候，我刚入学不久，是一个"硬核新生"。她比我大一两岁。在路易斯安那州立大学的一次相遇中，她朝我走过来，好像要——用我们巴哈马人的话来说——"找我的麻烦"（cut my ass）。那时格温想要严厉地教训我一顿。

"我会打败你的！"她说。

我体内的"贝恩镇"瞬间爆发。我一步跨到她面前，脸几乎贴上了她的脸。

"你刚才跟我说什么？"我反问道，"你说你要做什么？"

我记得很清楚，那一刻她的表情缓和下来。

"天哪，原来你不是美国人！"她说。

我翻了个白眼，转身离开。

从那以后，我们的关系开始向好的方向发展。她叫我"巴哈马"，而且似乎觉得我的背景和口音特别讨喜。后来我们成了朋友。那个女孩跑得快极了，我们在一起的时间，既有在国际赛场上的较量，也有在亚特兰大训练时的陪伴。但我是出了名的争强好胜。对于她在路易斯安那州立大学那次与我发生的那次冲突，即便过了许多年，我始终未能真正释怀。

现在我们到了这里，亚特兰大奥运会的现场。

我扫了一眼五号跑道上的格温，她紧邻着六号跑道上的牙买加队。她正来回踱步，黑色的头发用红白蓝的发圈束了起来。我在二号跑道，夹在法国和英国之间。突然间，我注意到格温正直视着我。考虑到她的丈夫是我的教练，我想她更了解我们巴哈马队的情况——我们有可能赢得奖牌，甚至可能是金牌。我们俩心里都清楚，最后一棒的竞争将是一场激战。

其他人都没怎么关注巴哈马队。

回看美国国家广播公司（National Broadcasting Company，简称NBC）对奥运会的转播，我的国家在比赛前甚至都没有被提及。所有焦点都集中在美国队上，这无可厚非，随后人们的注意力转移到了牙买加的"强大阵容"上。屏幕上快速滚动着国家名单，法国、俄罗斯等几个国家的队伍在其国名在屏幕上一闪而过时都被解说员简短提了一下。但解说员对巴哈马队却只字未提。

格温和我多年的朋友、前辈和老师玛莲·奥蒂之间的较量被大书特书，玛莲代表牙买加队跑最后一棒。这也可以理解。到那时为止，玛莲在她的职业生涯中已经赢得了6枚奥运奖牌，包括在那届奥运会上100米和200米的两枚银牌。1996年，她正处在短跑生涯的顶峰。

除了格温和玛莲，我下一个重要的竞争对手是俄罗斯短跑选手伊琳娜·普里瓦洛娃。她在1992年的巴塞罗那奥运会上赢得了100米铜牌和4×100米接力银牌。

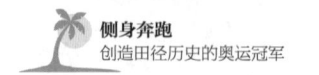

但实际上，所有人的焦点都在美国队上——其他的队伍仿佛都成了陪衬。美国队连续三届奥运会都获得了这个项目的金牌，在过去十五届中更是赢得了 8 枚金牌。

埃尔迪斯为我们赢得了良好的开局，让我们能够紧跟领先者。米歇尔·弗里曼（Michelle Freeman）让牙买加队早早就处于领先的位置。接着盖尔·德弗斯接过了接力棒，她的手指末端缠着白色胶带，以保护她那长长的指甲。这位现任 100 米冠军将美国队推到了领先的位置。

钱德拉——黛比的替代者——的表现没有让人失望。到了第三棒时，我们已经排在了前三名。牙买加队已经落后，而俄罗斯队正在逼近。我在场边来回跳动，放松身体，等待我的接力时刻。紧接着是萨瓦。她绕过弯道时，我已经做好了接棒的准备。美国队、俄罗斯队和巴哈马队之间的差距微乎其微。牙买加队需要奋力追赶。萨瓦冲了过来，在我开跑之前，我最后的记忆是她显得有些不适。我能察觉到她的腿筋在困扰她。这影响了我们的交接棒。在交接时，由于担心我们的配合会出问题，我不得不稍微放慢了速度。

格温略微领先，我如同炮弹般爆发，沿着内侧的直道狂飙猛进。解说员一直聚焦于牙买加队和美国队，你可以听到他的声音中充满了惊讶，好像我是凭空出现的一样。

"牙买加队的玛莲·奥蒂和美国队的格温·托伦斯分别担任最后一棒。现在他们来到了直道的顶端。接力棒已经完成交接。格温·托伦斯跑在最前面。玛莲·奥蒂紧随其后。接下来，内侧的巴哈马队发起了挑战！"他叫道，声音中带着一丝迟疑。"但看啊！格温·托伦斯为美国队赢得了胜利！"

在最后的几秒钟里，全世界终于注意到了"屁股上的小痘痘"。

玛莲在最后一棒以微弱优势击败普里瓦洛娃，赢得了铜牌，真是振奋人心！

我们的队伍以 42.14 秒的成绩冲过终点线——仅比美国队慢了 0.19 秒。我们以 0.10 秒的微弱优势战胜了牙买加队，比俄罗斯队快了 0.13 秒。当转播切换到 NBC 总部时，奥运会黄金时段的著名主持人鲍勃·科斯塔斯（Bob Costas）终于给予了我们应有的肯定。

"至于获得银牌的巴哈马队，"他总结道，"这是巴哈马女子运动员首次赢得奥运奖牌！"

这无疑是一个历史性的成就，对于我们个人和整个国家来说都是如此。

女子 4×100 米接力首次出现在 1928 年荷兰阿姆斯特丹的奥运会上。翻阅这项赛事的历史记录，你会发现一些熟悉的国家常常占据领奖台——美国、加拿大、德国、英国、俄罗斯。还有一些小国家偶尔也会出现在榜单上，比如荷兰、澳大利亚、波兰和尼日利亚。1968 年，古巴在墨西哥城爆冷赢得了银牌；那时，那个岛国的人口大约有九百万。

但巴哈马呢？我们的人口只是他们的一个零头，甚至连零头都算不上。

没有一个和我们相同规模的国家曾经做到过这一点。

于是，我们——埃尔迪斯、钱德拉、萨瓦和我——在现场又蹦又跳，一起欢呼庆祝，相互紧紧拥抱，让这一刻慢慢沉淀。但最终，我回过神来。等等，这和我梦里的情景不一样。我们赢得的应该是块金牌！

虽然听起来有些疯狂，但我的思绪已经飘到了四年后。如果

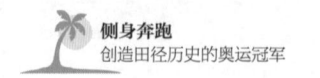

不在1996年的美国亚特兰大，那就一定是2000年的澳大利亚悉尼。

尽管如此，这场胜利仍是甜美的，它缓解了我400米获得第四名的失落。

我们四个人像冠军一样走下赛场，穿过隧道。埃尔迪斯的复出帮助我们赢得银牌，这是多么地不同凡响！更别提我们团队面临的财务困境，几乎让我们无法正常训练或参加国际比赛。还有萨瓦的受伤，以及我们在最后时刻不得不替换黛比的决定。再加上我个人从低谷到奥运领奖台的艰难挣扎，这虽然不是完美的时刻，但无疑是一个巨大的飞跃。

在随后的新闻发布会上，灯光闪烁，媒体云集，我们都不约而同地注意到有些不对劲。

黛比不知去向。

尽管我们的最终目标未能实现，但巴哈马终于开始在世界舞台上崭露头角。现在，田径界会开始提及我们国家的名字。然而，当我们环视那片官员和记者的海洋时，我们发现不仅黛比缺席了，而且没有任何来自巴哈马的官员、教练或奥委会成员来迎接我们。

这块银牌属于我们。我们决定替换黛比的冒险得到了回报，但我也知道，接下来的斗争在所难免。但这一次，我做好了准备。

9

约 定

奥运会结束后,其他女孩都飞回拿骚了,而我留在了亚特兰大。毕竟,这里已经是我的家了,我有我的教练和在巴哈马旅游部的工作。当我们相互告别时,整个接力队仍沉浸在喜悦之中——当然,除了黛比,她依旧下落不明。

比赛后的冷遇仅仅是个开始。

一两天后,我在奥运村的走廊里看到了巴哈马田径协会主席"鹰"——阿尔菲厄斯·芬利森("Hark"—Alpheus Finlayson)朝我走来。我放慢了脚步,试图与他进行眼神交流。但他却直接从我身边走过,仿佛我是透明人一样。

连一句简单的问候、一句祝贺,或是握手都没有,更别提交流讨论了。

那时候,我对此并没有太在意——我已经习惯了巴哈马田径协会和巴哈马奥林匹克委员会(Bahamas Olympic Committee,简称BOC)对我的冷淡。毕竟,这又不伤皮肉,对吧?然而,几周

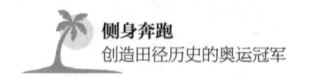

后，整个事件越来越向人身攻击发展。

家里的电话响了，是爷爷打来的——他哭得非常厉害，我几乎听不清他在说什么。

"波琳，宝贝，你为什么要这样对待自己？"他抽泣着，声音颤抖。"大家不爱你了。他们在说一些可怕的、恶劣的话。我知道那不是真的你！"

"是爷爷吗？你在说什么？发生了什么？"我困惑地问，我能感受到他声音中的痛苦。很快，我的眼泪也沿着脸颊流了下来。

"他们根本不关心你！"他哭诉着。

和大多数巴哈马人一样，我的爷爷对本地新闻非常关注。而在奥运会期间，没有比巴哈马女子接力队赢得银牌更大的新闻了。

首先，巴哈马人喜欢报纸、脱口秀和电视广播。我们都是新闻迷。即使在互联网日益普及的今天，你仍会发现人们在家庭中收听广播，或者在红灯前从街头小贩那里买报纸。其次，我们热衷于"sip-sip"。这是巴哈马人的说法，指的是八卦传闻。让我告诉你吧，没有人比巴哈马人在传播八卦方面更在行了。

消息在我的小岛上传播得飞快。

显然，团队从亚特兰大回来后不久，巴哈马田径协会和巴哈马奥林匹克委员会就在拿骚举办了一两次庆祝活动，以纪念我们的辉煌胜利。而我却不在场，甚至没有人通知我有这些活动——仿佛我消失了似的。不过，这些并没有让我太过烦恼。是的，我本希望能被邀请，但与拿骚四处流传的恶毒八卦相比，这一两次的庆祝活动就显得微不足道了。街上的传言是：波琳·戴维斯对巴哈马田径运动构成了威胁，是个麻烦制造者。同时，又有我要停赛的消息在流传。

如果你还记得，这将是我第二次面临停赛。

《拿骚卫报》刊登了一篇标题为《戴维斯遭遇黑色圣诞节？》的文章。

文章报道，据传，波琳·戴维斯将被停赛，原因是"她参与了替换黛比·弗格森的行动。"

"但《拿骚卫报》还了解到，停赛可能是因为戴维斯和奥运会田径总教练弗兰克·拉明在亚特兰大发生了一场口头冲突。"记者补充道，"据说，提出纪律处分的原因是在拉明与戴维斯讨论4×100米接力决赛队伍组成时，戴维斯说了一些他'难以启齿'的话。"

都是些老掉牙的争斗。同样的旧恩怨、同样的派系主义和偏袒。但自从我上次与巴哈马田径协会的对峙以来，很多事情都发生了变化。我不再是那个逆来顺受的年轻的、敏感的女孩。现在的我，是一个成熟的女性，至少在女子国际田径运动领域，我是巴哈马田径运动的骄傲代表，这样的地位我已经保持了十年。我得到了总理的支持。现在，我是一名奥运会奖牌得主。我已经不是那个在波多黎各可以被随便对待的人了。

我安抚了爷爷，告诉他我会处理这件事。

没过多久，我又一次拿起电话，预订了达美航空的座位。第二天一大早，我就飞回了巴哈马。

抵达后，我拦了一辆出租车。没时间去见家人或朋友了。

我只有一个目的地——"请带我去ZNS"。

ZNS，即拿骚和风阳光（Zephyr Nassau Sunshine），是我们国家最老牌的电视台，由巴哈马政府和巴哈马广播公司共同拥有和运营。我径直走进他们的总部，告诉他们我有故事要讲："有

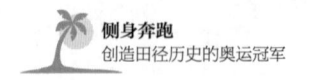

很多关于我的负面言论——我来这里是为了澄清事实。"

我想大家都对我，波琳·戴维斯，这位金牌女孩的突然出现感到震惊。但他们同时也感到兴奋。

他们告诉我："稍等，我们会安排你参加下一档节目。"

事实证明，为自己辩护并不像我想象的那么简单。

就像我说的，巴哈马人热衷于脱口秀广播，从我踏入演播室的那一刻起，电话就响个不停，就像圣诞树上被点亮的灯光一样。

"你不应该插手教练的决定！"一个匿名打电话的人大声指责，并对我破口大骂。

"你算老几？"另一个人说。

"你只是一名运动员！你最好闭嘴，做好你该做的事！"

各种恶言恶语向我袭来。我深吸一口气。我的目的是坦诚相告，向公众解释在亚特兰大发生的一切。

我把所有事情和盘托出，包括黛比离开奥运村和缺席训练的事。我解释说，并不是我波琳·戴维斯一人做出的这些决定——替换黛比是全队的决定。我开始进入状态，一点一点地叙述了萨瓦受伤时，黛比与她相撞的情况。我还讲述了打印所有运动员跑步计时材料的事，以及发现黛比在所有参赛者中几乎是跑得最慢的几个运动员之一。我清楚地告诉所有人，我当时确实是带着这些担忧去找过教练的，但他甚至不愿意听我说完。

我对自己的处理方式问心无愧。我们的唯一目标就是夺得奥运奖牌。我认为，我们确保派出最专注的运动员，是对我们国家负责任的表现。但在那一刻，黛比的注意力并不集中。

"我觉得他们似乎在质问：'你怎么敢不让黛比参赛？'"埃尔迪斯说，"你要知道，她是我们的明星。她年轻、有潜力，大家都非常喜欢她。因此，我们对她说：'不，黛比，你会有下一次机会的。'这并不容易。但这是我们团队共同做出的决定。这也让她后来成为更优秀的运动员。"

我在演播室里待了数小时。ZNS为了继续这场讨论，甚至取消了当天所有的预定节目。

随着时间的推移，公众的看法开始转变。

"巴哈马田径协会应该放过这个女孩。"一位打进电话的听众说。

"这就是我们对待代表国家的运动员的方式吗？"

"这个女孩为了把我们带到世界舞台上付出了所有——我们就这样对待她吗？"

我不再愿意默默忍受。

当一切终于告一段落时，我感到筋疲力尽，内心也略显疲惫。当我离开演播室，沿着走廊走出去时，ZNS的工作人员纷纷从椅子上站起来，从办公室里走出来。他们对我微笑，鼓掌，拥抱我，轻拍我的背。

当我走到大厅时，我停下了脚步——整个房间都摆满了鲜花！

"这些都是给你的。"接待员对我说。

这是我见过的最令人震撼的支持浪潮之一。我感激不已，但并未感到满足。接下来，我去了我的律师珍妮·汤普森（Jeannie Thompson）那里，准备对巴哈马田径协会提起诉讼，以对抗对我的停赛处分。

如果他们坚持要走这条老路——那么整个巴哈马都将听到一些事情。我愿意毫无保留地讲述全部事实。与此同时，我的故事几乎每天都在广播和报纸上播放和刊登。人们对这个涉及巴哈马

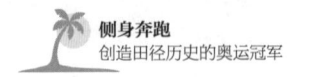

田径协会的丑闻兴趣盎然。

让他们试试停我的比赛——看看会有什么后果。

这是我画下的底线。这是一场真正的对抗。

随着开庭日期的确定,我发现法官的姓氏也是戴维斯。虽然事实证明我们并无亲属关系,但我把这看作一个好兆头。接着,发生了一件大事。许多在亚特兰大参赛的巴哈马运动员纷纷站到了我这边。

《运动员们力挺戴维斯》——这个标题于1997年1月3日登上了《论坛报》。一封由包括我的队友埃尔迪斯·克拉克和钱德拉·斯特鲁普在内的众多巴哈马运动员签署的信件,要求巴哈马田径协会重新考虑对我的停赛决定。

"我们以下签名的1996年奥运会团队成员,希望表达我们对波琳·戴维斯的全力支持,她是一位有献身精神且成绩斐然的田径运动员。"信中写道,"我们参加了奥运会,我们当中在场的人,以及我们当中事后得知波琳和总教练弗兰克·拉明之间误会的人,都可以证实,波琳从未如弗兰克·拉明在报告中暗示的那样,对他使用过粗俗或不恰当的语言。"

舆论的风向已经转变——公众的意见坚定地偏向了我这一边,不仅仅是运动员们。在巴哈马的街头,行人纷纷拦住我,向我表示歉意,仿佛他们自己犯了什么过错。那是一段充满压力的时期,但也让我感到了力量。

我并不认为自己是一个完美的运动员——我确实直言不讳,有些人可能会觉得我过于激进或冲动。但我所做的,绝非仅仅为了自己,我一直是为了我的国家,为了追求奥运金牌。

"波琳被误解了。"萨瓦解释说,"波琳是个了不起的人。她所做的一切,都是出于好意。有时候,当你对某件事充满热爱时，情感就会占据上风。我想这就是波琳的情况。正因为她的情感丰富，她才被误解。"

在我提起诉讼的几个月后，停赛的威胁便被取消了。

我在想，我是不是唯一一个在自己的联合会遭遇两次停赛，却又两次战胜他们的奥运运动员？

这或许算不上我最耀眼的成就，但绝对是独一无二的。

我选择直面这一切，不再沉溺于抑郁和自怜。停赛取消后，我本可以选择将诉讼记录从法院中抹去，但最终，我决定让它保留在那里。

这不是出于恶意，而是作为一种见证——同时也是一个警告。

即便在今天，我依然将自己的经历视为保护下一代运动员的一种方式，希望他们不必经历我所经历的一切。

我的诉讼记录将永远留在法院，直到我生命的最后一刻。

与此同时，我无意深陷于过去。我有更大的目标要实现。毕竟，我已经年过三十，参加了四届奥运会。没有多少运动员能长期保持在高水平的竞技状态，更不用说参加第五届奥运会了。而我的目标是，不仅要参加2000年悉尼奥运会，还要赢得那枚梦中的金牌。时间紧迫，我们必须让女队重新集结。

现在，我们还缺少一个重要的环节。

虽然我的停赛已经解除，但黛比的情况又如何呢？我们团队因为亚特兰大的事件而分崩离析。但事实是，黛比是一位极具天赋的运动员。她对《论坛报》记者布伦特·斯塔布斯所说的话是正确的。奥运会上发生的事情并不会动摇她的自信心。为了赢得最终的胜利，我们需要黛比。自从亚特兰大奥运会之后，我们就没有再说过话。大约六个月后，电话铃突然响起。

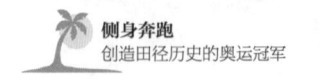

"黛比，是你吗？"我问。

我们几乎同时开始说话，有太多的话要说，也有太多的话未曾说出。

"让我说，让我说。"她坚持道，稍做停顿，"听着，我知道我搞砸了。我知道你们为什么那么做。我也知道你们爱我。你还记得我曾经告诉你，我想成为像你一样的人吗？"

"记得，黛比。"我轻声回答，"但你当时走错了路。"

我们聊了很久——哭了——然后又继续聊。尽管发生了那么多事，我依然爱着黛比。她就像我的小妹妹，我永远忘不了我们第一次在跑道上相遇的那一刻。她仰望我的那种眼神。那些情感永远不会消失。尽管我们会经历高低起伏，但我始终希望她能得到最好的。

最终，我们达成共识——我们必须让团队重新集结。

说起来容易做起来难。1997年中期，带着银牌的光环，我们比以往任何时候都更渴望胜利。我们已经窥见了胜利的曙光。但我们也比以往任何时候都忙碌，各自生活在不同的城市，跟随不同的教练团队训练。我在亚特兰大和拿骚之间来回穿梭。埃尔迪斯回到了她的母校，弗吉尼亚州的汉普顿大学，接受前美国短跑运动员史蒂夫·里迪克（Steve Riddick）的训练。考虑到里迪克曾是1976年蒙特利尔奥运会4×100米接力金牌队的一员，这是一个明智的选择。钱德拉搬到了北卡罗来纳州的罗利，接受牙买加短跑运动员特雷弗·格雷厄姆（Trevor Graham）的训练。萨瓦塞达也在美国训练，往返于密歇根州立大学和得克萨斯州。而黛比则还在大学里，她在佐治亚大学刷新着SEC的纪录。

虽然我们各自分散，但拿骚始终是我们的家。这里是我们的精神支柱，是我们的集结点，我们迟早都会回到这里。

9 约定

　　1997年夏初,我们自亚特兰大奥运会以来首次举行了真正的聚会。我们选择在"鱼炸"(Fish Fry)①吃午餐。如果你不太了解巴哈马,或者从未造访过巴哈马,那么我来告诉你,"鱼炸"是我们的一种传统。它坐落在海边,是一系列海鲜餐厅的集合,既有室内也有室外,都供应着传统的巴哈马美食。夜晚降临,这里瞬间沸腾,音乐轰鸣,舞池摇曳,派对热潮如同火山爆发般汹涌,时常烧至天明。但对我们来说,是为了聚餐而来;对我而言,还是为了商讨正事。

　　我们未能在亚特兰大夺金,所以必须在三年后的悉尼实现。

　　我们五个人坐在室外,桌上摆满了巴哈马的特色佳肴——豌豆米饭、海螺、鱼、香蕉和卷心菜沙拉。我们大快朵颐,笑着,说着玩笑话,时不时有人停下来和我们交谈,请求合影或签名。多年来,我已经习惯了这样的关注。巴哈马的公众现在都认识我们整个团队了。我们在岛上已经是名人了。

　　但正如我所说的,我们此行也是为了商讨正事。

　　亚特兰大奥运会前我们的训练量之少,至今仍让人难以置信。尽管我们分散在美国各地,但为了提升到更高的层次,我们必须提前开始准备。这并不容易。

　　于是,那天我们做了什么呢?我们当场做了约定。

　　我们约定必须完成这项使命。我们必须赢得奥运金牌。这些年来,我们五个人有过不少分歧和争论,但有一点我们比任何人都清楚,那就是我们有实力赢得奥运荣耀,击败那个巨人——美国队。虽然我们来自一个小岛国,但我们的民族自豪感和责任感

---

① "鱼炸"(Fish Fry):巴哈马的一种社交活动,通常包括炸鱼和其他海鲜的烹饪和共享。这种场合融合了美食、音乐和文化元素,是一种社区聚会的方式,让人们在享受美食的同时,也能体验当地的文化和社交氛围。

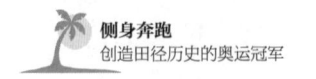

无比强烈。

因此，我们达成共识——无论我们的生活将发生何种变化，从现在起到2000年悉尼奥运会，我们都将紧密团结。

"赢得银牌之后，我的思路变得异常清晰。"埃尔迪斯回忆道，"钱德拉、萨瓦塞达和黛比——她们虽是年轻运动员，却跑出了世界级的成绩。我们意识到，我们完全有可能赢得金牌。我们的速度不输给任何人，我们和美国、牙买加一样快，甚至超过了法国。我们需要做的就是完善我们的接力棒交接技术。"

为了实现这个目标，我们必须亲力亲为。在我们这样一个资源有限的小国，巴哈马田径协会和巴哈马奥林匹克委员会不可能为我们提供一切，没有用于训练营的专项预算，也没有配备最先进技术和医疗团队的体育场馆。在"鱼炸"餐桌上，我们所能依靠的只有这些：我们的心、我们的身体和我们的决心。我们没有替补，不像美国那样有众多精英运动员可供选择，争夺奥运会的参赛资格。在这场比赛中，我们就是巴哈马的唯一代表。

幸运的是，我们得到了巴哈马之外的教练的支持，还得到了接触世界一流团队和设备的机会。那么，如何将这些资源整合在一起呢？

这也是我们约定的一部分。

我让女孩们将各自的名字写在一张小纸上。然后我把这些纸片收起来，放进一个棕色的纸袋里，摇晃均匀。我们通过这种方式决定谁将负责我们的第一次训练。

这是唯一的办法。我们必须自费聚在某个城市，否则我们不可能有足够的时间进行训练。

负责接待的队友需要安排往返机场的交通、住宿、餐饮，以及邀请私人教练和提供训练设施。当我紧闭双眼，手伸进袋子抽纸条时，猜猜我第一个抽到的是谁的名字？波琳·戴维斯。

这再合适不过了，因为我是队长。

我们带着满心的期待离开了"鱼炸"餐桌，目标直指金牌。这个约定并非完美无缺，但这是我们唯一能做的。让我们未曾想到的是，我们的团结将面临前所未有的考验。

* * *

我们各自分头行动，承诺不久后便会进行第一次集体训练。然而，生活总是充满变数。不知不觉中，几个月就过去了。现在已经是八月，我们即将前往希腊雅典参加1997年的世界锦标赛。

很快，我们就深刻体会到额外训练的重要性。

在希腊，竞争异常激烈。美国队几乎以原班人马回归，只是增添了一张新面孔——马里昂·琼斯（Marion Jones）。老一辈的读者或许对这个名字有所耳闻。时至今日，每当我听到她的名字，心中仍会涌起一阵痛楚。尽管我与她并不相熟，但她对我的职业生涯的影响却超过了任何人。

在20世纪80年代末90年代初，大约在我即将从亚拉巴马大学毕业之际，琼斯在加州的高中田径赛场上独占鳌头。她连续三年荣获佳得乐年度最佳田径运动员奖（Gatorade Player of the Year），这是一项非凡的成就。供读者您参考，该奖项在篮球领域的得主包括勒布朗·詹姆斯（LeBron James）和科比·布莱恩特（Kobe Bryant），而佩顿·曼宁（Peyton Manning）和埃米特·史密斯（Emmitt Smith）则分别获得了橄榄球领域的这个奖项。这下您该明白这个奖项的分量了吧。此外，她还在1991年和1992

年被《田径新闻》(Track and Field News)评为年度高中运动员(High School Athlete of the Year)。琼斯被视为美国的天才少女——一位短跑奇才,一代人的天才。但是,即便在那时,就已经出现了种种预警迹象。

1992年,琼斯因涉嫌使用兴奋剂和拒绝药检而受到指控。令人惊讶的是,她得到了臭名昭著的律师约翰尼·科克兰(Johnnie Cochran)①的辩护。科克兰两年后在O. J. 辛普森(O. J. Simpson)那起现代史上著名的谋杀案中为其辩护。科克兰的才智和策略在两起案件中都发挥了重要作用。琼斯最终被宣判无罪。但颇具讽刺意味的是,她的田径生涯随后却被搁置一旁。作为一名极具天赋的运动员,她获得了北卡罗来纳大学(University of North Carolina)的全额奖学金,转而加入了该校的女子篮球队——北卡焦油脚跟队(Tar Heels)。

我第一次见到她是在1997年春天,距离我们去希腊还有几个月的时间。

琼斯从北卡罗来纳大学毕业后,重新回到了田径赛场。尽管她已经多年没有参加比赛,但她的名声我们早有耳闻。在这个小圈子里,人们总是议论纷纷。我曾听人说:"她就是那个被约翰尼·科克兰辩护的人。"

我们在佐治亚理工学院(Georgia Tech)参加了一场田径赛事。这不是一场重要的比赛——更像是让大学和职业圈的顶尖运

---

① 约翰尼·科克兰(Johnnie Cochran):美国著名的黑人律师,生于1937年10月。他以其在法庭上的出色表现和独特的策略而闻名,尤其是在为名人和体育明星辩护方面表现突出。科克兰最著名的案件是辛普森杀妻案。在这起案件中,他作为辩护律师团队的一员,成功地为橄榄球明星O. J. 辛普森进行了辩护。他的辩护策略被认为是整个案件的转折点,最终帮助辛普森获得了无罪判决。除了辛普森案,科克兰还为其他多位名人辩护,包括迈克尔·杰克逊的骚扰儿童案和橄榄球运动员吉姆·布朗的强奸案等。他的职业生涯不仅限于为名人辩护,还涉及一系列警察暴力和公民权利案件。

动员聚在一起进行热身的活动。这是一个检验自己训练成果的机会。我虽然性格外向，但与琼斯保持了距离。从第一天起，我就觉得有些不对劲。我记得我仔细观察过她，她给我的感觉似乎有些名不副实。她看起来状态不佳，与媒体的炒作相去甚远。

几个月后，当我在雅典再次见到她时，她仿佛变成了另一个人。

她的身体线条分明，肌肉紧实，似乎在体能上有了彻底的转变。那时，我就知道事情不对劲，尽管距离2000年奥运会还有三年。一个人不可能在这么短的时间内发生如此巨大的变化。我与她交流不多——打个招呼就各顾各的，仅此而已。在我的职业生涯中，我一直专注于训练。没有人比我更努力。我为此感到自豪。对一个突然冒出来的运动员，我能说些什么呢？我在佐治亚理工学院亲眼看到了她的变化，她展现出的实力让我震惊。作为一名顶级运动员，你一生都在努力训练，然后有人突然就这么出现在你面前，让你所有的努力都付诸东流？

因为这就是所发生的事情——马里昂·琼斯在希腊的世界锦标赛上赢得了100米金牌，让整个田径界都震惊不已。萨瓦塞达为巴哈马赢得了铜牌，而黛比只是进入了决赛。

钱德拉和我参加了200米比赛，遗憾的是，我们都没能进入决赛。世界锦标赛对我们所有人来说都是一个沉重的打击。

即将到来的4×100米接力并没有好到哪里去。

正如我之前所说，在雅典之前，我们团队并没有进行多少集体训练。而且，除了身体训练不足之外，队伍中也开始出现裂痕。

就在那次世界锦标赛刚刚开始不久，我和队里的老将埃尔迪斯发生了争执。在国际比赛中，奖金是根据你的成绩来分配的。

对于任何接力队来说，一个独特的挑战就是要有人成为替补——我们有五名女队员，但只能有四个人参赛。多年来，我一直作为巴哈马唯一的女性短跑运动员参赛。我想，在埃尔迪斯看来，到了我该退位让贤，让其他人也有机会赢得比赛的时候了。

那个人就是钱德拉。

甚至在一年前的亚特兰大，我就告诉埃尔迪斯："不管我们赢得多少钱，无论发生什么事，我们都会五个人平分奖金。哪怕需要我自掏腰包也没关系。"我一直不明白这有什么好争论的。我们是一个团队，这是不言而喻的。我不想让金钱成为我们之间的障碍。这一点，我在希腊时再次向埃尔迪斯强调过。我是队长，这就是我们的决定。

平分奖金还有其他充分的理由。

首先，我们希望运动员能够实事求是地对待自己的身体状况。从理论上讲，如果知道奖金是平分的，就不会有人因为受伤而感到有压力非得参赛。其次，我一直坚信"不要在鸡蛋孵化前就数小鸡"的道理。但埃尔迪斯，或许还有钱德拉，在比赛前就已经开始考虑奖金的问题了。在我看来，这种想法完全是本末倒置。

所有队伍都必须心无旁骛地参加比赛，准备为每一刻而战。

然而，我们却带着负面情绪进入了4×100米接力决赛。我相信这最终对我们造成了伤害。我坚守自己的立场，留在了接力队中。我们在预赛中轻松过关，以第一名的成绩领先于牙买加、德国和俄罗斯队。埃尔迪斯像往常一样领跑第一棒，接着是萨瓦、黛比，最后是我。在亚特兰大的表现之后，我们期待在决赛中有所作为。但现实即将给我们上一课。

比赛起初进行得很顺利。埃尔迪斯开了一个好头，萨瓦紧随其后也表现抢眼。我们一度保持着有望打破世界纪录的势头。但在萨瓦和黛比交接棒时，我们出现了失误。虽然接力棒没有掉落，但在这样高水平的比赛中，交接棒的不顺畅足以影响胜负。

当我接棒时，我们已经远远落后于领先者。我试图从静止状态急速提升速度，以弥补差距，结果却用力过猛。虽然我冲过了终点线，但我的腿筋严重受伤。

这无疑是雪上加霜。

在那次世界锦标赛中，我们只获得了第六名。美国队，有了新人马里昂·琼斯的加入，赢得了金牌，其后是牙买加队和法国队。这个结果对我们来说是毁灭性的，同时也提醒我们，我们还有很长的路要走。

把失利归咎于缺乏训练也罢，或者，在亚特兰大取得成功后，我们可能让自负阻碍了前行的道路。原因已不再重要。希腊的比赛让我们深刻意识到，我们需要更多的训练才能达到预期的水平。

首先，当务之急是尽快对我的腿筋伤势进行处理。我回到拿骚，与队医交谈，评估我的腿筋伤势。这是我多年来首次遭遇如此重大的打击。随着年龄的增长，我更加意识到及时接受适当治疗的重要性。然而，我们的队医——也是巴哈马田径协会的一员，告诉我所有的检查设备都在使用中。你能想象吗？尽管身为国家顶尖运动员之一，我却无法预约到检查时间。

我苦苦哀求是否能让我在非工作时间进行检查，清晨或者深夜都行。但是队医的态度让我震惊，仿佛我只是一个无关紧要的路人。

难道巴哈马田径协会还在整我？

我无暇深思这个问题。我失望之极，飞回了亚特兰大。在

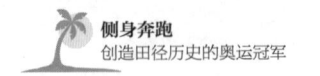

那里，我幸运地找到了一位理疗师，他为我提供了所需的治疗，收费也很合理。我花了将近三个月的时间才从这次伤病中恢复过来。

不知为何，我经常发现，我在国外能得到比国内更多的支持。甚至有时候，援助会以意想不到的方式出现。

亚特兰大奥运会后不久，有一次，曼利·沃勒教练以及他的妻子格温·托伦斯指导我在跑道上练习。那是一次再普通不过的训练。但当我最后踏上跑道准备结束训练时，内心有个声音在和我说，我不应该在这里。

你是否经历过这样一种情形，当事情不太对劲时，你内心会有一个细微的声音在指引你，告诉你该何去何从？我望向沃勒和托伦斯，立刻明白了一件事——是时候离开了。

或许这也与亚特兰大奥运会有关。我至今仍难以释怀在400米中仅获得第四名的痛苦。在备战奥运会的过程中，有人告诉我，我在100米和200米上的表现可能不会再有所提升。因此，我们转而专注于耐力训练，我开始尝试更长的距离，希望凭借刻苦训练来超越对手。我接受了这个训练计划——对我来说，这一直是全力以赴的事情。只要我相信一个目标，我就愿意为之一搏，不惜一切代价。然而，距离我们在奥运会上的失败已经过去几个月了，整个训练计划和信念体系似乎变成了一纸空谈。于是我走到场边，收拾好我的东西，默默地离开了，没有对任何人说一句话。

我需要给个交代的人是马克·汤普森，他是我当时在亚特兰大的同居伴侣，也是我即将步入婚姻的伴侣。

自从1992年巴塞罗那奥运会的海滩上第一次接吻后，我们一有机会就见面。我们都是职业运动员，这让我们经常有机会在田径赛事中重逢。当我获得亚特兰大巴哈马旅游部的工作时，我们决定搬到一起住，将我们的关系推向新的阶段。

"波琳，你怎么不去训练了？"在我突然离开跑道的那天，他这样问我。

"我不会再回去训练了。"我回答，"我的直觉告诉我，我应该离开……我不会再回去了。"

马克难以置信地望着我。

"你的直觉？宝贝，你这话让我听不懂。那你打算怎么办？"

"你可能觉得我不可理喻。"我反驳道，语气中带着一丝挑衅，"但我知道我的直觉告诉我该怎么做。而且我是不会回去的。"

尽管我对自己的决定充满信心，但有一点他说得是对的——我从未正面回答过他的问题。我究竟打算做什么呢？

幸运的是，马克有了一个主意。

他联系了洛伦·西格罗夫，这位前路易斯安那州立大学女子田径队的教练，碰巧他也住在亚特兰大。亲爱的读者，你可能还记得这个名字，跟我在亚拉巴马大学的日子相关。1987年的NCAA室外锦标赛中，我们以微弱差距输给路易斯安那州立大学后，这位洛伦·西格罗夫和威廉姆斯教练之间发生了相当激烈的公开争执，原因是我接力时半只鞋跨过了线。然而，我并没有心存怨恨。西格罗夫是一位顶尖的教练，一个技术大师，擅长于精细调整短跑运动员的技术动作——这是我一直需要的帮助。

马克是布朗大学（Brown University）的毕业生，他通过苏珊·史密斯认识了西格罗夫，苏珊当时也在布朗大学，作为一名400米栏运动员获得了田径奖学金。在田径精英圈子里，你会发

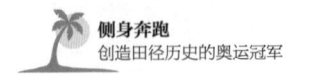

现人与人之间的联系只有一两度之遥[1]。

有趣的是，即便当我还在亚拉巴马大学时，西格罗夫就已经开始关注我了。我经常看到他在场边注视着我，心里不禁好奇他在想些什么。

西格罗夫教练回忆起当时的情景，狡黠地笑着说："她跑步的样子就像一个拳击手，手臂有点乱摆，还有很大的后踢动作，我心里在想——最好亚拉巴马大学没有人会教她正确的跑步姿势。"

大约十年后，西格罗夫终于等到了他的机会。马克认为，在2000年悉尼奥运会前，西格罗夫是提升我训练水平的最佳教练。他是对的，西格罗夫的技术指导正是我所需要的。

在威斯康星大学（University of Wisconsin）读大一的时候，西格罗夫获得了植物病理学，即研究植物疾病的学术奖学金。差不多就是那个时候，他结婚了，并有了一个孩子。面对年轻父亲的压力，他成绩下滑，失去了奖学金。同时，他也意识到自己并不像想象中那样热爱植物科学。相比之下，研究人要有趣得多。

西格罗夫曾是威斯康星大学足球俱乐部的队长，该队的总教练是一位体育教育领域的解剖学教授。他成功说服西格罗夫选修了他的课，而西格罗夫也不负所望，以全班第一的成绩通过了这门课。自那以后，西格罗夫便明确了人生的方向。毕业后，他在威斯康星大学工作了六年。最初他担任田径队教练的助理，这位教练还是第一次聘请助理。他的年薪仅为5000美元，但他仍乐

---

[1] 在某个小圈子里，每个人之间的人际关系网络非常紧密，通常只需要通过一两个人就可以相互联系起来。这种现象通常被称为"六度分隔理论"（six degrees of separation），在这里作者用"一两度之遥"来形容田径领域内的联系较通常更加紧密。简而言之，就是在这个领域里，几乎每个人都能很快地通过少量的中间人相互认识。

在其中。在那些日子里，西格罗夫有时不得不蜗居在自己的面包车里。为了生计，他不得不在田径训练之外兼职多份工作。然而，他对教练工作的热爱从未减退，尤其关注身体机能、生理学、技术动作这些方面，以及如何通过运动力学和体育科学来提升运动员的表现。

经过多年的积累，西格罗夫在业内获得了卓越的声誉。他不仅带领路易斯安那州立大学和田纳西大学（University of Tennessee）的田径队赢得了全国冠军和联盟冠军，还被中国和泰国的国家田径队聘请，负责管理他们的训练项目。同时，在美国和加拿大，他培养了一批顶尖运动员和奥运冠军，包括贝尼塔·菲茨杰拉德（Benita Fitzgerald）、沙里法·巴克斯代尔（Sharrieffa Barksdale）、迈特尔·切斯特（Myrtle Chester）、德怀特·菲利普斯（Dwight Phillips）、拉肖恩·梅里特（LaShawn Merritt）和本·约翰逊（Ben Johnson）等。

然而，那位侧身奔跑的女运动员对他来说，却是一个尤为独特的挑战。

"一切皆始于身体的姿态。"他解释道，"她的腰椎过度前凸，使得臀部显得异常突出；她的背部弯曲，身体前倾。至于她的双臂……她的双臂经常交叉，或是摆动时经过身体，且始终保持弯曲状态。我们运用神经编程技术，旨在重塑高速冲刺的动作——起跑和加速——直至这些动作成为自动化的运动程序。从无意识的不会，到有意识的不会，再到有意识的会，最后达到无意识的

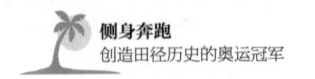

会①。但有些改变，必须先解决长期困扰她的肌肉失衡问题，然后才能实现。"

那些都是专业术语，用大白话怎么说呢？

我的身体动作既不平衡又效率低下，部分原因是我的下背部脊柱弯曲。他解释说，这里面有些是身体上的问题，其他的则是我长久以来养成的不良习惯造成的，这可以追溯到我在贝恩镇的孩童时期——那时候我光着脚在街上提着水桶奔跑。我必须改掉这些习惯，直到用正确的姿态跑步变得像本能一样自然。

西格罗夫不会把我的胳膊绑在背后，也不会让我泡在海水里。

他只要求我在跑步时姿势要正确，无论是手臂的位置、保持直立的姿势，还是脚趾的弯曲方式。他让我反复进行一系列的练习，直到我做到正确为止，逐渐达到"无意识的能力"。在时间安排上，这正合适，因为我还在从腿筋受伤中慢慢恢复的阶段。我不是非得上跑道才能进行他安排的训练。我还需要几个月的时间才能正式进行短跑训练。

"她做了很多躺在地上的练习，膝盖弯曲，努力收紧腹部，让身体弧线紧贴地面。"西格罗夫说，"然后，她站着做同样的动

---

① 心理学家马丁·布尔沃·卢因（Martin Broadwell Lewin）提出了"四级学习模型"。这个模型描述了学习新技能或知识的过程，分为以下四个阶段。无意识非能力（unconscious incompetence）：在这个阶段，个体不知道自己缺乏某种技能，也意识不到自己需要学习这项技能。简单来说，就是"不知道自己不知道"。有意识非能力（conscious incompetence）：个体开始意识到自己缺乏这项技能，并且知道需要学习和提高。这是学习过程的一个关键点，因为意识到自己的不足是进步的开始。有意识能力（conscious competence）：通过学习和实践，个体开始掌握这项技能，但仍然需要集中注意力和努力才能执行。在这个阶段，个体"知道自己在做什么，但需要思考"。无意识能力（unconscious competence）：最终，通过大量的练习，这项技能变得如此熟练，以至于可以在无意识的情况下自然地执行。这就是所谓的"专家"水平，个体"不假思索就能做好"。

作，脚跟和臀部都紧贴墙壁。保持腹部紧绷，让骨盆向上。"

在跑步方面，西格罗夫非常注重细节。

他坚定地站在场边，双臂交叉，偶尔摸一摸他那浓密的棕色小胡子。西格罗夫教练是一个完美主义者，他话不多，但始终保持着高度的警觉。他把比赛分解成多个阶段，耐心地向我解释在跑过 10 米、30 米、50 米以及更远距离时应该呈现的样子和获得的感觉。西格罗夫专注于毫秒级的提升——具体来说，就是如何通过高效的肢体动作来减少每一步的时间，这样在终点时就能累积出优势。这正是我所需要的。从身体能力上来说，我的实力不容置疑：我拥有出色的速度、坚韧不拔的训练态度，以及达到最高水平的坚定决心。所有的要素都已具备。我只需要一个像西格罗夫这样的人来将它们整合在一起。而且现在，时机恰到好处。

在希腊的比赛之后，我做出了两个非常重要的决定。鉴于亚特兰大 400 米比赛的成绩，我决定不再参加那个项目的比赛。我已经结束了与它的缘分。西格罗夫认为我拥有足够的爆发力和活力，能够克服技术上的不足，在 200 米上提升到更高的水平，而不是陷入他所称的"升级误区"（move-you-up syndrome）[①]。他想要的不是让我更加努力地训练，而是更加智慧地训练。

再者，当我认真思考之后，我发现 200 米才是我真正热爱的项目。

我喜欢那种从起点到终点都全力以赴的比赛。100 米对我来说太短，400 米又稍显太长。而 200 米？就像金发姑娘

[①] "升级误区"（move-you-up syndrome）：非正式术语，用来描述一种倾向或做法，即基于某些标准或假设，将运动员从他们擅长的项目转移到另一个项目上，通常是认为这样做对他们或团队更好。但这可能会导致运动员在不适合自己的项目上挣扎，而不是在他们真正有潜力和热情的项目上发挥出最佳水平。

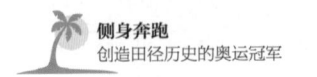

（Goldilocks）[1]曾经说过的，它"刚刚好"。

第二个决定——我不想再担任接力赛的最后一棒。虽然我还没有将这个决定告知队友，但内心早已有了答案。黛比正逐渐崭露头角，她渴望跑最后一棒已不是秘密。她比我小十岁，双腿的劳损程度比我低很多。同时，我也认为，作为团队，我们应当在比赛开始阶段就确立领先地位，而不是到后期去追赶。我们需要从比赛开始就取得领先——并且保持这一优势。

但如果我不跑最后一棒，那我该跑哪一棒呢？

这个问题并非一夜之间就能解决。正如我所说的，最初我将这些想法深埋心底。这就是我的行事风格：一旦决定做某事，我便全力以赴。但我不急于公开宣扬，而是选择循序渐进、默默地向目标努力。我瞄准目标，然后稳步前进，直到实现它。

如今，我是精英训练小组的一员，身边不仅有世界级的教练，还有一群卓越的运动员伙伴。

其中一位是来自牙买加的朱丽叶·卡斯伯特，她在1992年的西班牙巴塞罗那奥运会上赢得了100米和200米的银牌。朱丽叶已经站上了奥运领奖台——那正是我梦寐以求的位置。我们成了挚友，她甚至还成了我婚礼的伴娘。有她作为训练伙伴，不仅在体能上给我强大的助推力，也能在精神上给予我支持。朱丽叶总能逗我笑。有时，在训练中，天气炎热，她会脱到只剩内衣内裤，但是继续训练。这常常会吸引不少惊异的目光。

退役后，朱丽叶回到了她的故乡牙买加，投身政治领域。在2020年9月的大选中，她成功连任圣安德鲁西部乡村选区的国会

---

[1] "金发姑娘"（Goldilocks）：童话故事《金发姑娘和三只熊》（Goldilocks and the Three Bears）中的主角。在这个故事中，金发姑娘尝试了三只熊的食物和家具，发现其中一些太热、太冷或太硬，而另一些则是"刚刚好"（just right）。

议员。不久之后，她又被任命为卫生与健康部的国务部长。

我们的训练小组中还有一位来自牙买加的运动员，多诺万·贝利（Donovan Bailey）。他在十二岁时移居加拿大，后来成为加拿大知名的短跑运动员。多诺万在1996年的亚特兰大奥运会上，以9.84秒的惊人成绩在100米中夺金，同时刷新了世界纪录，创造了历史。

无论是从教练团队还是其他运动员伙伴来看，我都被一个优秀的团队所包围。

到了1998年初，距离在希腊举行的世界锦标赛已经过去了几个月，我感觉自己终于开始找回状态。我再次从腿筋受伤中恢复过来，与西格罗夫教练的合作也开始显现成效。最终，我们女子接力团队履行了我们的约定——我如约在亚特兰大主持了第一次训练。

训练本身很重要，但我们在一起度过的时光也同样重要。埃尔迪斯和我自然是老交情了。与其他三位队伍中的年轻女孩相互熟悉需要一个过程，但回过头来看，我们不仅成了队友，更结下了深厚的友谊，成为终身的好姐妹。训练之余，我们会一起去购物、共进午餐。到了晚上，我会尽力做好一个称职的女主人，烹饪美食，像对待女王一样款待她们，因为她们都是真正的女王。在田径场上，我们是顶尖的，全力以赴地追逐着那个为巴哈马赢得奥运金牌的梦想。

西格罗夫教练对于我们团队来说是一张新鲜面孔，他的加入减少了偏见，带来了新的视角。在最初的训练中，他努力了解我们每一个人，不仅作为运动员，还作为独立的个体，分析我们的优势和不足。

第一次训练进行得非常顺利，这让我决定向巴哈马田径协会

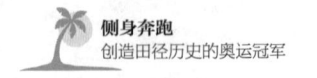

报告这一情况。

巴哈马田径协会迎来了新一届主席，德斯蒙德·班尼斯特（Desmond Bannister）。考虑到过去的问题，我希望能够从一开始就保持公开和透明。

"班尼斯特先生，您好，我是波琳。有件事我需要向您汇报。"

"嗯，波琳，有什么事吗？"

"我们一直在进行接力训练。"我解释说，"我竟然完全忘记通知您这件事了。"

电话那头一阵沉默。我想，我并没有完全实话实说。并不是我真的忘了告诉他，只是我们已经习惯了自行处理事务。

"你说什么？"他有些迟疑地问，"接力训练？"

"是的，下一次训练大约在三周后。"

"好的，波琳。我会再联系你讨论这件事。"

班尼斯特履行了他的承诺。他派了鲁伯特·加迪纳（Rupert Gardiner）来参加我们下一次的训练。加迪纳是他的一个朋友，也是一位有着丰富经验的田径教练，专门代表联合会来监督训练。他最终成为我们的接力主教练。同时，我们现在已经有了一个教练团队来指导我们训练，通常包括加迪纳、西格罗夫，以及一两个其他女孩的个人教练，这取决于我们的集训所在的城市。

您可能会认为，把这么多教练和个性很强的人聚集在一起会是一场灾难。然而，不可思议的是，我们竟然做到了。

根据在希腊的表现，我们显然需要集中精力在交接棒上。实际上，对于大多数接力队伍来说，交接棒往往是决定胜负的关键。人们总是过度关注短跑速度。但别忘了，接力赛是一项团队运动。

这件事远比看起来要复杂得多。

想象一下，有人以每小时超过二十英里的速度向你猛冲过来。同时，你需要在一个小小的水平区域内接住一根滑溜溜的细长棍子。当接力伙伴飞奔而来时，你开始向前加速，起初缓慢，但速度逐渐提升，准备全力以赴地奔跑。而且你永远不能回头——只能直视前方。你向后伸出手，目光保持前视，手掌张开，以提供一个足够大的接棒目标区。如果接力棒没有成功交接呢？再跑两步——然后再次伸手尝试。此刻，你几乎已经达到全速，准备离开起跑区。你和接力伙伴就像轨道上的两列高速列车，试图在不到一秒钟的时间内完成对接。你开始紧张——接力伙伴应该就在你身后了。你的注意力一直是分散的，既要关注身后，又要聚焦前方。但你永远不能回头。你必须准确判断自己在这个区域的位置，以及即将到来的同伴的位置，这主要依靠感觉。如果脚尖过线，哪怕只是一点点，整个队伍就会被取消资格。你所有的训练、所有的努力，都将化为乌有。

当然，这只是挑战的一部分。

说到底，将接力棒及时交接是向你飞奔过来的同伴的责任。如果你是她，此时你已经筋疲力尽，将每一分能量都倾注在了赛道上。你现在唯一的任务就是带着希望和祈祷，尽最大努力将接力棒安全交到你的同伴手中。有时，你的同伴提前启动了，那么你必须加快速度，深挖潜力以激发最后的能量。因为如果你不这样做，你的同伴在接棒时就会越过限制区域，那么整个队伍的努力都将白费。

你的任务是尽可能快且平稳地完成交接。

如果传递接力棒过慢，你们可能会面临取消资格的风险；过快，则可能失去向前的动力。这是一场以毫秒计时的游戏，在奥

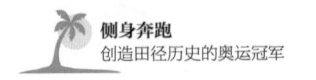

运会上更是如此。

接力跑运动员需要反复练习交接棒。归根结底，这取决于那些无形的东西，比如通过频繁练习才能建立起来的舒适度、信任和手感。随着时间的积累，你会逐渐擅长于此，这很大程度上依赖于感觉和直觉。

加迪纳对我们进行了严格的交接棒训练。他与我们年龄相仿，所以我们感觉就像是同一战壕里的战友。埃尔迪斯和我通常会叫他"鲁伯特"，而不是"教练"。这并不是说我们不尊重他。恰恰相反，他很擅长处理我们的个性和每个人的脾气。

那时，我对自己的能力——不仅是运动能力——有了真正的信心。在参加了四届奥运会、多次世界锦标赛和无数重要比赛之后，我已经不仅仅是一个运动员，更像是这门运动的研究者。我开始思考退役后的事情——跑步生涯结束后的生活。在为悉尼奥运会备赛期间，鲁伯特有时会离开训练场，但他会让我注意密切观察。他回来后会详细询问我他不在时发生的情况："某某做了什么？""她的手臂动作如何？""她是怎样跑第二棒的？"

我会回应他："鲁伯特，你不是认真的吧？你知道我也要参赛的。"

即使在指导我训练时，他也注意到了我的执教能力。而且，他理解我，觉得我参与指导是很自然的事情。我想，这就像篮球场上的资深控球后卫也会被看作教练团队的一部分。

你可以叫他教练型球员。

有时候，站在场边，他会在观察其他运动员时发表意见，然后看向我，观察我的反应。

"别碰那个。"我会摇头说，"还是让她保持原样吧。"

与过去我所经历的情况相比，这样的平等沟通，并且得到对方的尊重，真是让我倍感振奋。总的来说，我们的队伍正朝着正确的方向前进。距离2000年奥运会还有两年多的时间，但我们没有时间可以浪费。

* * *

我们刚抵达西班牙，就在酒店召开了一次团队会议。埃尔迪斯、萨瓦塞达、钱德拉、黛比和我陆续走进鲁伯特的房间，讨论即将到来的4×100米接力的策略。再过几天，我们将在下一届奥运会前迎来最大的挑战。每个人都感到焦虑不安。多年的辛勤训练和期待，终于让我们迎来了1999年世界锦标赛。

当鲁伯特打开房间的门时，我一眼就看到了弗兰克·潘乔·拉明。尽管我们之间有过一段漫长而复杂的历史，但他总是能出现在这些国家级的比赛中。我学会了忍受——毕竟，只有上帝掌握着我们的呼吸。我已经把这些都当作上帝的安排，继续前进，专注于自己的目标。

西格罗夫教练此时正在亚特兰大。他一直是我睿智而冷静的支持者。比起任何事，我更想念他的陪伴。

我们有许多问题需要讨论，比如谁将参加预赛，谁是替补，以及谁将负责各个赛段。在飞往西班牙之前，我在摩洛哥参加了一场比赛，却不幸严重食物中毒。尽管我感觉还有些虚弱，但已经在恢复中，我的唯一目标就是4×100米接力。而黛比则要在这次世界锦标赛上同时参加100米和200米比赛，个人项目被安排在接力赛前。因此，我们决定——埃尔迪斯将负责预赛的第一棒，像往常一样；而黛比则休息保存体力，准备决赛。埃尔迪斯

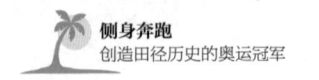

随后将成为决赛的替补。

现在，我们需要决定每个人负责哪个赛段。

突然，埃尔迪斯挺直身子说："波琳不应该再跑最后一棒了，我觉得她体力不支。"

你体验过那种无法控制的愤怒吗？它就像一股热浪袭来，血液慢慢涌上我的头顶。

我从她对面的椅子上猛地跳了起来。

"你说什么？！"我尖叫道。

"是啊，纽约那事儿你忘了？"她反唇相讥。

我向她靠近一步，心中明白我即将说出让自己后悔的话。

"哦，是吗？这可是来自大胖子女士的发言！这位在友好运动会上胖得不像样的女士！没错——肥！f-ei，肥！你竟然有脸……"

"你体力不支。"她打断我，直勾勾地盯着我的眼睛说，"你让我们丢脸。"

我不得不承认，那一刻我失去了理智。

在我的运动生涯中，我一直以和蔼可亲、头脑冷静著称。我很少失态，几乎从未如此。但那一刻，所有的克制都抛到了九霄云外。来自贝恩镇的波琳·戴维斯的本性暴露无遗。不过，我还是要特别说明——我爱埃尔迪斯。我们有着很深的交情。也许正因为如此，这件事才显得如此私人化。她知道怎么激怒我。我愤怒到失去了理智，冲向埃尔迪斯，用手掐住了她的脖子。就在酒店房间里，我开始掐她，其他运动员和教练费了好大力气才把我拉开。不用说，在一阵尖叫中，我们的会议突然终止了。所有人都被命令回到各自的房间去冷静一下。

亲爱的读者，你现在可能已经意识到了，从我们在亚特兰大的首次顺畅的训练到1999年世界锦标赛期间,发生了许多事情。现在让我为你一一揭晓。

事情回溯到一年多前,1998年7月,我独自在英国曼彻斯特参加比赛。尽管我喜欢去英国,但是有一件事让我颇感不适,那就是寒冷的天气。在英国,即便是在夏天,你也永远无法预测天气会变成什么样。正如你所了解的,我的身体在低温环境下会表现不佳,无论是身体僵硬,还是容易感冒和患上呼吸道疾病。这一次,幸运的是,我只是感觉双腿有些僵硬。我忍受着寒冷和细雨,坚持参赛,并最终赢得了比赛。那天晚上回到酒店时,我对自己感到非常自豪。然而,当我走进大堂时,接待员转告了我一条消息。

"你的国家给你打电话了。"她说,"他们通知你参加友好运动会。你的机票已经订好了,希思罗机场。"

我当场愣住了。当然,我知道友好运动会将在纽约举行,但没人告诉我他们希望我参赛。更糟糕的是,我必须立即出发,就在那天晚上,搭乘红眼航班(red-eye flight)前往纽约。4×100米接力就在第二天。我感到非常沮丧,但我对此无能为力。我感觉自己没有选择的余地。于是,我回到房间,洗了个澡,开始打包行李。

我赶上了从曼彻斯特出发前往伦敦的第一班火车,然后直奔机场。这是一次艰难的旅程,尤其是在我刚参加完一场重要比赛之后。

在火车上坐了两个多小时,接着又坐了八个小时的飞机前往纽约——我到达时已经完全筋疲力尽。那些在火车和飞机上度过的漫长时光,让我的双腿变得软弱无力。

我根本跑不了,我想。他们肯定只是让我作为替补飞过来,

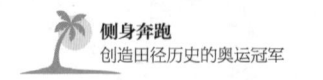

当他们看到我现在的状况时就该知道了。

抵达纽约的酒店后,我倒头就睡,期待能好好休息一下——我是这么希望的。但没过多久,门外就传来了敲门声。

"波琳!快醒醒!"

我摇摇晃晃地从床上爬起来,头发凌乱,一脸迷茫,只把门开了一条小缝。鲁伯特穿着运动服站在那里,看起来精神抖擞,就像一朵盛开的雏菊。

"嘿,你准备好了吗?我们需要你去参加训练。"

"鲁伯特,你是在开玩笑吗?"我说,强忍着把门关上的冲动。我刚经历了长途跋涉,我一直以为我只是个替补。"我很累。没人告诉我需要在这里跑步。"

最终,我被他说服了,走出了房间,因为他说会给我找一个大垃圾桶,里面装满冰块。我不得不在酒店的走廊里来回跑了好几趟,才把垃圾桶装满。我不是在开玩笑——我在训练前后坐在垃圾桶里三次,冰水一直浸到我的脖子,但我仍然无法恢复状态[①]。

那天晚些时候,我告诉鲁伯特,我已经累得像一团烂泥,连一个葡萄都挤不动了。

"波琳,你得跑。"

"其他人都在这儿吗?"我询问。

他点了点头。

"那,先生,让其他人去跑吧。我这一轮得休息一下,我的

[①] 在体育训练中,使用冰水浸泡(ice bath)是一种常见的恢复方法,用于减轻肌肉酸痛和炎症,促进肌肉恢复。这种方法涉及将身体的部分或全部浸泡在冰冷的水中,通常是在冰块和水的混合物中。冰水浸泡可以帮助减少肌肉的炎症,减少肌肉酸痛,并促进血液循环,从而加速肌肉恢复。这种极端的方法虽然有效,但也可能导致体温骤降和身体不适,因此需要在专业指导下进行,并且需要适当的时间限制和休息。

腿动弹不得，现在实在跑不了。"我恳求道，"我的腿动不了，现在根本跑不动。"

"哦，这么说你还没见到埃尔迪斯？"他意味深长地回答。

"你什么意思？"我有些恼火地问，"没有，我还没见到她，一个人都没见到。"

"她变胖了。"他直言不讳地说。

"你说什么？"

"我说，她胖了。"

我翻了个白眼——起初我并不相信他的话。那天晚些时候，在团队会议上，我亲眼看到了埃尔迪斯。鲁伯特说的是真的，埃尔迪斯体重增加了不少。她现在不适合参加友好运动会，去对抗我们的老对手——牙买加队，还有美国队。

尽管我心里不愿意，但还是勉强同意去跑步。

但我并不想跑最后一棒。鲁伯特和队友们又坚持要我跑。我内心深处知道这不是正确的选择，但最终还是同意了。后来，我们都为此感到后悔。

"在第四跑道……巴哈马队——一个不可小觑的威胁。"比赛解说员在广播中说道。

自从在亚特兰大获得银牌后，我们受到的媒体关注明显增加了。他们注意到我们的原班人马又回来了，这次还加入了黛比，她是那年佐治亚大学NCAA的100米和200米冠军。而美国队则缺少了在亚特兰大获得金牌的盖尔·德弗斯、英格·米勒（Inger Miller）和格温·托伦斯。马里昂·琼斯也没有来纽约。只有克里斯蒂·盖恩斯（Chryste Gaines）是来自那个奥运队伍的，以及1996年担任美国队替补的卡尔莱特·吉德利。

当然，美国人绝非等闲之辈。在任何年份，美国都拥有一大

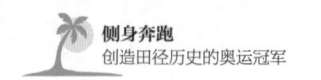

批可用之才——这与巴哈马的情况大不相同。实际上，我们的选择少之又少，以至于我被安排到了一个我并未准备充分的比赛场上。

当然，外界对此并不知情。报纸纷纷报道，说我们是真正有实力夺冠的一个威胁。

我要公平地给予赞扬——其他女孩跑得非常出色。在接力赛的大部分时间里，我们都保持着领先，包括当我接过接力棒的那一刻。

"巴哈马的波琳·戴维斯跑最后一棒！美国的卡尔莱特·吉德利紧随其后。她们来了！卡尔莱特·吉德利……波琳·戴维斯……步履一致……吉德利夺回了领先位置，美国队赢得了胜利！"解说员宣布。

埃尔迪斯说对了——我体力不支了。

那种感觉我从未经历过。你能想象吗，当你的队友为你争取到了领先优势，而你却被超越的感觉？尤其是在世界级田径舞台上！

我无助地看着美国人庆祝，她们手舞足蹈，而我则双手叉腰，原地徘徊。

我感觉自己的腿几乎要脱落了。那是一种混杂着悲伤、内疚和愤怒的奇怪感觉。这场失利对我、对团队、对国家都是一种耻辱。而我最愤怒的是，我本不应该被置于那种境地。

吉德利是一位优秀的短跑运动员。我不想贬低她的成就。但就在几周前，我还能够轻松地战胜她。

我知道我有能力打败她。我们本应该在纽约赢得那枚金牌。

这一切似乎原本都是可以避免的。

那就是1998年夏天的一场悲剧，就发生在我们备战西班牙塞维利亚世界锦标赛之际。自从在希腊比赛中我们获得第六名，我拉伤了腿筋后，我就已经在心理上开始放弃最后一棒的位置。友好运动会的经历更是让我下定决心——我不想再让别人指挥我做什么了。

在亚拉巴马大学，无论健康与否，我都会穿上钉鞋，全力以赴。我的职业生涯同样如此。我总是选择忍辱负重。不管政治如何变幻，无论我的个人生活如何，也不论我与抑郁的斗争有多激烈——我都会坚持跑步。只要我还能站立，只要我的国家需要我，我便归队待命。纽约对我来说是一个转折点。我对于被安排在那样一个必败的位置上极度不满。这些情绪在埃尔迪斯和我之间悄然滋生，实际上，它也在其他队友之间悄悄蔓延。我想我们心里都清楚，要想在悉尼赢得金牌，我们必须做出改变。

那时也有快乐的时光，它们成为我迫切需要的慰藉，让我能够暂时从赛道上的沉重压力中解脱出来。

马克和我几个月前结婚了。1998年10月，我们在拿骚举行了一场三百人参加的盛大婚礼。由于马克是牙买加人，而我们俩都认识来自世界各地的运动员和教练，因此婚礼成了一个真正的国际盛会，宾客来自非洲、欧洲以及其他各地。

婚礼那天，马克特别叮嘱我："别让我在教堂里干等着，你一定要准时到达仪式现场。"

可是谁知道我和我的伴娘们竟然迟到了！并不是因为我们做错了什么，而是我们出发后没多久，在离教堂还有几个街区时，交通突然陷入瘫痪。我们只能缓慢行进，当接近教堂时，我们不约而同地望向窗外，猜测是不是有不幸的人遭遇了车祸。

那是我一生中最感动的时刻之一。

在教堂前，聚集了成群的巴哈马老百姓，他们欢呼着迎接我

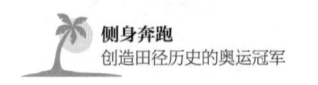

的到来，争相一睹新娘的婚纱。道路两旁的汽车密密麻麻，一片金属壳子的海洋，大家都想在我们到达前赶到那里。

我一直明白，我的训练和成就对巴哈马有着特殊的意义。尽管我与自己的联合会有过矛盾，但人民的支持常常是我前进的动力，那些无名的粉丝一路跟随我，支持我代表国家在世界舞台上竞技。然而，当我从豪华轿车中走出，看到那么多陌生的笑脸——那种感觉无法用言语形容。它深深地触动了我的心和灵魂。

我踏上通往教堂的台阶，数百人为我加油鼓劲，许多人盛装出席，尽管他们并不是将要进入教堂的宾客。他们之所以到来，是因为这对他们有着特殊的意义。但他们的出现对我而言，意义更为重大，超过了任何体育场中尖叫的粉丝，超过了任何其他事物。

仪式结束后，那些在教堂外为我欢呼的人仍然在外等候。那是一场童话般的送别——我从一开始就坚持要有的马车和马匹，为这场送别增添了完美的色彩。差不多二十年前，我还是个小女孩的时候，和全世界数百万观众一样，目睹了戴安娜王妃乘坐马车离开圣保罗大教堂的情景。那天，我对她的风采，对那壮观的场面，感到惊艳不已。马车的内部装饰着鲜艳而细腻的红色天鹅绒，外观是栗色、棕色和红木色，还镶嵌着金色。戴安娜王妃的婚纱裙摆长达二十五英尺，竟然能巧妙地放入马车里，这让我惊叹不已。

我们乘坐马车离开了那座简朴的教堂。虽然婚礼算不上奢华，但我依然能听见马蹄的"嘚嘚"声，声音盖过了人群的欢呼声。马蹄敲击着路面，我们就这样启程，共同开始崭新的生活。

我曾经告诉马克，我想在我的短跑生涯结束后再考虑结婚。

我不想因为离开家庭、满世界奔波而感到愧疚。那时候，我对传统的妻子形象已经有了一些设想。因此，当我们的马车"嘚嘚"地驶离时，我的婚姻似乎印证了一个事实——我的职业生涯即将落幕。

或许这也触发了我1999年在西班牙塞维利亚世界锦标赛上的行为，那时我发现自己的手紧紧地掐住了埃尔迪斯的脖子。奥运会仅剩一年。我为短跑世界、为我的国家倾尽了一切。

在悉尼即将举行的奥运会将是我职业生涯的终点。我已经走了这么远，绝不允许自己受到不尊重待遇。我已准备好战斗到底。

据埃尔迪斯所说，在酒店房间发生冲突之前，她们四位队友就已经秘密开会，讨论了我作为接力赛最后一棒的未来。这让我想起了我们在亚特兰大关于黛比的会议，当时我们不得不告诉她，她不会参加决赛。大家的力量汇聚在一起，显然她们达成了共识——我应该改跑第三棒。这对我来说没问题。就像我说的，我心中早已有了决定。我的反应更多是对友好运动会上我所遭遇的不公的爆发。在职业生涯的晚期，我无法再忍受这一切。

"她以为这件事是我策划的。"埃尔迪斯回忆道，"但其实我们大家都参与了，因为我们知道这次谈话不会轻松。天哪，我们真的吵得非常激烈。她的话说得非常重。"

教练们给了我们一天时间冷静。下一次团队会议时，我带着一个计划到了会场。是时候告诉大家我在希腊之后就一直在考虑的事情了——我不想再跑最后一棒了。我当场宣布我将改跑第三棒，并且我已经秘密练习跑弯道超过一年了。我的决定不仅仅涉及我在4×100米接力中的角色，还包括在最后一次奥运会上放弃400米，转而参加200米。

我的宣布引来了不少惊讶的目光。首先，大家都惊讶于我已经在秘密练习跑弯道，而这件事团队中无人知晓。其次，我是个以直道速度著称的跑手，弯道从来不是我的强项。现在真的要在世界锦标赛上让我跑弯道吗？

我对这种怀疑表示欢迎，并坚持让大家一起去跑道上亲自验证一下。距离我们 4×100 米接力的首轮比赛只有一两天的时间了。

正如你所了解的，西格罗夫教练的首要任务一直是完善我的技术、纠正我的身体姿势和动作模式。训练效果显著——到了 1999 年夏天，我成了一名技术更加娴熟的短跑运动员，尤其是在跑弯道时，这需要更多的平衡和精准。然而，你不可能在短短一两年内抹去一生的训练、舒适感和肌肉记忆。因此，西格罗夫教练和我为这个习惯侧身跑的女孩制定了一个非常规策略。我们把弯道变成了直道。

为了更快地达到我的最快速度，西格罗夫教练让我从跑道的另一侧起跑。

当我的队友准备交接棒时，我的任务就是切进来，这样我就处在一个更直的角度上。

这感觉很奇怪，也很不一样。

但在经过数月的练习后，西格罗夫教练和我已经熟练掌握了这一技巧。钱德拉将跑第二棒并和我进行交接，起初她对我并不是很有信心。

"妹子，我会把你甩得远远的！"钱德拉在赛道上大声说，那时我们正在做训练前的拉伸。

"你还是去你的位置吧。"我一边说，一边挥手让她走开。

"好了，各就各位！"鲁伯特喊道。

我们商量好了,黛比只在决赛中跑。她已经有 100 米和 200 米要忙活了。萨瓦会在第一轮比赛中跑最后一棒,然后在决赛中替换埃尔迪斯跑第一棒。钱德拉和我的位置不变,分别跑第二棒和第三棒。

所以,我俩最好尽快适应彼此。

她冲了过来,沿着跑道远端的直线狂奔。我以我独特的方式起跑,从跑道的一侧斜切到另一侧。我必须承认,我没有丝毫保留。我想向她们展示我的实力,尤其是在纽约发生的事情之后。我起跑得太快,以至于钱德拉无法把接力棒递给我。这是我的一场小游戏,看你们能不能追上我。

钱德拉咒骂着,用脚在跑道上重重地跺了一下。鲁伯特叫我们重新开始:"我们再试一次!"

我们再次排队,钱德拉握住接力棒,当她靠近时,我开始起跑——结果还是一样。她跑得不够快,无法将接力棒交给我。现在她显然很沮丧,钱德拉直接把接力棒扔到了地上。

"你真的把我弄生气了,知道吗?"她尖叫着,"每次都是你想改变规则。每次我回头,你总是要这样那样的。"

"听着,你们不都应该比我年轻吗?"我反驳道,"在你开始滔滔不绝之前,先想想你能不能追上我。还说什么要把我甩得远远的……你看,你追不上我吧?现在你得想想要怎么才能追上我。"

"你真让我生气,波琳!"

"我们还想不想赢得这枚金牌?"我质问道,"这就是我们必须做的!"

我常常是队里的另类。最坚持己见的肯定是我。而且,事实如此——我一直在思考我们如何能变得更好。虽然埃尔迪斯在年

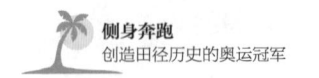

龄上比我大一些，但我更有经验。我是队长，我会毫不犹豫地行使我的权力。这些女孩至少还能参加两到三届奥运会。但我不行了——我们必须现在就把这件事做好。

这有时让我不太受欢迎。

有些会议她们没有邀请我参加，一些想法和意见也是背着我提出来的。但最终，我们还是会重新聚在一起——我们遵守了我们的约定。钱德拉是团队的调解者。我们会坐下来讨论，代表团队做出决定，我会解释为什么我们需要以某种方式行事。

不幸的是，有时我们的内部矛盾会暴露在公众面前。在4×100米接力的前一两天，我们刚结束训练，和其他运动员一起挤上大巴，准备回酒店休息。我躺在座位上——我想这就是萨瓦那时没看到我的原因，她就坐在前一到两排。

我听到她在和一个来自其他国家的运动员说话，抱怨我总是想改变事情，造成团队内的不和谐。

于是我站起来，在众目睽睽之下把她骂了一通。

"萨瓦，我就在这里坐着呢！"我大声喊道，同时指了指我的座位，"你最好注意你的嘴。有什么话想说，就当着我的面说。"我砰的一声坐回座位，"你们想说什么就说什么，但如果没有我，你们甚至都不会出现在这里。这一点我们得弄弄清楚。"

正如你所看到的，在1999年世界锦标赛前，我们队伍的情况并不理想。

我不知道其他女孩是怎么想的，但我是一个很快就能放下的人。我从来不是针对个人。为了追求目标，我该说的就会说，该做的就会做。尽管有这些问题，无论这些问题是与萨瓦、钱德拉、埃尔迪斯还是与黛比，我们仍然聚在这里，一起对抗全世界，这一次是我们拿到金牌的最好机会。

在首轮比赛中，美国队给了我们一个下马威，他们以42.28秒的成绩完成了比赛，那是那年所有队伍中最快的成绩。在预赛中，我们与德国、加拿大和西班牙等其他六个国家同组。我们轻松获胜。实力雄厚的法国队在她们的小组赛中获得了第一名。

共有八支队伍进入决赛争夺冠军，但实际上，真正的竞争还是集中在那些熟悉的对手之间——牙买加队、美国队、德国队、法国队以及我们。

回过头来看比赛录像，有几个亮点特别突出。法国队一开始就跑得非常好。而与此同时，美国队的切瑞尔·塔普林（Cheryl Taplin）和南希恩·佩里（Nanceen Perry）——她们并未加入那支在亚特兰大奥运会上夺金的队伍——在比赛初期就让美国队陷入了困境。马里昂·琼斯在之前的比赛中受伤了。经验丰富的短跑选手英格·米勒和盖尔·德弗斯必须尽力弥补时间上的损失。尽管法国队给我们制造了压力，但我们的队伍从比赛开始就表现得非常出色。我们一出发就抢到了领先位置，并且始终保持优势。所有的艰苦训练都得到了回报。当我将接力棒交到队伍的新冲刺选手黛比手中时，我们已经牢牢锁定了领先优势。

黛比以41.92秒的成绩冲过终点线，创下了当年的世界最快纪录，打破了美国队在之前预赛中确立的纪录。

最重要的是，我们赢得了金牌。

五位来自巴哈马的姑娘现在成了1999年的世界冠军。然而，我印象最深刻的不是比赛本身，而是赛后发生的事情。

你可以看到黛比在意识到我们获胜时，脸上洋溢着喜悦和兴奋。

她转过身，沿着跑道望去——而我正朝她狂奔而去，一头扎进她的怀里，我们紧紧地拥抱在一起。我尽可能地紧紧拥抱

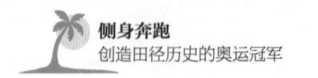

她。她望向远处,寻找着萨瓦和钱德拉,但我还没有结束对她的亲昵。

在比赛的视频中,你可以看到我双手捧着她的脸,将她拉近,亲吻她的脸颊。那一刻,我脑海中闪过了许多念头。我想起了那个在赛道上遇到的女孩,她说她想成为像我这样的人。我想起了那些艰难的日子——亚特兰大的事件,我们的争执、困惑,以及我们之间似乎无法逾越的鸿沟。

现在,那些都不重要了。

团结在胜利之中,我紧紧拥抱着她,不愿放手。那是我们之间完美的时刻——"师徒"携手——终于共同赢得了一项世界冠军。那是一个梦想成真的时刻,但还有一个梦想等待着我们去实现。

是的,我们的队伍并不完美,而且相信我,前方的道路还会有更多坎坷。但我们在"鱼炸"聚会上的约定有着非凡的意义。最精彩的篇章尚未翻开。

10

挑战巨人

我脚步轻盈、充满活力地从联排别墅中出来,就像穆罕默德·阿里在冠军争夺战前那样斗志昂扬。耳朵里塞着耳机,听着音乐,身穿海蓝色、金黄色和黑色相间的巴哈马运动服,我一路小跑着下楼,走向街道,心中满是即将爆发的激情。那是2000年9月30日星期六。此刻我们正在地球的另一端,澳大利亚悉尼,第27届奥运会已接近尾声,女子4×100米接力决赛就在几小时后。我兴奋得几乎停不下脚步,在楼梯底部来回踱着步,不时地瞥一眼手表,尽管我心里清楚时间。

别担心,我心想,反正我也来得早了些,其他女孩应该很快就会到的。

我们五个人分别住在相邻的联排别墅里,这些别墅是澳大利亚奥委会建造的巨大的奥运村的一部分。前一天晚上,我们约定好——六点钟在楼下集合,然后一起前往体育场。

最好提前至少两个小时到达,这样才有足够的时间进行热

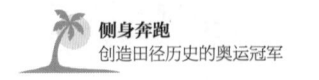

身、放松和完成准备工作。

然而,现在已经过了六点,我还未见一个人影。我焦急地走来走去,不再是那个充满斗志的冠军争夺者,反倒像是一只被困在笼中的野兽。她们到底在哪儿?不是少了一个人,而是所有人都不见了!我焦急的目光在手表和四周之间来回穿梭,期待着她们随时从门后出现。远处,我能看到我们的公交车站。大约每隔半小时,就会有一辆接驳巴士经过,将奥运村的运动员送往体育场。因此,我先是听到了那辆大型巴士在悉尼街道上隆隆驶过的声音,然后才看到它。即便如此,我仍然犹豫不决。是该留下,还是该走?最终,我的直觉告诉我,还是早点到赛道上比较好,以防万一。别忘了,无论你在不在,发令枪都会准时响起。

沮丧、困惑且孤立无援,我一路狂奔冲向公交车站,恰好及时赶到。我踏上金属质地的巴士楼梯,给了司机一个无力的微笑,却迎头撞见了意想不到的一幕。

"嘿,姑娘!嘿,姑娘!Wah gwaan?"就在巴士最前面,牙买加女子4×100米接力队的全体成员都在那里。

她们用牙买加的方言问候我:"你怎么了?"——尽管我知道这并非寻常的寒暄。我感觉自己就像是课间休息时,那个在游戏中被最后选中的孩子。她们也明白这一点,却总是试图抓住任何可以利用的弱点或优势来打击对手。

"你怎么了?你们队的人呢?你们是不是害怕了?"

在所有可能出现在巴士上的国家队中,那必须得是牙买加队。

她们无疑是我们的强劲对手。但如果有一支队伍能让我感到亲切和归属感,那也是她们。从第一天起,像玛莲·奥蒂和格蕾丝·杰克逊这样的运动员就是我在国际赛道上的前辈、老师和姐姐。她们虽然是强硬的竞争者,但同时也很爱护我。我有一半牙买加血统,与所有的牙买加人都有着特殊的联系,尤其是在很多年里,我是唯一代表巴哈马参赛的女运动员。现在,我在这儿,我的巴哈马姐妹们却不见了踪影。

我独自一人,与牙买加的六位选手同乘一车(大多数接力队都有六名成员,以防有选手受伤)。当然,在大赛即将开始之际,我无心闲聊,只想专注于比赛。我必须穿过那一排座位,还要强颜欢笑,表现得一切如常。

"害怕?你们以为我们会害怕你们吗?"我轻蔑地一笑,自信地从她们身边走过。

我选择坐在巴士的后部,远离她们的队伍,目光直视前方座椅的背面。

她们到底在哪里?是不是出了什么事?难道她们抛下我先走了?

我在座位上前后摇晃着身体,双脚不住地轻踏着地面,内心焦虑却又努力保持专注和冷静。虽然我不知道到底发生了什么,但我清楚自己还有任务在身。我听到前方的牙买加队员正兴高采烈地交谈,她们声音中的团结和兴奋让我感到更加痛苦。在 4×100 米接力队中,队员总是共同行动,这是众所周知的事情。我们通常会约定在某个地方集合。一个队员独自前往体育场,这是极不寻常的。坐在巴士后部的我,感到无尽的羞辱。慢慢地,这种羞辱转变为愤怒,不仅仅是为了我自己,还为了我们整个团队。在精英短跑领域,每一毫秒都能决定胜负,这不仅仅取决于体能表现,还取决于心理状态。此时的我感到沮丧,而牙买加人似乎已经闻到了胜利的气息,她们对自己的状态感到非常满意。

然而,这原本应该是我们一生中最辉煌的时刻。

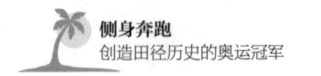

这是我们多年来一直努力的目标，现在我们有机会在全世界面前挑战巨人。

对我个人而言，这是梦想成真的序曲，八年来我一直梦想着我们五个人一起赢得奥运金牌。两个小时后，无论结果如何，我都会知道我的梦想是否能够实现。

这场比赛之后，我将正式结束我的职业运动员生涯。这一点我几年前就已经宣布了。坐在巴士后部，看着世界从窗外掠过，我想这或许是一个悲伤但恰当的结局。在我的职业生涯中，大部分时间都是独自一人——代表我的国家在全球各地征战。我最后一次前往体育场的旅程，也不例外。

当然，那时的这些想法并没有缓解我内心的伤痛。

接驳巴士在训练赛道前停下，运动员们在这里集合、热身、准备比赛。我焦急地四处张望，希望能找到我的队友。我看到美国队正在赛道上进行交接棒练习，法国队则在一旁休息聊天，对她们来说，一切似乎都井然有序。最终，我的目光落在了我的老朋友埃尔迪斯身上。我径直向她走去。

"埃尔迪斯，怎么了？发生什么事了？"我几乎是恳求着问道。

她用一种不解的眼神看着我："你这是什么意思？"

"我什么意思？"我有些急躁地回答，"你们把我丢下了。我们是一个团队啊！"

埃尔迪斯像其他人一样了解我。她看到我手按在胸口，能感受到我的痛苦。她凝视我的眼睛，看到它们逐渐泛红。

"我们五个女人，各有各的个性，成长环境不同，教练不同，什么都不一样。"埃尔迪斯回忆那一刻时说，"所以我们会有分歧，但我们共同训练，在我们心中国家始终是第一位的；分歧的确存在，但我们都是为了赢得比赛。"

我们的队伍向来如此——经历困难、心痛和辛劳，但最终，我们总能设法克服困难。

我一直没搞懂那天我们为什么没有一起前往体育场。

埃尔迪斯指向其他队员所在的地方。我们五个人散布在训练场上，各自沉浸在自己的小世界中。我感觉我们根本不像一个团结的队伍，我们支离破碎——我的心仿佛沉到了深渊底部。但还有时间来补救。埃尔迪斯和我，作为队伍中的老将，把大家——萨瓦塞达、黛比和钱德拉——召集到一起，我们在训练场边围成一个圈。毫无疑问，她们能感受到我声音中的痛苦。我的话如同山顶布道般郑重而深情地流淌出来，泪水也不受控制地流了下来。我站在她们面前，做了我认为唯一正确的事情。我开始祈祷。

大家还记得我前面说的吧？巴哈马是一个基督教国家。我是在一个遵循基督教原则的家庭中长大的，她们也是如此。因此，我在她们面前闭目祈祷，请求恶魔除去我们心中的任何邪念、恶意或怨恨。我痛斥恶魔，请它离开我们。多年严苛的训练，加上我所有的投入和付出，让我逐渐意识到团队似乎正走向错误的方向。

是什么导致我们走到了这一刻？埃尔迪斯说得对，我们的确有着相同的目标，但是有时好的想法不一定会收获好的结果，正如那句老话所说，通往地狱的道路往往是由善意铺就的（The path to hell is paved with good intentions）[①]。

[①] 通往地狱的道路往往是由善意铺就的（The path to hell is paved with good intentions）：这句话是一句谚语，用来表达一个观点——即使出发点是好的，如果方法不当或者执行不力，最终可能会导致糟糕的后果。这句话的意思是，人们可能有着最善良的意图或目标，但如果不考虑行为的实际效果，这些善良的意图可能会导致灾难。

* * *

你可能会认为赢得世界锦标赛会让短跑界对我们刮目相看。但先别急着下结论。实际上,自从我们离开塞维利亚赛道的那一刻起,就有不少质疑的声音,认为巴哈马只是昙花一现。

毕竟,强大的马里昂·琼斯在比赛初期就受伤了。如果她能加入美国队的 4×100 米接力队,她们肯定能赢得金牌。而在牙买加队这边,最后一棒缺少了传奇选手玛莲·奥蒂。这两位女子短跑巨星的缺席,使得本届世界锦标赛的氛围大不如前;因此,可以预见在下一次赛事中,她们的回归将带来翻天覆地的变化。当我们离开塞维利亚赛道,走向媒体采访区时,周围充斥着这样的声音。我们虽然赢得了比赛,却遭受了无数的质疑和争议。

我对这些闲言碎语从未有过任何不满——逆境对我来说根本不算什么。实际上,我已经习惯了被低估,这反而成了激励我前进的动力。

距离下一场比赛还有一年的时间。我回到亚特兰大,与西格罗夫教练一起认真训练。我们继续默默地磨炼我的技术,尤其是弯道部分。对我个人而言,我立志要以我最爱的 200 米赛事结束我的职业生涯。本届世界锦标赛也预告着我们 4×100 米接力队的新阵容:萨瓦打头阵,接着是钱德拉,然后是我,最后由黛比冲刺,这看起来是我们最佳的人员配置。当时我们的交接棒非常精准,从第一棒到最后一棒,每一段都保持了极高的速度,这为我们赢得了整个比赛过程中的时间优势,让我们在心理上有了更多的缓冲和保障,不必过度紧张。鉴于美国队在塞维利亚的嚣张言论,我们确信一件事——马里昂·琼斯将在 2000 年回归,并负负最后一棒。

我的注意力高度集中,谢幕之舞已近在咫尺,我几乎都已经听见前奏了。或许正因为如此,我们在塞维利亚之后不久,队伍里就首次出现了分歧。

在亚特兰大赢得银牌后,我们成了巴哈马的骄傲,而世界锦标赛的金牌更是让我们人气飙升。尽管其他人都不相信我们能在悉尼夺冠,但巴哈马人民深信不疑。这样的名气意味着我们吸引了更多寻求代言的本地公司的关注。比赛结束后不久,我们就接到了可口可乐巴哈马分公司的赞助合同。我对代言没有异议,只要它不妨碍我的训练。但在我看来,这一切实在太多了。穿梭在频繁的公众活动和代言合同承诺的媒体义务之间,我不禁要问:我们什么时候才能训练?

在这个阶段,金钱对我而言并不重要。作为运动员,我注重的是训练和过程。我热爱田径运动,而不是它带来的金钱、名声、认可和其他附加品。我只想赢,而且非常渴望赢。

因此,我说:"不,我对这个代言不感兴趣,至少现在不感兴趣。"我想这可能让我在团队中变得不太受欢迎了。

我们前往悉尼的旅程,起初并不顺利。在 2000 年巴哈马全国锦标赛和奥运会选拔赛期间,周围的噪声实在太大。我从家人——我信赖的人——那里听说,有人讨论要把我从队伍中剔除。这些传言到底是不是真的?对我来说,它们就像是真的一样。不管是真是假,这都反映出当时我们周围充满了不和谐与流言蜚语。

但不管怎样,要想把我从巴哈马参加奥运会的代表队中踢出去,唯一的办法就是在赛道上赢过我。而我知道,那是不可能的。要想进入 4×100 米接力,必须在巴哈马全国锦标赛 100 米

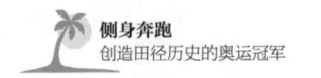

决赛中跑进前四。而前三名则可以直接获得 2000 年奥运会 100 米单项的参赛资格。

其他女孩对选拔充满了信心（她们认为我不会去争取 100 米的前三名）：100 米并不是我的最爱和专长，这个项目并不能凸显我的核心优势——我的强大意志和极限速度（所以，我不会全力以赴）。

但站在 100 米决赛的起跑线上，我知道我必须跑出一场出色的比赛，力争跑进 11 秒。我做到了。黛比和钱德拉排在我前面，但出乎所有人意料的是，我竟然超过了埃尔迪斯和萨瓦。尤其是萨瓦，她对我的突然"超车"感到震惊。我记得我在终点线时看了她一眼，她竟然在哭泣，哭得很厉害。

她通常都很安静、很内敛，所以我以前从没见过她这样哭泣。其实，那时我心里早就定下我的重点是 200 米（不会去参加 100 米）。但在那一刻，我觉得我应该做点什么。我必须立刻安慰她，让她平静下来。

"萨瓦，我压根儿没打算在奥运会上跑 100 米。甜心，100 米归你了。"我说，"我只跑 200 米，但我必须用实际行动让你们都明白，我不会轻易被淘汰。我要让你们所有人都闭嘴。"

然后我转身走了，不再多言。

又一次，想法是好的，但事情很复杂。就像埃尔迪斯说的，我们五个女孩性格迥异。除了我们都渴望为国家赢得金牌外，还有一个共同点——我们都是顶尖的短跑运动员，自然也都有一定的骄傲。没错，我们是团队，但同时也是竞争对手。

在正确的引导下，我们内心的这股热情可以转化为积极的能量。但有时候，这种混合可能过于激烈，稍有不慎便可能失控。

直到今天，我都不后悔当时放弃 100 米。但是我后悔没有提前和教练们商量。西格罗夫教练对我刚拿到100米参赛资格就轻易让给萨瓦这件事不太满意。不过,他还是认可了我的计划。增加100米对我来说负担太重,而且实际上,我觉得自己在那个项目上夺得奖牌的可能性不大,尤其是因为我的重心已经完全在200米上。

"一心不能二用,追逐两只老鼠的鹰往往一无所获。"西格罗夫教练说。

在奥运会前的最后一场训练营,我们一切准备就绪。萨瓦、黛比和钱德拉将参加100米。黛比、钱德拉和我将角逐200米。萨瓦、钱德拉、黛比和我将组成女子4×100米接力队,埃尔迪斯作为替补。我们这支队伍没有多余的人手。没有其他人,就我们五个女生对抗全世界。

有时候,我们还得对抗团队内部的问题。

亲爱的读者,您现在可能已经能够感受到,在奥运会前,我们团队的气氛是有些紧张的。遗憾的是,那并不是最后一次。

在悉尼奥运会前的最后准备阶段,巴哈马田径协会在新任主席德斯蒙德·班尼斯特的领导下,提前数周精心安排了一场训练营。我和几位巴哈马奥运选手一起前往法国南部。我们所在的地方实际上非常偏僻,但这对我来说不是问题。我们的田协租下了一个农场,距离训练跑道大约有半小时车程。

这尽管听起来有些不寻常,但其实是非常有道理的。

距离2000年奥运会还有八周时间。我们每天都在坚持训练,同时也有了相互交流和反思的机会。

训练营开始不久,我们便收到了来自巴哈马的噩耗——我们国家的开国元勋林丁·平德林爵士去世了。这对我们所有人来说都是一个沉重的打击。不论你的政治立场如何,不论你认为他在历史上的地位怎样，平德林总理领导我们这个小国度过了一段极为重要的时期，即我们真正地从殖民地转变为一个独立国家的时期。如果我们在悉尼赢得金牌，升起的将是我们巴哈马的国旗，而不是联合王国的国旗。

对我来说，他在我最后一次参加奥运会前夕去世，似乎是命运的无情捉弄。在我还是一个贫穷的赤脚女孩时，一位匿名捐赠者为我买了第一双钉鞋。平德林总理不知何故洞察到了我的潜力——他不仅支持我，还支持了当时所有的巴哈马运动员，这份支持不应被忘记。他很清楚，对于像巴哈马这样的小国来说，体育是我们在世界舞台上发声的机会。他是对的。2000年7月，在法国南部，我穿着代表巴哈马的海蓝色、黑色和金黄色的运动服，为争夺世界冠军做着准备。

只要一想到这件事，我的眼眶就会湿润。不仅仅是因为他送给那个可怜的小女孩的钉鞋。我常常在想，他到底在背后为我辩护了多少回啊？他暗中为我疏通了多少次关系啊？尤其是在有人可能暗中对我使坏的时候。他在我成长为世界级运动员的道路上所扮演的角色，我将永远铭记于心。

我多么希望他能再多活几个月。

即使在最黑暗的时刻，太阳依旧会升起。农场的公鸡在清晨将我们唤醒。我们按时吃饭，按时训练，按时入睡。让我告诉你们，当夜幕降临，农场会变得一片漆黑——那里确实没有太多的事情可做。这对每个巴哈马运动员来说，可能并不都是那么有吸引力。

但我却非常享受那里的训练和生活规律。这让我想起了在维斯登妈妈家成长的时光。那里的安宁与寂静，就像是即将到来的风暴前的一片净土，让我得以安心准备。别忘了，无论是跟随亚拉巴马大学旅行，还是代表巴哈马参加国际比赛，我都已经习惯了孤独。离我房间不远的一个田野里，有一棵小小的李子树。我常常坐在它的绿荫之下，感到无比地满足——读书、品尝当季水果。

然而，我在农场的生活并非完全平静。

正如我所说，并非每个人都喜欢法国南部的这种孤独。有的队友一直待在那里，有的则是来去匆匆。

我们的一个队友——钱德拉——显然不在这里。我听说她在处理伤病，所以最好留在北卡罗来纳州训练。或许是我多心了，但总觉得事情有些不对劲。

我联系了在北卡罗来纳州训练的一些朋友，他们都在同一个训练营里。

"她的伤势严重吗？"我问道。

"波琳，你在说什么呢？"一个朋友困惑地问道。

显然，钱德拉依然训练得非常刻苦。我想她可能觉得和教练们在一起会更有利于她的恢复。或许她是对的。但这件事还是让我心里不舒服。我们都承诺要来参加这里的训练营。她为什么不来呢？

你肯定已经猜到了，我不是那种会把强烈的看法藏在心里的人。

我找到鲁伯特·加迪纳，提出了这个问题："你们得处理一下这件事。她这样影响了整个训练营。"

钱德拉在最终抵达悉尼时，对此表示了强烈的不满。

"哦，我听到了你对我的一些评论。"我们一见面，她就毫不

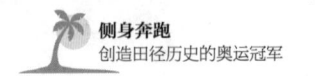

客气地说,"你只是想借我们的光走向辉煌①。"

她知道怎么刺激我,就像埃尔迪斯一样。

"钱德拉,你真这么想吗?"我问,"你真的认为这就是我想要的?那你根本不了解我。我只希望你能在这次奥运会上看着我,好吗?就看着我。"

我想这应该是我们4×100米接力决赛前的第三次冲突。

在农场生活了两三周后,巴哈马奥运队先飞往伦敦,再转机到新加坡,最后抵达悉尼。但我们的旅程并未结束——在奥运会开始前三周左右,我们又乘坐飞机前往黄金海岸,那是距离悉尼大约三小时车程的一个美丽海滨地区。

那是一次折磨人的旅程。当我最终抵达黄金海岸时,我愣在原地,不知道是该坐下、站起来、睡觉还是训练。我就像澳大利亚厕所里的水一样困惑,那里的水的冲刷方向和我们相反②。西格罗夫教练曾告诫过我,跨越到世界的另一端参赛会带来时差和疲劳。因此,我们早早决定让我去那里参加较长时间的训练营,以便有足够的时间准备2000年奥运会。当其他选手在各地训练、四处参赛时,我的目标则是稳步前进,慢慢适应。在第一、第二周,西格罗夫教练建议我每天只是轻松慢跑,以逐渐适应新环境。

澳大利亚是一个令人惊叹的国家,而作为热门旅游目的地的

---

① 原著里这句是 All you want to do is ride off into the sunset on our coattails. "ride off into the sunset" 通常用来形容某人在完成某项伟大或重要的事情后,愉快地离开,去享受成功带来的荣耀或平静的生活,就像美国西部电影中的英雄在完成任务后骑马消失在地平线上一样。"on our coattails" 意味着依靠或利用别人的成功、名声或努力来获得自己的利益或成功。

② 这句话是指在南半球,水在马桶中冲刷的方向与北半球相反。这里用这个现象来比喻说话者的困惑,意味着她遇到了一些不符合以往经验和预期的情况。实际上,关于南半球和北半球马桶冲水方向相反的说法是一个常见的误解。水在马桶中的冲刷方向主要受到马桶设计和冲水机制的影响,而不是由地球的半球位置决定的。

黄金海岸也同样迷人。每天，我都会步行到农夫市场，购买新鲜的水果和蔬菜来做鲜果奶昔，然后再去另一个市场购买海鲜。那是一段与队友共度的特别时光，当然，除了钱德拉。我又与巴哈马的田赛天才拉弗恩·伊芙团聚了，我们一如既往地一同为别的运动员准备美食。

这也是结识新面孔的时期，比如刚崭露头角的来自巴哈马的短跑选手托妮克·威廉姆斯（Tonique Williams）。悉尼奥运会是她参加的第一届奥运会。托妮克眼中充满了好奇，也有些紧张不安，这让我想起了1984年在洛杉矶时的自己——难以置信，距离那时已经过去了十六年。在训练营期间，托妮克和我同住一个房间，她渐渐成了我的小妹妹，就像黛比一样。有一段时间，她也在亚特兰大和我一起训练。托妮克非常勤奋，是新一代巴哈马女性短跑精英中的一员。这样的阵容在当年是难以想象的。对于埃尔迪斯和我来说，看到这些年轻女性登上世界舞台，我们感到无比地欣慰和备受鼓舞。

在进入最后冲刺阶段时，我的注意力主要集中在我自己身上。这是我最后一次机会。我们接力队的所有女孩也一样，大家都把注意力集中在自己身上。虽然我们共同训练，但我们各自也有个人项目要关注，而这些个人项目都在接力项目之前进行。

正如我所说，西格罗夫教练和我有一个非常明确的策略——抵达澳大利亚后，逐步提升我的训练强度，以避免"暴露实力"。换句话说，就是保持低调。无论是马里昂·琼斯还是我的队友，我都不想给她们提供额外攻击我的"弹药"。我更喜欢被低估，这在我整个职业生涯中已经发生多次。我不会说自己完全放松了训练，但确实在奥运会前我没有公开展现我全部的实力。甚至在巴哈马的奥运选拔赛中，我在200米中也没有获得第一名。

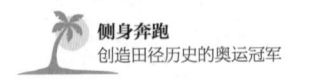

从后面追赶总比成为众矢之的来得容易。

"很多人都不认为波琳有多大机会。"西格罗夫教练回忆道。他不仅是我的个人教练,在那届奥运会上还担任了利比里亚国家队的总教练。

"波琳和我们训练小组中的一个美国人沙伦·库奇(Sharon Couch)建立了深厚的友谊。沙伦计划参加100米栏比赛。我们在一起训练、吃饭、积极交流,度过了许多美好时光。在我看来,波琳在身体和心理上都处于良好的状态。马里昂·琼斯似乎不可战胜,但波琳会给她带去挑战。"

后来,沙伦成了西格罗夫教练的妻子。

我的训练团队中还有保罗·道尔(Paul Doyle),他是西格罗夫教练自1998年以来的合作伙伴。有趣的是,道尔实际上是在亚特兰大埃默里大学(Emory University)执教时,通过库奇认识西格罗夫的。当时道尔才二十多岁,但他已经研究并仰慕西格罗夫教练的工作好几年了。

"我们一见如故。第一次见面时,他就邀请我一起举办训练营。"道尔回忆道,"于是我们就开始合作,组建了一个训练小组,也就是在那个时候我遇到了波琳。"

同样,我也立刻被道尔吸引。

"她第一天见到我的时候,就邀请我参加她的婚礼。"他笑着说,"波琳比我大很多。我当时只是一个二十多岁、渴望成为教练的小伙子,这位传奇运动员却立刻对我产生了兴趣。在我刚开始涉足职业田径领域时,能够得到她的支持和尊重,让我感到非常荣幸。"

那一刻非常特别——我既对自己的竞争能力充满信心,也对退役的决定感到安心。与之前参加的四届奥运会相比,这次我身边有一个让我深感安心和放松的团队。

抵达悉尼后不久,有一次当我在跑道上训练时,我看到围栏的另一边有一张熟悉的面孔。那是阿琳·维斯登(Arlene Wisdom),维斯登教练的姐姐,她和弟弟杰瑞一起来到了澳大利亚。我慢跑到阿琳身边,不由得回想起二十年前,在洛杉矶举行的我参加的第一届奥运会上,维斯登教练在围栏边迎接我的情景。

"珍珠,我给你准备了一份特别的礼物。"她说。

她在包里翻找,拿出了两件来自家乡的宝贝——一份当地的报纸,因为她知道我有多喜欢阅读,还有两瓶维他麦(Vitamalts)。巴哈马人都知道那是什么。简单来说,维他麦是我最喜欢的饮料,产自拿骚本地,这些来自家乡的礼物和纪念品让我感到无比激动。我伸手翻过围栏,一把抓过了装着报纸和饮料的包。阿琳说,她的想法是让我在赢得每一枚奖牌后,都享用一瓶维他麦。

两瓶饮料,两枚奖牌——200米一瓶,4×100米接力一瓶。

周围的每个人都能感受到那种充满期待的气氛。我的队友们都在热烈地讨论,大家都深信,巴哈马乃至整个加勒比海地区,将在这届奥运会上创造历史。

而我,仿佛置身于云端之上。

刚到悉尼时,我感觉和平时的自己不太一样——但这次是一种积极的变化。从运动竞技的角度看,我依旧保持着专注和决心。与此同时,我还感受到了一种美好的平静和满足。或许是我的身心自动接管了一切,让我得以沉浸在这所有的景象和声音中,我知道这将是我作为运动员参加的最后一届奥运会。在经历了四届奥运会之后,我终于有幸成为我国开幕式的旗手,这让我

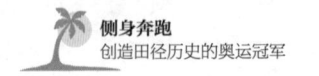

感到更加平静和满足。

2000年对所有人来说都是一个特殊的年份。那是千禧年，全球的计算机并没有因为千年虫问题而崩溃。国际媒体普遍赞扬2000年悉尼奥运会的组织工作，以及志愿者和粉丝们的热情支持。我走遍了世界各地，可以肯定地说，澳大利亚人是世界上最友好、最支持他人的民族之一。他们非常高兴能够接待我们，而我们也很高兴能够来到这里。

时任国际奥委会（International Olympic Committee，简称IOC）主席的胡安·安东尼奥·萨马兰奇（Juan Antonio Samaranch）表示，这是他见过的最美的开幕式。

在运动员入场环节，创纪录的199个国家和地区举着旗帜绕场行进，代表着一万多名参赛运动员。朝鲜和韩国一起挥舞着特别设计的统一旗帜入场，尽管他们是分开比赛的。

当一位官员将巴哈马国旗交到我手中时，我将国旗高高举过头顶，目光缓缓沿着旗杆向上望去，直至顶端。我心中充满了喜悦，这是我第一次挥舞这面由海蓝色、金黄色和黑色组成的入场式国旗，我不停地挥舞着，脸上洋溢着灿烂的笑容。这标志着我运动生涯的完美落幕。我依稀记得，当听到宣布"巴哈马"入场时，我踏入了夜晚灯光璀璨的场地，仰望那黑暗中灯光闪烁的体育场，数千台相机的闪光灯如同萤火虫般闪烁。这与我在洛杉矶的首届奥运会感受截然不同，那时我感到自己渺小和微不足道。但现在，我感觉自己仿佛站在了世界之巅。我专注于挥舞那面国旗，尽可能地把国旗举高，同时向人群挥手致意，投去飞吻。当你有机会代表国家举旗时，那是一种超越记忆的情感体验。你的一生都在等待这一刻，但它转瞬即逝，就像相机的闪光灯一样。那种满溢的喜悦会永远留在心间。

我当时沉浸在无比的喜悦之中,以至于没有留意到身后发生的小规模争执。

显然,在我领头步入场地时,几位巴哈马教练和官员试图紧随我之后,以便引导整个队伍。然而,运动员们对此并不买账,这导致了一些争议和对队伍位置的争夺。事后,埃尔迪斯因为我对这一切毫无察觉和未发一言而责备了我。但那时,我完全沉浸在自己的小世界中,任何巴哈马队成员之间或接力队队友之间的矛盾,我都未曾留意。我很庆幸自己当时没有注意到那些争执——经历了多年的辛勤努力和付出,我只想享受那一刻,细细体会那种感觉。因为不久之后,就该正式投入比赛了。

奇怪的是,在悉尼,我对待比赛的态度有了些许不同。

平静的情绪一直延续到了200米赛事的最后训练阶段。我记得当时我在训练跑道上,西格罗夫教练和助理教练道尔正在陪我练习。他们让我进行了一系列的训练,最后要求我全力以赴地跑一次200米。当我冲过终点线时,我看到他俩站在一旁交谈。

"哦,天哪!"西格罗夫教练笑着说,脸上洋溢着笑容,"我们准备好要飞了!"

"是吗?"我气喘吁吁地问,"我跑了多少时间?"

他俩忙着庆祝,都没有理会我,又是跳跃又是欢呼的。

我走过去,探进他们的小圈子里。西格罗夫教练的秒表上显示的是一个很不起眼的成绩。我记不清具体是多少秒了,但肯定不是能登上领奖台的成绩。

"教练,你这是什么意思?"我困惑地问,"我甚至都没有感觉到自己跑得快!"

"正是这样!你跑得并不快!"西格罗夫教练大声说,"这就说明你准备好了!"

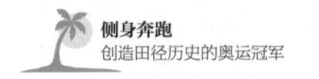

在我的短跑生涯中，我有一个奇怪的特点。西格罗夫教练和助理教练道尔都注意到了，每当我开始在成绩上有所退步时，就意味着我就快要达到我的巅峰状态了。听起来是不是有些不可思议？

"直到今天，波琳仍然是我所认识的最强有力的竞争者之一。"道尔说，"我记得，1998年，我们在亚特兰大的生命大学（Life University）训练时，我和拉纳·莱德（Rana Reider）一起，他现在是世界顶尖的田径教练之一。他看着波琳训练，对我说：'保罗，要不是我这么了解她，我可能都不会考虑招募她。'我认为，波琳需要竞争的刺激才能达到最高水平。我们让她站在起跑线上，要求她尽可能快地跑100米，她从未跑进过12.50秒。但如果让她和对手一起起跑，同时让对手领先她五米，她就能轻松跑进11秒。"

这一切都不是我事先计划的——完全是出于本能。

就在一年前，在1999年的日本前桥市的世界室内田径锦标赛中，在我参加200米赛事之前，西格罗夫教练和助理教练道尔都竭力劝我放弃参赛。根据我的训练成绩，他们都不认为我已经准备好应对那种级别的竞争。

结果，我赢得了铜牌。

"那时我们才意识到，我们面对的是一位与众不同的选手。"道尔补充道，"我们常说的'干草入库，万事俱备'就是形容她这样的运动员，能够在关键时刻提升自己的比赛水平。"

也许在潜意识里，我正在为即将到来的挑战积蓄力量。

开幕式结束后仅仅两天，女子200米比赛就要开始了。来自38个国家的50多名运动员将在我的项目中争夺霸主地位，尽管和往届奥运会一样，全世界的目光往往只集中在少数几个人身上。

实际上，所有人都只关注马里昂·琼斯。

琼斯在 1997 年和 1999 年的世界锦标赛上已经赢得了 3 枚金牌。她从未参加过奥运会，却宣称自己将在悉尼赢得不止 1 枚、2 枚，甚至 3 枚金牌，而是 5 枚金牌。这对于任何运动员来说，都是一个大胆的预测。让我再强调一下——她之前从未参加过奥运会。这一宣言在全球媒体中掀起了狂热的期待和浓厚的好奇心。但对于我这样的运动员来说，这显得极为无礼。不止我一个人这么想。当你一直在努力训练、精进你的技艺时，突然有人闯入并期望世界为之倾倒，这种感觉让人感到极度不安，尤其是在她的周围已经谣言四起的情况下。就在 200 米比赛即将开始之际，琼斯的丈夫兼教练 C. J. 亨特（C. J. Hunter）因为四次未能通过奥运会前的药物测试，已经被禁止参加奥运会，这无疑增加了大家的疑虑和不安。

琼斯告诉媒体，她拒绝在奥运会结束前回答任何关于她丈夫的问题。这无疑是对未来事件的一个强烈预警。

当然，当我 2000 年 9 月 27 日首次踏上悉尼奥运赛道参加预赛时，我的手里并没有拿着水晶球来预测未来——只听到疯狂的谣言和含沙射影。对马里昂·琼斯的炒作和比赛所带来的压力掩盖了其他一切。无论琼斯走到哪里，媒体的"马戏团"就会跟到哪里。如果你和她共处一室，那么只需稍等片刻，人群和相机的闪光灯便会接踵而至。

没有多少人关注来自贝恩镇的波琳·戴维斯。

我们心里都清楚，琼斯就是那个我们需要超越的对手。但我没有打算束手就擒，我不会让她轻易获胜，其他选手也同样不会。

牙买加的贝弗利·麦克唐纳（Beverly McDonald）当时身体状况极佳，她刚刚在1999年的塞维利亚世界锦标赛的200米赛事中赢得了银牌。被称为"亚洲黑马"的苏珊蒂卡·贾亚辛格（Susanthika Jayasinghe）同样是一股不可忽视的力量。这位斯里兰卡天才运动员在1995年至2007年间在亚洲锦标赛上赢得了6枚金牌，并在1997年雅典世界锦标赛上获得了1枚银牌。澳大利亚的本土英雄凯西·弗里曼虽然更擅长400米，但在这场比赛中也是一个威胁。还有我的妹妹，来自巴哈马的黛比，她同样有机会在悉尼奥运会上站上领奖台。

我轻松地通过了预赛，最终以第三名的成绩晋级。不过，此时还没有人特别关注这些数据。琼斯在第一轮后仅以第五名的成绩晋级，显然她在为后面的比赛保存实力。

第一天结束时，短跑选手只剩下了16人。半决赛和决赛都将在同一天进行。

我的教练们说对了——我在训练中的慢速成绩再次预示着我在比赛中的强势表现，或许过于强势了。在半决赛中，我遥遥领先，不仅赢得了小组赛，还以所有参赛者中最快的成绩完成了比赛。赛后，西格罗夫教练、助理教练道尔和我的领队都对我表示了不满。他们认为我跑得太快了，应该为决赛保留体力。然而，没机会保留体力了，因为我刚结束比赛就听到了通知。

"女子200米决赛——请到叫号室报到。"扩音器里有人大声宣布。

在决赛前，我有一个小时的休息时间。尽管教练们的担忧不无道理，但我感觉状态良好。我仍然处于那个舒适区，如同在云端飘浮，不仅表现出色，而且享受着比赛。

此外，在决赛前，我非常渴望能分到一个优先赛道。

要知道，小组赛的胜者通常能在后续轮次中获得更好的赛道分配。一般观众可能不会注意到这一点，但位于跑道中间的三、四、五、六号赛道是最受欢迎的。原因就在于视野和对周围选手的感知。当你位于中间赛道时，你能更清楚地看到所有人，包括他们在比赛中的移动、反应和调整。简单来说，你会对自己周围的情况有更全面的了解。

一号赛道和二号赛道不算糟糕，但想要看清赛道上的情况就困难多了。至于七号赛道和八号赛道？你几乎就像是身处西伯利亚一样，基本上就是独自一人，每个人都能看到你，但你看不到其他人。最终，我如愿以偿——抽到了三号赛道。而马里昂·琼斯排在四号赛道，紧挨着我。

在被叫到跑道上之前，我利用最后的时间进行了冥想。你可能会以为我会紧张、焦虑，脑海中闪现出整个短跑生涯的片段。但不知为何，我内心的平静和禅意一直持续着。

我多年的按摩师唐·迈尔斯（Don Myers），从亚特兰大跟我们一起来到了悉尼。在我冥想时，他为我进行了最后的按摩和拉伸，帮助我做好比赛的准备。我没有听到任何公告，只隐约记得有人告诉我该上场了。

或许是因为我的心态，当我穿过通道来到跑道上时，尽管看台上有超过十万人，但我却感觉周围异常安静。作为场上的运动员，奥运会上的这些重要时刻往往是寂静与狂热交织的奇特体验。

期待的声音简直震耳欲聋。

"马里昂摆脱了所有压力，尽管媒体铺天盖地地炒作她丈夫——铅球运动员 C. J. 亨特药检呈阳性的事情。"NBC的体育播音员说道，"她的母亲也来到了现场。她母亲的名字也叫马里昂。

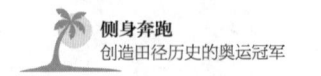

马里昂和她的母亲之间的关系有时会有些……敏感。"

也许你已经注意到了，奥运会已经沦为电视肥皂剧。

回顾当时的转播，"摆脱了所有压力"这种说法显然是过于轻描淡写了——每当镜头对准琼斯的脸时，她总是笑容满面，而这种情况频繁出现。她已经赢得了100米金牌，拿到了她追求的5枚金牌中的第一块，这一成就被广泛报道。我常常好奇，她的内心究竟在想些什么。随着她丈夫的问题被公之于众，她是否在暗自担忧自己可能成为下一个目标？那些看似价值百万美元的笑容是否只是一种假象？或者她只是在尽情享受那一刻，将这些指控和个人问题暂时抛诸脑后？

不管实际情况如何，我的表情却与她的大不相同。

我的目光紧紧锁定在前方的地面上。我前后摇晃着身体，双手紧紧按住臀部。在视频中，你可以看到我在重大比赛前经常自言自语。

"这是我们的最后一舞。"我低声自语，同时摇了摇头，"就是这一刻了。"

当我终于听到喇叭里叫出我的名字时——波琳·戴维斯，巴哈马，我设法举起双臂以示回应。但我的视线始终低垂。我没有看摄像机，也没有看观众。我完全专注于即将要发生的事情。

"你努力了。"我轻声对自己说，"你准备好了。"

那场决赛中，琼斯和我不同的准备方式，已经透露了你需要知道的一切。对我来说，短跑从不是一场浮华和排场的表演。它甚至与金钱、名声或威望无关。我一生聚焦于过程，为了能走到最终那一刻，我倾尽所有，投入训练，不论是身体上的、情感上的还是精神上的。一个来自贝恩镇贫民窟的小女孩，来自一个人口仅相当于美国小镇的国家，本不应该出现在那个起跑线上。谁会想到，那个赤脚侧身跑的小女孩，有一天能有这番成就？无论生活中发生什么，我每天都坚持早起，忍受训练的辛劳和痛苦。近二十年的承诺和训练——历经五届奥运会——终于让我站到了这最后一项个人比赛的起跑线上。

枪声在我三十四岁那一年响起。我甚至比当时排名第二年长的选手还大五岁。琼斯和贾亚辛格都要比我年轻十岁。这就是我的成就、我的骄傲。我必须将全部的注意力集中到那一刻。

"毫无疑问，马里昂是这项赛事中的超级运动员。"澳大利亚的解说员这样宣称，"（金牌已经不是问题，）真正的问题在于：她是否能跑进22秒？以及她到底能快多少？然后，别的运动员将争夺其余的奖牌。"

就像我说的，赛场上只有两个方阵，琼斯和其他运动员。接下来马上就要上演我被马里昂偷走胜利的那一刻。

当枪声响起时，我完全沉浸在自己的世界里。我闭上眼睛，回忆起教练们教给我的所有东西，从维斯登教练用领带纠正我的姿势，到西格罗夫教练的最后指导，以及其间的每一刻。我闭上眼睛，开始飘然起跑。我的身体记住了所有的细节，而我的大脑几乎一片空白。仅仅22.27秒后，我最后一次跨过了终点线，我的个人运动生涯——一生的努力——就此画上了句号。

迷茫而又疲惫，我双手叉腰，缓缓走回终点线，心中满是困惑，不明白自己究竟哪里出了错。我抬头望向计分板，不知为何，我发现上面没有我的名字，那一刻，失望感油然而生。突然，人们开始走过来拥抱我，祝贺我出色的表现。起初我无法理解这一切，直到最后我再一次抬头看向计分板。马里昂·琼斯高居榜首，以21.84秒的惊人成绩领先。而在她下面，是波琳·戴维斯，以22.27秒的个人最佳成绩紧随其后。来自斯里兰卡的

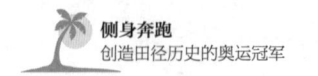

"亚洲黑马"贾亚辛格只比我慢百分之一秒,获得了铜牌。

当然,与"神奇的马里昂"和她2000年奥运会的第二枚金牌相比,贾亚辛格和我只是被附带提及的角色。

"马里昂·琼斯在200米中横扫全场,她完全是按照自己的方式做到了!"NBC的播音员如此总结。

是的,她确实以自己的方式做到了——这些话现在听起来充满了讽刺。

实际上,我并不感到失落。当我看到显示屏上自己的名字时,我双手迅速捂住了脸。我捂住嘴巴,尽可能地大声尖叫。能够最终站上奥运会的领奖台,我感到无比兴奋。我已经在世界其他所有大型田径赛事中都赢得了奖牌。终于,我可以勾掉我清单上最大的一项了。

有趣的是,当我看到自己赢得了银牌时,我知道,至少在我心里,我赢得的是金牌。

"新闻发布会结束后,我记得波琳抓住我的胳膊说:'保罗,总有一天那枚金牌会属于我。'"道尔说道,"所以她那时就知道了。特别是(马里昂的)丈夫药检呈阳性之后。她告诉我:'保罗,他们一起进食。你难道要告诉我他用药了而她没有?'"

在那座体育场内的十万人中,以及全世界数百万的观众中,我可能是唯一一个,或者说是极少数几个中的一个,认为自己是金牌得主的人。每个人都太过于沉迷于马里昂·琼斯的故事。但我在1997年雅典世界锦标赛上看到过她转变之前的样子。我知道这个过程对任何人来说意味着什么,包括像马里昂·琼斯这样的天才(没有特殊的方法,这样巨大的转变是不太可能的)。当一位奥运官员跑向我时,我满脑子都是这些想法。

"波琳·戴维斯?巴哈马?"她问,"我是来带你去进行药检的。"

在这方面，国际奥委会非常高效。如果你在比赛中赢得了奖牌，那些官员会立刻找上你。当你在跑道上庆祝、欢呼，接受媒体采访时，他们会一直跟着你。他们不会浪费时间。当然，负责琼斯的官员得等更久一些。作为当时世界上最著名的女子奥运选手，她还有几个采访要完成。我的新闻发布会结束后，我就被引导穿过一个隧道，进了体育场内的一个小房间。在路上，那位官员给我做了指导，并解释了我的尿液将如何被检测。房间外面是特雷弗·格雷厄姆，琼斯的教练，我已经认识他很多年了。我不知道当时我是怎么了。

"那么，我们要做血液检测吗？"我问。

那位官员摇了摇头。

"可恶！你是说我今天拿不到金牌了？"我带着几分讽刺说道。

格雷厄姆恶狠狠地瞪了我一眼。我也毫不示弱地瞪了回去。

目前，我不打算详谈奥运会的药检技术细节，以及这些程序这些年来是如何演变和发展的——这部分内容稍后再谈。

就像我说的，我其实并不感到苦涩或怨恨。我对银牌感到非常满意，但内心深处总觉得我本可以得到更多。而且，我也没有太多时间去细想这些。在我药检结束离开跑道时，已经是深夜了。第二天一早就是女子 4×100 米接力的首轮比赛，那些姑娘都指望着我呢。

然而，遗憾的是，至少在我内心深处，我总感觉无法完全信赖她们，这让我的心情有些复杂。

在我赢得银牌之后，获得第五名的黛比立刻过来向我表示祝贺。第二天在奥运村见到我时，埃尔迪斯也跟着祝贺我。但钱德拉和萨瓦塞达呢？我从未从她们那里得到过真正的祝贺——那时这真的让我很受伤。除了埃尔迪斯，所有女孩都在那届奥运会上参加了个人项目，我是唯一一个获得奖牌的人。我在想，直到今天——我的成功是否让我们之间的距离变得更远了？难道这就是她们在决赛前撇下我离开奥运村的原因吗？

尽管我们之间存在一些问题，但这一切在赛道上都没有体现出来。黛比既要参加 100 米又要参加 200 米，所以我们调整了接力顺序，将萨瓦安排在了最后一棒的位置。我们的决赛替补埃尔迪斯将负责在预赛和半决赛中领跑。这是其他队伍常用的策略。美国队让马里昂·琼斯直到决赛才跑最后一棒，牙买加队也是一样——将玛莲·奥蒂保留到关键时刻才出场。一年前在西班牙塞维利亚世界锦标赛上，我们遭遇了种种质疑——"她们夺冠只是运气使然，一旦琼斯和奥蒂参赛，结果将大不相同"——而这些质疑将在本届奥运会上得到回应。

这场比赛将决定一切。

我们轻松通过了预赛，拿到了小组第二名，仅次于牙买加队。半决赛的结果也差不多。我们在与美国队的对决中脱颖而出，以 42.42 秒的成绩再次获得总排名第二。美国队只排在第四，但到了这个阶段，比的不仅仅是速度，更是策略和战术的运用。

"嗯，我非常有信心。"埃尔迪斯在半决赛结束后不久对媒体这样表示，"我觉得我们在第二棒和第三棒之间有一点小波动，但我相信我们能够赢得胜利。我们非常有信心，我们会尽全力争取最好的成绩。"

美国队的首发选手克里斯蒂·盖恩斯持有不同的看法。

"哦，我们对进入决赛感到很兴奋。"她自信地微笑着说，"我们前三棒给了巴哈马队很大的压力。明天，我们会让大家看看我们的第四棒能带来什么。"

这番话让巴哈马的媒体团发出了一些笑声。我只能猜测她的话意味着"神奇的马里昂"将出场拯救局面。

我们等着瞧吧。

在女子 4×100 米接力决赛前，心理战已是硝烟弥漫。这场接力赛是我职业生涯的最后一场比赛，也是检验我多年前那个疯狂的梦是否仅是幻想的最后一次机会。然而，在发令枪响起前的紧张时刻，我发现真正的心理较量其实是在我们的内心深处展开的。

独自一人前往赛场，这让我的心都碎了。它击碎了我在这届奥运会期间所感受到的宁静。我意识到，我个人的平静感不能代表整个团队。我们五个在练习跑道旁围成了一个圈，当我紧闭双眼，默默祈祷时，接力决赛前我们所经历的所有问题、挑战和分歧，都如洪水猛兽般重新涌现。

当我睁开眼睛时，泪水已经模糊了我的视线。西格罗夫教练总是告诫我——不要在比赛前哭泣。泪水会抽走你的能量。然而，我已是泪如雨下。更糟糕的是，我环顾四周，看到我的姐妹们也在哭泣，只有钱德拉例外，她总是我们中最坚强的一个。

我们将内心的情感都毫无保留地表达了出来，我绕着圈子，对她们每个人说出了我对她们的喜爱之处。

我们之间确实存在分歧，但事实上——我以不同的方式爱着她们每一个人。

具体对她们说了些什么，我已经记不太清了。当你身处那样的时刻，你只会发自内心地表达，自然地流露情感。我所知道的是，最后我们紧紧拥抱在一起，那一抱，凝聚了我们所有的力量。

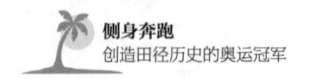

是时候全力以赴了。今天，我们将为当初共同开启的梦想画上圆满的句号。

我们四个人走上了练习跑道，开始了热身和节奏跑。埃尔迪斯在旁边支持并鼓励着我们，准备在需要时随时加入。每个人都感受到了那种紧张和兴奋，因为我们即将在田径史上写下我们自己的篇章。

"我记得，在热身时，美国人就在我们旁边。"我们的接力教练鲁伯特·加迪纳说道，"她们试图干扰我们。每当女孩们放置标记，或者练习交接时，她们就会穿越我们的跑道。'别管她们。'我告诉女孩们，'我们只管做好自己的事。'"

说起来容易但做起来难。我们的队伍确实有天赋，自从我们在"鱼炸"上约定之后，我们付出了更多的努力。我们彼此了解至深——因此，理论上，交接棒应该会很顺利。当然，在田径比赛的最高舞台上，任何事都有可能在几秒钟内发生。压力无比巨大。在巴哈马，整个国家都在焦急地期待着。说每个巴哈马人都熬夜守在电视机或收音机前——那时国内正是深夜——也并不夸张。这是我国前所未有的全国性事件。

在巴哈马奥委会制作的一部短纪录片中，当时在拿骚监狱服刑的丹尼斯·英格拉哈姆（Dennis Ingraham）描述了那时的情景。

"虽然我当时被监禁，但幸运的是，监狱里也有电视。"他说道，"电视在凌晨3:30打开，每个人都醒了过来。那场面有点像朱坎奴节……充满了激动和兴奋。每个人都期待着胜利。"

从上到下，无论高低——这场比赛给予了我们所有人希望。

美国女子4×100米接力队已经连续四次夺得奥运金牌，十六年来一直主宰着这个项目。美国上一次未能夺得这枚金牌是什么时候？那还是在第二次世界大战后，那时德国尚未统一，俄罗斯也还叫苏联。在1980年莫斯科奥运会上，民主德国赢得了金牌，但那次胜利却带着一个大大的问号。因为那届奥运会仅有80个国家和地区参加；居然有66个国家和地区完全抵制了1980年的奥运会——包括美国。因此，民主德国和苏联在那一年赢得了203枚金牌中的127枚，也就不足为奇了。

简单来说，美国队在田径领域就是巨人般的存在。

在2000年，美国的人口已经达到2.82亿。自从1896年首届现代奥运会在雅典举行以来，美国赢得了成千上万的奖牌——其中数百枚是金牌。同时，在2000年，赛场上有一个大西洋中的小国，它仅有29.8万人口，仅占美国人口的0.1%。自1973年独立以来，巴哈马共获得了两枚奖牌——1992年的一枚铜牌，以及我之前在200米赛事中赢得的那枚银牌。

这简直是一场不对称的对决。在《圣经》中大卫与歌利亚的故事里，大卫仅凭一个弹弓和五块石头就挑战了不可一世的巨人。而这是我们一生中的决战时刻。要么一击即中，要么前功尽弃。

"第一次召集——女子4×100米接力决赛。请立即到叫号室报到。"

召集的广播在练习场上响起。

在奥运会的任何比赛开始前，参赛者都必须到一个指定区域集合，官员会在那里核对参赛者的姓名、号码，甚至检查跑鞋的底部，以确保它们符合规定的标准和长度。奥运会的运作精确到每一分钟。不仅有众多赛事要安排，而且全球有数百万观众在观看。广播公司、组织者和赞助商必须严守既定的安排。虽然我从未见过，但如果未能按时到达叫号室，参赛者就有可能会被取消资格。

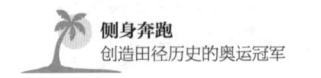

在第一次召集之后，大家并不急于行动。参赛者们继续进行热身和最后的准备，等待下一次召集。

"第二次召集——女子 4×100 米接力决赛。请立即到叫号室报到。"

此时，几乎所有决赛队伍的成员——包括中国、尼日利亚、德国、俄罗斯、法国、美国和牙买加——都已经到达叫号室或在前往叫号室的路上。只有我们队除外。因为我们的两位首发短跑运动员萨瓦和钱德拉正在练习交接棒。不知为何，她们的配合并不顺利。在正常情况下，那两位就是我们队的中流砥柱——一个充满活力的强力组合。但在比赛即将开始的关键时刻，她们却无法在交接区内顺利传递接力棒。

这是紧张导致的吗？还是因为焦虑？

萨瓦突然沮丧地对着加迪纳教练尖叫起来。

"我需要一瓶姜汁汽水！快给我拿姜汁汽水来！"

我们相互对视，都感到惊讶，但此刻我们心里想的是同一件事——马上要上场了，赶紧满足她的需求！

"快给她拿姜汁汽水！"我们齐声喊道。

我不明白她为什么非得要姜汁汽水，我只知道加迪纳教练立刻去找那瓶汽水，很快就找到了。她从教练手中一把夺过罐子，猛灌了两口，然后随手一扔。

"好了！快！我们再来一次！"她大声喊道，同时向钱德拉示意。

"女子 4×100 米接力决赛最后一次召集。请立即前往叫号室。"

显然，在完成接力棒交接之前，她们不会去叫号室。

时间紧迫——我意识到如果我们不快点行动，可能就会被取消比赛资格。于是,我开始小跑着往叫号室赶去,一边盯着叫号室,一边留意萨瓦和钱德拉。就在我快到叫号室的时候,交接棒完成了。我加快脚步冲向叫号室,黛比紧随其后。我们是最后到达的。当我们四个到达叫号室时,所有人都把目光集中到我们身上。

"巴哈马队到了!"一名官员大喊,"巴哈马队到了!"

虽然一片混乱,但我们还是及时赶到了。房间里放着一排排的椅子,每排四张,象征着每支队伍的四名运动员。在检查了姓名、号码和钉鞋后,萨瓦、钱德拉、黛比和我坐到了四张空椅子上面。

"嗯哼,看吧?你们害怕了。"克里斯蒂·盖恩斯在我们经过时说道。

我停下脚步。"害怕?"我轻蔑地回应,"你们只能看到我们巴哈马的大屁股,因为我们就要打败你们了。我们就要把你们打得屁滚尿流了!"

我不确定盖恩斯是否完全听懂了我的巴哈马方言,但无论如何,她应该能领会我的意思。经历了这么多才到这一刻,我告诉自己要克制,不要有任何愚蠢的行为。

当所有人都到齐后,距离比赛开始至少还有三十分钟的时间。叫号室内有一个小热身区,有标线,可以做起跑和加速练习。一些运动员在房间里踱步,或者坐在椅子上拉伸、焦虑地动来动去。这是紧张的一刻——马上就要上场了。

当我终于听到"德国!第一棒!"时,我感到一阵释然。

德国队分到了第一道。我们在第五道,差不多正是我们想要的位置,美国队在第六道,牙买加队在第三道。他们按跑道和顺序逐一宣布各队的接力棒次,我们每人由一名奥运会官员带领到

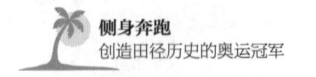

赛道上的位置。

"我当时紧张得要命。"加迪纳教练回忆道,"我只能待在训练跑道上,通过那里的屏幕观看比赛。紧张得我背疼,头疼。那是一个决定性的时刻。全世界的目光都聚焦于此,家乡的人们纷纷打来电话,甚至连总理也亲自致电询问。我感到压力巨大。"

与200米决赛时一样,当我从通道中走出,来到赛场时,我意外地发现周围异常安静。在我被引导到自己的位置时,我努力将周围的景象和声音铭记在心,这是最后一次将它们刻在我的记忆中。那一刻,我心中充满了复杂的情感。有时候,我感觉起跑枪声似乎永远不会响起,而一旦响起,时间又仿佛瞬间加速——比赛在一刹那间就结束了。对于经验不足的人来说,保持专注是一大挑战。关键是要保持平衡,坚守自我,牢记训练内容,专注于你要完成的任务。

我环顾四周,看到琼斯和黛比被引导到我前方的最后一棒位置。作为第三棒,我并没有感到不适——我就在我应该在的位置上。萨瓦、钱德拉、我还有黛比——无论是从体重还是从跑道的排列来看,这都是我们最佳的顺序。我们的策略始终是领跑,而不是跟随。我们想要取得领先,并且保持领先。果然不出所料,琼斯跑最后一棒。

美国选手南希恩·佩里跑第三棒,就在我前面的第六跑道上。我记得她回头尴尬地笑了笑——她以为我在自己的跑道上站错了位置。我不怪她,这确实很不常规。记得当时,我想要按照和西格罗夫教练练习的那样,横跨我的跑道时,钱德拉和加迪纳教练并不是很赞成这个做法。但这是我们进入决赛的计划。对于我这个习惯侧身跑的女孩来说,我们要把这个弯道变成一条更直的道。"

现在，所有人都已各就各位。

"巴哈马队的女孩子们都曾在美国的学校接受训练，我认为这会给她们带来极大的优势，因为她们已经习惯了与克里斯蒂·盖恩斯、马里昂·琼斯等高手同场竞技。"NBC的女体育解说员说道，"而其他国家的选手可能从未有过这样每周与她们一较高下的机会。"

这与四年前亚特兰大奥运会上的情形大相径庭，那时我们的队伍几乎无人关注。1999年的塞维利亚世界锦标赛以及我们通往决赛之路的成绩终于让人们意识到了巴哈马的实力。

"别忘了巴哈马那些因为靠近美国而可能拥有的优势。他们能够观察到美国运动员的一举一动。"男解说员补充说。

的确，这有一定的帮助。但我们的天赋和为奥运会所做的努力也同样关键，而这些努力是外界所不知道的。

今天，我们将用速度说话。

"沉默的刺客"果然发声了！萨瓦在比赛前的紧张情绪在起跑的一瞬间烟消云散。她从起跑线上如猛兽般爆发。

"接力赛时，我就在起跑线旁边，清楚地记得萨瓦在第一棒与盖恩斯对决的场景。"道尔回忆道，"比赛刚开始跑了10米，我就知道胜负已分。她从起跑线上冲出的那一刻，就像一头野兽。两个赛道之间可能有7米的差距，但我敢肯定，在跑了10米之后，她就已经缩小了将近一半的距离。"

钱德拉的表现也大致如此。她们的交接棒看起来天衣无缝。钱德拉保持了节奏，我们与对手并驾齐驱，甚至可能领先。当然，有人担心我站在跑道外侧会导致灾难性的后果——担心钱德拉会超越我，或者我跑得太前面。但在悉尼，这样的担忧并未发生，我们没有出现任何焦躁或接力棒掉落的情况。再一次，我们

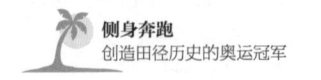

的交接棒完美无瑕。

然而,美国队却在交接棒上遇到了麻烦。

"托莉·爱德华兹(Tory Edwards)跑得非常出色,成功抵挡住了钱德拉·斯特鲁普的追赶。"NBC体育评论员在回放时评论道,"但就在这里,问题再次出现了。托莉·爱德华兹没有顺利接到南希恩·佩里的接力棒。南希恩不得不转过身去,差距在一瞬间扩大了2米到3米。现在200米银牌得主波琳·戴维斯要去完成那个弯道。"

我对美国队交接棒的问题一无所知。钱德拉和我都全神贯注于比赛的关键时刻。我们之前的任何问题在那个决定成败的关键几毫秒里都不再重要。到了最后,我们就像一家人。她是我的姐妹——她们都是。我们都不会轻易放弃。我像脱缰的野马一样跑过那个弯道。我跑得就像回到了贝恩镇的贫民窟,只是这次我的手上和腕上仿佛提着和挂着四桶水。我倾注了所有的热情和决心,以及多年来在训练中磨炼出的精湛技艺。只是这次,在交接棒的最后阶段,我没有闭上眼睛。要知道,接力赛是一项团队运动。我清楚我必须尽可能拉大与美国队之间的距离,尤其是考虑到琼斯负责最后一棒。我的注意力必须集中在和黛比的接力棒交接上。

比赛前,我对黛比说:"待会儿我有话要和你说。"

我知道在对阵琼斯的最后一棒时她很紧张。"现在专注听我的声音。"我指导她,"如果第一次我没有抓住你的手,别回头。眼睛要一直往前看。挥两下手,然后再把手摆回来。记住,别回头。"

当我从弯道猛冲出来时,我睁大双眼,目光如激光般紧盯着她的手。在NBC的直播中,你可以看到我的嘴唇在动。

我开始大声喊:"好,黛比!现在启动!快!快!快!"

她做得非常出色!我们第一次交接棒就这样顺利完成了,没有丝毫的跌跌撞撞或犹豫,她就像飞一样跑了起来。虽然我没有在悉尼跑最后一棒,但你可以看到我一边在她后面大喊,一边跟着她冲刺。作为黛比的前辈和老师,我想,我把接力棒交给她,作为我运动生涯的收尾,这确实是一个不错的结局。

"加油,黛比!加油!快跑!"我尖叫着。

我兴奋得几乎失去理智。我轻松地在她后面又跑了50米,直到终点线。那是观看梦想成真的最佳位置。黛比冲过终点线,我看到她高高地举起双手,发出了充满喜悦的尖叫。

我们做到了——我们真的击败了巨人!

赛后,黛比对本地媒体说:"我就一直看着萨瓦,她传给了钱德拉,我心想,好,不错。然后我看到钱德拉传给了波琳,我就想,好了,是该集中精神了。不管其他赛道上发生了什么,我只需要关注五号赛道。我就是这么做的。我从波琳那里接过接力棒,没命地跑,紧张到家了。我很高兴我们终于能以第一名的身份冲过终点线,我为姑娘们感到骄傲!这对波琳来说是一个童话般的完美结局。她之前获得了银牌,现在又赢得了金牌。我为她感到自豪!"

确实,我们虽然忌惮看起来强大无比的琼斯,但最终她们在接力棒交接上的失误导致了失败。我们在第三棒建立的优势太大了,琼斯无法追上。她实际上是第四位接过接力棒的——巨人用尽全力勉强超过了法国,赢得了铜牌。

我的朋友牙买加队,带回了银牌。

这完完全全是团队努力的结果。美国队在接力棒交接上的失误,反而更加凸显了我们队的团结和彼此间的信任。我永远忘不了那一刻的观众。澳大利亚人欣喜若狂,和我们一样激动。我们在跑道上找到彼此,开始跳跃、尖叫,并相互拥抱。那种狂喜的状态难以用言语形容。紧接着,埃尔迪斯穿着热身服跑上跑道,加入了我们。黛比一把抱起她,把她带到中间,我们所有人紧紧围成一个巨大的拥抱圈。然后,我们手牵手走向终点线,摆好姿势拍照。

"波琳赢得了金牌……我感觉不仅仅是我的女儿赢得了它。"维斯登教练回忆道,"更像是我的整个家庭赢得了它。我的意思是……我的亲人,我的贝恩镇大家庭,所有人。我们共同经历了这一切,回想那些逆境……这一刻是无数努力的汇聚。最神奇的是,我们只用了这么少的资源就做到了。"

我们五个人在人群中寻找着家人和朋友。我看到了阿琳和维斯登家族的其他人——他们递给我一面巴哈马国旗。很快,我们都拥有了国旗。我们将国旗围在脖子上,像超级英雄一样在跑道上自豪地行走。

"我们是为了整个巴哈马做到了这一点!"那天我对媒体说,"无论是黑人、白人、紫色皮肤、蓝色皮肤还是红色皮肤的巴哈马人。这是为了整个巴哈马。我们爱你,巴哈马,愿上帝保佑你。"

在我身后,黛比在钱德拉的脸颊上留下了一个大大的、湿润的吻。一贯严肃的钱德拉擦掉了吻痕,但脸上露出了笑容。

"这不像是现实——我仿佛还在梦中。"我摇着头,不敢置信地说。

当然,我说的每个字都是认真的。多年前我曾梦到过这一刻,现在它终于到来了。当现实追上了梦想,你会怎么做?你只需要活在当下,真的。去享受它,希望它永远不会结束。

问任何一个巴哈马人——他们都能告诉你，在那个金牌的时刻，他们身处何方。

"我当时在捷克，我应该是去参加一个世界银行会议的。"休伯特·英格拉哈姆总理回忆道。正是他，将我的运动生涯从低谷中挽救了回来。"我正坐在一家餐厅吃早餐，周围的人都在尖叫：'巴哈马！巴哈马！巴哈马！'他们都在指向我。我抬头一看，才看到了正在发生的事情。对于一个仅有三十万人口的小国来说，这是一个令人无比振奋的时刻。它让我们对自己的成就感到无比自豪，我们能够在世界的舞台上竞争！"

在颁奖仪式上，埃尔迪斯希望我们都能展现出最佳的状态。她一如既往地细心，包里装满了化妆品、刷子以及其他一切所需用品。这让我们想起了小时候在贝恩镇飞人俱乐部的日子——她总是像大姐姐一样照顾我们。

"我确保每个人的发型都整洁，妆容都精致。"埃尔迪斯说，"虽然我没有机会站在领奖台上，但我希望她们看起来都是最好的。我告诉她们：'因为二十年后，当你看到这张照片时，你会说：看，那是我。'"

身着白色夹克、头戴帽子的礼仪队自豪地捧着托盘依次出场，托盘上摆放着鲜花和奥运金牌。我们面带微笑，向全世界挥手致意。那个领奖台，仿佛就是我们登顶的山巅。

当金牌挂在我的脖子上时，我忍不住一遍又一遍地看它。"哇，看看你！"我摇着头说，"那个屁股上的痘痘，今天终于闪耀了。"

在我们抬头挺胸，听着国歌《前进，巴哈马》首次在奥运会上奏响时，情感难以控制。我的巴哈马国旗，她是如此壮丽。是的，亲爱的读者，巴哈马就像一位女性——美丽、充满活力、温

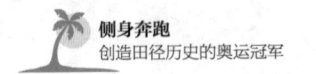

润如玉,她是自然之母最完美的展现。不仅如此,巴哈马女性坚韧不拔,无论飓风还是何种困境来袭,女性都是维系社会的纽带。我们受过良好的教育,意志坚定,各自为家庭而坚强。

因为,说到底,我们的队伍就是一个大家庭。我们始终相互扶持。

按照常理,我们中的任何一个人都走不到那里。然而,我们不仅站在了那里,还吸引了全世界的目光——我们是来自巴哈马的金牌女孩,五位坚不可摧的女性。

11

"有些不对劲"

国内的欢庆氛围是巴哈马历史上前所未有的。

这个新闻成为报纸上的独家亮点,同样,在广播和电视节目中,它也成为观众和听众唯一关注的焦点。在巴哈马,无论男女老少,每个人都激动不已。然而,如果没有金牌女孩们的参与,这些庆祝活动就不够完整。

最初,在 2000 年奥运会落幕时,我还有其他安排。身处世界的另一端,我想好好利用这个机会。或许我会在澳大利亚游览一番。一位同样身为运动员的朋友还邀请我去泰国。我沉浸在赢得奖牌的胜利荣耀之中,同时享受着来之不易的退役生活,并不急于迈入新的阶段。

但这一切在我收到联合会的一条信息后改变了——"我们需要你立刻回家。"

我从悉尼飞往亚特兰大,再转机到迈阿密。接着,巴哈马奥运代表团的全体成员都登上了私人飞机,完成前往拿骚的最后一程。

那天，我特意穿上了巴哈马的田径服，脖子上骄傲地挂着两枚奖牌。我猜想，我们一降落可能就有媒体采访的任务，甚至可能还有新闻发布会。而且，过不了几天应该会有一场庆祝派对。然而，当时的我们对抵达后的安排一无所知，联合会没有向我们透露任何细节。

当我们抵达林丁·平德林爵士国际机场时，飞机外的声音如同飓风一般。透过窗户，我看到两辆黄色卡车在飞机周围喷洒水花，然后水柱冲天而起。我们穿过了两侧形成的水幕，远处，我看到了人群。我不得不揉了揉眼睛，再次确认——毕竟，我之前也经历过归国的欢迎仪式，但这样的场面却是第一次见到。人群如潮水一般，虽然不至于成千上万，但也有成百上千，他们挤在停机坪上，欢迎他们的金牌女孩们回家。

飞机平稳降落，工作人员随即指示我们接下来的步骤。由于坐在机舱前部，我被安排第一个下机。有人递给我一束鲜花。

当我步出机舱时，下方的人群爆发出热烈的掌声。连驾驶舱的飞行员也对着窗外欢呼，手臂伸出窗外，挥舞着小型巴哈马国旗。哨声刺耳，我小心翼翼地沿着楼梯下行，生怕一不小心摔倒。我的双腿软得像果冻，心脏剧烈跳动，仿佛要跳出胸腔。

黛比和其他金牌女孩跟在我身后，我们一起踏上红地毯，那一刻，我们仿佛成了皇室成员。

政要和名流排成长队迎接我们，四周是欢笑、哭泣和尖叫的人群，他们争相涌来，给予我们拥抱。这一切，只能用"震撼"来形容。我从未体验过如此纯粹的喜悦，尤其是这种喜悦还是这么多素未谋面的人带来的。

安保人员为我们开路，我们沿着红地毯前行。

随后，音乐响起——鼓声、哨声和充满活力的朱坎奴节奏。

我边跳舞边摆动,又哭又笑的,与此同时,我的巴哈马同胞们纷纷伸出手来与我握手。那天,我们确实享受了女王般的荣耀,尽管我们的"探险"才刚刚拉开序幕。我至少猜对了一件事——我们确实在机场航站楼召开了新闻发布会。

之后,我们被引导出机场,成千上万的人在外面等候。我们五个人分别坐进五辆白色加长豪华轿车,和家人一起,在拿骚的街道上巡游,我们站在车顶,身体从天窗伸出。沿途和市中心,人们夹道欢迎,所到之处都是无穷无尽的人群,每一张面孔都是喜悦的画卷。

无论老幼、贫富、黑皮肤还是白皮肤,我们都感受到了前所未有的团结和自豪。

从那天起,我不断遇到各种人,他们急切地告诉我比赛时他们在哪里,我们冲过终点线时他们是如何地激动。有人甚至告诉我,他兴奋得在床上跳到床板都断了。

"这让我感到身为巴哈马人非常自豪。"埃尔迪斯说,"我觉得,哇,刚才发生了什么?无论我们走到哪里,都受到人们的热情欢迎。即使在二十多年后的今天,人们仍然会上前对我说谢谢。"

对我影响最深的是孩子们。巡游中,豪华轿车在一所学校前停了下来,孩子们都在那里等候,他们整齐划一地排成一行,穿着整洁的校服,眼神明亮,充满了敬仰。

许多孩子只是想伸出手来触摸我,似乎是要确认我是真实存在的。

"没关系,你们可以摸我。"我告诉他们,"我和你们一样。我也吃豌豆和米饭,还有爆炒海螺。我是巴哈马人。"

我想让他们知道,我们做到了,你们也可以。

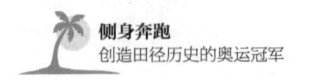

因为我还记得自己小时候的样子,在贫民窟长大,没有电没有水。在被一位教练从模糊的录像带上发现之前,在一群人支持和信任我并为我的未来投资之前,我对广阔世界的辉煌和蕴藏其中的可能性几乎一无所知。

我站在一所学校外的街道上时,一位女士握住了我的手。虽然这种情况并不罕见,但她的话却永远留在了我的心中。

"哦,波琳,我们为你感到骄傲。"她说,"爸爸一定会为你感到骄傲。"

我困惑地看着她,问道:"您的父亲是谁?"

她对我会心一笑:"林丁·平德林爵士。"

是的,她就是平德林爵士的女儿,没想到她就像普通老百姓一样加入了人群。她告诉我,周末时,她的父亲会打电话给维斯登教练和其他教练,询问我在世界各地的比赛情况。在我的日常生活中平德林总理几乎不认识我,他并不欠我什么。但不知怎的,他看到了我身上的潜力——他选择关注一个贫穷女孩的生活。

在拿骚学校的访问激发了一场全国巡回之旅——我们访问了阿巴科、大巴哈马、埃卢塞拉和埃克苏马等家族诸岛(Family Islands)[1]——我们特意去见了孩子们。毫无疑问,我们受到了皇室般的欢迎。这次经历让我们深感谦卑,我们很快意识到,我们在悉尼所取得的成就,其影响远远超出了我们个人。

岁月流逝,记忆或许会模糊。但那份感觉将永不消逝。那一刻我们以41.95秒的成绩创造的骄傲和激动将传承一代又一代。

---

[1] 家族诸岛(Family Islands):除首都拿骚所在的新普罗维登斯岛(New Providence Island)和自由港(Freeport)所在的大巴哈马岛(Grand Bahama Island)之外的所有巴哈马岛屿。

11 "有些不对劲"

*　*　*

虽然我回国的每一个细节都令人难以置信，但有一个传统对我来说最为重要。

我的嫡亲表姐安妮特·门罗（Annette Munroe）无疑是我最忠实的粉丝。我们年龄相近，小时候经常一起玩耍。多年后，在田径场上，运动员和教练们都亲切地称呼她为"波琳表姐"。从第一天起，哪怕在我还没有展现出真正的潜力时，她就一直支持我。我也会感到沮丧、失落和灰心，但当我看向观众席时，我总能看到她在那里为我加油。无论是顺境还是逆境，安妮特始终是我患难与共的亲人。

当然，随着我田径生涯的起飞，她无法再跟着我满世界跑。但无论我走到世界哪个角落，无论我取得了什么成就，无论输赢，我都知道回家后的第一个周日应该去哪里。

"当她赢得奖牌时，她会带过来给我看。"安妮特说，"我会为她做一顿丰盛的周日大餐。她不仅对我很重要，对整个国家也是如此。她就像一颗宝石，无法用言语来形容。和波琳在一起，你会感到快乐、幸福和激动。我一直崇拜波琳，把她当作我一生中的榜样。"

你可能会认为，我从悉尼胜利归来是我和安妮特最快乐的团聚，为这段延续了数十年的仪式画上圆满的句号。但安妮特表姐却有自己的打算。

以前，当我到她家吃晚餐时，门总会突然打开，她会热情地拥抱和亲吻我。从悉尼回国后的那个周日的晚餐，我去拜访时，这一幕再次上演——她见到我非常开心。但事情好像有些不对劲。我脖子上挂着奖牌——一金一银——然而她的目光却没有被

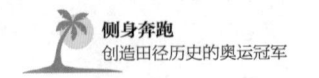

它们吸引，反而似乎在刻意回避。通常，如果我带回了奖牌，它们就会成为焦点。她会自豪地戴上奖牌，各种摆拍。

但这次，安妮特表姐却对此一言不发。

我们坐下来享用晚餐。她总是精心准备一桌巴哈马风味美食，包括蒸红鱼、龙虾等各种美味佳肴。一切仿佛回到了过去。她问了我无数关于奥运会的问题，我们边笑边谈论那些往事，这样的闲聊总是让我们感到温馨如初。然而，我心中隐约感到一丝异样——一直有个问题在我心头萦绕。

"那么，安妮特表姐，你不想看看我的奖牌吗？"我终于忍不住问道，同时指向我的胸前。

表姐的脸色立刻沉了下来，她只是低头盯着自己面前的空盘子。"不，我不想看那些奖牌，波琳。"

"怎么了？"我依旧微笑着，边说边做出要摘下奖牌的动作，"难道你不想戴一戴？"

这句话似乎触动了安妮特表姐的神经。

"我不想看它，也不想碰它，我连看都不想看一眼！"她激动地拍着桌子，语气坚定地说，"听好了，波琳，我很抱歉，但那枚银牌本不该是你的。你本应该赢得金牌。马里昂·琼斯夺走了你的奖牌，波琳！我不在乎要等多久，哪怕十年，你一定会拿回那枚金牌！"

我坐在那里，完全被她的反应惊呆了。我想，对于安妮特表姐来说，她无法接受那枚银牌，甚至不愿触碰，因为那样仿佛是承认了它的存在。

这样假的就变成真的了。

退役后，我过得还算平静。是的，我有遗憾，也会抱怨。但马里昂·琼斯并没有让我夜不能寐。在前往悉尼奥运会之前，我在拿骚亲吻了赛道，知道那是我最后一次参赛。我感谢上帝赐予了我一段美好的职业生涯。

我真的还能奢求更多吗？我在各个级别的比赛中都取得了胜利，我走遍了世界各地，参加了五届奥运会，并以一个高光时刻结束了我的运动生涯。

尽管如此，但很明显，事情并不尽如人意。

"我就是有那种感觉，你知道吗？"安妮特解释道，"就觉得有什么地方不太对劲。即使波琳不在拿骚，我也常在电视上观看田径比赛，每当有什么不对劲的，我就能感觉到。"

不只是她有话要说。2000年奥运会后，我收到了来自世界各地的朋友、家人和粉丝的电子邮件，他们在邮件中祝贺我的成就，但都不约而同地提到——"那枚200米金牌本该是你的。"

在体育界的各个层面，无论是高层还是普通大众，琼斯的作弊行为似乎已经成了公开的秘密。

"嗯，在美国，这可以说是一个问题重重、风气败坏的体系。"世界反兴奋剂机构（World Anti-Doping Agency，简称WADA）首任主席、2000年奥运会时的国际奥委会副主席迪克·庞德（Dick Pound）[1]表示，"当时的美国田径管理机构，简称TAC（美国田径总会，The Athletics Congress），并未与国际联合会或国际奥委会合作，一直自行其是。他们在处理兴奋剂问题上缺乏透明度和严厉性，例如，秘密举行关于药物使用的听证会，

---

[1] 迪克·庞德（Dick Pound）（绰号）：本名理查德·W. 庞德（Richard W. Pound），世界反兴奋剂机构（World Anti-Doping Agency，简称WADA）的首任主席和长期副主席。他在1960年的奥运会上作为加拿大游泳队的一员参赛，并在随后的职业生涯中成为国际奥委会的成员。他在国际体育界担任过多个重要职务，并在制定和推广反兴奋剂规则方面发挥了关键作用。在他的领导下，WADA成立并成为全球反兴奋剂工作的领导机构。庞德的工作对提高体育比赛的透明度和公正性产生了重要影响。

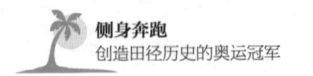

却从未有人因此被查处或受到制裁。直到1999年WADA成立，这些事务才开始逐步规范化。"

在这个世界上，大概很少有人能在反兴奋剂领域拥有比庞德更大的热情、更独到的见解和更丰富的经验。《时代》（Time）杂志曾将他评为世界上最具有影响力的100人之一。简而言之，他是这个领域的泰斗，公平竞争的坚定倡导者。2015年，他领导的一个独立委员会揭露了俄罗斯运动员广泛存在的非法使用兴奋剂和腐败现象。报告指出，俄罗斯作为一个国家，也参与了这一计划。麦克拉伦报告（McLaren Report）[①]最终导致俄罗斯被部分禁止参加2016年奥运会和2018年冬季奥运会。

2017年，俄罗斯政府支持的兴奋剂项目在纪录片《伊卡洛斯》（Icarus）中被揭露，该片因此荣获了第90届奥斯卡金像奖最佳纪录片长片奖。

很快，我便发现自己正逐步走向这场争议的风暴眼——这一点稍后再详述。

庞德本人曾是一名奥运选手，他因创立WADA以及特别制定《世界反兴奋剂条例》（World Anti-Doping Code）而闻名。这份持续更新的文件，首次将体育组织和世界各国之间的反兴奋剂规则、政策和法规统一起来。简而言之，在1999年WADA成立之

[①] 麦克拉伦报告（McLaren Report）：加拿大律师理查德·麦克拉伦（Richard McLaren）主导的两份独立的报告，这两份报告揭露了俄罗斯国家支持的运动员使用兴奋剂的行为。这些报告是由WADA委托进行的。第一份报告于2016年7月18日发布，在2016年的里约热内卢奥运会之前。报告详细描述了俄罗斯在2014年索契冬季奥运会期间实施的国家支持的兴奋剂计划，包括通过复杂的方法交换尿样。报告建议WADA宣布俄罗斯反兴奋剂机构（Russian Anti-Doping Agency，简称RUSADA）不遵守《世界反兴奋剂条例》，并禁止俄罗斯运动员参加国际比赛。第二份报告于2016年12月9日发布，对第一份报告的发现进行了扩展。它揭露了俄罗斯的兴奋剂计划涉及从2011年到2015年超过30个运动项目中的1000多名运动员。报告提供了在2012年伦敦奥运会期间操纵兴奋剂样本的证据。

前，各国运动员及其联合会缺乏一套有关反兴奋剂和公平竞争的明确、统一的标准。

那是一个无序的年代。

当然，这并不是说在之前的几十年里每个运动员都使用了兴奋剂。庞德指出，只是那时使用兴奋剂要容易得多。他所提到的美国那个"问题重重"的体系，成了那个年代的标志。琼斯的所作所为恰好发生在WADA成立的时期，从某种意义上来说，这似乎是"恰逢其时"。正如庞德所说，"马里昂旋涡"恰恰强调了拥有一套透明标准的重要性。

我多么希望这个条例能够早点生效，那样我就不会深陷其中。

事实上，我并不是个例。历史上，无数运动员都曾遭遇过与我相同的经历。

1960年罗马奥运会时——那时庞德还是一名奥运游泳选手，那时针对兴奋剂的使用并没有任何法律或规定。相反，他回忆道，那时候使用类固醇和其他药物是运动员间常见的讨论话题。

"即使在1960年，大家都知道举重运动员一直在系统地使用类固醇。"庞德说，"'你在用什么？你用了多少？'那时候，使用兴奋剂的现象已经从举重项目蔓延到了田径项目，首当其冲的就是铅球和铁饼等项目。"

是什么唤醒了人们？

就在那届奥运会上，一名丹麦自行车手克努德·恩马克·延森（Knud Enemark Jensen）不幸丧生。在一场100公里的团体公路赛中，延森因出现严重中暑症状不得不突然退出比赛。当时延森突然摔倒在地，头骨因撞击人行道而破裂，当天晚些时候不幸去世。

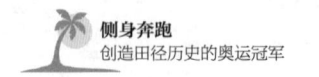

尽管死亡原因最初被认为是中暑,但进行尸检的医生后来透露,在延森的体内发现了多种药物痕迹,包括安非他明。

这一事件促成了第一个国际奥委会医疗委员会的成立,其任务是查明运动员体内摄入了哪些物质。请注意,当时并没有针对违规行为设定的处罚,也没有制定确保这些处罚得以实施的强制措施,但这至少是一个开始。

全世界又等待了八年,直到国际奥委会开始在奥运会上对运动员进行兴奋剂检测。

庞德解释道:"他们实际上是唯一一个在做这件事的组织。他们试图劝说其他国际体育联合会一起参与进来,但这些组织对此并不积极。最终,虽然大多数联合会都开始检测,但仅限于在世界锦标赛上,却不让国际奥委会在两届奥运会之间进行任何检测。"

情况虽有所改善,但庞德指出,如果运动员有意,作弊依旧轻而易举。

"例如,当时普遍存在的类固醇的使用,你只需计算出身体何时能代谢掉这些药物,然后在比赛前两个月停止服用类固醇就行。"他说。

历史上总有一些关键的转折点,决定了未来的走向。1960年,一名丹麦自行车手的死亡悲剧引发了公众对运动员体内所含物质的深刻思考。1998年的环法自行车赛之后,人们终于决定采取行动。

那年,由西班牙手表制造商赞助并冠名的费斯蒂纳(Festina)自行车队在国际新闻中引发了轰动,因为该车队的补给车被发现携带了大量兴奋剂产品。这一事件引发了自行车赛界乃至更广泛体育界的巨大震动,该队所有九名成员都承认使用了兴奋剂！这一事件后来被称为费斯蒂纳丑闻。

庞德说："只有当在欧洲举办的奥运会发生相关丑闻时，它才会被认为是真实发生的。"他指的是国际奥委会的欧洲中心主义现象。

不久，国际奥委会着手制定严格的体育反兴奋剂条例、标准和程序。

随后，来自巴哈马这个小岛国的波琳·戴维斯出现在了奥运舞台上，准备好在奥运史上留下自己的印记。我一生都遵守规则，即使头痛或感冒，我也坚决不服用非处方药。如果我的态度还不够明确，那就请允许我再说一遍——我认为服用违禁药物的选手都是懦弱的、无骨气的、道德沦丧的。不管你是美国人、巴哈马人、俄罗斯人，还是这些国家之外的任何地方的人，上帝赋予了你某些能力，你为什么不努力挖掘自己的潜力，看看自己到底能走多远呢？

我可以接受失败。但是服用违禁药物，冲过终点线，假装自己是冠军？对我来说，这是最卑劣的行为。面对那些通过非法手段提高成绩的对手，我们这些遵守规则、不使用兴奋剂的运动员还能有什么机会？

当然，我也曾差点儿偏离正道。

刚加入巡回赛不久，我就在苏黎世参加了职业生涯的第一次国际比赛。当时我正在跑道边拉伸，一位教练走过来，给了我极高的评价："我一直关注着你。"他说，"你真的跑得很快！"

我们进行了一次充满奉承之词的对话。突然，传奇的牙买加短跑运动员玛莲·奥蒂出现了。她在我还是个参加CARIFTA运动会和地区赛事的小孩子时就认识我了，所以奥蒂对我来说不仅仅是朋友，她更像是我的母亲或姐姐。奥蒂紧紧抓住我的手臂，用

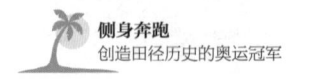

力将我拉到跑道的另一边。

"可别再让我看到你和那个人说话。"她严厉地警告我。

"什么意思？我们只是随便聊聊而已。"我无辜地回答。

"我告诉你——别和那个人说话。"她坚决地说，"他会给你提供药物。"

"姐，我不会抽大麻的。"我说。

奥蒂大笑起来。她比我大几岁，总是很照顾我。我想我的回答暴露了我对周围世界的无知。奥蒂重复了她之前的话——"别和那个人说话"——然后就不再多说了。

三周后，我回到加利福尼亚训练，突然接到了一个电话，是那个教练打来的。

"我只是想继续我们在苏黎世的那段对话。"他说，"我真的认为你是个天赋异禀的运动员。你很稀有，能跑100米到400米的所有项目。我一直在观察你的训练。"

"谢谢您，教练。"我说。

"嗯……我想说的是，我非常愿意成为你的教练。你想不想跑出10.7秒的100米？21.8秒的200米？如果你让我来指导你，我可以帮助你达到这些成绩。你觉得怎么样？"他问。

"我很感激您告诉我这些，但我已经有教练了。"我解释道。

"我理解。不过我还是希望你能考虑一下。"他说。

当他这么说的时候，我脑中警铃大作。我能听到奥蒂的警告声，像蜜蜂一样在我耳边嗡嗡作响。他坚持要把他的电话号码给我，我在一张纸上记了下来。但电话一挂断，我就把那张纸扔进了垃圾桶。那个教练很执着，一次又一次地给我打电话——我尽量不去理他。最终，电话不再响了。

多年以后，他因向运动员兜售违禁药物而遭到终身禁赛。

那时候，我是一个怀揣梦想的年轻运动员，对他而言，我就是一块送到嘴边的肥肉。幸运的是，我的好姐妹——我的人生导师——帮我躲过了那场灾难。

但许多同龄运动员却没有那么幸运。

满脸的青春痘、低沉的声音、女性曲线的消失、男性化的体格——这些都是女运动员使用提高成绩药物的特征。

"那时候这些还都是地下活动。"牙买加前全国冠军、奥运银牌得主格蕾丝·杰克逊回忆道，"那个时期，人们开始揭露哪些运动员药检呈阳性，也有关于某些国家使用药物的言之凿凿的广泛传言。我们经历了那段动荡时期。我们总是处在流言的中心，但又不能公开说什么。这些都是人们私下的议论。"

格蕾丝还记得第一次参加世界锦标赛时，她是"少数几个看起来像女性的运动员之一"。尽管传言大多围绕苏联和民主德国的运动员，但明显可以看出，西方世界的兴奋剂使用正在加剧。

马里昂·琼斯的违禁行为迹象明显，但我们还没有足够的标准、科学手段和程序来证实这一点。我们差点就可以逮住她，但还是差了一步。

"她天生就有成为跑步运动员的好体格，就像突然间从赛道上冒了出来。"杰克逊回忆道，"我们都感到惊讶，她是打哪来的？我们并不是没有注意到她的好体格。但感觉她就像是直接从篮球场跳到了田径场上，然后开始战胜所有人。"

我有时会回想起在苏黎世的那段经历，那时我与那位声名狼藉的教练擦肩而过。我想象琼斯也曾处于同样的境地，我在思考，如果她有一个像奥蒂那样的朋友和导师，她是否能够得救？琼斯做出了她的选择，也承受了相应的后果。但她同样也是一个不良体育文化的牺牲品和象征。

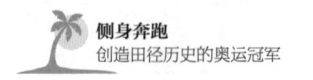

改革不可能一蹴而就。

1999年11月,WADA成立,这是一个重要的里程碑。然而,这仅仅是朝着更干净的全球体育环境迈出的第一步。如何让全世界接受一套共同的规则和执行标准?这是一个巨大的挑战。

"怎样才能吃掉一头大象?"庞德问道,"一口一口地吃。我当时太天真了,竟然相信了国际体育联合会的那些话。当我成为WADA主席时,我说:'我们2000年要早点进入现场,在悉尼奥运会前就开始检测。'但我们发现,绝大多数联合会甚至都没有相关规则允许他们在非比赛期间检测运动员。"

庞德当时形容大多数体育联合会都像是"相当安逸的小王国"(pretty cozy fiefdom)①。他解释说,最大的挑战就是要赢得他们的支持。那时候,我们大约需要与四十个联合会和一百五十个国家进行交涉。

事情在2003年有了突破,反兴奋剂规则终于得以完善。第二届世界反兴奋剂大会在丹麦哥本哈根举行,与会各国代表达成了共识,该规则自2004年1月1日起正式生效,为即将在希腊雅典举办的奥运会做准备。在奥运会回归其发源地之前,能够维护体育公平竞争的精神,是再合适不过的事情了。《世界反兴奋剂条例》的实施,将由联合国教科文组织(United Nations Educational, Scientific and Cultural Organization,简称UNESCO)制定的《反对在体育运动中使用兴奋剂国际公约》(International

---

① "相当安逸的小王国"(pretty cozy fiefdom):"fiefdom"在英文中通常指的是中世纪封建领主拥有的领地,这些领主在这些领地内拥有绝对的权力。庞德用这个比喻来形容体育联合会当时在反兴奋剂领域内相对独立和自治的状态,它们往往不与其他组织或机构进行有效的合作,特别是在执行反兴奋剂规则和程序方面。这些联合会形成了一种封闭的体系,不愿意接受国际奥委会或其他国际组织的指导或干预,他们更倾向于在自己的"领地"内自行处理相关事务,而不是遵循国际统一的规则和标准。这种态度和做法使得推行全球统一的体育反兴奋剂规则和执行机制变得非常困难。

Convention Against Doping in Sport）来执行。

庞德表示，这份文件并不完美。要想进一步完善它，增强执法力度和监管水平，还需要多年的努力。例如，直到2015年，WADA才获得了自行开展调查的权限，这也催生了庞德领衔的独立委员会，对俄罗斯兴奋剂事件进行了深入且颇具影响力的调查。在此之前，WADA主要依靠各个联合会自行调查。大约同一时期，WADA还成功细化了"行踪规则"（Whereabouts Rule），该规则要求运动员必须每天预留一个小时，每周七天，用于可能进行的突击药检，而且不需要提前通知。

自那以后，该规则的多个版本陆续得到采纳，最新版本于2021年生效。庞德认为，该文件始终被视为是动态变化、持续发展的。因为兴奋剂的阴暗面同样从未停歇。

2004年的首个规则通过制定一系列普遍标准，至少对使用兴奋剂的行为起到了遏制作用，结束了被庞德称为"美国自由企业"的状态。

但是，再强调一下，这并不是说只有美国队在使用兴奋剂——只是因为美国队当时在WADA的监控之下。他指出，由于美国运动员具有较高的知名度，且受到强有力的保护，因此在处理他们的问题时常常需要格外谨慎。

然而，也就是在这个时期，围绕马里昂·琼斯的争议开始显现，她的公众形象开始出现裂痕。

在起草首个规则的那一年，《旧金山纪事报》（*San Francisco Chronicle*）的调查记者兰斯·威廉姆斯（Lance Williams）和马克·法伊纳鲁－瓦达（Mark Fainaru-Wada）开始深入挖掘湾区实验室合作组织（Bay Area Laboratory Co-operative，简称

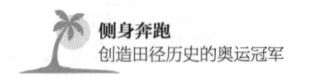

BALCO）[1]的丑闻。据称，该组织当时正在秘密推广和分发一种那时无法检测出的性能增强药物，即所谓的"透明剂"（clear）。

调查显示，BALCO的客户名单包括多位知名运动员，如传奇棒球击球手巴里·邦兹（Barry Bonds）、四次超级碗冠军比尔·罗马诺夫斯基（Bill Romanowski）以及世界拳击冠军"糖"——谢恩·莫斯利（"Sugar"—Shane Mosley）。

当然，还有琼斯。

威廉姆斯和法伊纳鲁－瓦达是最先报道琼斯涉嫌从BALCO获取非法药物的记者。他们共同撰写了畅销书《阴影游戏》（Game of Shadows）。该书主要关注棒球运动员邦兹。他们因此项工作在2004年获得了著名的乔治·波尔克奖（George Polk Awards）[2]。

针对"神奇马里昂"的指控自此开始发酵。

2004年12月，BALCO创始人维克多·康特（Victor Conte）在美国广播公司（American Broadcasting Company，简称ABC）

---

[1] 湾区实验室合作组织（Bay Area Laboratory Co-operative，简称BALCO）：一家位于美国加利福尼亚州的实验室，由维克多·康特（Victor Conte）于1984年创立。该组织最初提供血液和尿液检测服务，后来扩展到为运动员提供营养补充和训练咨询。2003年，BALCO被揭露涉嫌向顶级运动员提供一种名为"透明剂"的当时未被检测出的兴奋剂，以及一种名为"睾酮助推器"（T-gel）的合成代谢类固醇。这些药物能够帮助运动员提高表现，同时逃避常规的药检。BALCO丑闻对国际体育界产生了深远的影响，促使了反兴奋剂规则的改革和加强，以及WADA对兴奋剂使用的更严格监管。BALCO丑闻是体育史上最大的药物舞弊事件之一，它揭露了运动员使用兴奋剂的普遍性和体育管理机构在打击兴奋剂方面的不足。

[2] 乔治·波尔克奖（George Polk Awards）：20世纪三四十年代，美国哥伦比亚广播公司记者乔治·波尔克（George Polk）为发掘宝贵的新闻事实而多次以身涉险，不幸在报道希腊内战时遇害。为纪念波尔克为揭示新闻真相而献出生命的精神，美国长岛大学于1949年倡议设立乔治·波尔克奖，颁发给在发掘新闻真相方面做出杰出贡献的新闻工作者。

的《20/20》[①]节目中向全国观众坦白,他曾在2000年奥运会期间及其前后,向琼斯提供性能增强药物。同年,琼斯的前夫C. J. 亨特在联邦大陪审团面前也揭露了她的秘密。

他作证称,自己在奥运会期间给琼斯注射了禁药,并目睹她在奥运村自行注射药物。

琼斯的律师在法庭上否认了这些指控。

面对围攻和压力,琼斯始终坚称自己与性能增强药物无关。对于这些指控和证据的曝光,我并不感到意外。我确实有些愤怒,但我也已经与过去和解。接下来会发生什么,已不在我的掌控之中。我能做的只有关注未来,利用我所有的平台去倡导"努力训练、公平竞争和体育精神"。随着我告别赛道,我将把人生的下一阶段投入对这些理想的追求中,这将引领我去探索之前从未设想过的崭新领域。

* * *

退役后,我并没有具体的计划。我知道自己仍然想要与田径运动保持一定的联系——毕竟,经历了那么多年,我怎能轻易就放下呢?

在参加在加拿大阿尔伯塔省埃德蒙顿举办的2001年世界锦标赛时,尽管我有机会近距离接触运动员,但我纯粹是以观众的

[①] 《20/20》:美国广播公司的一个老牌新闻杂志节目。它首次播出是在1978年6月6日。这个节目以其深入的新闻调查和专题报道而闻名,涵盖了各种主题,包括但不限于犯罪、娱乐、政治、健康、科学和社会问题。节目的名字《20/20》是借用了视力测试的术语,意味着节目旨在提供清晰、准确的视角,就像拥有20/20视力一样。

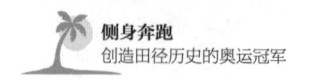

身份去的。我站在热身跑道上，静静地观察着他们的训练。鲁伯特·加迪纳看到了我，便走了过来。

"波琳，你能帮忙照看她一下吗？我很快就回来。"他说。

加迪纳指了指克里斯汀·阿梅蒂尔（Christine Amertil），一位颇具潜力的巴哈马400米年轻选手。虽然她还没有取得显著成绩，但大家都对她抱有期望。加迪纳提出这样的请求并不稀奇——在我还是运动员的时候，他就经常这么做。他会告诉我他要去办点事，等他回来后，就会询问我其他运动员的表现。

我回答道："没问题。"

我观察了几次她从起跑器上起跑的情形。

"这是怎么回事？"我暗自思忖。

在我看来，她的动作全都不对。我感到困惑，因为她刚从东南路易斯安那大学（Southeastern Louisiana University）毕业，并且是以奖学金获得者的身份。此外，她还接受了专业教练的指导。没等我想明白，我已经和她一起站在起跑器上，向她传授我的技巧和经验。我忙着和克里斯汀一起练习，以至于没有注意到加迪纳教练已经回来了；直到最后，我瞥了一眼，才发现他正静静地站在跑道边观察我们。

我掸了掸身上的灰尘，走回到他身边。

他站在那里，双臂交叉，微笑着对我说："你为什么不继续指导了她呢？"

我斜眼看着他。

"我？我甚至都不认识这个女孩！"我说。

加迪纳教练耸了耸肩："她确实需要帮助。"

我就此打住了话题，让他们继续练习。但他的话我一直记在心里。那天晚上，我意识到我确实可以帮助克里斯汀。她还那么年轻，运动生涯才刚刚起步。我还记得自己当年几乎是国家唯一参加竞赛的女运动员，那时候我一个人，几乎没有其他巴哈马女运动员可以让我学习或请教。

现在情况不同了。

我决定下次去拿骚的时候，看看能否为她争取到一些赞助。我知道克里斯汀家境并不富裕。我想，这里筹一点钱，那里凑一点钱，也许就能帮她找到一个有专业教练的地方，让她能够将训练提升到更高的水平。但你知道后来发生了什么吗？尽管我还有点名气，但我几乎连一分钱赞助都没能为她筹到。就像我说的，她还没有取得什么显著成绩，所以这个结果也在情理之中。我心里清楚，她真正需要的是有人相信她。于是，我没多想，就对克里斯汀说："听着，我很抱歉，我现在没办法为你找到赞助。不过，我会和我的丈夫商量一下，如果他同意，你可以来亚特兰大和我们一起生活，我会亲自指导你。"

最终，克里斯汀在我家的客房住了四年。

回顾我的人生，我明白如果没有人对我进行投资，我不可能取得成功。如果没有一个名叫内维尔·维斯登的年轻教练敲响那个纱门，那个来自贝恩镇的赤脚女孩根本不可能有出头的机会。当我的父母分开时，他的家人毫无保留地接纳了我，让我成为他们家的一员。因此，收留克里斯汀的最终决定对我来说并不困难。我是在回馈社会，我所做的事是正确的。

尽管我不得不承认，这并不轻松。

克里斯汀不会开车，所以大多数早晨，我们五点钟就要出发去健身房。在太阳升起之前，我已经在车道上启动了汽车，就像以前维斯登教练在古德曼湾的训练前接我们一样。克里斯汀早上锻炼完毕后，我会开车送她回家，然后再去上班。当然，我们还

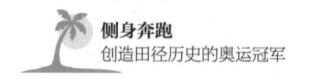

有下午和周末在田径场的常规训练。

晚上，我会教她做饭。我尽我所能让她感到像在自己家一样，就像维斯登妈妈曾经对我做的那样。

当我再次看到克里斯汀从起跑器上起跑时，我感到激情澎湃。我意识到自己对此充满了浓厚的热情，剥去洋葱那层粗糙的外皮，直至触及其甘甜的内核。我确实有东西可以传授给下一代女短跑运动员。从那以后，我组建了自己的训教团队，与来自爱尔兰的卡伦·辛金斯（Karen Shinkins）和来自美国的莫尼克·亨南根（Monique Hennagan）等杰出女性运动员合作。我帮助她们取得了成功，在最高水平的比赛中赢得了奖牌。克里斯汀也取得了自己的成就。我看着她在2003年的世界室内田径锦标赛上赢得银牌，然后在2006年的同一赛事上赢得铜牌。虽然克里斯汀没能站上奥运会领奖台——但她参加了2004年雅典奥运会，并进入了400米决赛。

我为克里斯汀取得的成就感到无比自豪。

我没想到，执教生涯只是个开始。大约在同一时期，一个老朋友邀请我参与到更高级别的体育管理工作中去。

阿马德奥·弗朗西斯（Amadeo Francis），这位来自波多黎各的前奥运会跨栏运动员，曾是北美、中美及加勒比地区田径协会（North American, Central American and Caribbean Athletic Association，简称NACAC）的首任主席。在田径领域，NACAC是世界田联下属的六大主要管理机构之一。弗朗西斯在我参加CARIFTA运动会和CAC锦标赛时就认识我了，那时我还是个年轻运动员。实际上，在1989年那个命运多舛的夜晚，当我被自家田径协会的人从赛道上带走时，他就在看台上。他不仅是NACAC的主席，而且还因此在世界田联担任第一副主席。不知为何，他认为我可以对体育管理界有所贡献。但我既没想过当教练，更没想过从事管理工作。不过，在我的一生中，我一直很幸运，能够得到他人的指引。

弗朗西斯建议我加入世界田联的女子委员会（Women's Committee），这是其多个咨询委员会之一。我立刻接受了这个提议。首先，我非常尊敬弗朗西斯，能得到他的邀请让我感到非常荣幸。其次，我觉得我可以有所作为——我认为我能为委员会带来一些新的观点和视角。虽然这些委员会中曾有过退役的运动员，但女性尤其是有色人种女性代表太少了，来自岛屿小国的女性代表更是凤毛麟角。我的联合会提名我为候选人，我很幸运地在世界田联大会上被选为女子委员会的成员。

当时我并未意识到，这将为我打开一个全新的世界。

自1900年在法国巴黎女性首次参加奥运会以来，性别平等的脚步一直在稳步前进。当时仅有22名女性参赛，而男性则有975名。到了1960年冬季奥运会时，女性运动员的比例已经达到了20%。又过了三十年，来自委内瑞拉的弗洛·伊萨瓦·丰塞卡（Flor Isava Fonseca）成为首位被选入国际奥委会执行委员会（IOC Executive Board）的女性。1996年又迈出了重要的一步，国际奥委会在瑞士洛桑举办了首届世界女性与体育大会（IOC World Conference on Women and Sport）。会上成立了特别委员会和工作组，目的是"制定并实施行动计划，以推动女性在体育领域的发展"。我就是在这个时候参与进来的。

你可能会认为，进入21世纪了，奥运会已经不需要这样的措施了。但事实恰恰相反。

男女比赛项目的数量仍然不平等，男性运动员的参与率远高于女性。然而，问题远比这些表面现象更为深刻。

作为一名女性的精英运动员，我一直非常清楚自己的性别身份，以及这让我显得多么与众不同。在20世纪80年代成长的过程中，我不喜欢成年人因为我健美的身材而要求我遮掩身体，那时女性定期去健身房锻炼并不普遍。我也不喜欢听到其他女性说我看起来太像男性。我更不喜欢在田径比赛前要比男孩子们起得更早，因为没有为女性单独设置的淋浴间。

我固执的性格给我的工作带来了不少麻烦。

作为女性，我本应该清楚自己的位置。如果我是男性，或许我就不会经历那么多的心碎，也不会流下那么多的泪水。

当我踏入职业赛场时，一起似乎已成定局，我不会得到与男性同等的薪酬，也不会有相同的机会、赞助合同或媒体关注。

如果我生来就是男性，我的运动生涯会不会有所不同？

在我加入女子委员会的时候，社会对女性参与体育的态度才刚刚开始转变。直到2012年伦敦奥运会，我们才首次看到男女比赛项目数量相等。这也标志着所有国家的奥委会首次都派出了女性运动员。在此之前，沙特阿拉伯、文莱和卡塔尔从未有女性参加奥运会。现在，女性在奥运会上的参与比例前所未有地接近了50%，这是巨大的进步。

当然，在2003年，我们还有很长的路要走。作为女子委员会的成员，我们负责提出一系列建议。在我加入的第一年，我们就向理事会提交了十项建议。

但当我收到反馈时，我感到非常失望。

理事会最终只同意了我们的一两项建议。

"他们这是认真的吗？"我询问委员会的负责人，"他们不会是认真的吧？难道我们到这里来就是为了这个？我们这算什么——傀儡吗？"

我一如既往地直言不讳。

"那我不干了。"我接着说,"你回去告诉他们,让他们把我们解散了吧。我可没时间陪他们玩这个游戏。"

委员会的负责人真的这样做了。有人可能会认为,这意味着我很快就会被踢出那个管理机构。然而,几个月后,在世界田联的一个活动上,我遇到了弗朗西斯。

"我听说你在女子委员会上引起了一场风波。"他带着一丝狡黠的笑容说。

我毫不退让,把所有的委屈都倒了出来。既然不听取我们的意见,那为什么要设立女子委员会呢?他把手放在我的肩膀上。

"我为你感到骄傲。"他轻声说,"继续加油!"

从那时起,我知道世界田联对我来说是个正确的选择。虽然它并不完美,但我会在这个致力于推动体育运动发展的组织中不断努力,让一切变得更好。

* * *

我的退役不仅仅是因为田径赛场上的伤病,或随着年龄增长对比赛的力不从心,在我的一生中,我总是特立独行,与周围的多数女性不同。当她们纷纷结婚成家时,我却作为职业运动员在世界各地奔波。因此,当马克和我在悉尼奥运会前结婚时,这无疑是一个重大转折的信号。

我一直渴望成为一名母亲。无论是在亚拉巴马大学,还是在巡回赛上,我的同伴们总是叫我"妈妈",因为我总想着去照顾他们,为他们做饭、给他们提建议。我想,这就是我表达母性本能的方式吧,尽管在运动员生涯中,我从未想过要孩子。在那些不平等的情况下,生孩子可能会对顶尖运动员的职业生涯造成致命打击,这不仅是因为它会让你暂时离开赛道,还因为它对你身体的改变。我是一个训练中的完美主义者——尽管我深爱孩子,并且一直想要一个家庭,但在我还是运动员的时候,我从未考虑过要生孩子。

我推迟了这个决定,直到我完全退役。但这最终成为我一生中最艰难、最痛苦的决定。

如果上帝在我年轻时就告诉我:"你的右手是孩子,左手是奥运奖牌——现在你必须选择一个。"我肯定会选择成为一个母亲。

起初,一切似乎都按计划进行。虽然我已经年近四十,但在2003年,我加入女子委员会不久后,我很快就成功怀孕了。

然而,我们没能保住那个孩子。

怀孕四个月时我不幸流产,我们选择了坚强面对。是的,我们流了很多眼泪。我记得我们坐在医生的办公室里,当医生问我们:"你们想知道孩子的性别吗?"马克立刻说"不",而我则说"想"。医生在我们俩之间犹豫地看了一眼,最后还是直接告诉我们——是个男孩。

我给他取名钱斯勒(Chancellor),昵称"机遇"(Chance),仅仅因为我觉得要得到他实在太难了!我需要历经千辛万苦,才能像我所认识的大多数女性一样,拥有一个完整的家庭。

尽管我们失去了"机遇",但我们并未放弃再次尝试。

马克一直渴望有个女儿。我想这可能是因为他是在一个兄弟众多的家庭中长大的缘故。几个月后,当我们得知我再次怀孕时,希望之火又被点燃了。我觉得马克整个孕期都非常紧张。每天下班回家后，他都会带回一瓶苹果酒和两个酒杯，旁边还会摆上一碗草莓。我们每周都会碰杯，庆祝宝宝健康成长。那时对我们两人来说，是一段令人极为激动的时光——我们的人生即将迈入新的阶段，真正从田径生涯转向经营家庭生活。

2005年7月23日，当时我已经怀孕七个月。我以为一切都在顺利进行中。然而，就在那天晚上，世界突然崩塌。

夜深人静，四周一片漆黑，我记得我当时需要去洗手间。我掀开被子，慢慢穿过房间，手扶着肚子。我能听到马克在床上轻微地哼了一声。他睡眠一直很浅，我一动他就醒了。

真是谢天谢地！这或许救了我一命。

据我后来了解，我刚进洗手间不久就晕倒了，对此我毫无记忆。等我再次醒来时，我已经躺在医院的病床上，意识模糊。房间里挤满了穿白大褂的医生和护士，当我逐渐清醒时，一位护士走过来握住我的手，轻声细语地安慰我。

"你感觉怎么样？你能回忆起的最后一件事是什么呢？"

我瞪大眼睛，像所有即将生产的母亲一样，双手急忙捂住肚子。我迫切地询问孩子的情况，但她好像没听到似的，只是用一贯平静而安抚的语气询问我的身体状况。

宝宝一直很活泼。在它三个月大时，我就很肯定地对马克说："宝宝在动呢！"他则不以为然地耸耸肩。我会抓住他的手，坚持说："你摸摸看，真的在动！"即使我们去产检，宝宝也不肯安静下来，总是在动，医生很难捕捉到一个清晰的影像。

"看来你怀的是个未来的奥运冠军啊。"医生总会打趣我们。

那天，我差点死在手术台上。

医生告诉我，我子宫破裂，造成了严重的内伤。宝宝撞击到了我的胸部，子宫内的液体全都流入了我的体内。他们不得不紧

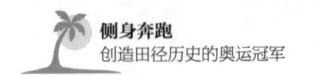

急进行手术，清理我的体内，并给我输血。

主刀医生当时说："你当时已经没有了生命体征。你死了。我们无能为力，但是，你的生命力很顽强。"

主刀医生的名字叫泰勒（Taylor），因此，我给女儿取名为泰勒，以纪念这位挽救我生命的医生。

亲爱的读者，在怀孕晚期经历流产，那种心灵深处的黑暗和痛苦，是难以用语言来形容的。只有经历过同样痛苦的女人才能感同身受。消息在医院传开后，一位巴哈马护士得知了我的情况。她主动要求调换病房和班次，以便照顾我。这对我而言，无疑是上天的恩赐。至今，我仍不知道她的名字。当时，我无法完全理解周围发生的一切，但她就像天使一般，始终陪伴在我身边。她用我熟悉的口音和我交谈，让我想起了我的家乡。那个声音，比任何事物都更深刻地印在我的记忆中，它给了我安慰，陪我度过了最初那段艰难的日子。

最终，护士向我解释说，我需要看看这个孩子。这是康复过程的一部分。

当我准备好之后，他们带来了泰勒，她被包裹在一条美丽的粉色毯子里，头上还戴着一顶配套的粉色小帽。

她看起来如此栩栩如生，仿佛随时都会睁开眼睛。最让我感到震惊的是她与我的相似度——我仿佛在照镜子一般。我数了数她的手指和脚趾，检查了她的耳朵和鼻子，并用手指轻轻划过她嘴唇的轮廓。接着，我又检查了她的脚。作为短跑运动员，我总是希望足弓能高一些。瞧，她的足弓确实很高，就像她的妈妈一样。我把泰勒放在我旁边的床上，凝视着她的脸，期待着她那美丽的眼皮和睫毛随时会颤动一下并睁开。但它们没有。

马克尽可能地照顾我，他当然也很难过。在那个时刻，生活仅仅是把一只脚放到另一只脚前面，没有目标，缺乏动力，只是机械地向前挪动。医生给我开了一大堆止痛药——既是为了缓解身体上的疼痛，也是为了减少心理上的痛苦。

"你知道我不吃药的。"我对马克说，"把它们冲进马桶。"

"医生说你需要吃这些。"他坚持着，很无助，"这些药很贵。"

"把它们全部冲掉！"我尖叫道。

他照做了。尽管我刚经历了大手术，而且深陷严重的抑郁之中，但我仍然拒绝服用任何药物。

我想这可能是我的运动员生涯留下的后遗症。我对药物——任何种类的药物——都感到恐惧。而且，现在我比任何时候都更担心，在这种状态下，我可能会对药物产生依赖。马克把我安置在一楼的客房里，因为我没有力气爬楼梯。我将永远带着胸前的这道长长的垂直疤痕，这是一个永远不会愈合的伤口。幸运的是，妈妈来陪了我们一段时间。那些日子里，我大部分时间都保持沉默。她会和我说话，告诉我一切都会好起来的。

"相信上帝。他会将你从黑暗中解救出来。"

但实际情况是，我生平第一次对上帝产生了疑问。他怎能如此对我？两次？接着，我从质疑上帝转向质疑自己。

在失去泰勒之后，我被告知我再也没有机会成为母亲。尽管我还能怀孕，但似乎无法将孩子顺利地孕育到足月。这个消息如同晴天霹雳，感觉像是棺材板上敲下的最后一颗钉子，我将永远无法成为一名母亲。

是我当运动员的时间太长了吗？无休止的训练是否对我的身体造成了影响？我是否应该像其他人一样，暂时停下脚步去生孩子？

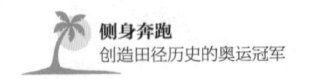

我不断地自我怀疑着——感觉我的生命正在被烈焰吞噬，即将燃烧殆尽。

尽管我以前也曾陷入抑郁，但泰勒的离去夺走了我仅剩的全部力量。三个月后的某天，我醒来时发现家中空无一人。马克去上班了。生平第一次，我想要喝酒。

在那些快乐的时光里，我经常在家中举办派对，特别是当佐治亚理工学院或其他当地大学有重要田径赛事时。我会邀请所有来自加勒比地区的运动员来参加烧烤，邻居们也会加入。我会负责购买和烹饪所有食物，客人们则会带上酒水。我们家从不存放酒，毕竟我一生中从不饮酒，马克也是。我频繁地举办派对，客人们就经常把酒留在橱柜里，以备下次聚会时使用。我记得这些。于是，我行尸走肉般摇晃着走进厨房，找到了那些酒，将它们"叮叮当当"地搬到冰冷的厨房地板上。

喝吧，喝吧。这是我脑海中回响的声音——一个我此前从未听到过的声音。我已无力抵抗。我坐在地板上，被这些酒瓶包围着，犹豫着应该先喝哪一瓶。

就在我伸手去拿朗姆酒的那一刻，我突然听到了猛烈的敲门声。

大约一小时前，我的朋友沙伦·库奇——前运动员，如今是西格罗夫教练的妻子——感到有些不对劲。几天前，她在商场买了一本微型《圣经》给我，那种可以放进手提包的小册子。她本打算周末来访时再送给我，但某种直觉告诉她，不应该再等了。

西格罗夫教练正在客厅和他的小儿子玩耍。"我去看看波琳的情况。"她告诉他。从他们家到我家有45分钟的车程。她拿起车钥匙和《圣经》，就开车过来了。

我们家门前有两块玻璃，可以直接看到屋内。沙伦后来告诉我，她按了好几次门铃，但我没有回应。我想我那时已经陷入了恍惚，既感觉不到周围发生的事情，也对周围的事情漠不关心。沙伦透过玻璃看到我坐在地板上，被酒瓶包围着。就在那一刻，我听到了敲门声。

我打开门，倒在了她的怀里。

沙伦有着最动听的歌喉。她把我带到客厅，抱着我，让我在她的怀里哭泣，一边轻摇我，一边唱着赞美诗。有时候，人必须跌到谷底，才能开始往上爬。那一刻，我重新找到了对上帝的信仰和信念。没想到她会恰好出现在那里并阻止了我，这样的概率有多大？这也让我意识到，我急需改变我的生活现状。

我非常感激巴哈马亚特兰大旅游部的所有同事们。在失去泰勒之后，我整整六个月未能返回工作岗位，而他们对此表现出了极大的理解和支持。

我登上了飞往巴哈马的飞机，那里有我的亲朋好友，编织成了我强大的支持网。还有那片大海，每天早晨，我都会回到古德曼湾——我的故乡，一切开始的地方。就像我在那些黑暗岁月中所做的那样，我坐在海滩上，凝视波涛。

我特别感谢埃尔迪斯，她每天都给我打电话。

"她质问上帝为什么这样对她。"埃尔迪斯回忆道，"她那时非常痛苦，情绪低落。所以我告诉她：'上帝对你有其他的安排。'我必须严肃地与她交谈。之后，我每天都打电话问她：'你还好吗？一切都会好起来的。'尽管发生了那些事，但我们的友谊如同树根一样坚固。"

通常，当埃尔迪斯打电话来时，她都会为我祈祷，而我则说得不多。

直到有一天，我接起电话对她说："你现在可以为我祈

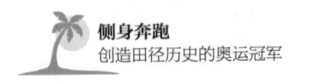

祷了。"

埃尔迪斯大笑起来。

"妹妹，你会好起来的，你已经在转角处了。"她说。

但实际上，我花了将近一年的时间才真正恢复过来。我重新投入执教工作和女子委员会的工作中，试图在那里找到生活的意义和目标。我的委员会任期原定于2007年结束，幸运的是，命运再次介入，为我提供了新的关注点——让我有了新的信念。

我在法国南部的摩纳哥参加了一个活动，活动中各个委员会成员被邀请与世界田联理事会共同参加宴会。自泰勒离开以来，已经过去了一年多，我也差不多恢复了往日的开朗。当时我正坐在一张桌子旁，与其他几位委员会成员交谈时，一个我素未谋面的男士坐到了我旁边。

他问我："你有没有考虑过参选世界田联理事会？"

我告诉他，女子委员会还有很多工作等着我去做，但我感谢他的提议，说我会认真考虑的。

那之后，我并没有太把这件事放在心上。就像我说的，我之前从未见过那位男士。但是几个月后，又有不同的人找到我，传达了一个更为直接的信息："你应该考虑参选理事会。"

这时，我开始认真思考这个建议。

是不是有人在向我传递某种信息？会是弗朗西斯吗？我无法确定。但我和丈夫讨论过后，他确信我应该去参选。

"这不是一件轻松的事情。"来自波多黎各的前NACAC主席、世界田联理事会成员维克多·洛佩斯说，"每个竞选理事会席位的人都非常出色。他们可能是国家的体育部长、前运动员，甚至可能是总理或其他政府要员。"

对我来说，获邀加入世界田联的重要性怎么强调都不为过。

自1912年成立以来,世界田联一直是田径运动的中心,负责制定规则和法规、认定世界纪录、制裁违规运动员,并担任田径这项人类最基础运动的主要推广者和守护者。

我这么说并不是夸大其词——田赛运动与径赛运动,简单说就是田径,是所有体育项目的根基。足球也许会对此有所异议,但田径运动,其历史可以追溯到古希腊,它确实是所有人类体育竞赛的起源。跑步、跳跃、摔跤、投掷——这是最原始、最基本的竞技形式。几乎任何人都可以享受田径运动,不需要金钱或特权,也没有因装备成本而产生的参与障碍。即使是来自贫民窟的年轻黑人女孩,哪怕她的国家人口仅相当于一个美国小镇,也有机会崭露头角。

如今,世界田联由214个会员联合会组成,已成为世界上最大的国际组织之一,规模甚至超过了联合国。我相信,田径运动,加上良性竞争,是凝聚人类的纽带。

不管我们有何差异,田径运动都通过一套共同的准则将我们团结在一起。

但是,我真的能够竞选理事会的席位,并获得成功吗?

理事会由一位主席领导,共有26名选举产生的成员,他们代表着世界各地的国家和协会。历史证明,即便是来自像巴哈马这样的小岛国的人,也有可能参加竞选并获得席位。"鹰"——阿尔菲厄斯·芬利森在2001年当选,创造了我国的历史。他是一名退役运动员,也是NACAC的副主席(可能你还记得,他就是那位在亚特兰大奥运会后冷落我的巴哈马田径协会官员)。确实,世界田联早已打破种族壁垒,将自己定位为一个包容性组织——但有一个例外。是的,理事会中确实有过女性成员,尽管人数不多,但都是白人。我作为黑人女性的参选,标志着田径运动最高领导

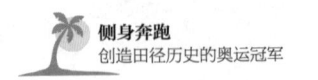

层跨越了最后一个主要障碍。

竞选绝非易事。首先，我的联合会需要提名我为候选人，幸运的是，他们这样做了。接下来，我需要聘请一位竞选经理，帮助我与两百多名代表取得联系，并说服他们投票支持我，波琳·戴维斯。幸运的是，作为一名多次获得殊荣的退役运动员，我已经是众所周知的人物了。此外，我在女子委员会的工作，以及我为平等权益大声疾呼的经历，为我树立了一个充满激情、积极参与体育事业的良好形象。我性格开朗，乐于与人交往，受人喜爱，并享有良好的声誉。同时，我也是一名坚持原则、勇于斗争的战士。

时机把握得恰到好处。田径领域正期待着一张新面孔、一个新声音和新视角。我向所有联合会发送了信件，阐明了我所代表的立场——倡导女性公平竞争，坚决反对兴奋剂，并承诺公平地代表田径界的每一位成员，为他们争取权益，不论他们的知名度、地位或影响力如何。

2007年8月，在日本大阪的世界锦标赛举行期间，世界田联的成员聚集一堂，进行选举投票。我必须承认，那天我并不特别自信。我周围有人在窃窃私语，认为我不适合这个职位。正如我所说，芬利森已经代表过像巴哈马这样的小国家，享受过他的辉煌时刻了。而且，我是一名女性，还是一名黑人女性。

人们通常坚信现状不会改变，直到变革悄然发生。

我全身心地投入那次世界锦标赛期间的竞选活动中，尽我所能地与每一位代表交谈，回答他们的问题，并做最后的竞选陈述。终于，投票的时刻到来了。当214名成员准备在大屏幕上投票时，我被要求离开房间。整个过程只需几分钟。

还没等我反应过来，人们已经从四面八方涌向了我。他们给我拥抱，拍打我的背部，握紧我的手——"恭喜你，波琳·戴维斯！你是我们世界田联的最新成员了，来自巴哈马。"

埃尔迪斯是对的——上帝对我有其他的安排。

然而，泰勒将永远与我同在。她离开后不久，甚至直到今天，我都能在梦中见到她。我走在一片翠绿的田野上，四周都是孩子，他们每个人都穿着白色的衣服。在远处，我看到泰勒和其他孩子一起玩耍。当我穿过田野时，我的女儿最终找到了我。她牵起我的手，叫我"妈妈"，我们一起走过了那片美丽的田野。

奇怪的是，每次梦见泰勒，她似乎都在长大，就像我在变老一样。

我的退役生活并不完全是我之前想象的那样。但现在我有了新的使命——一个真正的召唤，我可以通过我的努力去改变全世界女性和全部运动员的生活，成为他们的支持者。但打破壁垒，尤其是那些急需破除的壁垒，从来都不是一件容易的事。我注定要为我的成功付出相应的代价。

12

向权力说真话

摩纳哥公国是一个令人瞩目的地方。

这个位于法国里维埃拉地区边上的欧洲微型主权国家,无疑是世界上最富有的飞地①之一。它也是世界上第二小的国家——仅次于梵蒂冈城。梵蒂冈有教皇,而摩纳哥则以它的美丽、璀璨、魅力和娱乐活动闻名。

我的妈妈在贝恩镇的木板房里长大,她经常强调保持干净的重要性,妈妈过去常说,清洁几乎等同于虔诚。摩纳哥的总面积仅有510英亩,不到1平方英里,但这里的每一寸土地都被精心规划,保持着原始的纯净。

这个城邦被郁郁葱葱的绿丘所环抱,白色的房屋错落有致,屋顶是浅浅的红色。面向大海,你可以看到密集的道路、度假

---

① "飞地"(enclave):一个地理学概念,指的是一个国家或地区完全被另一个国家的领土所包围,但并不属于包围它的国家。飞地可以是一个城市、小镇、地区或更大的领土,它通常是出于历史、政治或地理原因而形成的。

村、酒店、公寓和商务大厦。摩纳哥以全长超过两英里的海岸线闻名，地中海沿岸布满了为超级游艇服务的港口和码头，每艘游艇上都停有一架直升机。最著名的地区非蒙特卡洛莫属，这里每年都举办摩纳哥大奖赛，也是著名的蒙特卡罗赌场的所在地。这里是全球富豪名流争相前往的娱乐胜地。然而，除了财富和声望，摩纳哥的井然有序和完美无瑕总能在我每次造访时，给我带来一种宁静与平和的感觉。

你可能会好奇：一个来自贫民窟的光脚女孩是如何来到这里的？

1994年，世界田联总部迁址，从英国伦敦搬到了蒙特卡罗赌场广场附近的安托万大街6—8号，位置相当优越。摩纳哥格里马尔迪（Grimaldi）王室家族的领袖、前奥运选手阿尔贝二世亲王（Prince Albert II of Monaco）一直是田径运动的坚定支持者。我有幸多次与阿尔贝亲王相聚，他总是那么风度翩翩，令人敬仰。

这简直就是一个现实生活中的童话故事！我作为世界田联理事会成员第一次来到摩纳哥时，真的有这样的感觉。虽然我以前作为运动员在这里参加过比赛，但这次体验截然不同——我已是一名高管，成了世界上最负盛名的体育管理机构中的第一位黑人女性。

那天早上，我从蒙特卡洛费尔蒙酒店房间的床上跳下，心中激动万分。简单来说，我兴奋得难以自持。那是2007年11月，是我在世界田联的第一次正式会议，我急切地想要开始工作。早餐后，我走到了主会议室，难以置信地凝视着这个房间。世界田联的会场布置得就像联合国一样，一排排桌子面向讲台摆放。每位理事会成员都有一个指定的麦克风和名牌，显示着他们的国

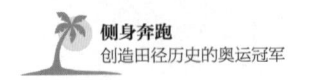

籍。会场还设有翻译室和耳机，以便每个人都能用自己的母语发言。

我兴奋得几乎坐不住，与我的理事会同事们交流攀谈着，直到有人提醒我们入座。我在会议室里寻找着我的名牌，终于找到了："波琳·戴维斯，巴哈马。"走近一看，我发现桌子上撒满了玫瑰花瓣。我心想，这真是太贴心了，有人在这里放花来欢迎我在理事会的第一天。

然而，当我站在那里，笑容逐渐从我脸上消失。起初我以为是自己看错了。我把那些红色花瓣看了两遍，慢慢看懂了。"黑鬼滚回家。"花瓣拼出这样的话，"这里不需要你。"

在我继续之前，我要明确一点——我是世界田联的坚定支持者。在我担任理事会职务期间，我一直受到平等和有尊严的对待，我不会因为个别或少数人的不当行为而对整个协会进行评判。事实上，我经常赞扬世界田联的包容性。你可能已经感觉到了，接下来的几年将会非常动荡，但世界田联会继续发展壮大，成为今天这个令人瞩目的机构。

但在那个时刻，我的童话世界瞬间崩塌了。

我站在原地，全身开始颤抖，剧烈地颤抖，直到我发出一声尖叫。叫声响彻整个房间，所有人都停下了手中的活，震惊地看向我。

"天哪！"我失声尖叫，"天哪！"

在我还没反应过来时，同事们已经围了上来，他们一脸困惑和迷茫，紧张地望向我的桌子。世界田联的主席拉明·迪亚克（Lamine Diack）穿过人群，亲自上前查看。

他是一位来自塞内加尔的黑人，这使情况变得更加糟糕。用红色玫瑰花瓣拼写出这样的种族歧视言论，是多么人性扭曲和令人发指。

"这是什么？这是什么？"迪亚克主席急切地问道，"快把它清理掉！立刻清理干净！"

酒店的工作人员迅速从四面八方涌来，他们将花瓣一一拾起，扔进了垃圾桶。我的理事会同事们围了上来，拥抱我，安慰我，试图让我平静下来，我们都不禁流下了眼泪。

最终，我退到洗手间里，试图平复情绪，用冷水冲洗脸部，努力消化刚刚发生的一切。幸运的是，悲伤很快转变为愤怒——在我的经历中，愤怒往往能带来更多力量。你有没有在镜子前找回过力量？我那时凝视着镜中的自己——一位来自巴哈马的骄傲的黑人女性，我比以往任何时候都更加坚定，要全力以赴地做好这份工作。

我对自己说："你还没见识到我的真正实力呢。"

记住，我是一名运动员。竞争是我的天性。有些人在这种情况下可能就退缩了，放弃了。实际上，我确实受到了极大的震撼。但我绝不会让这一刻决定我在理事会中的命运。我不知道这个家伙或这些人是否真的知道自己到底在招惹谁。

我永远也无法查明是谁干的。幸运的是，这种事情再也没有发生。

我擦干脸上的水迹，带着坚定的微笑，昂首阔步地回到了会议室，坐回我的座位，准备好继续参加会议。

"波琳，我非常抱歉。"迪亚克主席对我说，边说边摇头，"这太疯狂了，我无法理解。"

他说得没错，这确实令人费解。

就像我说的，迪亚克主席是黑人。理事会上还有其他几位有色人种成员。为什么会是我？难道就因为我是女性？

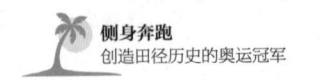

刨根问底可能会让人陷入疯狂。

但我知道一件事——我会确保为继我之后的黑人女性打开大门。

那天，我感受到了前所未有的使命感和责任感。

在我即将参加摩纳哥的理事会首次会议的前一个月，马里昂·琼斯终于迎来了正义的审判。经过多年的否认，她在2007年10月召开了新闻发布会。在法院的台阶上，面对近十支麦克风，她终于向全世界承认了我们许多人早已知晓的事实。

她首先谈到了忠诚和家庭的重要性，并感谢了一直站在她身后的母亲。然后，她停顿了很久，舌头紧紧地顶在双唇之间。

"因此，我怀着深深的羞愧站在你们面前，告诉你们我辜负了你们的信任。"她声音颤抖，努力忍住泪水，宣布道。

她承认在宣誓的情况下向联邦探员提供了关于使用类固醇的虚假证词。她恳求母亲、丈夫和孩子的原谅。对于他们，以及她的兄弟姐妹、叔叔和整个大家庭，她说："我想让你们知道，我一直在撒谎，你们有权利对我感到愤怒。"

"我让他们失望了，我也让我的国家失望了。"她忏悔道，泪水沿着她的脸颊流下来。

这一惊人的坦白引发了媒体的狂热报道，成为世界新闻的焦点，无疑是现代体育史上的一大丑闻。琼斯最终因为向联邦探员就药物使用问题撒谎，以及参与支票欺诈案，被判处六个月监禁。

她的悔意看起来是真诚的。从她的脸上可以看到羞愧，从她的声音中可以听到悔恨。但我不禁思考——她是否真的愿意说出真相？她用了七年时间来否认，整整七年！尽管有证据、调查和证词，她仍然坚持那些谎言。她在法庭上站出来讲真话，是出于自愿，还是因为不得不这么做？

换句话说，她是为行为本身道歉，还是因为被抓住而道歉？

对我来说，这个问题的答案至关重要。

她是否真的感到悔恨？多年后，在接受奥普拉·温弗瑞（Oprah Winfrey）的采访时，琼斯表示，不管她是否服用违禁药，她认为自己都能赢得比赛。

这让我感到极度不满。她就是作弊了，简单明了。就像我之前所说的，我不关心你是谁，来自哪里，对我来说，使用违禁药的人都是无耻之徒，道德沦丧。一旦走上那条路，就无须多言，就此为止。

作为世界田联理事会的一员，我把抵制违禁药视为我的使命。

当琼斯承认使用违禁药时，我并不知道我何时会收到属于我的那块金牌，或者是否能够收到——她的承认并不直接意味着我会立刻获得金牌。最终决定权在国际奥委会手中。但我肯定会为我应得的荣誉据理力争。这无疑是田径史上的一次重要转折。随着1999年WADA的成立和2004年《世界反兴奋剂条例》的发布，正义终将降临，作弊者难逃法网。我们突然意识到，恢复体育竞赛的公平性刻不容缓。国际奥委会在1968年取消了第一枚奖牌——一枚铜牌[①]。到2000年为止，夏季奥运会上的运动员共有15枚奖牌被取消。

[①] 1968年，国际奥委会在墨西哥城举行的奥运会上剥夺了第一枚奖牌。这枚奖牌是一枚铜牌，原本颁发给了瑞典现代五项选手汉斯-贡纳尔·利延瓦尔（Hans-Gunnar Liljenwall）。剥夺奖牌的原因是，利延瓦尔在比赛中使用了含有酒精的兴奋剂，这违反了当时的奥运反兴奋剂规则。这是国际奥委会历史上首次因使用兴奋剂而剥夺奥运奖牌，标志着其对违禁药物使用的严肃态度和打击兴奋剂的决心。此后，国际奥委会加大了对兴奋剂使用的检测力度，并在全球范围内推动反兴奋剂运动。

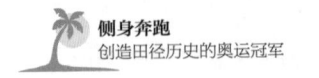

自2000年以来，有多少奖牌被取消？超过100枚。

是的，我想要回属于我的奖牌，这对我个人来说，意义重大。在我看来，这使我成了这一刻去帮助他人争取权益的最佳人选。在理事会中，就像在赛道上一样，我代表我自己——我坚决主张勤奋训练，反对任何投机取巧。幸运的是，两年后，在柏林的一次理事会会议上，我遇到了即将成为国际奥委会主席的托马斯·巴赫（Thomas Bach）。我们坐下来进行了交谈，气氛相对轻松，没有正式的仪式，也没有闪光灯的追逐。我们在房间的一角坐下，他告诉我，我将重新获得我的奥运金牌。

这是一种奇妙的感觉，仿佛"赢回"了九年多之前就属于我的东西。

我向他表示了感谢，那是肯定的，不仅是为了我自己，也是为了所有在那届奥运会上因马里昂·琼斯而遭受不公的运动员。我赞扬国际奥委会的挺身而出，这展现了其做出正确决定的勇气。

但正如我所说，这种感觉非常特别。我并没有那种取得了巨大胜利的大赢家的感觉。得知这件事后，我没有上蹿下跳，也没有欢呼雀跃。你们知道我第一个电话打给了谁吗？我的表姐，安妮特·门罗！因为她早就预言了这一切！她坚信，不管多久，我最终都会拿回属于我的东西，哪怕需要十年。她的预言惊人地准确！

在2000年奥运会中，共有14枚奖牌被取消，这比自1968年以来被取消的奖牌总数仅少1枚。

琼斯"赢得了"其中的5枚奖牌——包括3枚金牌（来自100米、200米和1600米接力），以及2枚铜牌（跳远和400米接力）。

我认为，过去的事情已经无法改变。但我在2000年后取得的进步中找到了慰藉。WADA创始人迪克·庞德指出："现在仍然有大量的作弊行为存在。"无论是逃税还是田径场上的违规，作弊似乎都是人性的一部分。总会有人无视规则，只想着如何能第一个冲过终点线。

猫和老鼠的游戏还在继续上演。

但是在庞德看来，马里昂·琼斯如今还能像2000年那样使用禁药并赢得比赛吗？

"不可能。现在的情况要复杂得多，有很多不确定的因素。"庞德说，"科学技术更加发达，后果也更加严重。而且，服用兴奋剂的行为总会被他人知晓。因此，你很可能会被人举报，而且有多种方式可以曝光你的行为。"

他补充道，WADA进行调查和搜集情报的能力带来了"显著成效"。有趣的是，庞德提到，这种情报和口头举报往往是最有效的捉作弊手段。

对我来说，这才是最重要的。

我希望，发生在我身上的事——我那被偷走的辉煌一刻——至少不会发生在其他人身上。审视我的人生，无论是在经历还是成就上，我都感到非常幸运。同时，无论是在赛道上还是生活中，我被偷走的辉煌瞬间不止一次。我有责任向权力说出真相，这样我所经历的那些考验和艰难才有意义。

庞德表示，自20世纪60年代起，"可能有成百上千"运动员像我一样受到了禁药的影响。作弊者并非总能被抓住。

在琼斯被取消资格后，我成了加勒比地区首位赢得个人项目金牌的女短跑运动员。然而，这一成就似乎在历史书中缺失了。当人们回想起悉尼奥运会时，他们通常会记得马里昂·琼斯被取消了资格,却忽略了那些受到影响的受害者。我时常思考,如果她从未给自己注射禁药,我的生活可能会有怎样的不同呢?作为胜利者冲过终点线,站在领奖台的最高处,看着国旗升起,听着国歌奏响,那将是怎样的体验?带着两枚金牌回到我的国家,这对巴哈马和我个人来说,又会意味着什么呢?

但我的思绪更多地飘向了其他人——那些得到了正义和那些没有得到的人。来自牙买加的贝弗利·麦克唐纳妹妹,在悉尼奥运会的200米决赛中排名第四。我还记得在亚特兰大奥运会上获得第四名的感受。现在,她将被提升为铜牌得主。然而,她却从未有机会站在领奖台上,看到自己国家的国旗在空中飘扬。遵守规则的贝弗利,将永远无法感受到那种胸膛仿佛要爆炸的自豪和兴奋。

马里昂·琼斯事件的影响是巨大的,甚至波及了美国队内部。

在琼斯承认使用违禁药后不久,国际奥委会不仅计划收回她的奖牌,还要收回她在接力赛中的奖牌。这就使得情况变得复杂起来。美国队在4×400米接力中赢得了金牌,在4×100米接力中赢得了铜牌。而这些队伍中的其他队员并未被发现使用禁药,她们都遵守了规则。

你们会如何处理这种情况?她们是否应该保留她们的奖牌?

"他们试图夺走我们的奖牌,我们不得不竭尽全力去抗争。"克里斯蒂·盖恩斯说,她是当时美国4×100米接力队的第一棒选手。"我们抗争的一点在于,我们无法得知其他人的行为。他们似乎想要让我们整个队伍背锅,好像我们经常一起训练而且每个人都清楚其他人在做什么似的。"

然而,盖恩斯表示,事实并非如此。

盖恩斯提到,在备战其他比赛的过程中,以及赛前的准备阶段,队伍"非常努力地让她(琼斯)参加接力训练"。那时琼斯的名声如日中天,她宣称要夺得 5 枚金牌。作为美国的明星女运动员,她在各种邀约中应接不暇,难以确定她的行踪——更别提了解她赛前阵营中的任何动态了。

盖恩斯和她的队友们奋力争取保住她们的铜牌。她们不得不找律师来接手这个案子。盖恩斯说,她们负担不起律师费,因此不得不借助免费的法律服务。最终,经过漫长的斗争,盖恩斯和其他队友设法保住了奖牌,尽管旧伤依然隐隐作痛。时至今日,盖恩斯仍觉得琼斯对整个过程表现得"漫不经心",对于被要求归还奖牌一事也缺乏同情。

"她对我们似乎并没有多少的同情心。"盖恩斯说。

我想,这也许就是盖恩斯和我的共鸣之处。再次说明,人们总是记住那个作弊的名人,而不是受害者。

因此,当得知这个消息时,我十分感激,但这一切并不让我感到自豪。

我当时并不知道,马里昂·琼斯事件预示着未来的种种风波。

一场清算即将到来,它甚至可能将世界田径运动推向危机的边缘。

* * *

夜深了,科男爵在房间内踱来踱去。

世界田联的新任主席塞巴斯蒂安·纽博尔德·科(Sebastian Newbold Coe)深知,田径运动的命运悬于一线。在这次决定田径项目未来数代运动员命运的重要投票前夕,我和其他几位信得过的田联理事会成员决定，与他一起熬夜准备。那是2016年12月3日的凌晨五点，不久之后，黎明的第一缕光线将越过地中海，照进我们在摩纳哥的酒店房间。我们即将迎来一次历史性的特别大会，预计所有214个会员的代表都将出席。

在过去的四个月里，科男爵带着他的律师和管理专家团队着手推进这项工作，他的专业团队——包括律师和治理专家——也一同并进。他们走访了六大洲，向各国田径联合会宣传并解释为何世界田联需要一部新章程，以迎来全新的开始。

说得委婉些，科男爵接手的是一个相当混乱的局面。

2015年，WADA发布了针对俄罗斯兴奋剂问题的重磅报告，同时也明确指责了世界田联。尽管自2003年WADA制定《世界反兴奋剂条例》以来，我们制定了许多规则和条例，但报告指出我们的组织存在重大漏洞、"系统性缺陷"，甚至腐败。报告指控世界田联在执行规则方面不仅对俄罗斯运动员未能一贯有效地执行，而且在整个运动项目中也都未能做到这一点。

遗憾的是，迪亚克主席成了这些指控的焦点，这些指控不仅涉及俄罗斯丑闻，还包括兴奋剂问题。早在2011年，迪亚克就因接受一家营销机构的贿赂，以帮助该机构获得一份利润丰厚的合同，而遭到了调查。

2015年11月，前主席迪亚克在法国被捕，随后被软禁在家，并被法国金融检察官以"被动腐败"（passive corruption）[①]和洗钱罪名起诉。俄罗斯运动员兴奋剂指控的全部内容经过数年才完全

[①] "被动腐败"（passive corruption）：在法律术语中，"被动腐败"通常指的是在腐败行为中，行为人并非主动去索取贿赂，而是在别人主动提供贿赂时接受。这种行为虽然可能没有主动索贿那么积极，但仍然是利用职务上的便利为他人谋取利益，并因此接受贿赂，故同样构成腐败行为。

曝光。最终，甚至迪亚克曾被聘为顾问的儿子，也卷入了这些指控。WADA发布了另一份报告，指控迪亚克任命了他的两个儿子和一个朋友担任关键职位，以协助和教唆与俄罗斯运动员使用兴奋剂有关的腐败和阴谋。

到了2020年9月，87岁的迪亚克和其他五名高级官员因涉及腐败罪行被判有罪，他们收受了数百万美元的贿赂，以换取对运动员兴奋剂活动的"全面保护"和掩盖。

迪亚克被判处两年监禁，并被要求支付约60万美元的赔偿金。

当然，当迪亚克最初被捕时，我们并不了解所有细节。我们只知道，根据WADA和调查者的说法，世界田联的信誉遭到了严重破坏。

这让我们理事会的许多人都深感震惊。

能被选为世界田联理事会的一员，对我来说是极大的荣耀。在我的整个运动生涯中，尽管困难重重，我一直尽力以正确的方式行事。我严格遵循原则，几乎到了偏执的地步。我总是格外小心，以身作则地努力工作。加入世界田联，将余生致力于反兴奋剂和公平竞争，对我来说意义重大。当马里昂·琼斯受到应有的惩罚时，体育事业似乎终于迎来了转机。

迪亚克的被捕让我开始质疑我所坚持的信念。难道我们的努力都是徒劳？像我这样的人真的能够带来改变吗？欺骗和腐败的程度令人震惊，这暴露了组织内部某些部分的隐秘与不透明。田径运动迫切需要真正的领导力。

在这样的背景下，科男爵出现了。他本人当过运动员，曾在20世纪80年代初代表英国在中距离跑项目中赢得4枚奥运奖牌，包括在1980年的莫斯科奥运会和1984年的洛杉矶奥运会上连续

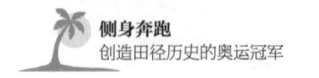

获得的两枚金牌。

有趣的是，在我的奥运生涯初期，也就是1984年的洛杉矶奥运会期间，我们的奥运生涯产生过交集。那时我还是一名青少年，参加了我的第一届奥运会。

然而，我们那时并未相遇。科男爵回忆道，他是在十六年后才第一次听到我的名字。

"2000年，我在澳大利亚第七频道担任悉尼奥运会的解说工作。"他回忆道，"我当然记得那场接力赛，我被要求在解说中强调这场比赛对巴哈马的重要性，以及对她们如何挑战这项运动中的顶尖强队进行一些评论——这太不平凡了。那时，我就注意到波琳在赛道上的表现非常特别，她散发着独特的魅力。"

科男爵对这一点也颇有体会。

作为奥运冠军，他在告别田径赛场后成功当选为议员，在1992年至1997年间为保守党服务。此后，他将目光转向了国际体育管理的政治领域。2007年，他首次当选为世界田联的副主席。几年后，他在伦敦成功申办2012年奥运会中发挥了关键作用，并担任了伦敦奥运会组委会的主席。在科男爵的职业生涯中，他得到过大量的职位、认可和荣誉，但最具挑战性的是他在2015年8月成为世界田联的主席。

"在我担任主席的头几年，情况非常动荡。"他解释说，"我可以告诉你们，无论情况多么艰难，不管以什么方式，没有人比波琳更加坚定地站在我这边。我们经历了一些非常黑暗的日子。"

确实是这样。就在我上任三个月后，迪亚克被捕。紧接着的几个月里，我们最大的一些赞助商开始纷纷撤离。2016年1月，长期支持世界田联的阿迪达斯取消了数百万美元的赞助合同。其他商业巨头，如雀巢，也采取了同样的行动。

组织陷入了混乱，信任和信心严重受损。

这让我想起了我在理事会的第一天，那些摆放在桌上的红玫瑰花瓣。有时候，我们面前似乎会有无法逾越的障碍，但那正是为了你的信念去奋斗的时刻。到了2016年，我在理事会中已经连续任职八年，其间两次连任。我成为了双金得主，也是历史上最著名的兴奋剂丑闻受害者之一。我对自己的领导能力从未如此自信。科男爵需要我，田径运动需要我。

"波琳对我的支持坚如磐石。"科男爵表示，"我将永远、永远对她的大力支持感激不尽。当你陷入困境时，大多数人会选择逃离。能有几个朋友仍然愿意挺身而出？这真的让人感到无比温暖。"

我们必须迅速止血，做出一些极为艰难的决策。几个月后，也就是2016年6月，我们取得了首个重大进展。我们的理事会进行了一轮投票，以决定是否在当年夏季的里约奥运会前继续执行对俄罗斯的禁赛令。WADA提供了更多有力的信息和报告。就在那一周，曝出了对俄罗斯运动员应进行的736项检测被拒绝或取消的消息。同时，监管机构揭露了更多篡改和试图贿赂的案例及证据。你可能会认为，基于这些报告，维持禁赛的决定应该是板上钉钉的事了。但实际上，情况远比这复杂得多。在激烈竞争的体育界，事情总是如此。

英国田径协会主席埃德·沃纳（Ed Warner）表示："国际奥委会将承受巨大的压力，可能会屈服并允许俄罗斯运动员重返赛场，我真诚地希望他们不要这么做。因为我们看到的是，多年来，那些遵守规则的运动员一直被国家支持的系统性作弊所愚弄。这是极其恶劣的，直接动摇了人们对体育的信心。"

世界田联理事会的投票结果一致——禁止运动员在2016年

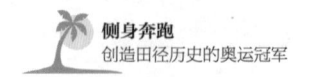

夏季里约奥运会上代表俄罗斯参赛。我们全体支持新任主席，他在奥地利维也纳的新闻发布会上向全球媒体宣布了这一决定。

我对我们的决定坚定不移。"波琳与田径运动有着深切的情感联系，她的热情和信念常常达到了极端的程度。"科男爵评价道。"她在会议上经常是那个为正义发声的人。她是理事会的核心和灵魂。她也很坚韧，不怕坚守自己的立场，并在需要时坚决捍卫。"

俄罗斯总统弗拉基米尔·普京称我们的决定"既不公正也不公平"。

这是我们恢复田径运动信誉的重要一步。用科男爵的话来说，我们已经勇敢地站了出来。现在的问题是——会不会有人激烈反对？

我们带着如履薄冰的心情进入了2016年奥运会。委婉地说，世界田联在当时的场合并不受欢迎。我们清楚国际奥委会对我们并不太满意。他们更倾向于一个不那么极端的解决方案，在他们看来，我们这是在针对地球上最强大的国家之一，也是四年前伦敦奥运会的第二大金牌获得者。

然而，我们还是为少数俄罗斯运动员留下了一线希望，如果他们能够证明自己是在国外训练的，就可以以中立身份参赛。

最终，我们向自己证明了，我们可以成为田径领域道德和伦理的领导者。如果没有田径项目，夏季奥运会还能称之为夏季奥运会吗？其他人只能接受这一决定，尽管他们心中并不乐意。

"我们与国际奥委会某些成员的关系，客气一点来说，可以说是相当冷淡的。"科男爵说道。

抵达里约后，我们经历了一段紧张不安的时光。

我们下榻的酒店实际上处于封锁状态——未经许可，任何人不允许自由出入。似乎我们到访的每个地方都有严密的安保措施。我记得在那个酒店的地下室召开了不止一次的会议，只是为了确保我们不会过多地暴露在公众视野中。实际上，对于里约奥运会的安保工作，组织者做得非常出色。

我们顺利完成了那次奥运会的任务，并坚守了我们的立场。

但任务并未就此结束。是的，我们通过支持WADA，向体育界发出了一个明确的信号——对作弊行为我们绝不姑息。然而，这个信号并未触及已经明显侵蚀世界田联的系统性腐败问题。时间快进到2016年12月，我们在蒙特卡洛费尔蒙酒店的房间里踱步思考，因为接下来的一步将对田径运动及其214个会员联合会产生深远的影响。我们现在不能有丝毫松懈。

随着太阳的升起，我们揉了揉因通宵而模糊的双眼，返回各自的房间，准备迎接即将到来的新的一天。我们深信，我们的会员们渴望进行章程改革。鉴于过去几年的种种事件，即便是曾经的怀疑论者，现在也认识到了提高透明度和责任感的必要性。改革的重点将是建立田径诚信委员会（Athletics Integrity Unit），它将确保我们的检测完全独立。但我们不满足于仅做检测工作，我们还必须处理腐败问题——包括采取措施揭露腐败，并建立一个审查小组，以确保未来参选的人员能够接受适当的审查，并具备相当的诚信度。

现在的问题不在于改革是否能通过，而是投票的方式——应该是公开投票还是封闭投票？

换句话说，会员们是否应该知道谁打算投反对票？

作为理事会的一员，我的一个强项就是能够密切倾听基层的声音。我天性爱社交，善于在对话中穿梭。我既能倾听也能发言。在倾听中，我了解到有些国家打算投反对票。无论是出于对

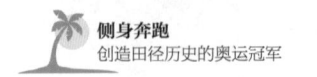

俄罗斯的同情或忠诚,还是出于他们自己的理由,这些私下的议论已经传开了。而一些联合会只是不愿意接受更多的透明度和控制。

在科男爵跨洲访问,与所有会员联合会交流的同时,我也在奔走,积极地倡导世界田联的新时代。

其中一站是在加勒比地区,科男爵会见了NACAC的所有成员。

"她公开地向朋友们和同事们阐述,为什么她觉得这至关重要——为什么田径运动必须变革。"科男爵回忆道,"因为如果我们不做出改变,田径运动将陷入严重的危机。所以,在这种环境下,有这样的人在你身边,确实让人感到欣慰。"

亲爱的读者,看到这里,你肯定已经猜到了,在公开投票和封闭投票之间,我站在哪一边。

在那次彻夜会议上,我们只有寥寥数人。我找了个机会把科男爵拉到一旁,对他说:"我们需要知道是谁在凿沉这艘船。"

现在,已经没有退缩的余地了。当你试图将真相与和解(truth and reconciliation)[1]带回田径界,就不能有任何妥协。科男爵表示他会考虑一下。

我们满怀信心地走进蒙特卡洛费尔蒙酒店的会议室,准备进行清晨的投票。最终,科男爵宣布投票将公开进行,并将记录在案。我不知道这是否起到了关键作用。我猜想,大多数联合会早在投票之前就已经决定了他们的倾向。对我来说,这更多的是象

---

[1] "真相与和解"(truth and reconciliation):这个短语起源于南非的"真相与和解委员会"(Truth and Reconciliation Commission),旨在揭露过去的不公真相,并促进受害者和加害者之间的和解。在田径界的语境中,这个短语可以用来指代揭露违规行为和腐败的真相,并努力修复和净化体育界的努力。

征意义,而不是实质性的东西。

对一个长期处在不明朗氛围中的运动,是时候让阳光穿透云层了。不再有秘密。

特别大会以95%的票数通过了章程改革。在出席的197名代表中,有192票是"有效"票。其中10票反对,182票赞成。

这对世界田联来说是一个历史性的时刻——一个转折点,或者说是做出决断的时刻。能够参与其中,并以自己的方式贡献力量,我感到非常荣幸。

"生活中有两种人。"科男爵反思道,"当船即将沉没时,有些人会寻找救生筏,而有些人则会尽力让船继续浮在水面上。波琳始终属于后者。"

科男爵的评论非常谦虚,实际上,他才是应该得到全世界赞誉的人。作为理事会成员,我们迫切需要正确的领导来引领未来。

在我担任理事会成员期间,除了反兴奋剂和机构改革的问题,还有许多亮点。凭借我在接力赛跑领域的背景,我非常自豪地帮助设立了一个专门针对这些激动人心赛事的锦标赛。在我第一任期内,我们在摩纳哥召开了一次会议,讨论如何进一步向全世界推广田径运动的新想法。

轮到我发言时,我提出了一个问题:"哪个项目最激动人心?"

"100米。"有人立刻回答。

"不。"我摇了摇头,"是4×100米接力。"

或许你会说我有偏见,但对我来说,没有什么比一场竞争激烈、节奏快速的接力赛更能让粉丝陷入狂热了。从那一刻起,世界接力锦标赛的构想应运而生。主席承诺将对该课题进行可行性

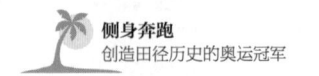

研究。几个月后，我们决定实施。你知道吗？2014年首届IAAF世界接力锦标赛（IAAF World Relay Championship），就在巴哈马的拿骚举行了。

现在，这项赛事被称为世界田联接力赛（World Athletics Relays），已经成为一项每两年举行一次的比赛，世界上最优秀的选手在各种距离上展开竞争，从4×100米接力跨栏到4×1500米接力。甚至还包括一个混合类别，男女顶尖选手（每队各两名）共同竞技。自2014年的首届锦标赛以来，我们过去的强敌美国一直占据领先地位——赢得了31枚奖牌，紧随其后的是我们的另一个老对手牙买加。

归根结底，世界田联接力赛为我们的运动员提供了更多在国际舞台上大放异彩和赢得奖金的机会。

我可以负责任地说，在我的整个职业生涯中，我所获得的一切都是靠自己的努力，没有接受过任何无偿的给予。直到田径生涯的晚期，我才终于获得了政府发放的补助金，用以支持我在奥运会期间的训练费用。在我成长的过程中，资助在国内是闻所未闻的。是的，我有幸为巴哈马旅游部工作，但那也是一份工作——没有任何东西是白送的。

因此，为田径运动争取更多资金，成为我另一项热衷的事业。

在1992年的巴塞罗那奥运会之前，我遭遇了一次严重的背伤。伤势之重，以至于我累积了数千美元的医疗费用。我记得那时我同时佩戴了两个支架——一个用于训练时穿戴，另一个用于行走和睡觉时使用。幸运的是，支架和治疗发挥了作用，但这些医疗费用该如何支付？

我无力独自承担。

我向联合会求助，却遭到了无情的拒绝。尽管当时我是女子田径的领军人物，甚至可以说是巴哈马短跑的象征，但巴哈马奥委会没有一个人伸出援手帮助我支付这些费用。

最终，在极度沮丧中，我向耐克公司的代表唐·科尔曼（Don Coleman）求助。耐克长期以来一直是巴哈马的官方鞋类和运动装备赞助商。我在电话里泪流满面地向他求助，完全放弃了羞耻心。唐毫不犹豫地伸出了援手，这一点我非常感激。他询问了所有细节，在几周内，那些医疗费用就得到了解决。我将永远感激耐克和唐·科尔曼为此所做的一切。

我讲述这个故事，并不是为了指责他人或翻出旧怨。

我只是想表达，运动员有时会感到多么孤立无援。每个奥林匹克委员会都会凭借其运动员在国际比赛中的表现获得资金支持。我在世界田联理事会任职期间了解了这一切。我曾两次尝试申请巴哈马奥林匹克委员会的一个低级别职位，希望将我的经验和知识贡献给这项事业，但都未能成功。这难道不令人惊讶吗？尽管我是我国最负盛名的奥运选手，且在世界最高田径管理机构担任要职，但他们似乎并不愿意让我成为其中一员。尽管如此，我仍将致力于为那些展现出潜力的运动员争取更多的补助金和资助，并将此视为自己的使命。我努力推动透明化，确保资金能尽可能地惠及我们的田径场上的每一个勇士。

我被巴哈马奥林匹克委员会拒绝，或许只是更深层问题的表象。不是有这么一句话吗？"先知归故里，无人表敬意。"在我的案例中，也是如此，只不过是在"她"的——而不是"他"的——家乡。虽然我的运动员生涯已经结束，但我永远不会忘记那些被停赛、遭受迫害和心理战的痛苦经历。任何运动员都不应该遭受我所经历的那些。

托妮克·威廉姆斯、史蒂文·加德纳（Steven Gardiner）、克里斯·布朗（Chris Brown）、利文·桑兹（Leevan Sands）、肖娜·米勒－尤比奥（Shaunae Miller-Uibo），以及许多其他名字，在巴哈马田径界都是耳熟能详的。这些男女运动员都已成为奥运金牌得主、世界冠军，以及各种荣誉的获得者。我和我的"金牌女孩"姐妹们，就像自豪的母亲一样，见证了来自我们这个小国家的新一代运动员挑战世界并取得成功。我只希望我的奋斗能够为他们铺路，让他们的旅程更加顺利。

正如我之前所说，在我的职业生涯中，有多个国家曾向我提供公民身份和报酬，希望我能转投他们的国籍。在这样一个全球化的时代，各国的联合会和委员会更应铭记，运动员是运动的心脏——永远不要将他们（的付出和牺牲）视为是理所当然的。

在世界田联理事会任职期间，我提出为教练制定行为准则，特别是针对他们与年轻女运动员的互动。虽然我个人很幸运没有遭遇这些问题，但我深知，并非所有身边的女性运动员都能幸免。这是一种特殊的关系——通常是年长的男性教练与年轻并且易受影响的女性运动员之间。这让人联想到斯德哥尔摩综合征（Stockholm syndrome）[1]，受害者可能会对加害者产生感情。

遗憾的是，在田径项目中，有些无耻之徒对女运动员进行了不当行为。这些行为不仅是犯罪，还可能对这些女性的一生产生深远的负面影响，不仅缩短了她们的职业生涯，还可能导致她们

---

[1] 斯德哥尔摩综合征（Stockholm syndrome）：又称为斯德哥尔摩综合征或人质情结，是一种心理现象。其中人质或受害者对绑架者或加害者产生情感依赖，甚至同情和忠诚。这种情况通常发生在长时间的囚禁或绑架情况下，受害者与外界隔离，被迫依赖于加害者以求生存。斯德哥尔摩综合征并不是一个正式的心理诊断，而是一种描述特定情境下人类行为的术语。心理学家认为，这种综合征是一种生存机制，受害者通过这种方式来减少与加害者的冲突，增加生存的机会。

在未来对男性产生信任危机。

我积极推动为这些女孩提供更坚实的保护措施，提高社会对这一问题的普遍关注度，并坚决主张对行为不端的教练实施严厉惩罚：一旦教练的不当行为被揭露，就应在世界田联内对其实施终身禁止执教的处罚。

这也让我想起了自己在体育领域为性别平等所做的斗争，以及在反兴奋剂问题上的坚定立场，这或许是我最引以为豪的成就。

我曾描述过，作为我国唯一在国际赛场上竞技的女性，那种孤独感是难以言表的。我亲历了性别平等在奥运会比赛项目数量和奖金分配上的逐步推进。在理事会任职期间，作为首位担任此职位的黑人女性，我为打破种种障碍付出了巨大的代价。

如今，许多事情已经发生了变化。世界田联接过了推动性别平等的接力棒，并不断前进。作为女性，我们在田径领域的地位前所未有地提高。这不仅适用于运动员，还超越了运动员的范畴。以美国前跨栏选手斯蒂芬妮·海特沃（Stephanie Hightower）为例，在辉煌的田径生涯之后，她继续在国际体育管理领域留下深刻印记，担任了美国田径协会主席和世界田联理事会成员。海特沃是田径领域新一波强大的、自信的女性领导者之一。

经过一番内部审查，世界田联宣布了一系列承诺，旨在进一步推动女性在体育领导岗位上的发展。#WeGrowAthletics[①]活动

---

① #WeGrowAthletics：由世界田联发起的一项全球性运动，旨在推动田径运动的发展和普及，特别强调性别平等和女性在田径运动中的参与和领导作用。这项运动的核心理念是促进田径运动的全面发展，确保所有人，无论性别、年龄、背景或能力，都有机会参与田径运动并在其中成长。世界田联通过该运动展示了其对性别平等承诺的实际行动，并在全球范围内推动田径运动的可持续发展。这项运动不仅关注运动员，还关注整个田径生态系统，包括教练、裁判、管理人员和志愿者，以确保田径运动对所有人都是包容和公平的。

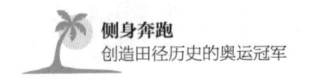

最近宣布了一项目标，即到 2027 年实现性别完全平衡。2022 年，世界锦标赛首次以女子项目作为压轴，而关于如何在新闻报道和媒体平台上进一步提升和突出女性地位的讨论仍在持续中。

"在任何组织中，性别平等不应再仅仅是理论上的讨论，而应该是我们实际行动的指南。"科男爵在 2021 年 3 月宣布 #WeGrowAthletics 活动时这样强调，"我们都应该采取行动，通过识别障碍、审视我们的政策和做法，为女性在各层次上的提升、贡献和参与创造清晰的路径。"

有时候，我真的感叹变化是如此之大。

然而，仍有许多工作等着我们去完成。

在世界田联理事会服务了十二年，以及在之前的四年里作为女子委员会的成员工作，我因此获得了人生中的一项至高荣誉。当时我们在卡塔尔的多哈，为 2019 年世界锦标赛做准备。我离开会议室去处理巴哈马青年、体育与文化部长即将到访的相关事宜。我没想到，科男爵一直在盯着我——他决定在我离开时进行一次秘密的、即兴的投票。他向两百多名代表宣布了理事会想要授予我的一项巨大荣誉。

当我回到大厅时，我对刚刚发生的事情一无所知。

荷兰前奥运女子跳高运动员、理事会同事苏尔维娅·巴拉克（Sylvia Barlag）侧身向我低语。

"祝贺你。"她带着一丝调皮的微笑轻声说。

苏尔维娅和我总是喜欢互相开玩笑。我以为她是在因为我长时间离开会议而捉弄我。

"我只是离开了短短一会儿。"我一边轻声回应她，一边玩笑地使了个眼色，"我只是帮部长处理点事情。"

几分钟后，科男爵在讲台上正式宣布——来自巴哈马的波琳·戴维斯将被授予世界田联的终身荣誉会员（Lifetime Honorary Member of World Athletics）。

科男爵真的给我了一个惊喜。

起初，我完全愣住了，坐在那里一动不动。慢慢地，我回过神来，猛地举起手遮住了脸。我前后摇晃着，哭泣不已，最终缓缓转向旁边的苏尔维娅，她紧紧地拥抱了我。此前，只有一位女性获得过此项殊荣——伟大的波兰运动员伊琳娜·谢文斯卡（Irena Szewińsk），她已于2018年去世。除了在理事会的工作，她还参加了五届奥运会，在100米、200米、400米等多个短跑项目中创下了十项世界纪录。实际上，她是所有男、女运动员中唯一在全部三个项目中都打破过世界纪录的人，并且在这些纪录上保持了相当长的一段时间。

能与这样的杰出人物相提并论，我感到无比荣耀。

作为终身荣誉会员，我有幸能终身参加世界田联理事会的会议。我的理事会同仁们总是开玩笑说，我会一直坐在最前排，挥舞着食指，直言不讳。对我来说，这意味着我可以永远留在我深爱的田径运动中。在苏尔维娅的怀抱中哭泣时，我脑海中闪过无数念头，但最多的还是难以置信——卑微如我，竟然能达到这一步。

你一生都在不懈地工作，埋头苦干，尽力做出有意义的贡献。然后你发现，在这个过程中，人们是在乎的，而且他们关注并且感激这一切，这对我而言意义非凡。我从未想过自己能够加入世界田联理事会，更别提被授予终身会员的殊荣了。谁能想到，卑微如我，也能达到这样的成就！小时候，在古德曼湾的训练场上，有人就曾嘲笑我想要赢得奥运奖牌的想法，而我最终达到如此高度，回到当时，他们一定会认为这是天方夜谭。

我很幸运，生活在这样一个前所未有的历史时刻。如今，女性田径运动员的数量比以往任何时候都要多。资金投入、赛事数量和关注度都达到了前所未有的水平。是的，种族主义依然存在，但是，虽然进程比较缓慢，我们一直在平等之路上稳步前进。虽然我被剥夺了本应属于我的金牌时刻，并且等待了漫长的十年才最终获得了我的个人奖牌，但现在针对体育中使用兴奋剂的规则和规定之严厉、监管之严密，都达到了前所未有的水平。

我希望通过自己的生活告诉人们，时代确实在变。虽然世界可能并不总是公平，但有时候你需要经历逆境，才能找到坚持的原因。

如果说我的一生证明了什么，那就是绝不放弃。对于那个侧身跑的女孩来说，更是如此。生活往往充满了挣扎、不平等、敌意、不公和心痛。并不是每个来自贫民窟的贫穷黑人女孩都能成为奥运冠军，或达到职业顶峰。但这个女孩做到了。这表明，只要你足够地渴望，只要你不懈努力，只要你不放弃信念，任何事情都是有可能的。当它们把你击倒时，你要振作起来，继续前进。

我的赛道从来不是一条直线，但我还是到达了我想要去的地方。这证明，生活的起点并不重要，重要的是你如何跑到终点。

参考文献[1]

1987, Track and Field Press Guide. Alabama Sports Information Office: 21, 23, 29, 31.

1988, Track and Field Press Guide. Alabama Sports Information Office: 30, 37, 39, 41.

1989, Track and Field Press Guide. Alabama Sports Information Office: 30, 37, 39, 41.

1990, Track and Field Press Guide. Alabama Sports Information Office: 34, 37, 39, 41, 43, 44.

"BALCO Fast Facts." *CNN*. Accessed April 15, 2021. https://www.cnn.com/2013/10/31/us/balco-fast-facts/index.html.

Ballard, Jamie. "Many Americans Believe Ghosts and Demons Exist." YouGov.com, October 21, 2019. https://today.yougov.com/topics/lifestyle/articles-reports/2019/10/21/paranormal-beliefs-ghosts-demons-poll.

Bowe, Ruth M. L., and Patrice Williams. "Grant's Town and the Historical De-velopment of 'Over the Hill.'" *International Journal of Bahamians Studies* 3 (1982). https://journals.sfu.ca/cob/index.php/files/article/view/73.

Canadian Olympic Hall of Fame. "Richard (Dick) W. Pound. " Accessed April 25, 2021. https://olympic.ca/team-canada/richard-w-pound.

CARIFTAGames.com. "The History of CARIFTA Games. " Accessed April

---

[1] 参考文献部分统一按照原书信息，对于部分格式不统一和信息错误之处，进行了修改，特此说明。

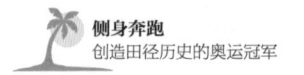

24, 2021. http://www.carifta2012.com.

Commonwealth Games Federation. "Auckland 1990. " Accessed April 25, 2021. https://thecgf.com/games/auckland-1990.

Craton, Michael, and Gail Saunders. *Islanders in the Stream. A History of the Bahamian People, vol. 2: From the Ending of Slavery to the Twenty-First Century.* Athens: University of Georgia Press, 2000.

Dailymotion. "Women's 4×100m Relay World Athletics Champs Seville 1999. " https://www.dailymotion.com/video/x5793oe.

Dalton, Kyle. "Stripped of Gold Medals and Sent to Prison, Where Is Marion Jones Today?" Sportscasting. Accessed June 14, 2020. https://www.sportscasting.com/stripped-of-gold-medals-and-sent-to-prison-where-is-marion-jones-today.

"Davis-Thompson Receives Olympic Gold. " ESPN, June 11, 2010. https://www.espn.com/olympics/trackandfield/news/story?id=5277604.

Dellenger, Ross. "The Greatest Programs in College Football History." *Sports Illustrated*, August 12, 2019. https://www.si.com/college/2019/08/12/best-programs-college-football-history.

Dodds, Eric. "The 'Death Penalty' and How the College Sports Conversation Has Changed." *Time*, February 25, 2015. https://time.com/3720498/ncaa-smu-death-penalty.

Encyclopaedia Britannica Online. "Lynden Pindling Prime Minister of The Bahamas. " Last updated March 18, 2021. https://www.britannica.com/biography/Lynden-Pindling.

Encyclopaedia Britannica Online. "Hubert Ingraham: Prime Minister of The Bahamas" Accessed April 25, 2021. https://www.britannica.com/biography/Hubert-Ingraham.

Eyes on the Bahamas. "The Best of Zephyr Nassau Sunshine." Facebook, October 16, 2020. https://www.facebook.com/watch/?v=388142095649228.

Fletcher, Patrick. " 'It's Getting Bizarre Now!'—How the Festina Affair Unfolded." *Cycling News*, December 21, 2020. https://www.cyclingnews.

com/features/its-getting-bizarre-now-how-the-festina-affair-unfolded.

"Former Alabama Coach Ray Perkins to Be Buried Monday in Tuscaloosa." AL.com, December 11, 2020. https://www.al.com/sports/2020/12/former-alabama-coach-ray-perkins-to-be-buried-monday-in-tuscaloosa.html.

GBR Athletics. "CARIFTA Games (Under 17 Girls)." Accessed April 24, 2021. http://www.gbrathletics.com/ic/cfgyw.htm.

—. "Central American and Caribbean Junior Championships (Under 17)." Accessed April 24, 2021. http://www.gbrathletics.com/ic/cacy.htm.

—. "CARIFTA Games (Under 20 Women)." Accessed April 24, 2021. http://www.gbrathletics.com/ic/cfgw.htm.

—. "Commonwealth Games Medallists—Athletics (Women)." Accessed April 25, 2021. http://www.gbrathletics.com/ic/cgw.htm.

—. "CARIFTA Games (Under 20 Women)." Accessed April 24, 2021. http://www.gbrathletics.com/ic/cfgw.htm.

—. "Central American and Caribbean Championships (Women)." Accessed April 25, 2021. http://www.gbrathletics.com/ic/caccw.htm.

Gibson, Owen. "Russian Athletics: IAAF Upholds Ban before Rio Olympics." *Guardian*, June 17, 2016. https://www.theguardian.com/sport/2016/jun/17/russia-rio-olympics-ban-doping-iaaf-sebastian-coe.

"Hunter: Jones Used THG, HGH, Others." *ESPN*, July 22, 2004. https://www.espn.com/olympics/summer04/trackandfield/news/story?id=1844888.

International Association of Athletics Federation. "1st IAAF World Championships in Athletics Helsinki 07/14-Aug-83." Accessed April 24, 2021. https://web.archive.org/web/20041212065303/http://www2.iaaf.org/results/past/WCH83/index.html.

—. "5th IAAF World Championships in Athletics: Göteborg 05/13-Aug-95." Accessed April 25, 2021. https://web.archive.org/web/20041212070800/http://www2.iaaf.org/results/past/WCH95/index.html.

—. "6th IAAF World Championships in Athletics Athína 01/10-Aug-97." Accessed April 25, 2021. https://web.archive.org/web/20041212065020/

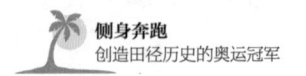

http://www2.iaaf.org/results/past/WCH97/index.html.

—. "6th IAAF World Indoor Championships. " Accessed April 25, 2021. https://web.archive.org/web/20120820185508/http://www2.iaaf.org/wic97/stats/wic95/results.html.

International Olympic Committee. "Athletics—4×100m Relay Women. " Accessed April 25, 2021. https://www.olympic.org/athletics/4x100m-relay-women.

—. "Atlanta 1996. " Accessed April 25, 2021. https://www.olympic.org/atlanta-1996.

—. "Bahamas." Accessed April 24, 2021. https://www.olympic.org/bahamas.

—. "Barcelona'92. " Accessed April 25, 2021. https://www.olympic.org/barcelona-1992.

—. "Death of IOC Honorary Member Flor Isava Fonseca. " July 27, 2020. https://www.olympic.org/news/death-of-ioc-honorary-member-flor-isava-fonseca.

—. "Gender Equality through Time: At the Olympic Games. " Accessed April 25, 2021. https://olympics.com/ioc/gender-equality/gender-equality-through-time/at-the-olympic-games.

—. "Jamaica. " Accessed April 24, 2021. https://www.olympic.org/jamaica.

—. "Sydney 2000." Accessed April 25, 2021. https://www.olympic.org/sydney-2000.

Kelsall, Christopher. "The Liz McColgan Interview." *Athletics Illustrated*, July 15, 2020. https://athleticsillustrated.com/the-liz-mccolgan-interview.

Leach, MacEdward. "Jamaican Duppy Lore." *Journal of American Folklore* 74, no. 293 (1961): 207–215. https://www.jstor.org/stable/537633.

Leicester, John. "Former IAAF Head Lamine Diack Sentenced to 2 Years in Prison. " Associated Press, September 17, 2020. https://apnews.com/article/lamine-diack-paris-trials-senegal-track-and-field-78720e6ef996722757b6d4171df3c4cf.

Lexico.com. "Jinn. " Accessed April 25, 2021. https://www.lexico.com/

definition /jinn.

Library of Congress. "Prince Hall Freemasonry: A Resource Guide. " Accessed April 25, 2021. https://guides.loc.gov/prince-hall-freemasonry.

Lipka, Michael. "18% of Americans Say They've Seen a Ghost. " Pew Research Center, October 30, 2015. https://www.pewresearch.org/fact-tank/2015/10/30/18-of-americans-say-theyve-seen-a-ghost.

Locklar, Alyssa. "On-Campus Gravesite Recalls Antebellum University." *Crimson White*, January 24, 2012. https://cw.ua.edu/9554/news/on-campus-gravesite -recalls-antebellum-university.

"Mark Fainaru-Wada." ESPN Press Room. Accessed April 25, 2021. https://espnpressroom.com/us/bios/fainaru-wada_mark.

Maura, Matt. "Prime Minister Ingraham Says 'All Hands on Deck' Approach Needed to Restore Core Values." *Bahamas Weekly*, May 5, 2010. http://www.thebahamasweekly.com/publish/bis-news-updates/Prime_Minister_Ingraham_says_All_hands_on_deck_approach_needed_to_restore_core_values10739.shtml.

Monaco Statistics. "Key Figures. " Accessed April 25, 2021. https://www.monacostatistics.mc/Publications/Key-figures.

Olympedia. "Amadeo Francis. " Accessed April 25, 2021. https://www.olympedia.org/athletes/75036.

—. "The Bahamas (BAH). " Accessed April 24, 2021. http://www.olympedia.org/countries/BAH.

—. "Jamaica (JAM). " Accessed April 24, 2021. http://www.olympedia.org/countries/JAM.

—. "Knud Enemark Jensen." Accessed April 25, 2021. https://www.olympedia.org/athletes/14912.

"Prime Minister Names 19-Member Cabinet, 9 State Ministers." *Gleaner* (Kingston, Jamaica), September 11, 2020. https://jamaica-gleaner.com/article/lead-stories /20200911/prime-minister-names-19-member-cabinet-nine-state-ministers.

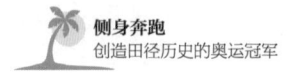

"Russia Doping Scandal: IAAF Upholds Ban on Russian Athletes until Further Notice. " BBC Sport, March 11, 2019. https://www.bbc.com/sport/athletics /47524315.

Saunders, Christopher. "Black Christmas for Davis?" *Nassau Guardian*, December 23, 1996.

Smith, Jamon. "Freedom and Fire!: A Civil War Story." University of Alabama News Center, November 21, 2016. https://news.ua.edu/2016/11/freedom-and-fire-a-civil-war-story.

—. "University, Professors and Students Owned Slaves." *Tuscaloosa News*, May 1, 2006. https://www.tuscaloosanews.com/article/DA/20060501/News/606114139/TL.

"Sports People; Alabama Resignation." *New York Times*, May 25, 1986. https:// www.nytimes.com/1986/05/25/sports/sports-people-alabama-resignation.html.

Sports Reference. "Athletics at the 1992 Barcelona Summer Games: Women's 100 Metres." Accessed April 25, 2021. https://web.archive.org/web/20200417173346/https://www.sports-reference.com/olympics/summer/1992/ATH/womens-100-metres.html.

—. "Athletics at the 1992 Barcelona Summer Games: Women's 200 Metres." Accessed April 25, 2021. https://web.archive.org/web/20200417173641/http://www.sports-reference.com /olympics/summer/1992/ATH/womens-200-metres.html.

—. "Athletics at the 1996 Atlanta Summer Games: Women's 400 Metres." Accessed April 25, 2021. https://web.archive.org/web/20200417174953/https://www.sports-reference.com/olympics/summer/1996/ATH/womens-400-metres.html.

—. "Athletics at the 1996 Atlanta Summer Games: Women's 4×100 Metres Relay." Accessed April 25, 2021. https://web.archive.org/web/20200417173641/https://www.sports-reference.com/olympics/summer/1996/ATH/womens-4-x-100-metres-relay.html.

—. "Athletics at the 1988 Seoul Summer Games: Women's 100 Metres." Accessed April 25, 2021. https://web.archive.org/web/20200417173215/https://www.sports-reference.com/olympics/summer/1988/ATH/womens-100-metres.html.

—. "Athletics at the 1988 Seoul Summer Games: Women's 200 Metres." Accessed April 25, 2021. https://web.archive.org/web/20200417173212/https://www.sports-reference.com/olympics/summer/1988/ATH/womens-200-metres.html.

—. "Athletics at the 2000 Sydney Summer Games: Women's 200 Metres." Accessed April 25, 2021. https://web.archive.org/web/20200417173936/https://www.sports-reference.com/olympics/summer/2000/ATH/womens-200-metres.html.

—. "Athletics at the 2000 Sydney Summer Games: Women's 4×100 Metres Relay." Accessed April 25, 2021. https://web.archive.org/web/20200417173959/https://www. sports-reference. com/olympics/summer/2000/ATH /womens-4-x-100-metres-relay.html.

Statista. "Average Number of Medals Won Per Capita at the Summer Olympics from 1896 to 2016." Accessed April 24, 2021. https://www.statista.com/statistics /1102056/summer-olympics-average-medals-per-capita-since-1892.

—. "Number of Stripped Medals at the Summer Olympics by Year and Color from 1968 to 2016." Accessed April 25, 2021. https://www.statista.com/statistics/1113135/summer-olympics-stripped-medals-by-year.

Stubbs, Brent. "Athletes Show Their Support for Davis." *Tribune* (Nassau, Bahamas), January 3, 1997.

"Thalassotherapy—Seawater Remedies." *Medical & Wellness Traveller*. https:// www.medicaltravelmag.co.uk/Articles/thalassotherapy-seawater-remedies.

"Tide Women Bag NCAA Track Title." *Tuscaloosa* (AL) *News*, March 16, 1986.

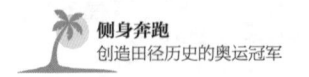

University of Alabama. "About the University. " Accessed April 25, 2021. https:// www.ua.edu/about.

Wallace, William J., ed. "The Views of Antiquity on Salt and Sea Water." Elsevier Oceanography Series, vol. 7 (1974): 1–15. Last updated May 2, 2008. https:// www.sciencedirect.com/science/article/pii/ S0422989408709747.

Weiyun, Tan. "An Ancient Deity Is Kinder Than He Looks." *Shine*, May 23, 2020. https://www.shine.cn/feature/art-culture/2005238653.

"What Is the BALCO Scandal?" *Telegraph* (London, England), March 21, 2011. https://www.telegraph.co.uk/sport/othersports/ drugsinsport/8396065/What -is-the-Balco-scandal.html.

World Anti-Doping Agency. Accessed April 25, 2021. https://www.wada-ama.org.

"World Anti-Doping Agency (WADA) Has Identified What It Called Systemic Failures in the IAAF and in Russia." *SportDigest*, November 20, 2015. http://thesportdigest.com/2015/11/world-anti-doping-agency-wada-has-identified-what-it-called-systemic-failures-in-the-iaaf-world-athletics-federation-iaaf-and-in-russia.

World Athletics. Accessed April 25, 2021. https://www.worldathletics.org.

—. "Athlete Profile: Alberto Juantorena. " Accessed April 25, 2021. https:// worldathletics.org/athletes/cuba/alberto-juantorena-14359171.

—. "Athlete Profile: Ana Fidelia Quirot. " Accessed April 25, 2021. https:// worldathletics.org/athletes/cuba/ana-fidelia-quirot-14263414.

—. "Athlete Profile: Beverly McDonald. " Accessed April 25, 2021. https:// worldathletics.org/athletes/jamaica/beverly-mcdonald-14285790.

—. "Athlete Profile: Calvin Smith. " Accessed April 25, 2021. https:// worldathletics.org/athletes/united-states/calvin-smith-14251550.

—. "Athlete Profile: Carl Lewis. " Accessed April 25, 2021. https://world athletics.org/athletes/united-states/carl-lewis-14244008.

—. "Athlete Profile: Cathy Freeman. " Accessed April 25, 2021. https://

worldathletics.org/athletes/australia/cathy-freeman-14272094.

———. "Athlete Profile: Christine Amertil." Accessed April 25, 2021. https://worldathletics.org/athletes/bahamas/christine-amertil-14270669.

———. "Athlete Profile: Donovan Bailey." Accessed April 25, 2021. https://worldathletics.org/athletes/canada/donovan-bailey-14174662.

———. "Athlete Profile: Don Quarrie." Accessed April 25, 2021. https://worldathletics.org/athletes/jamaica/donald-quarrie-14350898.

———. "Athlete Profile: Falilat Ogunkoya-Osheku." Accessed April 25, 2021. https://worldathletics.org/athletes/nigeria/falilat-ogunkoya-14292474.

———. "Athlete Profile: Flora Hyacinth." Accessed April 25, 2021. https://worldathletics.org/athletes/virgin-islands/flora-hyacinth-14283603.

———. "Athlete Profile: Frank Rutherford." Accessed April 24, 2021. https://worldathletics.org/athletes/bahamas/frank-rutherford-14177960.

———. "Athlete Profile: Jearl Miles-Clark." Accessed April 25, 2021. https://worldathletics.org/athletes/united-states/jearl-miles-clark-14316976.

———. "Athlete Profile: Juliet Cuthbert." Accessed April 25, 2021. https://worldathletics.org/athletes/jamaica/juliet-cuthbert-14285631.

———. "Athlete Profile: Lillie Leatherwood." Accessed April 25, 2021. https://worldathletics.org/athletes/united-states/lillie-leatherwood-14345237.

———. "Athlete Profile: Marie-José Pérec." Accessed April 25, 2021. https://worldathletics.org/athletes/france/marie-jose-perec-14273468.

———. "Athlete Profile: Marion Jones." Accessed April 25, 2021. https://worldathletics.org/athletes/-/14313964.

———. "Athlete Profile: Shonel Ferguson." Accessed April 25, 2021. https://worldathletics.org/athletes/bahamas/shonel-ferguson-14356184.

———. "Athlete Profile: Stephanie Hightower-Leftwich." Accessed April 25, 2021. https://worldathletics.org/athletes/united-states/stephanie-hightower-14352798.

———. "Athlete Profile: Susanthika Jayasinghe." Accessed April 25, 2021. https://worldathletics.org/athletes/sri-lanka/susanthika-jayasinghe-14300498.

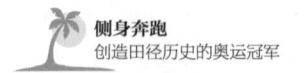

——. "Athlete Profile: Sylvia Barlag." Accessed April 25, 2021. https://worldathletics.org/athletes/netherlands/sylvia-barlag-14550508.

——. "Athlete Profile: Usain Bolt." Accessed April 25, 2021. https://worldathletics.org/athletes/jamaica/usain-bolt-14201847.

——. "Hall of Fame Profile—Irena Szewinska." May 1 2012. https://worldathletics.org/news/news/hall-of-fame-profile-irena-szewinska-poland.

——. "Milestones in Women's Athletics Competition." March 3, 2020. https://worldathletics.org/news/feature/milestones-timeline-womens-athletics-track-fi.

——. "Overwhelming Vote for IAAF Reform Delivered by Membership." December 3, 2016. https://worldathletics.org/news/press-release/reform-vote-congress-2016.

——. "Sebastian Coe." Accessed April 25, 2021. https://worldathletics.org/about-iaaf/structure/president.

——. "Tribute to Thomas Augustus (Tommy) Robinson." July 28, 2009. https://worldathletics.org/news/news/tribute-to-thomas-augustus-tommy-robinson.

——. "World Athletics Launches #WeGrowAthletics to Take Further Strides Towards Greater Gender Equality in Sport." March 8, 2021. https://worldathletics.org/news/press-releases/world-athletics-launches-we-grow-athletics-greater-gender-equality.

YouTube. "2000 Sydney Olympics 200m Women Final Susanthika Jayasinghe." https://www.youtube.com/watch?v=lzzK5YjKemg.

——. "2007: Marion Jones Admits to Doping." https://www.youtube.com/watch?v=DkQpTdVK1cc.

——. "The Girls of Summer—The Story of The Golden Girls." https://www.youtube.com/watch?v=qYF7D5_AWJs.

——. "Pauline Davis－Women's 200m–1998 NCAA Indoor Championships." https://www.youtube.com/watch?v=i62Q_D6FUXA.

—. "Women's 200 Meters Final–2000 Sydney Olympics Track & Field." https://www.youtube.com/watch?v=GHdVZ_h78Yc.

—. "Women's 4×100m Relay–1998 Goodwill Games." https://www.youtube.com/watch?v=BaDDag7Yz9w.

—. "Women's 4×100m Relay Final–1996 Summer Olympics in Atlanta." https://www.youtube.com/watch?v=_2GyFECaQTA.

—. "Women's 4×100 Relay Finals–2000 Sydney Olympics Track & Field." https://www.youtube.com/watch?v=H1CddXRM-hk.

后 记

2010年6月11日。

在托马斯·巴赫和国际奥委会宣布200米金牌归我所有六个月后，我终于被召唤到政府大厦。

我决定在这个场合穿上我的奥运制服——同样的白色裙子和海蓝色的西装外套，我在2000年悉尼奥运会开幕式上高举国旗时穿的就是这套。下午，一辆豪华轿车将我带到了一座从山岗上俯瞰拿骚港口的殖民时期大厦。这座建于1806年的灰泥珊瑚岩建筑曾是不列颠总督威风凛凛的宅邸。今天，这官邸住的依然是一位总督，只不过这位总督是我们向英格兰女王派出的代表。

当我们驶向大门时，我想起了那个曾经站在街对面的满怀敬畏的、赤脚的贫穷女孩。那时她和她的朋友们在弗莱明街听说政府大厦有活动，就兴奋地上山来，只为观看那些戴着漂亮的帽子和手套、穿着华丽的男人和女人们，通过这个大门进入大厦。

那个赤脚女孩就是我，来自贝恩镇的波琳。她从未想象过会有这一刻。

在豪华轿车停稳后，制服鲜亮的国防部人员打开车门，陪同我进入大厦。

当然，我更希望能在十年前的悉尼，在一百万人的体育场和

后记

亿万全球观众的注视下获得我的金牌。谁会不想呢？像所有奥运选手一样，你渴望那个终极时刻，站在领奖台的最高处，你的国旗在正中间高高升起。然后，你立正站好，听着你的国歌响起。

在我的一生中，我经历了太多的逆境。"屁股上的痘痘"——那就是美国人过去对他们南边那个微小岛国的称呼。我曾多么希望能独自站在那个领奖台的最高处，让其他人见证这个"痘痘"的辉煌时刻。

但当我走进大厅时，那些感觉都消融了。

大门打开时，我发现自己被一众熟悉的面孔所包围。他们都在等待着我——我最亲密的朋友、家人和同事。我沿着中央过道走下去，看到了我的妈妈、我的众多兄弟姐妹，以及维斯登家族的成员，他们的脸上都洋溢着骄傲的笑容，纷纷向我致意。还有埃尔迪斯，我第一个女性朋友，也是我最初的竞争对手。

很自然，站在最显著的位置上的是安妮特·门罗——我的安妮特表姐——她十年前就曾预言，总有一天这枚奖牌会属于我。

他们中的许多人去不了澳大利亚，现在却亲临颁奖现场。

我的父老乡亲——没有他们，这一切都不可能实现。我意识到，我不需要那些盛大的仪式、华丽的场面和领奖台。真正重要的是我的父老乡亲。

房间靠前的位置是来自古巴的奥运会双金得主阿尔伯托·胡安托雷纳（Alberto Juantorena），也是我世界田联理事会的同僚。他被选为加勒比地区的代表，为我戴上金牌。我深深地鞠了一躬，第一次感受到了金牌的分量。

十年的等待，一生的付出。

当播放巴哈马国歌时——"抬起你的头，面向升起的太阳，

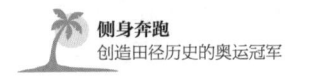

巴哈马之地……",我的父老乡亲和我一起肃立。

我泪流满面,眼中涌出喜悦的泪水。我逐一感谢了我的每一位家人和朋友。但我还有更多的感激之情要表达。

我要感谢整个巴哈马。

"我的巴哈马人民,我希望我让你们感到骄傲。"我坦诚地说。"每次我去比赛,我从不是代表我自己——我代表的是整个国家,是你们每一个人。"

当我说出这些话时,我知道人群中缺少了一个人。

在一阵拥抱、亲吻和美好祝愿之后,我们涌到政府大厦前的阳光下。豪华轿车就在那里等待着我,我知道我要去哪里。

"我想把这个奖牌带给首相。"我郑重地说,目光没有特别落在任何人身上,更像是在自言自语。

几位政府官员摇了摇头。"哦,非常抱歉,你不能这么做。他正在参加议会的紧急会议。"

我面无表情地转向他们:"我现在就想把这个奖牌带给他。"

他们站在那里愣了一会儿,但就是不让步。就在政府大楼的背光处,我们陷入了僵局。最后,我终于知道我该怎么做了。我绕过那辆豪华轿车,沿着长长的车道,穿过大门。

我能听到他们在叫我。"波琳?波琳!回来!"

我毫不理会他们。

穿着我的奥运制服,踩着高跟鞋,脖子上的金牌晃来晃去,我就这样走下了山,前往议会。

到罗森广场(Rawson Square)的距离并不远,大约四分之三英里。但当你穿着高跟鞋时,这段距离就显得有些长了。你看,亲爱的读者,我已经下定决心要把那枚金牌交给我们的首相休伯特·英格拉哈姆,那位十七年前挽救了我职业生涯的人。我永远不会忘记在他办公室里的那次会面，在我抑郁绝望的顶峰，他把工作还给了我，并送我去亚特兰大训练。这挽救了我的运动生涯，甚至可能还救了我的命。我始终觉得他这么做不仅仅是为了我，还代表了巴哈马人民。

简单地说，这块金牌不属于我。它属于巴哈马人民。

所以我"咔嗒、咔嗒"地踩着高跟鞋，在炎炎烈日下走下山。我模糊地感觉到有几个政府官员在追赶我，那辆白色的豪华轿车也在我身后缓缓行驶。我一直走到拿骚的主要沿海大道——海湾街，然后向东转，前往议会。

从第一天起，巴哈马人民就是我翅膀下的风。是的，我有我的父老乡亲。还有那些默默支持我的巴哈马人——数百人，甚至数千人，他们以最令人惊叹的方式不断地表达着他们对我的支持。

就在悉尼奥运会前夕，我们四个女孩在拿骚练习。那天完全是个灾难。那天，我们的接力棒一次都没有传递成功。"咣""咣""咣"。我非常讨厌听到那个声音，接力棒撞击跑道的声音。

我当时非常生气，直接喊了暂停——我告诉鲁伯特·加迪纳，我练够了。

我没有直接回家，而是先去了一家当地的餐馆。我正排队等候着，突然，我身后的女人把手放在我身上，说："这对肩膀一定承受了很多，不是吗？亲爱的，我一直都在为你祈祷。"就在那里，在那个挤满了人的餐馆里，我哭了——痛苦而深沉地哭了。这个女人把我抱在怀里，我就这样释放了所有的情绪。

我完全不知道这个女人是谁。我之前从未见过她，而且我觉得自那以后我也再没见过她。

我是一个情感外露、观点鲜明的人——总是把心挂在袖子上——我觉得我周围的人都能非常明显地看出我有时拼得有多狠。他们能从我的表情、我的举止、我的眼神中看出端倪。我的祖父，愿他安息，过去总是抱怨说我看起来是多么瘦弱。

在巴哈马，作为一个长期以来被视为国家顶尖运动员的人物，在一个人口规模仅相当于美国的一个城镇的国家里，我的生活几乎是完全透明的。每个人都知道我对抗抑郁的斗争、我与体育联合会和奥林匹克委员会的冲突，以及我所面临的两次终身禁赛和其间发生的所有事情。

我忙于追逐梦想，常常没有意识到我是多么需要那些祈祷。

餐馆里的那位女士并非个例。尽管有少数几个人让我失望，但正是无数不知名的巴哈马人给了我力量。没有他们，我无法走到今天。我汲取了他们的力量。

直至如今，我依然能深切感受到对国家的自豪感。几乎每一天，都有人轻拍我的肩膀，告诉我我的运动生涯对他们有多重要，他们常常还会送我一些小礼物，或者和我分享那个辉煌时刻他们在何地，那一刻仿佛一切皆有可能。

这就是为什么我要沿着海湾街走向议会大厦，把我的奖牌交给首相——这是对希望、力量和团结的见证。感谢上帝我这么做了。大约一年后，窃贼闯入我的家中，将我洗劫一空。他们偷走了电子产品、珠宝、我的婚戒——是的，还有我辛勤赢得的所有奖牌。一块都不剩。一枚纪念我们在亚特兰大获得第二名的银币最终被找到并归还给我，和这块银币一起给我的还有一张留言条。但其他的都找不到了。那些珍宝都遗失在了历史长河中。

2000年我们这些"金牌女孩"获胜后，也制作了纪念金币。我本打算送一枚给菲尔·奈特（Phil Knight），他是耐克公司的创始人兼前首席执行官，以感谢公司多年的支持。但未能如愿。

但这不是属于我个人的金牌。这一枚金牌，将经得起时间的考验。最终，巴哈马的中心——罗森广场，整个出现在我的眼前。我踩着鹅卵石铺就的道路，走向议会大厦的门，在两位安保人员面前停下了脚步。"我是来见首相的。"我目光坚定地告诉她们，"我有些东西要交给他。"

我只能想象那两位年轻女士当时心里在想什么，她们身着笔挺的白色布雷泽外套和黑色裤子，站得笔直。消息早就传开了，那天在政府大楼，波琳·戴维斯终于要领取她的金牌了。而现在，我站在她们面前，脖子上的奖牌在巴哈马的阳光下闪闪发光。

她们会让我进入吗？首相正在参加议会会议。

起初，她们瞪着我。然后，她们相互对视，眼神在低垂的英国圆顶礼帽下交会。

终于，她们让开了路。

这座建筑本身已经历经数年风雨。我走进前门时，有一段摇摇欲坠的木质楼梯通往议会大厦。我的高跟鞋踩在楼梯上嘎吱作响，直到我到达顶部，那里又有一组安保人员在等候。

我再次解释来意，安保人员放行。现在只有一扇双开门将我与首相隔开。我深吸一口气，握住门把手，走进了议会大厦。

然后，时间似乎凝固了。

正在辩论中的议员们仿佛中了魔法一般定住了。这绝对不是常规程序。众议院的布置是英国式的，执政党坐在一侧的条椅上，而反对党则坐在另一侧。在他们之间，房间的最前端靠墙的台座上，坐着议长。他的面前放着一排装订精美的皮革书籍，旁边是一柄象征着我们的殖民历史的华丽的金色权杖。议长扭头看着我，目瞪口呆。

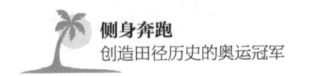

我也像被车灯照到的鹿一样愣在原地,那一刻,沉重的气氛和这地方的庄严感一同向我压来。

最终,我用尽全力大声且自信地说出了话。

"我来见首相。"我说。

数十个人将头转向英格拉哈姆首相。我想现场的许多人都以为他会因为我打破常规而对我大发雷霆,因为他通常态度严肃,严格遵守程序。但他举起手,示意我过去。

我走过浅绿色的地毯,穿过媒体和观众区,经过将辩论区和观众区分开的深棕红色木制隔断。我站在他面前,然后从脖子上取下金牌。

"先生,感谢您所做的一切。"我郑重地说,并将奖牌挂在他的脖子上。"我知道您这样做是为了巴哈马的人民。我希望您能收下这枚奖牌,以此献给巴哈马的人民。这枚奖牌属于巴哈马的人民。"英格拉哈姆总理通常不轻易流露情感,但此刻,当他站起身,脖子上挂着奖牌,我看到了他眼中的泪水。

他拥抱了我。整个议会大厅爆发出欢呼声。在那个时刻,没有人考虑政治、个人利益或小恩小怨——我的巴哈马的父老乡亲们团结如一。

关于作者

波琳·戴维斯： 巴哈马前短跑运动员，曾参加五届奥运会。在1996年亚特兰大奥运会上赢得银牌后，她又在2000年悉尼奥运会上获得了2枚金牌，成为首位在奥运会短跑项目中赢得个人金牌的加勒比地区女性运动员。

2007年，戴维斯成为首位当选世界田联理事会理事的有色人种女性。在理事会服务十二年后，她获得了终身荣誉会员的称号。

如今，她依然活跃在国际田径领域，以顾问身份继续为这项运动的发展贡献力量。

戴维斯现居巴哈马的拿骚。她在巴哈马青年、体育与文化部担任高级职务，同时也致力于培养下一代巴哈马运动员。

T. R. 托德： 屡获殊荣的记者、传记作者和小说家。他在加拿大、阿拉伯联合酋长国和巴哈马的工作经历中积累了丰富的工作经验。

托德曾担任《拿骚卫报》的记者，他与巴哈马的联系可以追溯到十多年前。他曾担任美联社驻巴哈马通讯员，并报道过多场飓风。

此外，托德还著有四本书籍，涵盖了小说、非小说及回忆录

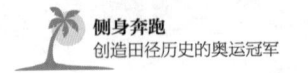

等多种体裁。他还发表了多篇涉及各类主题的文章。托德的作品多次出现在北美多家报纸上,包括《纽约时报》(*The New York Times*)、《赫芬顿邮报》(*Huffington Post*)、《环球邮报》(*Globe and Mail*)和《多伦多星报》(*Toronto Star*)。

他现居加拿大的渥太华。

关于作者

1981年，14岁的波琳·戴维斯被后来的奥运奖牌得主弗兰克·拉瑟福德和贝恩镇飞人俱乐部的内维尔·维斯登教练发现。尽管她未经专业训练，跑步姿势独特，与传统的跑步方式大相径庭，但两人都看到了她身上坚定不移的精神和巨大的潜力。

图片提供者：梅尔·戴维斯·杜桑

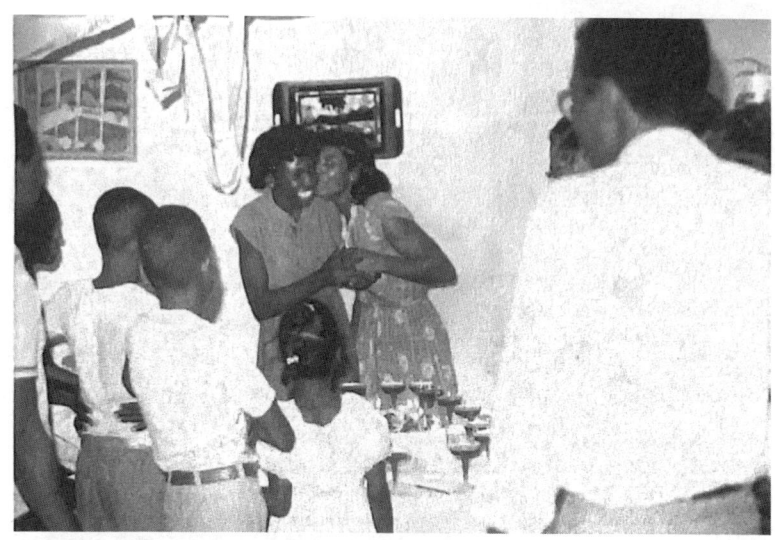

波琳·戴维斯在她16岁生日那天，与她的母亲梅尔·戴维斯·杜桑以及兄弟姐妹们一起庆生。父母分居后，她的母亲在佛罗里达州开始了新的生活，而波琳则留在巴哈马的拿骚，搬去与维斯登教练的母亲同住。

图片提供者：梅尔·戴维斯·杜桑

内维尔·维斯登教练在 1981 年首次发现了波琳,他对波琳的一生产生了深远的影响。作为贝恩镇飞人俱乐部的负责人,维斯登教练改变了众多来自巴哈拿骚地区贫困家庭的孩子们的一生。

图片提供者:波琳·戴维斯

波琳·戴维斯从小就在教练的指导下,在海水中接受训练。如今,在古德曼湾,新一代巴哈马运动员们正继承并发扬着这一训练传统。

图片提供者:波琳·戴维斯

关于作者

波琳·戴维斯在1984年的CARIFTA运动会上担任了4×400米接力的最后一棒。她全力冲刺，实现了著名的"后来居上"胜利。这一逆转不仅使她深深扎根于巴哈马人民的心中，还帮助巴哈马在激烈的竞争中超越了对手牙买加，夺得了该届运动会的总成绩第一名。在那次卓越的表现之后，她荣获了奥斯汀·西利奖，被授予"加勒比地区最杰出的运动员"的称号。

图片提供者：斯坦利·米切尔

侧身奔跑
创造田径历史的奥运冠军

在亚拉巴马大学的第一年,波琳·戴维斯被誉为"硬核新生"。她不负众望,成为该校有史以来最著名的女子短跑运动员之一。

图片提供者:亚拉巴马大学体育部

从左至右:朱迪·威廉姆斯(Judi Williams)、波琳·戴维斯,以及韦恩·威廉姆斯教练。在戴维斯就读亚拉巴马大学期间,威廉姆斯教练对她来说是父亲般的存在,正如她在拿骚的成长过程中维斯登教练所扮演的角色一样。

图片提供者:波琳·戴维斯

关于作者

图片中央的波琳·戴维斯在佐治亚州亚特兰大的训练基地聆听洛伦·西格罗夫教练的指导。在背景中，爱尔兰短跑跨栏运动员苏珊·沃尔什（Susan Walsh）也在为一天的训练做准备。1997年，沃尔什成为首位在大型短跑赛事中进入决赛的爱尔兰运动员。

图片提供者：保罗·道尔

在2000年的澳大利亚悉尼夏季奥运会上，波琳·戴维斯荣幸地担任了巴哈马的开幕式旗手。这是她第五次参加奥运会，也是最后一次，戴维斯将最为出色的表现留在了这个舞台上。

图片提供者：拉弗恩·伊芙

侧身奔跑
创造田径历史的奥运冠军

金牌女孩们——（从左至右）萨瓦塞达·菲尼斯、钱德拉·斯特鲁普、波琳·戴维斯和黛比·弗格森——在 2000 年澳大利亚悉尼夏季奥运会的女子 4×100 米接力中领取了她们的金牌。埃尔迪斯·克拉克参加了预赛，并担任了队伍的替补。巴哈马队以 41.95 秒的成绩结束了美国在该项目上长达 16 年的统治，成为历史上人口最少却赢得如此成就的国家。

图片提供者:《拿骚卫报》

关于作者

2010年7月11日，波琳·戴维斯来到了巴哈马的政府大厦，这里是总督的官邸，具有悠久的历史。在这里，她终于领取了10年前在女子200米赛事中赢得的奥运金牌。

图片提供者：《拿骚卫报》

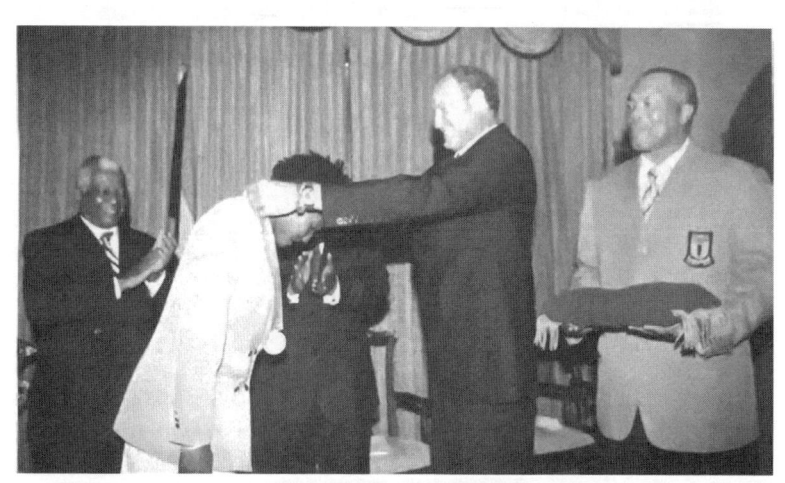

阿尔伯托·胡安托雷纳，这位来自古巴的双料奥运金牌得主，同时也是世界田联理事会的同人，将一枚期待已久的金牌挂在了戴维斯的脖子上。

图片提供者：《拿骚卫报》

侧身奔跑
创造田径历史的奥运冠军

创造历史：世界田径联合会主席塞巴斯蒂安·科男爵（左）在 2016 年 12 月 3 日摩纳哥的特别大会上。该大会上的投票标志着这个备受压力的组织进行了一次重大的章程改革，为全球田径运动开启了一个透明与正直的新时代。科男爵将波琳·戴维斯——一位资深理事会成员——视为在这段艰难时期里的坚定盟友和积极倡导者。

图片提供者：世界田径联合会

从左至右：安妮特·门罗表姐、帕西阿姨、波琳·戴维斯以及姐姐伊佐娜。尽管她在海外取得了成功，但对于这位奥运冠军来说，巴哈马的家人始终是她最深的牵挂。

图片提供者：安妮特·门罗表姐

"加勒比译丛"简介

加勒比,这片位于大西洋与美洲大陆之间的岛屿群落,既是帝国殖民、奴隶贸易与全球资本扩张的历史交汇点,也是文化杂糅、身份重塑与思想抗争的独特空间。"加勒比译丛"是国内首个系统性译介加勒比文学与文化的重要出版工程,囊括文学、历史、社会文化、批判思想等多个领域,填补了中文世界在该区域研究中的空白。

丛书以多元开放的视野,回应殖民历史与全球南方知识体系的对话诉求,突破西方中心的话语桎梏,搭建起中国与加勒比之间跨文化、跨文明的思想桥梁。它不仅为学术界拓展全球认知疆域、深化世界文学、文化研究与哲学社会科学体系建设提供新资源,也为广大读者呈现一幅跨越海洋、融合文明的文化图景,激发对历史、身份与世界的更深层思考。

"加勒比译丛"是一个走近加勒比的窗口,更是一座通向全球思想共建的桥梁。

总主编简介

周敏，杭州师范大学外国语学院院长，加勒比地区研究中心主任，国家重大人才工程特聘教授，国家社科基金重大招标项目"加勒比文学史研究"首席专家，教育部新世纪优秀人才。研究领域为加勒比文学、当代英美文学及西方文论等。兼任北京外国语大学王佐良外国文学高等研究院客座研究员，《加勒比地区研究》主编、《英美文学研究论丛》（CSSCI）副主编、*Island Studies*（SSCI）副主编等。此外，担任浙江省外文学会会长、中外语言文化比较学会中英语言文化比较专业委员会会长、中国外国文学学会外国文艺理论分会副会长、中国比较文学学会世界文学与文艺理论专业委员会副会长等。曾任美国哥伦比亚大学"富布莱特"高级研究学者，奥地利克拉根福大学讲座教授，上海外国语大学文学研究院副院长。